中央高校基本科研业务费专项资金资助

社会共享研究

A GENERAL THEORY OF
SOCIAL SHARING

张国清　等·著

ZHEJIANG UNIVERSITY PRESS
浙江大学出版社

前　言

　　本书的主题是社会共享。我们尝试探讨社会共享的基本理念、制度基础、现实阻力和实现路径,提出一套系统而完备的社会共享理论。本书由导论和三个部分组成。在导论中,我们尝试提出一种共享正义理论,探讨共享正义在社会基本制度设计中扮演的核心角色,评述国内外学者有关共享经济和共享发展论题的讨论,评估共享发展理念及其效应,论证共享经济与共享社会的关系,讨论通往共享社会的实际可能性,评估中国改革开放以来的社会主义实践,为人们了解共享经济、共享发展和社会共享提供理论帮助。

　　在第一编,我们讨论了社会共享的基本理念,就社会共享从观念到制度的演进、社会共享与共享发展的关系、社会共享的制度基础、落实共享发展观的基本原则等重要理论问题作了专门探讨。在第二编,作者先检讨了阻碍社会共享的主要制度障碍、社会思潮和社会力量,指出私有产权是阻碍社会共享的主要制度。我们承认,私有产权制度有其正当性和合法性,不过,它对实现社会共享存在阻碍作用。我们进而考察了不利于社会共享的各种思潮和力量,它们以自由主义、民粹主义、分离主义等形式表现出来。落实共享发展观,实现社会共享,不可轻视这些思想和力量的消极影响。我们还考察了实现社会共享的主要路径。我们认为,资本与权力有明确分工,是达成社会共享目标的主要手段,两者缺一不可。国家和政府拥有充裕的公共物品是实现社会共享的物质保证。无论私有资本还是国有资本或公共资本都可以对生产日益丰富的公共物品作出贡献。在第三编,我们从全球视野来观察和思考社会共享问题,尝试考察中国学者关于民族国家、国家主权和现代民族国家体系的各种见解,我们考察公民的初始权益及其分配方式、公共物品的构成和分配原则、中国的分配正义问题及其解决办法。我们尝试比较研究欧共体在社会共享方面的实践,提出超越现代民族国家主权体系的"超国共同体"构想,以应对全球化挑战。

　　今天,财富、人口、信息、资源和资本可以在全球绝大多数地区和国家自由流动,全球市场已经成为为整个人类服务和共享的市场。在物质意义上,人类已经是一个实在的共同体。然而,在霸权主义、分离主义、排外主义、孤立主义、恐怖主义等各种势力影响之下,世界霸权依然存在,国际恐怖主义阴魂不散,人类正面临诸多重大抉择,以寻求全人类共同价值和共同利益为目标的人类命运共同体仍然充满挑战。

一方面,全球化和反全球化力量各自发力,给世界经济发展带来不确定性,可能给整个人类带来越来越大的风险。朝鲜半岛局势、伊朗局势、叙利亚局势、乌克兰局势仍然充满着未知数。俄罗斯与北约各国的关系依然紧张。美国到处挥动制裁大棒,对叙利亚、伊朗、朝鲜、俄罗斯等国实施全面制裁。特朗普时期的美国政府先后退出中导条约和伊核协议,冷战后在俄罗斯与美国之间保持的核平衡有可能被打破。另一方面,美国发起贸易战,向相关国家征收高额关税。作为当今唯一霸权国家,美国成为扰动世界和平、稳定与发展的主要根源。令人遗憾的是,在拜登上台之后,美国政府并没有从根本上改善与各国的关系,尤其与俄罗斯、中国、伊朗等国的关系,美国等西方国家仍然在所谓"基于规则的国际秩序"幌子之下,加紧对抗以中国、俄罗斯和伊朗为代表的国家,试图沿袭其国际霸权主义策略。更加糟糕的是,在当今美国政府高层官员中,存在着不少想要与整个世界为敌的好战分子,导致冷战结束之后好不容易得到缓和的国际局势日趋紧张,世界和平与发展的机会正在慢慢丧失。最近,美国军机在40年来首次着陆中国台湾,直接挑战中国国家主权与领土的完整,给本已高度紧张的两岸关系火上加油,徒增爆发两岸冲突的不可控变数。我们必须保持警惕的是,当"竞争、遏制与孤立"而不是"合作、发展与共赢"成为维持大国关系基本策略的时候,当新冷战重新变成现实的时候,世界和平与发展将面临更大风险。

我们认为,构建什么样的人类命运共同体仍然是一个开放性论题。可以肯定的是,没有国际社会的和平环境,就没有整个人类的合作发展;没有整个人类的合作发展,构建人类命运共同体便会遥遥无期。因此,在最后一章,我们考察了全球安全危机及其表现,探讨了一种以建构人类安全共同体为目标的新安全观,尝试为日益动荡的充满不确定的世界局势指明方向,主张对话、谅解和妥协是解决国际争端的最佳方式。

"共享发展"和"共同富裕"是当前中国哲学社会科学界关注的两大热点。2021年6月10日,中共中央国务院发布《关于支持浙江高质量发展建设共同富裕示范区的意见》,指出浙江将从六个方面建设共同富裕示范区:第一,提高发展质量效益,夯实共同富裕的物质基础。第二,深化收入分配制度改革,多渠道增加城乡居民收入,缩小地区差距、城乡差距和收入差距。第三,缩小城乡区域发展差距,实现公共服务优质共享。第四,打造新时代文化高地,丰富人民精神文化生活。第五,践行绿水青山就是金山银山理念,打造美丽宜居的生活环境。第六，坚持和发展新时代"枫桥经验"，构建舒心安心放心的社会环境。① 它表明，依靠当代科技力量，依靠人民创造、创业和创新精神，依靠社会主义制度优势，进一步发展生产力，提升社会经济发展质量，浙江将创新引领先富带后富政策体系，打造现代省域共享发展和共同富裕示范区。中国共产党和中国政府正带领中国人民从"共享发展"理念的理论探索迈向"共同富裕"的社会主义制度建设实践。这将是一次伟大的社会实验。我们的研究，也许能给这场伟大的实验提供理论参考。

这项研究主要成果已发表于近五年的学术期刊，参与撰写研究人员及对应章节有（未注明出处的为第一次发表）：

[1] 张国清:《作为共享的正义——兼论中国社会发展的不平衡问题》,《浙江学刊》,2018(1):5-18(导论)。

[2] 伏佳佳:《共同富裕和共享发展——一种观念史的考察》(第1章)。

[3] 张国清、何怡:《〈共享发展〉理念相关问题之考察》,《云南社会科学》,2017(5):7-14(第2章)。

[4] 傅丽红:《共享发展的基本要素》(第3章)。

[5] 马丽、黄芳:《社会共享的制度基础》(第4章)。

[6] 田信桥、张国清:《通往共享之路——社会主义为什么是对的》,《浙江社会科学》,2018(2):20-27(第5章)。

[7] 赵睿、张国清:《私有产权:边界与局限》(第6章)。

[8] 杨雨莲、张国清:《庸官懒政博弈分析》,《浙江大学学报（人文社会科学版）》,2017(2):138-147(第7章)。

[9] 张国清、王子谦:《21世纪分离主义:原因、趋势和教训》,《浙江社会科学》,2017(2):4-13(第8章)。

[10] 沈潜、王子谦、张国清:《人民力量的回归——第三波民粹主义再评价》,《浙江大学学报（人文社会科学版）》,2018(3):74-85(第9章)。

[11] 张国清、马丽、黄芳:《习近平"亲清论"与建构新型政商关系》,《中共中央党校学报》,2016(5):5-12(第10章)。

[12] 张国清:《分配正义在中国:问题与解决》,《国际社会科学杂志（中文版）》,2015(1):110-127(第11章)。

[13] 张国清、何怡:《欧盟共享发展理念之考察》,《浙江社会科学》,2018(7):28-36(第12章)。

---

① 中共中央国务院:《关于支持浙江高质量发展建设共同富裕示范区的意见》(2021年5月20日),新华社,2021年6月10日。

[14] 张国清、何怡:《民族国家的观念——从中国学者的观点看》,《浙江社会科学》,2016(7):22-35(第 13 章)。

[15] 张国清:《超国共同体:中国对全球化的可能回应》,《统一战线学研究》,2017,1(4):101-112(第 14 章)。

[16] 郭才华、张国清:《全球安全危机与构建人类安全共同体》,《浙江大学学报(人文社会科学版)》,2021(4):1-13(第 15 章)。

感谢所有参与研究的人员,感谢发表前期成果的期刊编辑,感谢中央高校基本科研业务费专项资金资助和浙江大学"双一流"学科建设发展基金资助。我们感谢两位匿名审稿人的评审与建议。根据他们的建议,我们调整了书的结构,并删除了部分章节。全书最后由本人统稿。

这是继《和谐社会研究》(人民出版社,2006)和《社会治理研究》(浙江教育出版社,2013)之后,本人负责完成的第三部社会研究著作。和谐是保持诸社会要素并存、兼容、协调之关系的稳定状态。治理是展示人民、社团、政府(国家和政党)各自存在价值,社会得到有效管治的适当手段。共享是建设社会和发展社会,人民基本自由、权利和利益得到均等维护,人民高质量生活水平得到持续提升的合理目标。与社会和谐和社会治理相比,对社会共享的辩护要艰难一些。围绕社会共享的争议要多一些,价值也大一些。

放眼国内,社会公平、共享发展、社会共享、共同富裕具有高度相关性,是近些年颇受关注的公共议题。这些议题关乎每一个体的切身利益。放眼全球,2020 年初以来,新冠肺炎疫情仍然在世界各地蔓延。2022 年 2 月 24 日以来,俄罗斯针对乌克兰的特别军事行动仍然在进行当中。世界局势极其动荡,核战争阴影正在笼罩着整个人类。人类又处在十字路口,因为当文明进步时,野蛮也在进步。政治家的选择和决定在关键时刻关乎人类的命运。我们尝试在此对这些议题予以系统论述。我们做了努力,其中仍然会有疏漏之处。望大家批评指正。

张国清

2021 年 7 月 11 日于杭州

2022 年 5 月 2 日修订于杭州

目　　录

第一编　理　　论

1

第二编　问　题

第三编　愿　景

导论　作为共享的正义

　　政治哲学、政治学理论和政治经济学共同探讨的一个重要问题是,如何组织社会,提升社会创造财富和克服贫困的能力,造就公平正义的社会秩序?[①] 这个问题又可以表述为:如何有效配置资源,促进国民财富不断涌流,让每个社会成员获得公平的财富份额与公平的均等机会? 如何找到效率和公平的结合点,既调动财富创造者的积极性,又缓和社会阶层之间的贫富分化? 这些问题在政治哲学史、政治思想史和政治经济学史上有着热烈争议,哲学社会科学家多有介入,成为学术界经久不衰的关注焦点。它们是如此重要,不仅涉及每个社会成员的切身利益,而且涉及每个社会成员对未来社会的预期;它们不仅事关哲学社会科学研究者的个人声誉,而且事关整个人类的共同命运。

　　经过长期理论争论和实践尝试,人们共同认可的理想社会是能把追求经济效率和追求社会公平很好地结合起来的有利于普通民众过上美好生活的社会。这样的社会就是良性社会。它离不开分配正义。分配正义的实质是共享正义,个体基于天赋、能力、技能、勤奋、资格、运气等因素获得其作为社会成员通过公平分配而分享社会资源的份额,那个公平份额以位置和岗位等实际存在的均等机会为依据,以财富、收入、职权、荣誉、地位、尊严为主要内容。没有共享正义,就谈不上社会共享或共享发展。因此,良性社会也是共享社会,是共享发展理念得到落实并且共享正义得到实现的社会。当然,上述断言有待论证。

　　作为导论,我们从哈耶克(Friedrich August Hayek)等自由主义者对社会主义和社会正义的批评入手,探讨共享正义在社会基本制度设计中扮演的核心角色,评述国内外学者有关"共享经济"和"共享发展"论题的讨论,评估"共享发展"理念及其效应,论证共享经济与共享社会的关系,讨论通往共享社会的具体路径,评估中国改革开放以来的社会主义实践,为人们了解共享经济、共享发展和社会共享提供帮助。

---

　　① 　参阅 Hans-Hermann Hoppe, *A Theory of Socialism and Capitalism*: *Economics*, *Politics*, *and Ethics*. Boston, Dordrech and London: Kluwer Academic Publisher, 2010, p. 9.

一、私有制的是与非

1516 年,莫尔(Thomas More)发表《乌托邦》,设想了一个在现实世界中不存在的美好社会。如果以这个事件作为社会主义学说诞生的历史起点,那么社会主义学说已有 500 多年的历史。

私有制有致命缺陷,就是背离了社会正义。这个致命缺陷,不会因为私有制带来的社会化大生产和生产力发展而得到纠正。单纯的效率不能为任何一个制度的正当性提供证明。私有制度如此,公有制度也是如此。社会主义学说的核心假设是私有制乃万恶之源。"凡是存在私有制的任何地方,所有的人凭现金价值衡量所有的事物,那么,一个国家就难以有正义和繁荣。"[①]资本主义社会是把对资本和金钱——包括人追求金钱的才能——的崇拜推向极端的拜物教社会。从政治思想史上看,社会主义思想和资本主义思想几乎是同时发展起来的,双方的争论从来没有停止过。社会主义信奉者构想的未来社会是,取缔私有制度,实行财产公有,消灭阶级差别,按需分配所得,实现人民平等,定期公选官员,实现共同富裕等等。"乌托邦宪法规定,在公共利益不受损害的范围内,所有公民应该除了从事体力劳动,还有尽可能充裕的时间用于精神上的自由及开拓,他们认为这才是人生的快乐。"[②]

在与封建主义、资本主义、帝国主义、种族主义、自由主义、专制主义等各种思潮、运动和制度的对决中,社会主义有过辉煌时期,也有过灰暗时期;它有过在革命胜利之际充满狂热的巅峰时刻,也有过在运动遭遇重大挫折之后令人悲愤的低谷阶段。尤其是 20 世纪 90 年代,苏联解体,东欧社会主义阵营崩溃,社会主义运动经历有史以来的最大挫折。不过,无论是让人豪情万丈的革命高潮,还是令人扼腕叹息的运动低点,它们都只是在社会主义历史上真实发生的插曲或片段,是社会主义革命和运动的重要组成部分。它们只是表明,社会主义尚处于成长之中。有时,社会主义还不够成熟;有时,社会主义存在非理性甚至疯狂的一面。但是,它们不是社会主义的全部,甚至不是社会主义的主要部分。社会主义仍然在发展和变化中。在大起大落中,多数社会主义国家走向终结而成为历史,剩下的社会主义国家仍在艰难前行。像中国这样的个别社会主义国家慢慢摸索出自己的发展道路,不仅让人看到摆脱困境的曙光,而且取得实质性成功,

---

① [英]莫尔:《乌托邦》,戴镏龄译,北京:商务印书馆,1982 年版,第 42 页(译文略有改动)。
② [英]莫尔:《乌托邦》,戴镏龄译,第 60 页。

表现出社会主义作为一种社会基本制度的强大优势。

实际上,与社会主义相比,资本主义的发展也并非一帆风顺。资本主义总是会陷入经济周期之中。资本主义一边同社会主义竞争,一边从社会主义中吸取合理因素。比如,所谓"分享的资本主义"正在形成。当今私有企业大多激励雇员参与公司决策和管理,雇员拥有企业股份和参与分红等。"几乎半数美国私营企业雇员参与了'分享的'资本主义。在这种雇佣关系中,员工薪水直接同公司或企业的绩效挂钩。这些企业的很多雇员加入雇员委员会或公司团队,帮助企业经济活动的管理决策。在雇员薪酬管理方面,其他国家的员工也大同小异。"①分享的资本主义提升了雇员的获得感,激发了他们的劳动积极性。在企业经营管理和利益分配上,资本主义向社会主义多有借鉴。今天的资本主义生产方式同马克思批评的资本主义生产方式相比已经发生许多重要变化。

1993年,美国学者麦克纳利(David McNally)表示,"我们生活在市场大放光彩的年代。……社会主义的重大缺陷在于敌视市场。它总想把中央计划同配置商品和服务的市场对立起来"②。长期以来,人们将计划经济等同于社会主义,将市场经济等同于资本主义。社会主义不接受自由市场,资本主义则不接受中央计划。虽然冷战以西方资本主义阵营的暂时胜利结束,但是2008年爆发了全球金融危机,唤醒了资本主义自由市场经济的盲目崇拜者和迷信者。这场时至今日尚未完全化解的危机表明,资本主义也要进行改革,但是很多人对其前景并不看好。

正如资本主义私营企业通过让雇员"分享"劳动成果向社会主义国有企业学习一样,实际上,在东欧社会主义阵营解体之前,波兰、匈牙利、捷克斯洛伐克等欧洲社会主义国家一直在探索市场社会主义道路。然而,这些国家的市场化尝试同其社会主义国有经济制度存在矛盾。它们的社会主义市场经济仍然是"半吊子"市场经济。因为要实现全面市场经济,就不仅要接受消费商品的市场化,而且要接受资本市场、失业和经济危机。"这意味着公开抛弃马克思主义,放弃社会主义改造社会的任何计划。"③当时的社会主义制度限制了这些国家实行全面市场经济的可能性。由于拒绝市场作用,只强调计划,无论东欧,还是东亚,社

---

① Douglas L. Kruse, Richard B. Freeman, Joseph R. Blasi, *Shared Capitalism at Work*: *Employee Ownership*, *Profit and Gain Sharing*, *and Broad-Based Stock Options*, Chicago and London: The University Press of Chicago, 2010, p. 1.

② David McNally, *Against the Market*: *Political Economy*, *Market Socialism and the Marxist Critique*, London and New York: Verso, 1993, p. 1.

③ David McNally, *Against the Market*: *Political Economy*, *Market Socialism and the Marxist Critique*, p. 2.

会主义国家都陷入了经济增长和社会发展的困境。

20 世纪 80 年代，以邓小平同志为代表的中国共产党主动搁置姓"社"姓"资"争论，确定以经济建设为中心，探索以自由市场为导向的社会主义经济体制改革，为中国改革开放赢得了时间。经过 40 多年发展，中国取得了举世瞩目的成就。一般认为，市场经济必然是资本主义经济。"市场规则假定了人的劳动力的商品化。没有人的劳动力，市场无法把其'理性'注入经济过程中。"[1]中国特色社会主义吸收了原来属于资本主义的自由市场因素。于是，有一个问题被反复提及，只是换了提问的方式：中国取得的成就，究竟是资本主义的胜利，还是社会主义的胜利？

一些学者认为，中国改革可能朝向"权贵资本主义"（crony capitalism）或"红色资本主义"（red capitalism），表示"理解中国和中国共产党建立自己的资本主义版本，对理解中国将来数年在全球经济中扮演的角色是根本性的"[2]。比如，吴敬琏提醒，"我国应建立一个规范公正的市场经济，防止陷入权贵资本主义"[3]。孙立平赞成吴敬琏的分析，认为"从计划经济到市场经济的转轨过程中，会出现岔路和弯路。其中之一，就是偏离规范的、法治的市场经济的方向，演变为所谓的权贵资本主义。结果就是既得利益集团的畸形发育，不公正的社会秩序的形成"[4]。美国华裔学者裴欣敏认为："总体而言，权贵资本主义，尤其是共谋腐败，根基极其深厚。要是斩不断与统治精英随意窃取公共财富的密切联系，那么想要缓解权贵资本主义病症将是不可思议的。"[5]结果只能是，权贵或特权阶层左右逢源，获得中国改革开放的最大利益。无论政府如何决策，获得利益的总是与权力形成共谋关系的有权有势者，吃亏的则是广大民众或无权无势者。

当下一些地方政府部门和公共领域，腐败盛行，政商关系亲而不清或清而不亲，存在资本与权力的赤裸裸共谋合作，一些政府官员成为社会黑恶势力的保护伞。这诸多丑恶现象，恰恰是因为一些地方政府及企业追求所谓改革或创新，模糊资本主义和社会主义的边界造成的。中国经济改革伴随着权力腐败，并且这个趋势日益严重。如果它没有得到根本扭转，中国改革将偏离社会主义方向，背

---

① David McNally, *Against the Market*: *Political Economy*, *Market Socialism and the Marxist Critique*, p. 218.

② Carl Walter, Fraser Howie, *Red Capitalism*: *The Fragile Financial Foundation of China's Extraordinary Rise*, Singapore: Wiley, 2012, p. 3.

③ 吴敬琏:《市场经济应防止陷入"权贵资本主义"》,《决策与信息》,2004 年第 1 期。

④ 孙立平:《从政治整合到社会重建》,《瞭望》,2009 年 9 月第 36 期。

⑤ Minxin Pei, *China's Crony Capitalism*, *The Dynamics of Regime Decay*, Cambridge, MA: Harvard University Press, 2016, p. 256.

离其初衷。当中国进一步改革遇到重大方向性选择时，我们迟早要回到姓"资"姓"社"争论上来。我们相信，中国要坚定走社会主义道路，即使中间会有曲折，甚至偶尔偏离正道，但是只有社会主义才是正确方向。这是几代中国共产党领导人做出的政治承诺，也是中国共产党作为唯一执政党的合法性根据所在。

"资本主义与社会主义相争的问题从根本上讲是谁应当拥有什么的问题。"①回顾姓"资"姓"社"争论的政治思想史，以反社会主义著称的哈耶克是一个绕不开的人物。"早在 1933 年春天的一份备忘录中，哈耶克就把纳粹等同于社会主义。"②他在 1944 年出版的《通往奴役之路》旨在说服其英国费边社的同事，"告诉他们，他们错了"③。当英国人试图将自己信奉的社会主义区别于德国的国家社会主义时，他表示，他们都"在走同一条道路"④。他还把希特勒统治的德国同斯大林领导的苏联相提并论，认为所有的社会主义不存在本质差异。

人的价值观塑造着人的自然观、社会观和人生观，决定人对待自然、社会和人生的态度。哈耶克主张"演进理性论"（evolutionary rationalism），一种自生自发秩序理论，反对"建构理性论"（constructivist rationalism）。前者也是波普尔推崇的"批判理性论"（critical rationalism）。两人断定，后者"错误"而"天真"。哈耶克表示："假如建构理性论证明是以一些虚假假设为基础的，那么立于其上的所有科学和政治思想流派也将证明是错的。"⑤他由此开展对整个人类文明、科学和政治思想史的反省，把与"演进理性论"或"批判理性论"不相符合的所有科学和政治思想全部宣判为谬误。顺理成章地，凡是主张革命而非自然演化的所有科学和政治思想皆被划归谬误之列。在哈耶克看来，社会主义，作为"最高贵、最有影响的极权主义学说"，旨在"创造人类的未来"，属于建构理性论，当然是错的。"它们之所以是错的，不是因为它们得以建立的价值是错的，而是因为使伟大社会和文明成为可能的力量观念是错的。"⑥

1978 年，哈耶克向社会主义支持者发出邀请，希望以辩论方式来驳倒社会主义学说，断定中央计划的以消灭私有财产为特征的社会主义，理论上存在谬

---

① William A. Edmundson, *John Rawls：Reticent Socialist*, Cambridge, UK：Cambridge University Press, 2017, p. 17.

② ［美］艾伯斯坦：《哈耶克传》，秋风译，北京：中国社会科学出版社，2003 年版，第 165 页。

③ ［美］艾伯斯坦：《哈耶克传》，秋风译，第 192 页。

④ ［英］哈耶克：《通往奴役之路》，王明毅、冯兴元译，北京：中国社会科学出版社，1997 年版，第 7 页。

⑤ Friedrich August Hayek, *Law, Legislation and Liberty：A New Statement of the Liberal Principles of Justice and Political Economy*, London and New York：Routledge, 2013, p. 5.

⑥ Friedrich August Hayek, *Law, Legislation and Liberty：A New Statement of the Liberal Principles of Justice and Political Economy*, p. 5.

误,实践上已经失败。他在随后出版的《致命的自负——社会主义的谬误》中写道:"市场秩序和社会主义的争论不只限于生存问题。遵循社会主义道德,将令目前很多人遭殃,并令其余很多人穷困。"①哈耶克否认社会主义核心价值之一——社会正义——是有意义的。"社会主义兑现不了其承诺。……我不相信这种颇受认可的'社会正义'观描述了某种可能情形,我甚至不相信它是有意义的。"②他在差不多同时完成的《社会正义的返祖现象》③一文中表示:"对于一个由自由人组成的社会来说,'社会正义'这个说法其实是毫无意义可言的。"④"正义的个人行为规则对于维护由自由人组成的和平社会是必不可少的,但是,力图实现'社会'正义的各种努力与维护由自由人组成的和平社会不相容。"⑤

按照哈耶克的逻辑,社会主义和社会正义几乎一无是处。社会正义是国家强加于人民的,而非人民的自愿选择。凡是中央集权国家,都存在对个体的奴役,对个人自由的剥夺。于是乎,所有集体公有制国家都不可避免地走向极权专制。社会主义国家的中央计划经济体现了这种强制性。它瓦解了自由市场制度,所有的个人经济自由和人身自由将不复存在。"社会主义或市场秩序其他已知替代者皆供养不起现有的世界人口,在此意义上,社会主义将危及现在与将来的人类幸福。"⑥哈耶克在1978年一次访谈中提到,"我从来没有受到马克思主义的社会主义的影响。"⑦他后来干脆说,"我宁愿生活在自己一无所有而他人多有财物的土地上,也不愿意苟且于全部财产归'集体所有'且由权力部门调配其特定用处的地方。"⑧他认为,社会主义存在各种谬误,表现了"作为一种荒谬的不科学的方法论……建构理性论"⑨的致命自负。

哈耶克相信市场的效用而怀疑政府的智慧,表示"政府政策只会恶化而非缓和景气循环"⑩。他把效率放在首位,拒绝关注公平,完全放弃"社会正义",完全

---

① Friedrich August Hayek, *The Fatal Conceit: the Errors of Socialism*, London & New York: Routledge, 1988, p.7.

② Friedrich August Hayek, *The Fatal Conceit: the Errors of Socialism*, p.8.

③ Friedrich August Hayek, *New Studies in Philosophy, Politics, Economics and the History of Ideas*, Chicago: the University Press of Chicago, 1978, pp.57-70.

④ [英]哈耶克:《哈耶克论文集》,邓正来译,北京:首都经济贸易大学出版社,2001年版,第177页。

⑤ [英]哈耶克:《哈耶克论文集》,邓正来译,第179页。译文略有改动。

⑥ Friedrich August Hayek, *The Fatal Conceit: the Errors of Socialism*, p.121.

⑦ [美]考德威尔:《哈耶克评传》,冯克利译,北京:商务印书馆,2007年版,第169页。

⑧ Friedrich August Hayek, *The Fatal Conceit: the Errors of Socialism*, p.78.

⑨ Friedrich August Hayek, *The Fatal Conceit: the Errors of Socialism*, p.8.

⑩ Roger E. Backhouse, Bradley W. Bateman, *Capitalist Revolutionary: John Maynard Keynes*, Cambridge, MA: Harvard University Press, 2011, p.25.

放弃"分配正义"①，认为它们只会给人类带来灾难或苦难。他借用洛克有关私有财产的著名观点："想要确保作为繁荣根基的个人之间的和平合作，政治权力必须实施正义，但是，只要私有财产没有得到承认，那么正义将荡然无存：'凡是没有财产的地方，都不会有正义'。"②他表示："自由经济总是只能做到交换正义，而社会主义——在很大程度上也是大众的社会正义理想——则要求分配正义。"③但是，分配正义"不但要求取消个人自由，而且要求贯彻一套不容争议的价值，换言之，实行一种严密的极权统治"④。哈耶克断定，分配正义是国家或政府强制的结果，而不是人民自愿交易的结果。贝尔（Daniel Bell）为此评论道："在哈耶克看来，国家不是统治阶级的执行委员会，而是……一股独立的科层势力，具有利维坦性质，是强制的和反自由的。强化国家角色的任何政策都忽视了自由主义。"⑤

在哈耶克之后，罗尔斯（John Rawls）提出了一套公平正义（jusice as fairness）理论。其预设前提是，每个人都拥有正义感，具备判断是非善恶的道德能力。人之为人，不仅要做经济意义的"理性人"（being rational），而且要做道德意义的"合理性人"（being reasonable），两者合在一起，才能成为"通情达理的人"（being reasonable and rational）。这才是正义社会的理想公民。罗尔斯写道："康德用术语 vernünftig 表示一个完整的理性概念，那个概念包括了我们通常使用的术语'reasonable'和'rational'的含义……在英语中，'reasonable'也意味着'明白事理的'、'乐意倾听合理意见的'。"⑥这样的人民追求分配正义是理所当然的："正义原则可以视为理性人愿意选择的原则，通过这种方式，某些正义观念将得到解释和辩护。正义理论是理性选择理论的一部分，或许是最重要的部分。"⑦因此，社会实现公平正义，需要一套特定的人性和理性假设。哈耶克和波普尔共同主张的批判理性论和演进理性论，只是洛克、休谟和亚当·斯密等人提出的理性经济人假设的变体，难以成为国家或政府为改善和改变社会而必须担负的社会政治责任的政治哲学基础论据。

① Friedrich August Hayek，*The Fatal Conceit：the Errors of Socialism*，p. 8；p. 118.

② Friedrich August Hayek，*The Fatal Conceit：the Errors of Socialism*，p. 34.

③ ［英］哈耶克：《经济、科学与政治》，冯克利译，南京：江苏人民出版社，2000 年版，第 17 页。译文略有改动。

④ ［英］哈耶克：《经济、科学与政治》，冯克利译，第 19 页。

⑤ Daniel Bell，*The End of Ideology：On the Exhaustion of Political Ideas in the Fifties*，Cambridge，MA：Harvard University Press，2000，p. 80.

⑥ ［美］罗尔斯：《道德哲学史讲演录》，张国清译，台北：左岸文化出版社，2004 年版，第 265 页。

⑦ John Rawls，*A Theory of Justice*，Revised Edition，Cambridge，MA：Harvard University Press，1999，pp. 14-15.

　　罗尔斯在批评功利主义正义观时揭示了这一点。罗尔斯认为，哈耶克等自由主义者推崇的理性人，只讲经济理性，不讲道德合理性，缺乏"道德敏感性"①。如下说法正好表明经济意义"理性人"和道德意义"合理性人"的差异："虽然它是不合理的，但是一般而言，它未必是非理性的"（"Yet while it is unreasonable，it is not, in general, not rational."）。② 弗雷曼（Samuel Freeman）对此有精辟解释："自由而平等的人具有两个道德能力。第一，讲究'合理的'（to be 'reasonable'）能力，支持正义的道德能力，理解、利用合作条款并且与他人合作的能力；第二，讲究'理性的'（to be'rational'）能力，拥有'理性的'善好观念，养成、理性地追求融贯价值的能力，它为有关给予生命和生命的追求以意义的观念奠定了基础。罗尔斯认为，讲究'通情达理的'（to be reasonable and rational）能力是实践理性的首要能力。在罗尔斯后来的康德式术语体系中，它们是支持正当和善好的能力，是既讲合理性又讲理性的能力。这些能力形成了'平等的基础'或人的特点；通过它们，作为正义的主体，它们保证作为平等的人受到对待与尊重。"③

　　单凭经济意义的"理性人"组成不了正义社会，他们只能组成纯粹的利益社会或效用社会。或者，那样的社会只是由"精致的利己主义者"组成的社会。正如钱理群教授批评的那样："我们的一些大学，包括北京大学，正在培养一些'精致的利己主义者'，他们高智商，世俗，老道，善于表演，懂得配合，更善于利用体制达到自己的目的。这种人一旦掌握权力，比一般的贪官污吏危害更大。"④罗尔斯设想了一个由"通情达理的人"组成的正义社会，他称之为"良序社会"，它们的联合体就是"近乎正义的国家"。"我将假定，其背景是一个近乎正义的国家（a state of near justice），也就是说，其社会基本结构是近乎正义的，在这样的条件下，人们会酌情考虑，预期什么才是合理的。"⑤他甚至发出这样的感叹："假如使其成员的权力服从于合理目标的一个通情达理的正义的万民社会（Society of Peoples）是不可能的，人类大多是不讲道德的，纵使不是不可救药地玩世不恭和自我中心的，那么我们会和康德一起质问，人类是否值得苟活于这个世上。"⑥然

---

　　① John Rawls, *Political Liberalism*, *Expanded Edition*, New York：Columbia University Press，2005，p.51.

　　② John Rawls, *Justice as Fairness*：*A Restatement*, Cambridge，MA：Harvard University Press，2001，p.7

　　③ Samuel Freeman, *Rawls*, London & New York：Routledge，2007，p.54.

　　④ 刘铁芳、刘艳侠：《精致的利己主义症候及其超越：当代教育向着公共生活的复归》，《高等教育研究》，2012 年第 12 期。

　　⑤ John Rawls, *A Theory of Justice*, Revised Edition, p.309.

　　⑥ John Rawls, *Political Liberalism*, Expanded Edition, p.128.

而,哈耶克却不以为然。他坚决拒绝罗尔斯在分配正义方面所做的努力,表示"罗尔斯渴望的世界决不会成为文明的世界。通过把差异强制归结于运气,它将一笔勾销有关新可能性的绝大多数发现"[①]。同哈耶克相似,诺齐克(Robert Nozick)反对借助于国家之手来实现公平正义,主张在最弱意义上理解国家的功能,使之限于"防止暴力、偷盗和欺诈,保证合约实施等"[②],否认罗尔斯正义理论论证的国家具有重新分配财富、收入、权力、荣誉甚至人格尊严的再分配功能。

按照哈耶克和诺齐克等人的古典自由主义或保守主义所有权理论,社会正义或分配正义是一个伪命题。在公民权利与国家权力的博弈中,个人要么接受国家权力的强制,要么获得全面自由。换言之,个人要么受奴役,要么得自由。在政府和市场之间,政府代表权力强制,代表实施奴役的一方;市场代表公民权利或个人自由,代表可能遭遇奴役的一方。自由市场是人们实现自由的重要场所。市场的所有行为是自发、自觉、自愿和自由的。"在没有人实施分配的地方,就不可能有分配正义。"[③]真正的分配正义只是发生在自由市场之中。他们认为,社会主义者、平等主义者和罗尔斯倡导的社会正义支持者,违反市场自由原则,类似于伯林(Isaiah Berlin)所谓的"积极自由",是对人身自由的剥夺,是积极地强制、影响、胁迫或奴役他人,强行介入他人生命,违反他们的自由意志和意愿。因此,在他们看来,罗尔斯倡导的公平正义理论反而成为一种错误理论,一种为各种社会暴行和政府不合理强制力作辩护的错误理由。

像哈耶克、波普尔和诺齐克一样,在伯林看来,在个人意义上,积极自由是自由当事人自己做主的自由,是个人按照自己的本性、意愿和理性行事的自由,包括影响他人的自由。但是,当大于个人的主体,比如部落、族群、种族、教会、国家作为行事主体时,积极自由便是按照超越个人的本性、意愿和理性来行事的。比如,在国家层面,统治者创造一定条件,引导被统治者放弃他不喜欢的那些欲望,并声称"他使他们获得了自由"[④]。正如福柯提示的那样,理性、知识(真理)与权力高度合谋,拥有真理的人需要教育没有拥有真理的人去认识真理,而理性的人必须强迫不理性的人做出理性行为。自由便在于听从真理和理性的教导,在于服从某种法律。正义与真理、理性站在一起,国家权力推行正义。国家或政府总是站在理性和真理的一边。这正是自由主义者最为担忧的。所以,自由主义者只相信自由市场,对国家行使社会正义或代表社会正义,总是抱着怀疑的态度。

---

① Friedrich August Hayek, *The Fatal Conceit: the Errors of Socialism*, p. 74.

② Robert Nozick, *Anarchy, State and Utopia*, New York: Basic Books, 1974, p, ix.

③ [英]哈耶克:《哈耶克论文集》,邓正来译,第179页。

④ Isaiah Berlin, *Four Essays on Liberty*, Oxford and New York: Oxford University Press. 1969, pp. 139-140.

哈耶克、伯林、波普尔和诺齐克都是如此。可想而知,在国家功能被如此弱化的情形下,自由市场以追求效率为首要目标,无法回应人们对社会正义的要求。

姓"资"姓"社"的争论,哈耶克和罗尔斯的争论,其关键点仍然在于私有财产或个人所有权的去留或存亡,在于私有财产是否具有不可侵犯性。同有关效率与公平的讨论相一致,在长期争论中,从洛克(John Locke)、休谟(David Hume)、亚当·斯密(Adam Smith)开始,经过密尔(John Stuart Mill),一直到哈耶克、波普尔、伯林和诺齐克等人,在设定"私人财产具有不可侵犯性"这一最高正义原则之后,整个自由主义阵营考虑的中心问题是,社会主义做错了什么? 政府做错了什么? 为什么强大的国家或政府不利于人民去追求自己的利益和幸福? 苏联和东欧社会主义体系的崩溃似乎证明自由主义者是对的。人类文明的扩张不得以侵犯私人财产为代价。无私产,则无自由。这成为自由主义者的核心信条。哈耶克等人把婴儿期社会主义当作成年社会主义来批判,否定社会主义自我革新的能力,怀疑任何国家维护社会正义的能力和必要性。国家成为"恶"的代名词,一个像利维坦一样可怕的怪兽。

笔者认为,哈耶克和罗尔斯等人关于社会主义和社会正义的争论涉及两个重要问题:一是效率和公平的关系问题;二是人类社会发展究竟选择资本主义道路还是社会主义道路的问题。我们认为,哈耶克在批评社会主义和社会正义时主要犯有以下四点学理错误:

(1)他在哲学方法论上犯了只顾一点、不及其余的以偏概全错误,满足于达尔文的生物进化论,把人类社会及其文明当作生物进化的自然环节,拒绝辩证唯物主义发展观,沉溺于一种肤浅偏执的怀疑论(a superficial and paranoid skepticism)。

(2)他只承认自生自发秩序,断定人类文明是自生自发秩序的扩张。那个秩序有一个渐进演化过程。他否认人类文明还有挣脱渐进演化过程的致命一跃,否定人类文明有革命阶段,否认革命是人类文明进步的重要组成部分。

(3)他把个别类型的社会主义当作全部类型的社会主义,把早期阶段的社会主义当作所有阶段的社会主义,无视社会主义一直在改变、发展和成长。

(4)当他否定社会主义时,他把社会主义追求的目标——"社会正义"或"分配正义"——也一起否定掉了,认为人类社会为社会正义所做的所有努力都是徒劳的、荒谬的。

综上所述,社会主义遭遇过重大挫折,但它并没有失败。面对中国经济社会发展奇迹,即使自由主义者也不得不扪心自问:社会主义肯定做对了什么。退一步讲,就算哈耶克批评的某些特定社会主义国家失败了,但是人类追求社会正义并非错误或毫无意义。公平正义理想仍然明确保留在具有正义感的人们的心中。效率和公平的关系是人类面临的一大价值困扰。效率可以由自由市场来实现，但是，公平或社会正义主要由国家或政府来完成。社会正义和分配正义不是伪命题，它们对于社会主义具有本质重要性，对于人类文明进步具有本质重要性。人们可以批评社会主义存在过失，但是，只要资本主义私有制仍然占据主导地位，只要社会正义问题依然没有得到有效解决，那么培育社会主义运动的土壤就依然存在。

二、正当优先于善

效率是效率。公平是公平。文明的归文明。正义的归正义。这是一种看似合理的观念。但是，在现实世界里，效率和公平，文明与正义，往往交织在一起，不像初看之下相互排斥。如此胶着状态并不意味着混乱，而是有待研究者做出分析或解释的。近些年来，共享发展、共享经济、共享社会、共同富裕等概念的提出，为我们探讨效率与公平、文明与正义的关系提供了新的参照对象。

我们不妨设想这样一个社会，在那里，效率与公平相互兼容，文明与正义两相契合。那样的社会就是共享社会。共享社会是把效率和公平、正义和文明很好地融入同一个自由共同体之中的社会。与"共享社会"相比，人们近些年讨论较多的话题是"共享发展"和"共享经济"。无论推行"共享经济"，还是倡导"共享发展"理念，都要在现有国家社会制度框架之内才能开展起来。一个国家取得的经济社会发展成就，既取决于自由市场因素，也取决于社会基本制度因素。

当然，追求经济增长和追求社会正义不是一回事，推行共享经济和实施共享发展也不是一回事。换言之，效率问题可以由市场解决，但是公正问题只能主要由国家或政府解决。共享经济是社会的热点。社会正义、共谋发展、共同富裕则是社会的痛点。市场交易可以自生自发地开展起来。只要诉诸自愿和同意，人们可以追逐像共享经济这样的热点。但是，只有借助于有针对性的制度设计或特殊制度安排，才能缓解或消除像社会正义甚至共同富裕这样的痛点。因此，国家和政府介入社会正义是理所当然的。就此而言，自由主义鼓吹者都是在误导国家和政府放弃自己的政治和社会责任。在解决社会正义问题过程中，忽视社会发展方向，只会加深社会不平等，加重社会贫富两极分化。如果社会正义的痛点长期得不到缓解，共享发展和共同富裕难以充分落实，普通民众普遍缺乏获得感，他们的幸福感依然有限，共享社会总是遥遥无期，那么，一个国家的经济社会发展就不可能走得太远，社会正义或分配正义必然成为无法绕开的社会重大议题。

1. 共享经济是当今社会关注的热点。共享经济的成长得益于互联网的发展和普及。"支持者有时将它描述为一种新商业模式,有时把它说成是一场社会运动。"①《纽约时报》专栏作家弗里德曼(Thomas Loren Friedman)声称,我们已经进入共享经济年代。共享经济已覆盖交通出行、房屋住宿、知识技能、生活服务等多个领域。2019 年 2 月 28 日,国家信息中心发布《中国共享经济发展年度报告(2019)》。该报告提到,"2018 年中国共享经济交易规模 29420 亿元,比上年增长 41.6%。其中,2015—2018 年,网约车用户在网民中的普及率由 26.3%提高到 43.2%;在线外卖用户普及率由 16.5%提高到 45.4%;共享住宿用户普及率由 1.5%提高到 9.9%;共享医疗用户普及率由 11.1%提高到 19.9%"②。报告还提到,"从发展前景看,共享经济是一种技术、制度和组织的组合创新方式,能够大幅降低交易过程中供需双方的相互寻找、讨价还价、安全保障等成本,提升资源配置效率。无论是从培育经济增长新动能,推进产业转型升级,还是从满足消费者巨大的潜在需求来看,共享经济的作用远未充分释放,共享经济向各领域加速渗透融合的大趋势不会改变"③。Uber、Airbnb、滴滴、淘宝、拼多多、微信、支付宝等为共享经济提供了不同样本。以 Airbnb 为例,它"是一个信用平台,其真正创新之处在于,每个人在那里不仅能知道任何另一个人的身份,而且能给作为主人或客人的人品好坏、待人冷暖打分"④。共享经济不仅造就新企业和新商业模式,而且造就新所有权概念和新社会组织形式。

作为提倡共享理念的先驱者,法兰克福学派成员弗洛姆(Erich Fromm)从20 世纪 50 年代开始探索"健全社会"(the sane society)的可能性。他系统阐述了这样一种人道主义哲学:推崇注重生存和分享的生活方式,反对注重占有和享乐的生活方式。在马克思的影响下,弗洛姆批判了资本主义生产方式。"在资本主义的价值等级中,资本高踞在劳工之上,积聚的财富高踞在生命的表现之上。拥有资本的人可以命令'仅仅'拥有自己的生命、人的技能、活力和创造力的人。'物'高踞于人之上。"⑤在如此病态的社会里,人被贬低为贫乏的"物",其生存意义依赖于像财富之类的某种外在力量。弗洛姆区分了注重占有的生活方式和注重共享(生存)的生活方式。"占有取向是西方工业社会人的特征。在这个社会

① Tom Slee, *What's Yours is Mine : Against the Sharing Economy*, New York & London: OR Books, 2015, p.13.

② 国家信息中心:《中国共享经济发展年度报告(2019)》,北京,2019 年 2 月 28 日。

③ 国家信息中心:《中国共享经济发展年度报告(2019)》,北京,2019 年 2 月 28 日。

④ Thomas Loren Friedman, "And Now for a Bit of Good News...", *The New York Times*, July 19, 2014.

⑤ [美]弗罗(洛)姆:《健全的社会》,蒋重跃等译,北京:国际文化出版公司,2003 年版,第 82 页。

里,生活的中心就是对金钱、荣誉和权力的追求。"①在注重占有的社会里,"人们除了能谈论外在事物之外,几乎丧失了体验内心事物的能力"②。相比之下,注重生存的生活方式,就是注重分享的生活方式,"必须创造种种条件使人民体验到幸福和欢乐,而不是最大限度地满足享乐欲望"③。虽然弗洛姆没有明确提出"共享社会"概念,但是他批评注重占有的资本主义生存方式,为后人思考社会主义共享社会的可能性指明了方向。

自 20 世纪 90 年代以来,里夫金(Jeremy Rifkin)开始思考作为绿色经济的物联网经济及其后果,认为"第三次产业革命(the third industrial revolution)正在亚洲、非洲和美洲各国迅速漫延"④。他最近提出"协同共享"概念,表示资本主义时代正在被一种改变我们生活方式的新型经济体制所取代。"到 2050 年,协同共享很可能在全球大范围内成为主导性的经济体制。"⑤彭文生也发表了相似见解:"共享经济是技术进步的结果,并将首先颠覆性地影响传统商业模式。"⑥与里夫金和彭文生的乐观见解相反,斯利(Tom Slee)探讨了共享经济的内在矛盾,认为它损害社会正义,侵害个人权利。"共享经济正在把一个非常自由而不受管束的市场变成当前我们生活的保护性领域。"⑦斯利对共享经济的消极影响提出警告,认为其前景堪忧,不仅导向不了共享社会,而且阻碍共享社会的实现。

2. 社会正义是一个世界性难题,也是时下人们真切感受到的最大痛点。"正义是社会制度的首要德性,正如真实是思想体系的首要德性。"⑧当罗尔斯主张正义的社会制度既要平等地尊重每个人拥有的平等权利和自由,又要在经济和社会领域优先照顾处于最不利地位的社会阶层时,这种公平正义理论在世界范围内的哲学社会科学工作者中引发了广泛争议,并在普通民众中激起了强烈共鸣。尤其是他提出的差别原则,"社会不平等和经济不平等将这样安排,(1)它们应当给最少受惠者带来最大利益,并且符合正当储蓄原则;(2)由此附设的职位和岗

---

① [美]弗洛姆:《占有还是存在》,李穆等译,北京:世界图书出版公司,2015 年版,第 8 页。

② Lawrence J. Friedman, *The Lives of Erich Fromm: Love's Prophet*, New York: Columbia University Press, 2013, p. 323.

③ [美]弗洛姆:《占有还是存在》,李穆等译,第 162 页。

④ Jeremy Rifkin, *The Third Industrial Revolution: How Lateral Power is Transforming Energy, the Economy, and the World*, New York City: Palgrave Macmillan, 2011, p. 29.

⑤ [美]里夫金:《零边际成本社会》,赛迪研究专家组译,北京:中信出版社,2014 年版,第 1 页。

⑥ 彭文生:《共享经济是新的经济增长点》,《证券日报》,2015 年 9 月 12 日。

⑦ Tom Slee, *What's Yours Is Mine: Against the Sharing Economy*, p. 17.

⑧ John Rawls, *A Theory of Justice*, Revised Edition, p. 3.

位在公平均等机会条件下向所有人开放"①,正好抓住了当今社会的最大痛点。

正当优先于善。或者,正义优先于权益。我们认为,罗尔斯提出的公平正义原则在理论上不难理解,但在实践上难以施行。毕竟,在现实世界中,政治、社会和经济不平等是人们真切感受到的客观而真实的不平等。自由市场承认但又不愿意去纠正在自然秉赋、家庭出身、个人机遇、社会身份等方面的人际不平等。那样的不平等,只借助于正义原则,尚无法改变或难以改变。正义原则需要体现在刚性的社会制度之中,成为像宪法和法律这样用来调节人与人关系的强制性和约束性规则,并由政府等公共机构强制施行。因此,正义原则有待于细化为具体法律条款或公共政策细则,或者变成公共行政的操作规程。因此,罗尔斯正义理论的一大使命在于,为落实公平正义原则找到一条可行的制度路径。

历史经验告诉我们,单纯的经济增长只会加深社会不平等。因此,像罗尔斯一样,森(Amartya Kumar Sen)和努斯鲍姆(Martha Nussbaum)发出如下疑问:"什么标准与人类的'兴旺'真正相关? ……仅仅知道既定数量的民众有多少钱……是远远不够的。我们至少还需要问,这些资源如何分配,以及它们能为民众生活的改善做些什么。"②探索不平等的社会起源及其纠正办法,正是哲学社会科学的任务。

当前中国的处境是,"作为原来的社会主义国家,其经济向市场开放,向国际资本和技术转移开放,是一个尚未展示像美国那样发达的市场经济所有特点的国家"③。对照罗尔斯有关公平正义的理想性描述与森和努斯鲍姆有关分配正义的现实性探索,社会正义成为中国社会的关注焦点。尤其是,中国正面临分配正义的挑战。中国现代化、城市化和城镇化所造成的城乡二元分化格局、居民收入基尼系数的官方统计数据和国内重点城市义务教育改革等相关报道,呈现了这种挑战的严峻性。正如王新生指出的那样,"当今中国社会转型期的公平正义问题,根源于平等价值取向与公平价值取向之间的冲突和张力。这一冲突和张力不可能被消除,只能随着社会的发展而得到缓解,在公平与平等之间达至某种平衡"④。

中国幅员辽阔,各地生活空间各不相同,在东西部之间和城乡之间,有的差异巨大,反映了不同的习俗、语言、文化、生态和历史。当我们关注当前中国农村

① John Rawls, *A Theory of Justice*, Revised Edition, p. 266.
② [印度]森、[美]努斯鲍姆:《生活质量》,龚群等译,北京:社会科学文献出版社,2007年版,第1页。
③ Terry McGee, George C. S. Lin, Andrew M. Marton, Mark Y. L. Wang and Jiaping Wu, *China's Urban Space: Development Under Market Socialism*, London and New York: Routledge, 2007, p. 9.
④ 王新生:《当今中国社会转型期的公平正义问题》,《中国人民大学学报》,2015年第5期。

总体状况时,我们对社会公平的感受会更加直接而强烈些。令人遗憾的是,中国改革开放形成以东部核心城市为中心的区域经济带,吸引大批农村人口向城市迁移,造成农村人口枯竭,导致 2004 年开始的东部地区"民工荒",也导致自然乡村的衰落。经济学家往往重视如何让中国经济发展具有可持续性,他们担心"在民工荒的背景下,农村是否依然能为工业化和服务业的大力发展提供源源不断的廉价劳动力",[①]很少考虑农村劳动人口向城市持续几十年的转移,在城乡二元结构之下,导致广大乡村的致命性衰退。据民政部统计,2002—2012 年,中国自然村由 360 万个锐减至 270 万个,10 年间减少了 90 万个自然村,其中包含大量传统村落。[②] 在乡村生活方式及其社会和文化价值得到全面评估之前,单纯从经济发展水平来评价"三农"问题,那么政府主导下的美丽乡村建设不能从根本上扭转这个趋势。总体而言,现代化、城市化和城镇化没有给广大农村带来普遍好处,农民的获得感有限。"村落共同体长期被置于城乡二元化的社会结构、政治体制、国家福利框架之中,城乡社区存在严重的社会不平等,村落共同体长期滞后于中国社会发展总体水平,难以融入中国社会发展与进步的时代大潮之中。"村庄的选择是,要么融入城市或城镇,要么荒芜或死亡。在现有城乡二元化结构之下,农村共同体被拒斥于现代化、城市化、城镇化之外,农民的被剥夺感远远大于获得感。"拿'三农'的粮、人、地,合称'三拿',表明'三农'一直是当代中国发展的隐蔽踏板:经济困难时期,由抑制农村换来了惊人的国家生存力;经济起飞时期,由低度发展农村换来了惊人的国家竞争力。"[③]在中国政府实施美丽乡村建设和乡村振兴计划之前,农村、农业和农民的出路一直是一大中国社会难题。很多失地农民算过经济账,发现自己是得不偿失的,在政治、社会、教育、文化等方面也是如此。在如此形势之下,没有任何交易优势的广大农民想要实现富裕或共同富裕只能是一种奢望。

3. 为了解决社会正义问题,共享发展理念应运而生,社会主义公有制的制度优势恰好能破解社会正义的落实难题。基于中国改革开放的实践经验,以习近平同志为代表的中国共产党人尝试用"共享发展"理念来解决社会正义问题。

2013 年 3 月 17 日,习近平同志在第十二届全国人民代表大会第一次会议上发表重要讲话,明确提出"共同享有"("共享")概念:"生活在我们伟大祖国和伟大时代的中国人民,共同享有人生出彩的机会,共同享有梦想成真的机会,共

---

① 张晓波、杨进、王生林:《中国经济到了刘易斯黑白点了吗?》,《浙江大学学报(人文社会科学版)》,2010 年第 1 期。

② 《文汇报》编者按:《城市化进程加快,农村会在城市化过程中消失吗?》,《文汇报》,2012 年 12 月 10 日。

③ 毛丹:《村庄前景系乎国家愿景》,《人文杂志》,2012 年第 1 期。

同享有同祖国和时代一起成长与进步的机会。有梦想,有机会,有奋斗,一切美好的东西都能够创造出来。"①2015 年 10 月 26 日至 29 日,中共十八届五中全会在北京召开,会议通过《中共中央关于制定国民经济和社会发展第十三个五年规划的建议》,提出"创新、协调、绿色、开放、共享"五大发展理念,确定"共享是中国特色社会主义的本质要求"②。2016 年 3 月 17 日,新华社公布《中华人民共和国国民经济和社会发展第十三个五年规划纲要》,表示"坚持共享发展,必须坚持发展为了人民、发展依靠人民、发展成果由人民共享,做出更有效的制度安排,使全体人民在共建共享发展中有更多获得感,增强发展动力,增进人民团结,朝着共同富裕方向稳步前进"③。这些提法表明,建设基于共享发展理念的中国特色社会主义社会正式列入中国社会发展规划,向世人展示了中国未来社会发展的美好蓝图,体现了中国共产党和中国人民对实现共同富裕的坚定信念。

随着"共享发展"理念成为中国人民的共识,国内学者从不同学科解读共享发展理念。关于共享发展理念的重要性,庞元正一语中的:"提出共享发展注重的是解决社会正义问题。"④韩庆祥从历史唯物主义角度来评价共享发展理念提出的必然性,"从社会主义建设规律、中国共产党执政规律和人的发展规律来看,共同富裕、以人为本、成果共享是社会主义本质的重要体现,所以必然提出共享发展理念"⑤。王瑾也发表了相似见解:"共享发展理念,蕴涵深刻的问题意识,具有鲜明的现实针对性,为逐步缩小利益鸿沟、平衡利益诉求、弥合社会分裂提供了一个有针对性的解决方案。"⑥郑有贵强调公有制经济在推进共享发展中占据的基础地位,表示"推进共享发展要发挥好公有制经济的根基和引领作用"⑦。他特别提醒读者,共享发展理念具有意识形态价值:"西方资本主义国家总是企图以新自由主义理论引导我国国有经济私有化,实际上是畏惧我国公有制经济特别是国有经济做强与之抗衡,为打垮我国国有经济而设的理论陷阱;国内笃信新自由主义者,则以垄断、腐败为由,极力主张私有化,这是无视我国公有制经济改革实践的成功,而提出的与国情不符的结论与政策主张。"⑧为了共享发展,构

---

① 习近平:《在第十二届全国人民代表大会第一次会议上的讲话》,《人民日报》,2012 年 3 月 18 日。
② 《中共中央关于制定国民经济和社会发展第十三个五年规划的建议》,北京:人民出版社,2015 年版,第 9 页。
③ 新华社:《中华人民共和国国民经济和社会发展第十三个五年规划纲要》,《人民日报》,2016 年 3 月 18 日。
④ 庞元正:《论五大发展理念的哲学基础》,《哲学研究》,2016 年第 6 期。
⑤ 韩庆祥:《新常态背景下中国由大变强的发展之道》,《学习时报》,2016 年 6 月 13 日。
⑥ 王瑾:《共享发展:让群众有更多的获得感》,《当代世界与社会主义》,2016 年第 2 期。
⑦ 郑有贵:《夯实共享发展的所有制基础》,《红旗文稿》,2016 年第 5 期。
⑧ 郑有贵:《夯实共享发展的所有制基础》,《红旗文稿》,2016 年第 5 期。

筑共享社会,当然要做大做强社会主义公有制经济尤其是国有经济。毛丹把关注焦点放在"三农"问题尤其是农村、村庄的存留上。"在国家和地方政府可以左右村庄地位的背景下,村庄前景却首先系乎国家愿景,系乎国家怎么对待村庄以及相应采取何种规制。"①国家或政府应当做的事情是,既不是丢弃或压制农村,也不是改造农村,把它们引入城镇化,而是联结农村,使它们对接城市或城镇,尊重农民权利,重估村庄价值,保留农村的重要性。这些工作是中国实践共享发展理念的核心环节。

4. 效率和公平是人类追求的两大价值,两者的关系形成某种价值困扰,如何解决这个困扰,是当前哲学社会科学界的重大课题。从前面评述可知,不同学者对那个困扰给出了不同解决方案,为解释世界各地正在发生的经济与社会变化提供了理论借鉴。

实现不同社会阶层共同富裕,建设共享发展的社会,这肯定不是自由主义者想要的。自由主义者承认,自由市场会失灵,并引发各种社会问题,但这只是经济周期的必要环节。笔者认为,即使自由市场运行良好,各种社会问题依然是存在的。因为它们不是单纯依靠自由市场能够解决的。换言之,单纯依靠发展社会生产力,不能解决受到社会生产方式和社会关系限制的社会问题。资本主义的发展,包括它的各种社会福利政策,能够在一定程度上缓解社会矛盾,但无法从根本上消除社会矛盾。因为共享与以私人占有为目的的资本主义生产和生活方式相背离。虽然资本主义生产和生活方式允许在某些方面和某些程度上存在共享,但是其允许共享的范围和程度都受到明确限制。私人所有权的刚性存在,挡住了共享进一步扩张的可能性。就此而言,我们赞同周小亮的观点:改善民生应以马克思主义政治经济学的社会生产方式理论为逻辑基础。解决民生问题,要遵循马克思主义政治经济学的理论脉络,"既要从自然物质层面或社会生产力层面去分析其物质财富基础,还必须从社会关系或社会制度层面去探索如何完善民生改善的制度基础"②。

需要指出的是,只有郑有贵强调共享发展理念蕴含着特定的意识形态意义。那个提醒非常必要且重要。不过,就总体而言,在哲学社会科学界,共享正义、共享经济、共享发展、共享社会和共同富裕的相关性研究还难得一见。这表明,对此做一番理论梳理是有意义的。

---

① 毛丹:《村庄前景系乎国家愿景》,《人文杂志》,2012 年第 1 期。
② 周小亮:《改善民生的理论逻辑与财富结构及制度基础研究》,《治理与文明论文集》(第四届中国社会科学跨学科论坛,2016 年 9 月 24—25 日,杭州),第 401 页。

三、共享正义和公平份额

俗话说,有难同担,有福共享。"作为共享的正义"(justice as sharing),就是要保证每个人在公共物品、岗位、机会和服务的分配中都得到"公平的份额"。罗尔斯甚至设想过这样一种美好的情形,"所有社会初始权益都得到了平等分配:每个人都拥有相同的权利和义务,甚至收入和财富都是共享的(income and wealth are evenly shared)"①。在亚里士多德和罗尔斯那里,个人正义感和共享正义知识是国家、社会基本结构等公共事物得以建立的基础。

相比之下,在汉语世界中,"共享"往往同美好事物主要是眼前利益联系在一起,却很少同正义事物,超越个人、家庭甚至族群的正义事物,联系在一起。忽视"共享"的哲学基础及相关论证,是长期以来中国社会基本结构设计存在的一大遗憾。这也是在中国政治思想史上,"亲亲互隐"和"爱有差等"等成为理所当然主张却鲜有反省的原因。刘清平为此评论道:"通过肯定血缘亲情的至上地位,尤其是通过肯定人们可以把慈孝友悌的血亲规范凌驾于其他一切行为准则之上,它实际上就等于是容忍、认可乃至赞许那些为了维护血亲团体性的特殊利益、而不惜违背社会群体性的普遍准则的腐败现象。"②照此推论,那么,无论"亲亲互隐",还是"爱有差等",凡是无正义感或漠视是非善恶判断力的"共享"都是道德腐败或思想腐败,只会败坏公共事物,败坏人们对正义事物的向往。这一切当然是不足取的。

那么,"共享"是如何可能的?这既是一个理论问题,又是一个实践问题。在有关共享、共享发展和共享社会的所有讨论中,如果"共享"在学理上无法得到辩护,那么我们的实践努力便是徒劳的。

一般而言,"共享"是一种超越个体自生自发情感局限性的意愿和能力,同人身上存在的正义感和关于是非善恶的判断力相一致,却往往与资本的目标相背离。马克思曾经表示:"如果有 10% 的利润,它就保证到处被使用;有 20% 的利润,它就活跃起来;有 50% 的利润,它就铤而走险;为了 100% 的利润,它就敢践踏一切人间法律;有 300% 的利润,它就敢犯任何罪行,甚至冒绞首的危险。"③弗洛姆也表达了相似见解:"在重'占有'的生存方式中,与人紧紧联系在一起的是

---

① John Rawls, *A Theory of Justice*, Revised Edition, p.55.

② 刘清平:《美德还是腐败?——析〈孟子〉中有关舜的两个案例》,《哲学研究》,2002 年第 2 期。

③ [德]马克思:《资本论》(第一卷),北京:人民出版社,1975 年版,第 829 页。

他在过去所积攒起来的东西：金钱、土地、荣誉、社会地位、知识、儿女以及回忆。"①一切资本活动都以利润最大化或占有为目的。资本家都是冲着利润才去冒险的。因此，在资本主义生产方式和生活方式占据主导地位的国家，共享要么是不可能的，要么就是极其有限的。

在自由市场交易中，共享一般被排除在外。共享经济是自由市场交易的一种特殊模式，试图把共享作为一个元素纳入自由市场交易之中。随着共享经济的流行，"共享"理念将扬弃注重"占有"的资本主义生产方式和生活方式。虽然共享经济和共享社会不构成因果关系，不过，两者恰好出现于同一个时代。批判资本主义生产方式和生活方式，克服自由市场对共享的排斥，成为共享经济和共享社会倡导者的共同点。我们尝试从共享的合理性、正当性、合法性等来回答这个问题。

1. 共享的合理性。它表现为人类实现共享社会的必然性。共享是人类追求的一种普遍价值。共享社会是人类追求的理想社会。与刘清平完全否定儒家在实现分享正义上的思想贡献不同，我们看到，先秦哲学家孟子明确提出一种人与人分享快乐的共享哲学，主张统治者应当有与民同乐的意识，要求他们在实践上做到，独乐乐，不若与人乐乐，与少乐乐，不若与众乐乐。② 当孟子提出上述主张时，他超越前面提到的"爱有差等"和"亲亲互隐"观念，表达了一种跨越阶级或社会等级的大爱理念。其哲学基础是一种人人皆有的"恻隐之心"，一种休谟、亚当·斯密和罗蒂（Richard Rorty）都推崇的人人皆有的同情心。"人的道德同一性取决于他认同的那个团体或多个团体，就像他不可能不忠诚于自己一样，他不可能不忠诚于那个团体或多个团体。从这个观点来看，道德两难不是理性和情感冲突的结果，而是两个不同自我、两个不同自我描述、给予某人生活以意义的两种不同方式冲突的结果。……我们并不因为自己在人类中具有成员资格而具有一个核心的、真正的自我，一个响应理性召唤的自我。相反，……自我是一个叙事的重心。在一些非传统的社会里，大多数人都有数种这样的叙事，任由自己处理，因此具有数个不同的道德同一性。在这样的社会里，正是同一性的多样性才构成了大量的道德两难，产生了各种各样的道德哲学和心理小说。"③就如何处理道德两难而言，不存在康德哲学事先预备的"标准答案"或德沃金（Ronald Dworkin）断定存在的"唯一正解"④。各种答案或解决办法都是临时应急产生

①　[美]弗洛姆：《占有还是存在》，李穆等译，第114页。
②　《孟子·梁惠王下》。其原文为，"曰：独乐乐，与人乐乐，孰乐？曰：不若与人。曰：与少乐乐，与众乐乐，孰乐？曰：不若与众。"
③　[美]罗蒂：《文化政治哲学》，张国清译，北京：北京大学出版社，2011年版，第51-52页。
④　[美]德沃金：《原则问题》，张国清译，南京：江苏人民出版社，2005年版，第152页。

的,是被创造出来的,而不是被发现的。当然,我们认为,恻隐之心和同情心是必要的,但不是充分的,只有每一个人拥有正义感和有关正义的通用知识,才是共享成为可能的充分的心理基础。

马克思和恩格斯从理论上论证了人类实现共产主义社会的必然性,社会主义社会是共产主义社会的初级阶段,已经具备实现共享社会的基本条件。虽然共享社会仍然承认生产资料私人所有制和私人财富的合法性,是具有社会主义性质的实施社会财富公平分配制度的社会,但是其最终目标是高级的共产主义社会,是"以每个人的全面而自由的发展为基本原则的社会形式"[①]。共享是全体人民分享共同利益和社会福祉。"在给定工资阈值之后,相对收入和社会因素会对福祉产生重要影响。……收入分配上日益增长的不平等会减少个体的福祉。"[②]一方面,共享社会要做减法,抑制人际收入和财富不平等扩大化趋势。另一方面,共享社会要做加法,不断改善民生条件,增加人民福祉,增加普通民众的获得感和幸福感。"它既强调,通过继承法和遗赠法,跨期资本和资源的所有权得以持续分散;它又强调,提供教育与培训,保障公平机会均等;它还强调,各项制度要支持政治自由的公平价值。"[③]

2. 共享的正当性。共享对自由是至关重要的,但是自由不是共享的首要价值,平等才是共享的首要价值。基本福利的平等共享在福利国家得到了较好实现。"福利国家的本质在于,政府保证每一位公民,作为一项社会权利,而不是作为慈善,享有最低标准的收入、营养、健康、安全、教育和住房。"[④]

社会正义由政治正义和分配正义组成,前者以制度方式确认人们的权利和义务,后者公平地分配由国家和社会支配的资源和利益。分配正义一般分为市场分配正义和社会分配正义。二者最大的差别是,前者以劳动力、生产资料和资本作为分配正义的衡量尺度,后者以成员资格、身份和地位作为分配正义的衡量尺度。前者以地租、劳动、资本等生产要素为基础,以地租、工资、利润等形式,只有狭义的分配概念,没有广泛的共享概念。后者不仅有狭义的分配概念,而且有广义的分配概念,其共享概念更为广泛和彻底。分配正义主要涉及社会基本资源的再分配。它可以表述为,在对于社会基本资源的分享上,每个人皆应有其社

① [德]马克思、[德]恩格斯:《马克思恩格斯选集》(第二卷),北京:人民出版社,1995年版,第239页。

② Sebastiano Bavetta, Pietro Navarra & Dario Maimone, *Freedom and the Pursuit of Happiness: An Economic and Political Perspective*, New York: Cambridge University Press, 2014, p.35.

③ John Rawls, *A Theory of Justice*, Revised Edition, p. xv.

④ Harold L. Willensky, *Rich Democracies: Political Economy, Public Policy and Performance*, Berkeley, CA: University Press of Califonia, 2002, p.211.

会应有,得其社会应得。在分配正义上,社会应得是可能的。共享社会不想改变人在出身、禀赋、背景和运气方面的差异,因为那样的改变在实践上是困难的。相反,那些个人差异仍然保留着并且被鼓励着。在社会资源分配的策略上,共享社会不把关注重心放到对私有财产包括个人财富或个人收入的再分配上,而是放到对由国家和社会掌握的公共财富和社会资源的共享上。人人可以均等地共享的社会基本资源,不能仅仅归结为可量化的公共财富,还包括向所有社会成员开放的各种机会、岗位和荣誉。公共财富只是社会资源的一部分,社会成员可以分享的社会资源比公共财富无论种类还是范围都要多得多。共享社会将为社会成员均等地分享社会资源打开巨大的操作空间,从而实现在分配正义上从关注公共财富向关注社会资源的策略转向。

3. 共享的合法性。共享"限定人类对地球资源的管理方式","意味着某事物被共同拥有,并由集体管理"①。共享是一个非"排他性"概念,每个社会成员都有资格、有机会参与共享。就"何种东西可以共享"而言,我们认同里夫金对于三类共享资源的概括和总结。他借助罗丝(Carol Rose)的"天然公共财产"概念表示,共享包括纯粹"私有财产"和政府控制的"公共财产",以及在这两者之外的"天然公共财产"三类资源。其中,"天然公共财产"既不受政府控制,也不受私人控制,包括河流、海洋、空气、空地、乡间小路等具有公共性质的物品。② 里夫金的分类囊括了所有人类拥有或创造的社会资源。因此,共享理论其实是一种宏观社会资源分配理论。

"共享"有三个维度。它们分别是:(1)共有,即全体国民共享国家和政府控制的公共财产所有权,共享主体是全体国民。(2)分享,即个人私有财产使用权的有偿共享。滴滴、Uber、Airbnb、微信、支付宝借助于互联网技术为实现这种共享提供了重要平台。它们打破了传统私人物品和公共物品之间的界限,促使人们从重视所有权到重视使用权的转变,减弱了财产权的私有性、排他性和由此造成的资源浪费,增强了财产权的开放性和公共性,提升了资源使用效率。借助于互联网,分享主体不受地域、国籍、种族等客观因素限制,大大拓宽了自由市场活动的领域和范围,把市场经济对效率的追求提升到了新高度。(3)同享,即"天然公共财产"公共权益的共享。当代高新技术形成了众多全新领域,产生了大量属于全体人类的公共资源,超出了传统所有权概念。它们具有开放和共享的特点。无论政府,还是个人,都难以对其宣称专有所有权。罗(Jonathan Rowe)的"公共权益共享"概念可以涵盖这类公共物品。"大气和海洋,语言和文化,人类

---

① ［美］里夫金:《零边际成本社会》,赛迪研究专家组译,第196页。
② ［美］里夫金:《零边际成本社会》,赛迪研究专家组译,第159页。

的知识和智慧宝库,群体的非正式支持系统,我们迫切需要的和平与宁静,生命的遗传基因,这些是公共权益共享的各个方面。"①不属于政府和个人的东西都可以归属于这一类。正如庄子所说:"夫物,量无穷,时无止,分无常,终始无故。"②大地山川之美景,谁都可以自由欣赏。属于大自然馈赠的事物,其分享主体为整个人类。

4. 共享的可行性。当人类社会生产能力和生活水平达到一定程度,社会资源和财富不再成为稀缺资源,特定的社会制度为共享提供制度安排,共享便成为可以实现的社会目标。当然,实现资源共享是一个渐进过程。资源共享可分为"个人所得"和"社会应得"两大基本权益。一方面,由于人的出身、禀赋、背景和运气等偶然差异所产生的个人"私有财产",属于个人所得,可用于市场交易,也可用于人际分享,这取决于个人意愿。由此产生的"自然所得"必然存在人际差异,且受宪法和法律保护。这种差异难以改变。相比之下,人的社会应得,即每个人共享公共财产和公共权益的份额,不取决于出身、禀赋、背景和运气,不取决于人的健康、精力、理智和想象力,而取决于人的社会生活成员资格及其在社会基本结构中的地位。换句话说,基于平等的社会地位和政治身份,每个社会成员都能够从社会中获得并平等享有公共财产和公共权益的权利。人的社会应得是社会基本制度的结果,而不是个人幸运或者不幸的结果,分配正义意味着,人在社会经济意义上得其应得,而不在个人偶然运气上得其所得。即使在不完全的私有产权条件下,社会成员仍然可以享有完全的社会权利和经济利益。社会应得是社会赋权的结果,源于特殊的政治、经济和社会制度设置,这些制度规定并保障社会成员享有基本社会权利和经济利益。社会应得理论反对为了增加社会正义而剥夺私人财富,反对从根本上去触动或改变人的自然所得,而把关注重心放到每一位社会成员对社会应得的分享上。作为一种分配正义,社会应得使人的成员资格优先于人的私有产权。因此,所有公民在社会应得领域实现社会资源共享是完全可行的。社会主义公有制则从制度上保证了这种共享的可行性。

5. 共享的解构性。共享社会必须克服共享经济的局限性。即使共享经济给每位参与者带来好处,但其局限性也是一目了然的。共享社会具有与共享经济不同的价值取向。正如弗洛姆说的那样:"只有人的心灵发生了深刻的变化,也就是说,人们现在所追求的东西被一个崭新的目标取代,新社会才会出现。"③只有认识到这种新的价值取向的实际存在,积极追求它们,共享社会才能实现。

---

① [美]里夫金:《零边际成本社会》,赛迪研究专家组译,第195页。

② 《庄子·秋水》。

③ [美]弗洛姆:《占有还是存在》,李穆等译,第121页。

在共享经济中，人们对个人私有财产的分享，是从所有权到使用权的转变，是个人财产使用权的进一步自由化。互联网技术方便了个人财产的使用，在私有性之外增加了社会性和开放性。"共享经济和人工智能技术的发展互促互动。共享经济发展为人工智能技术的创新应用提供了丰富的场景，人工智能技术则成为共享经济模式创新的重要支撑。"①在使用权上，人们共享汽车、房屋、闲置用品等成为可能。反过来，人的选择范围扩大，丰富了人的行动机会。人的自由从"将他人排除在外的权利"转变成"不受限制地与他人联系进而获得最优化生活的能力"。"与他人交往越深，彼此之间就越依赖，自由也就越多"。② 追求自由使人进一步参与共享。共享也解放了人和发展了人。然而，在共享经济中，虽然被消费或使用的产品或服务的使用权受到模糊处理，但是那些产品或服务的所有权边界仍然是清晰的，是有明确主体的财产。因此，参与共享的主体受到财产主人个体意愿的限制，是一种有限度的分享，不属于分配正义的范畴。"共享是非商业的，是个人对个人的社会交往行为。它表明交换不涉及钱财，至少是被慷慨、被愿意给予和帮助的愿望所激励的。"③

共享社会正是要解构共享经济中最坚固的所有权堡垒，矫正资本主义的生产方式和生活方式。这涉及提出新的人性、所有权和社会观念的重要性。"唯一真正的解决办法就是迅速从根本上改变人的基本观念，特别是在生育、经济增长、科技、环境和如何解决冲突问题上的一些观念。"④弗洛姆谈到了新人的诸多特征，包括"从给予和分享中获得快乐，而不是从积聚财物和剥削中获得快乐"，"让自己和自己的同胞得到全面发展，使之成为生活的最高目标"⑤。

6. 共享的建构性。共享社会是依据新的价值体系建构起来的社会，其目标是实现自由人的联合体。邓小平同志对此有明确论述："我们要在大幅度提高社会生产力的同时，改革和完善社会主义的经济制度和政治制度，发展高度的社会主义民主和完备的社会主义法制。我们要在建设高度物质文明的同时，提高全民族的科学文化水平，发展高尚的丰富多彩的文化生活，建设高度的社会主义精神文明。"⑥共享经济面临既有利益团体阻碍、政府政策限制、消费者理性判断意识缺乏、社会共享文化氛围不浓厚、处于监管模糊与规则的真空地带，如何减少共享经济在发展初期的创伤，使之走上坦途，需要社会予以审慎处理。在市场需

---

① 　国家信息中心：《中国共享经济发展年度报告（2019）》，北京，2019 年 2 月 28 日。
② 　［美］里夫金：《零边际成本社会》，赛迪研究专家组译，第 233-234 页。
③ 　Tom Slee, What's Yours Is Mine: Against the Sharing Economy, pp. 19-20.
④ 　［美］弗洛姆：《占有还是存在》，李穆等译，第 154 页。
⑤ 　［美］弗洛姆：《占有还是存在》，李穆等译，第 159 页。
⑥ 　邓小平：《邓小平文选》（第二卷），北京：人民出版社，1994 年版，第 208 页。

求与保障公平竞争之间,如何给予共享经济以合法的未来发展方向,以合法方式进入市场,如何实现社会共享,传递共享价值观,是从业者和监管者共同面临的问题。"它要求公民建立权利和责任之间的恰当平衡,认识到分享核心价值的必要性。"①共享不是平均主义,也不是过度自由化市场。共享不是改革开放成果平均分配的过程,不是平均分配公有财产。共享经济既兼容于资本主义制度,也兼容于社会主义制度。凡是有自由市场的地方,都会有共享经济的存在。但是,共享经济的"分享"本意不是均等地分享财富,也不是在分配正义上社会资源或财富收入的再分配。它只是一种市场现象,是一种新的商业模式,而不具有政治学含义。它最多是为建设共享社会提供了更好的经济条件,但它自身不具备直接导致共享社会的产生或发展的必要条件。那个必要条件就是社会主义制度的实际存在。因此,"将共享经济简单理解成平均分配,不仅不是社会主义的本意,而且曲解了社会主义的科学内涵;不仅不能发展社会主义,反而可能导致普遍贫穷,最终葬送社会主义"②。

四、贫穷不是社会主义

贫穷不是社会主义。贫富两极分化也不是社会主义。社会共享是实现共同富裕的重要途径。有学者这样论述资本主义和社会主义的差异:"侵害、契约、资本主义和社会主义诸概念皆可以借助于所有权得到定义:'侵害'指对所有权的侵害;'契约'指在所有权拥有者之间建立的无侵害关系;'社会主义'指侵害所有权的制度化政策;'资本主义'指承认所有权和契约的制度化政策。"③社会主义是"再分配财产所有权的制度化政策"④。照此解读,社会主义的确造成对私人所有权的剥夺或侵害。但是,要抑制社会财富积累两极化的趋势,那种剥夺和侵害有其正当性或合理性。这是人类社会发展到高级文明阶段的必然选择。

就人类历史存在过的社会形态而言,在社会主义作为一种社会形态存在之前,资本主义及其他社会形态都没有成功地建成共享社会,以共同富裕为核心内

---

① Derek McGhee, *Security, Citizenship and Human Rights: Shared Values in Uncertain Times*, New York: Palgrave Macmillan, 2010, p.76.

② 庞庆明:《中国特色共享经济本质特征与关键路径》,《马克思主义研究》,2016年第7期。

③ Hans-Hermann Hoppe, *A Theory of Socialism and Capitalism: Economics, Politics, and Ethics*, p.18.

④ Hans-Hermann Hoppe, *A Theory of Socialism and Capitalism: Economics, Politics, and Ethics*, p.33.

容的共享社会只是一个空想。建设共享社会需要解决两个问题：一个是区域发展不平衡问题，主要是城市和乡村发展不平衡问题；另一个是居民收入和财富增长不平衡问题，也就是贫富差距问题。有学者指出："全社会所有制结构中公有制经济较快下降、私有制经济大幅上升的根本性变化，是导致贫富分化的首因或根本原因。"①一方面，发展才是硬道理。只有发展才能促进共享。另一方面，实现共享发展，需要专门的制度安排。国家和政府通过加大在公共领域，尤其是在基础设施建设和公共事业领域的投入，扩大全体人民能够共享的公共资源和机会的基数，为共享社会打下坚实的物质基础。在私有产权占据主导地位的资本主义社会，共享发展受到私有产权的限制。因此，"首先必须从社会主义的本质特征入手，其次必须与市场经济体制的运行这一社会经济制度环境相联系。这两者规定了对当代中国社会正义问题的合理考量"②。共享发展只有依托社会主义公有制才成为可能。

我们认为，共享发展理念不仅有经济含义，而且有政治含义。共享是全民共享、全面共享、共建共享和渐进共享。共享发展将实在地增进人民的获得感和幸福感。这种获得感不仅是收入和财富方面的，而且是机会和资源方面的；它不仅是物质的，而且是精神的。人民在经济上越是自由和富足，在生活上也就越是幸福和快乐。机会是人们能够凭借个人能力自由争取而不受国家干预的领域。"如果人的选择和行动是自愿的，那么他是自由的，也即是免于他人或国家强加的外部阻碍或限制的。在经济和政治领域，个人私下选择越不受约束，其获得的福份也就越大。"③共享发展理念正在对中国社会诸多方面产生深远影响。

1. 共享发展和共同富裕理念将挑战现有产权制度。人们在现有法权制度和法权法规下，形成既定法权观念和产权观念。产权制度是法权制度的重要组成部分，产权观念也是重要法权观念。在现有产权观念中，产权是经济所有制关系的法律表现形式。它包括财产的所有权、占有权、支配权、使用权、收益权和处置权，等等。如果将财产分为私有财产和公共财产，那么产权相应地可以分为私有产权和公共产权。私有产权主要指私有财产的个人所有权；公共产权主要指归国家、政府或集体所有的公共财产和公共资源的公共所有权。

在现有产权制度中，公共产权因其公共性而存在产权不清、主体不明、交易市场和规则不完善等问题，造成有效利用的障碍。农村土地产权、国有资产产

---

① 程恩富、张建刚：《坚持公有制经济为主体与促进共同富裕》，《求是学刊》，2013 年第 1 期。
② 龚群：《论社会主义市场经济条件下的社会公平正义》，《哲学研究》，2013 年第 2 期。
③ Sebastiano Bavetta, Pietro Navarra & Dario Maimone, *Freedom and the Pursuit of Happiness: An Economic and Political Perspective*, New York: Cambridge University Press, 2014, p.6.

权、自然资源产权等,在产权归属、权能以及基于产权的利益分配等问题上,都存在模糊地带。"公共财产权是政府基于其公共性特质取得、用益和处分私人财产的权力,包括对私人财产征税、处罚、国有化等非对价性给付,征收土地房屋、收费、发行公债等对价性给付,以及支配这些财产的权力。"①共享发展理念将对产权问题提出改进要求。

2. 共享发展理念将变革当前政府管理方式。《中共中央关于全面深化改革若干重大问题的决定》提出了推进国家治理体系和治理能力现代化的要求。政府成为运行这个治理体系的基本组织框架。国家治理体系与治理能力现代化,主要体现为政府治理体系与政府治理能力的现代化。

不过,在经济领域,市场与政府有着微妙的关系。不同层级的政府,尤其是基层政府仍然是市场主体之一,积极参与或深度介入地方经济建设。在许多领域,尤其是在涉及公共利益领域,中国基层政府在资源配置中仍然起着决定性作用,影响着经济和社会利益的分配。宏观经济和微观经济均存在市场失灵现象,政府在弥补市场失灵时存在"错位""越位""缺位"等问题。在社会领域,强政府、弱社会是当前中国政府与社会关系的真实写照。全能型政府已不适应社会发展要求,政府不仅存在效率低下、机构臃肿等问题,而且成为激发社会活力的掣肘,约束社会成长与发展。在建设现代化国家治理体系、提高国家治理能力过程中,诸如行政审批制度改革、电子政务、多中心网络型政府治理等改革实践发挥着重要作用,共享社会将为厘清政府、市场、社会的职能定位与边界、提高治理能力、改善治理方式,提供良好契机。

共享经济是私人财产交易的高度市场化,公共资源配置与管理也将日益市场化。从理论上讲,政府在经济与社会领域扮演的角色,将逐渐从划桨者向掌舵者转变,最终成为市场和社会的服务者。但是,在实践上,政府参与市场和干预市场仍然是必要且重要的。在社会主义公有经济尤其是国有经济占据主导地位的条件下,要求政府退出市场是无理的。因为社会主义公有经济是实现共享发展的重要途径,政府是社会主义公有经济尤其是国有经济的主体。所以,"必须重视公有制经济的地位和作用,不断壮大国有经济,振兴集体经济,提高劳动收入份额,采用各种综合调节措施,以便制止贫富分化和促进全体人民的共同富裕"②。

当然,共享社会也鼓励各种非公有经济的发展,它将最大限度地调动社会各阶层财力、物力和人力,让各种社会发展因素——人才、知识、机会、资源、信息

① 刘剑文、王桦宇:《公共财产权的概念及其法治逻辑》,《中国社会科学》,2014年第8期。
② 程恩富、张建刚:《坚持公有制经济为主体与促进共同富裕》,《求是学刊》,2013年第1期。

等——在共享过程中活跃起来。共享带来的市场活跃与社会成长将使得政府改变以往事无巨细"一手抓"的管理风格,实现在政府错位的地方及时换位,在越位的地方适当退位,在缺位的地方充分补位。政府将更加注重资源市场化配置之后的社会正义问题、参与者利益保障问题、公共资源归属问题和增值部分分配问题。共享社会将变革当前政府管理方式,促进政府职能转变,提高政府治理能力,使政府、市场与社会三者的职能取得动态平衡。

3. 共享发展理念将冲击现有社会分层结构。社会分层指人的社会地位差异结构,本质上由人们占有资源份额不同和社会地位差异所产生。在社会分层结构中,不仅存在着基于职业差异而形成的各种身份阶层,而且存在基于收入、财富、资源占有量等因素而形成的经济、社会、政治和文化等级阶层。[①]

现有社会分层结构最显著地体现在城乡二元结构当中。城镇与乡村无论在人口、收入、机会、资源方面,还是在公共基础设施、基本公共服务方面,都存在巨大的差异。社会经济发展没有有效扭转中国城乡二元结构,城乡贫富差距日益拉大,呈现两极化趋势。在城镇化过程中,不同城市之间的发展水平、同一城市各行业的发展水平、各阶层人员的收入水平等也是高度分化的。

现有社会结构是分层、等级化和固化的。在这样的分层结构中,人口、技术、资本等流动性不足;资源分配不均衡、不公平;各阶层等级差别明显且日益加剧;中低阶层人员的获得感低下;社会风险与不稳定因素增多。这样的社会分层结构背后隐含的是资源占有与资源分配不均衡问题。其产生原因,既有先天自然地理环境差异,也有人为的资源分配不公因素。在改变当前社会分层结构现状的过程中,即使采纳罗尔斯的差别原则,优先照顾最低的收入阶层,在社会经济政策方面向其倾斜,但是,无论如何倾斜,都无法改变底层阶层低收入的状况。差别正义原则,只是一种程度性改善,而不是一种制度性改变。尤其是在社会分层与等级差别日益固化的情况下,低收入者仍然是低收入者,即使政策倾斜也难以改变其低收入状况,更难以改变其固定的社会阶层地位。

在共享社会中,有参与,才有获得,许多权利和利益只有通过参与才能分享,才能获得。"正义依赖于团结,依赖于同他人相处时萌生的休戚与共情感,依赖于我们成为比自身更宏大的某个总体之一部分的某种感觉。"[②]共享社会有望借助于资源共享和机会共享,打通社会各阶层隔阂,促进其交流与互动。一般情况

---

① 李强:《当代中国正义理论的建构——社会分层与社会空间领域的公平、公正》,《中国人民大学学报》,2012 年第 1 期。

② Jeffrey G. Alexander, *The Civil Spere*, Oxford and New York:Oxford University, 2006, p. 13.

下,富裕阶层拥有较多的闲置资源。倘若他们能将闲置资源拿来共享,那么闲置资源将得到更好利用,更好发挥其使用价值,有利于满足其他阶层成员的需求。其他阶层成员利用共享资源进行价值发掘,创造出更多可供共享的产品、机会和服务。它们不仅包括物质资产,而且包括知识、信息和机会等。因此,凭借共享资源,底层阶层将改变自身处境,各阶层形成良性互动互助关系。共享社会的社会流动性增加,流动渠道将随着共享资源的流动而得到有效疏通。在共享经济中,资源分配更多地交由市场,政府注重保证分配的公平性,资源分配不公现象将得到改善。由此产生的共享社会将是充满活力的高度流动性和高度市场化的开放社会。

4. 共享发展理念将对公平正义原则做出重新诠释。经济增长是解决绝对贫困的主要手段。"自从 1990 年以来,亚太地区出乎意料的增长,已经让大约 3 亿人摆脱了极端贫困,中国占了最大份额。"[①]凭借快速经济增长,中国近年来继续大幅度减少贫困人口。到 2014 年底,中国绝对贫困人口已经下降到 7017 万。2015 年 11 月 23 日,中共中央召开十八届五中全会之后的首次政治局会议,审议通过《关于打赢脱贫攻坚战的决定》,要求举全党全社会之力,坚决打赢脱贫攻坚战。但是,经济增长不解决贫富差距问题,共享经济也不能改变这个趋势。如果单纯依赖市场,那么"富人变得越富,而穷人变得越穷。基尼系数……表明,在过去 10 年里,21 个国家中的 15 个国家的收入不平等在加大"[②]。

精准扶贫不是市场行为,而是政府和社会行为,是实现共享社会的重要进路。共享社会将消灭绝对贫困,保障每个公民的生存权和发展权。共享社会是一种价值体系的结果,依照共享理念设计出来的刚性规则和程序,保障着全国人民共同享有经济、政治、社会和文化方面的基本权利和利益。"所有的人,不论有无工作,都有吃饱穿暖、居有其屋的绝对权利。他们将会得到维持自身生存的基本必需品,不多也不少。"[③]正如习近平同志强调的那样:"消除贫困、改善民生、逐步实现共同富裕,是社会主义的本质要求,是我们党的重要使命。全面建成小康社会,是我们对全国人民的庄严承诺。"[④]借助于公共行政力量和公共政策手

---

① Economic and Social Commission for Asia and the Pacific of United Nations (ed.), *Economic and Social Survey of Asia and the Pacific 2008*:*Sustaining Growth and Sharing Prosperity*,New York,2008,p.4.

② Economic and Social Commission for Asia and the Pacific of United Nations (ed.), *Economic and Social Survey of Asia and the Pacific 2008*:*Sustaining Growth and Sharing Prosperity*,New York,2008,p.4.

③ [美]弗洛姆:《占有还是存在》,李穆等译,第 178 页。

④ 新华社:《习近平在中央扶贫开发工作会议上强调,脱贫攻坚战冲锋号已经吹响,全党全国咬定目标,苦干实干》,《人民日报》,2015 年 11 月 29 日。

段,共享社会调节的领域不仅涉及物质层面,而且涉及精神层面,旨在实现更大范围的公平正义。

实现共享社会的关键,在于合理的制度设计、先进的价值理念推进和稳妥的政策落实。建设共享社会将遵循公平正义原则。公平正义是共享社会的目标,也是共享社会的初始原则。除了公平正义,共享社会的制度设计要遵从发展、均衡与包容的原则。

(1)发展性原则。经济发展或经济可持续增长是建设共享社会的基础。发展是共享的逻辑起点。发展与共享的关系好比做大蛋糕和分配蛋糕的关系。共享的前提是发展,只有做大蛋糕,才能为分享蛋糕创造物质基础。发展是为了实现成果共享,让每个人都得到发展的福利,为人们再次做大蛋糕提供动力。"贯彻落实新发展理念、适应把握引领经济发展新常态,必须在适度扩大总需求的同时,着力推进供给侧结构性改革,使供给能力满足广大人民日益增长、不断升级和个性化的物质文化和生态环境需要。"①效率与公平,两者不可偏废。一味追求效率,容易陷入贫富两极分化和收入差距拉大的困境,这与社会主义改革开放的初衷相背离。过分追求资源共享,会抑制人的创造力,造成福利国家失败的悲剧。只有坚持效率与公平兼顾的可持续发展原则,共享经济和共享社会建设齐头并进,人民的幸福生活才能细水长流。

(2)均衡性原则。共享发展是均衡的发展。在国家治理层面,共享发展强调一个国家在政治、经济、文化、社会、生态等方面协调发展,既强调区域经济的协调性,又强调总体发展的平衡性。从财富分配角度看,共享的平衡性原则更强调对弱者的帮扶。不过,均衡发展不是平均发展。公平正义原则旨在实现人民在争取经济社会岗位和职位方面的机会均等,而不是生产资料的均等。共享社会不会剥夺人民合法创造的财富,不会出现劫富济贫的做法。但是,人人均等地分享社会基本资源是分配正义的根本要求。国家和政府要为缩小贫富差距而努力,为缩小城乡发展水平差距而努力,并在政策和制度上做出具体规定。

(3)包容性原则。共享以信任为基础,要求共享主体秉承包容性原则。基于包容的信任,以共同目标为纽带,将异质化的群体紧密团结在一起,并通过物质、信息、理念等共享,将群体关系固定化,使合作成为了可能。包容意味着共享的无差别对待,即参与主体平等地享受权利;包容意味着共同的行为准则,即在共同的目标的指引下,将异质的共享主体凝聚在一起;包容意味着求同存异和相互理解,即分享主体尊重各自发展过程中的特殊性;包容意味着责任性,即共享主

---

① 新华社:《中华人民共和国国民经济和社会发展第十三个五年规划纲要》,《人民日报》,2016 年 3 月 18 日。

体要人人参与发展,不能只是一味地索取。包容产生凝聚力和亲和力,包容产生团结。罗蒂对此有非常中肯的表述:"人类团结乃是大家努力达到的目标,而且达到这个目标的方式,不是透过研究探讨,而是透过想象力,把陌生人(异邦人)想象为和我们处境相似、休戚与共的人。团结不是反省所发现到的,而是创造出来的。"① 只有愿意去团结人的人才愿意去包容人。包容是化解矛盾、争取和解、赢得尊重的最佳手段。

5.共享发展理念将促成国家制度改革,凸现社会主义制度的优越性。社会主义公有制为建设共享社会提供了坚实的制度保障。共享既是国家关怀,也是政府责任。国家及其政府作为社会稀缺资源的掌控者,既要为国家财富增值谋利,也要秉承社会契约精神,更要弘扬社会正义,协调不同社会阶层的利益,为全体人民谋福祉。在建设共享社会过程中,各级政府秉承"发展依靠人民、发展为了人民、发展成果由人民共享"的理念,通过公共治理工具的技术优势,在保护私人合法财产的前提下,实现对社会弱势群体的帮扶,体现国家对公民特别是最不利群体(the most disadvantaged)的制度关怀。

提倡共享发展理念,实现社会主义共享社会是国家治理的义务。它要求公权行使者(政府)对公权所有者(人民)负责。从制度层面看,国家或政府主要任务是要积极推进面向全体人民的利益共享、服务共享、信息共享、权力共享和制度共享。

(1)利益共享。国家将致力于缩小社会贫富差距,在多劳多得与保证合法财产收入的前提下,努力改善低收入者的财产状况和生活状况。财富是利益的主要载体,关系到公民的切身利益。财富共享面临的主要问题是收入差距问题,社会资源集中掌握在少数人手中。财富分配不均冲击着社会正常秩序。财富共享制度建设是共享制度建设的关键。具体有以下几点:一是税收制度改革,合理分配税率;二是健全社会保障制度,保证低收入群体的基本生活;三是保障收入的正当性与合法性,共享绝不是财富的劫富济贫,而是要尊重个体的合法劳动与应得的报酬;四是打击投机倒把、非正当收入行为,建立健全市场秩序。在保障正当收入、倾向低收入者的同时,共享制度建设要坚决打击违法收入行为。

(2)服务共享。国家努力实现公共服务均等化。财富分配不均,公共财力大小很大程度上影响到不同区域的公共服务质量。城乡差距扩大化是当下我国社会治理的一大难题,既是自然资源和人财物分布不均的结果,也是区域发展机会不均等的结果。在社保、医疗、教育等方面,农村同城市相比处于绝对劣势。城乡财政投入比重不均,城乡基础公共设施差距,影响到公民的幸福感,直接关系

---

① [美]罗蒂:《偶然、反讽与团结》,徐文瑞译,北京:商务印书馆,2003年版,第7页。

到人民群众的生活质量和学习工作条件。当优质资源聚集在城市特别是发达地区时,它容易引发农村人口大量流入城市,给农村和城市都带来问题。无论城市的流动儿童就学难问题,还是农村留守儿童、留守妇女和老人问题,都与城乡公共服务二元化相关。实现服务共享,要求政府着力破除城乡二元结构障碍。具体来说,一是要加快城镇化建设,扩大农村基础设施,特别是教育基础设施建设;二是要发展农业生产,提高农民收入;三是健全农民社会保障制度,出台惠及农民的福利政策,让农民切实感受到发展的福利;四是加强农民技术培训,让农民依靠科技而不是粗放型生产方式生产经营;五是完善生产销售链条,让农民生产无后顾之忧。实现城乡公共服务均等化,关键要解决三农问题,促使农村人口特别是年轻劳动力回流,让农村发展具有吸引力。

(3)信息共享。它旨在实现信息公开、透明、规范化运作。互联网的出现使信息交流与共享更加便捷迅速。然而,紧跟大数据时代而来的,是信息泛滥,爆炸的信息让人眼花缭乱。信息接受者陷入筛选困境,很难区分信息的真伪。一条信息还未深入咀嚼其内涵就早已疯狂流传。信息成为一种时尚,一种吸引眼球的手段,同时也滋生了网络暴力。时下互联网带来的一大制度改善是电子政务的出现,它对政府结构及办公流程进行了优化重组,实现了信息资金塔型的传播向扁平化结构的转变。它使得自上而下的政策传达与自下而上的信息反馈成为了可能。然而虚拟的空间网络也存在着潜在的威胁,网络病毒、黑客等出现增加了电子政府的风险成本。即使设计得再精细的网络体系也可能出现漏洞,特别是涉及国家机密情报的信息,电子政务存在着较大风险。不仅如此,信息共享与言论自由紧密联系,制度对信息的规范与限制很可能被质疑是对言论自由的侵犯。因此信息共享制度建设考验着一国国家治理能力现代化水平。当下我国信息共享制度建设面临着几大重要挑战:一是要不断扩大政务信息公开范围,让公民享有充分的信息知情权;二是要建构、完善电子政务体系,在提高政府工作效率、扩宽公民信息交流平台的同时提高电子政府的抗风险能力;三是要建立健全信息规范制度,合理引导信息交流和共用;四是要慎重对待信息反馈,及时梳理信息反馈中存在的问题与建议。

(4)权力共享。它有两层含义,一是权利共享。1954年宪法虽然以基本法的形式确立了中华人民共和国公民享有平等的权利,但权利剥夺感现象仍然存在,失地农民就是典型的代表。与地道的农民相比,他们脱掉了农村的帽子,虽然没有了土地,可获得了城市居民的身份,处于农民走向现代化的前沿。但现实中,他们获得了拆迁补偿,却往往不知道如何投资使财富增值,进入城市,却与城市生活格格不入,被看作"暴发户"或"外来人口",被边缘化在城市现代化进程中。虽然获得了经济补偿,但是,他们却没有分享到身份转变带来的相应权利。

二是公共权力的共享,也是参与性的共享。权力要通过权力制衡。从社会契约的观点看,权力起源于人民权利的让渡,国家是权力的委托者,作为权力所有者的人民理当享有权力的使用权,分享权力。人民实现权力共享需要制度保障,制度应当为人民实现权力共享提供法定保障。

(5)制度共享。没有制度作保障的权力是空洞的。制度共享是对权力共享所作的制度保障。这是公民参与政治等公共活动的资格公享。社会治理是多中心的网络治理,公民是共享参与主体。制度共享是公民的参与性共享,不是被动接受,而是积极参与,是受到法律保护的政治权利。

制度共享主要是公民参与政治活动的权利共享。人民是国家的主人,也是制度的主人。人民有权利管理和监督自己的国家,参与制度的建立、变更或修正,包括用现存制度来维护和保障自己的权利。根据宪法和法律,所有公民都具有参政议政的权利,不仅在书面上得到认可,而且在实践上得到兑现。无论公民个人参政还是集体参政,皆体现了公民的基本政治权利诉求。因此,公民参政制度设计要有利于公民参与,创造交流平台,建设政府回应机制,及时反馈对公民诉求的处理。我国人民民主专政政体决定了权力属于人民。然而,当下公民政治参与质量仍有不足。其原因有以下几点:一是宣传不到位,公民参政热情不高,被动接受政策输入。二是参与渠道有效性不强,处理行政相对人诉求的往往是利益相关行政部门。政府既是运动员也是裁判员,难以保证问题处理的公正性。三是法治不健全,公民参政缺少制度保障。四是回应机制缺失,公共部门对公民参政重视程度不够。当公民合理诉求得不到有效解决时,造成虚拟空间言论升温,容易引发社会危机。除了政治权利,经济权利、社会权利、教育权利、文化权利也都属于公民从制度共享中依照宪法和法律可以获得的权利。

五、共享经济难以实现共同富裕

人性、效率和公平,是政治哲学必须面对的三个核心议题,也是理解共享经济和共享社会关系的三个关键词。共享经济和共享社会既遵循着不同的发展逻辑,又追求着不同的目标和价值。效率是共享经济追求的核心价值。公平是共享社会追求的核心价值。共享经济和共享社会都离不开"利益"二字,是调节人与人基本利益关系的不同方式。政府和社会都承认市场在资源配置中发挥决定性作用,但是市场自身不能有效扭转人际贫富分化和收入差距日益加剧的趋势。共享经济属于市场经济,对那个趋势同样无能为力。共享经济表明,一些企业家正以商业创新模式,试图重新挖掘闲置的社会资源,充分利用原有资本、财产或服务。共享社会表明,国家以政府为主体,在市场和社会共同参与之下,通过制度创新,尝试均等地分配人类的基本利益、公共资源和社会价值。因此,市场要解决国民财富可持续增长问题,政府则要解决社会正义问题,主要是国民收入和财富的合理分配问题,以及城乡发展水平差距问题。

公平与效率是同等重要的。虽然共享经济和共享社会的发展逻辑和价值目标各不相同,但它们是可以平行存在的。共享发展理念让它们相互靠拢,甚至走到一起。"新社会的模式必须是由摆脱了异化的、具有存在倾向的个人需求所决定。"[①]共享经济可以同时通行于资本主义制度和社会主义制度之中,但是,共享发展理念只有在社会主义制度中才能得到实际落实。共享社会是在社会主义条件下得到发展的实现共同富裕或消除贫富分化的社会。

1. 共享经济的形成有三个关键条件,创新企业家对其作了创新组合,创造了一种新商业模式和新生活方式。里夫金指出,共享经济有三个特征:"(1)借助现代传媒作为信息平台(依托于互联网技术);(2)以闲置资源使用权的暂时性转移为本质;(3)以物品的重复交易和高效利用为表现形式。"[②]与里夫金略有不同,我们认为,共享经济须要具备三个条件:(1)现代网络技术的发展,使得人们的线上交流和交往成为一种极其廉价而便利的常态,各种网络平台的诞生,为人财物的凝聚和自由流动,为信息和知识交流,提供了捷径。(2)世界各地,无论乡村,还是城市,闲置着各种没有得到有效利用的物品、财富、资源或机会,它们的价值有待重新开发和利用。(3)世上存在着对这些资源的利用、使用和消费的强大需求。一些企业家找到了把三者给予联合起来的办法。那个办法就是所谓"共享经济"这样的新商业模式。

2. 共享经济以产品、服务和闲置资源的共享为核心,弱化所有权概念,强调共享而非占有,虽然不能变更原有产品、服务和闲置资源的所有权关系,但对那些事物的所有权关系有所松动。依照现代产权制度,私有产权具有不可分割的完备性,共享理念就是要突破"私有权神圣不可侵犯"的藩篱,将闲置资源和私有财产纳入共享范畴,将资源有效利用置于首位。共享经济是在私有产权范围内对共享价值的探求,让所有权和使用权相分离,突出使用权的重要性或价值。在资源拥有者和资源需求者之间实现使用权共享,但是并未涉及所有权的转移、交易或转让。因此,作为私有要素的所有权没有改变,生产和分配的关系也未发生变化。就此而言,共享经济挑战的不是私有产权,而是私有产权所指之产品和服务的使用权,它试图实现私有产权的产品和服务的使用权的共享,并以使用权最

---

① [美]弗洛姆:《占有还是存在》,李穆等译,第165页。
② [美]里夫金:《零成本边际社会》,赛迪研究专家组译,第27页。

大化为目标。现代私有权具有排他性,也因此造成资源浪费。共享经济试图突破现代产权制度的限制,强调分享,减弱产权的排他性,将使用权从所有权中分割出来,对私有物品进行使用价值的再开发,提升其使用效率。共享经济强调共享而非占有的生产和消费模式,突破了传统私人物品和公共物品的边界,或对其作了模糊处理。但是,共享经济所做的一切都是在市场经济范围之下完成的,也就是说,它至多丰富了初次分配的内涵,没有超出初次分配的范围。

3. 共享经济是对人的占有欲望的克服或转化,发展共享经济将为建设共享社会创造条件。我们从人性和效率两个角度能很好地解读这种新商业模式。事物的稀缺性导致人的占有欲望。在把排他性占有作为核心价值追求的资本主义社会里,越是稀缺的东西,越容易引发竞争。在市场的公平竞争中,愿意出高价者得到他们想要得到的商品和服务。因此,一个充分自由和充分竞争的市场,似乎不存在像共享经济这样新商业模式的立锥之地。不过,共享经济对自由竞争或充分竞争做了新诠释。私有物品、财富、资源的大量闲置,包括公共资源的大量闲置,的确为共享经济开启了大门。共享经济没有剥夺人们追求基本利益和权利的机会,而是把那些机会更加充分地激发了出来。如果人的交往依托于利益关系,那么他们将在交往中形成利益共同体。一方面,在利益共同体中,人际关系是脆弱的,容易因利益分歧而破裂。另一方面,人的需求不会止步于利益共同体。除了利益,人们还追求心理同感、情感共鸣和对相似价值观的共同信仰,人还有形成社会共同体、文化共同体、价值共同体的需要。在这些共同体中,人际联系将变得坚实而紧密。随着共享社会的形成,将出现越来越多的社会共同体、文化共同体和价值共同体。共享经济将成为那些共同体的催化剂,通过克服人的占有欲望,把人引向更加开放、宽容、友善、和谐和平等的方向。虽然共享经济不能导致社会的公平正义,但是这些价值有利于社会正义的形成。

4. 随着共享经济的到来,人的交往方式、消费方式和生活方式将发生巨大变革。互联网技术的高度发达,扫除了共享经济的技术障碍,为人们实现利益和价值共享创造了外部条件。互联网技术改变了人们的交往方式、消费方式和生活方式,人们依托互联网平台实现高效交易与交往。这种改变也带来了一些问题。例如,互联网经济冲击了传统经营方式,实体经营大受冲击;互联网技术既把更多的人联系在一起,也出现了更多被手机等通信工具绑架的"孤独的人"。但是,通过联结虚拟与现实,共享经济将改变这一状况。互联网平台让更多的人参与共享经济,分享个人拥有的财富、信息、知识和资源,从同其他成员的分享中满足自己的部分需求。信息交流只是共享过程的一个环节,人们也可以在互联网平台上进行经济交易,从虚拟世界走向现实世界,从虚拟交往走向现实交往。传统消费方式是保守的封闭的所有权交易,共享经济的消费方式是投资型与开放型的。人们在消费时也创造新财富和新价值，这是一个价值增值过程，是一边消费一边创造新财富和新价值的活动，是生产经营者、服务提供者同消费者互惠互助的活动。

5. 共享经济带来传统社会结构和经济模式改变。共享经济不仅给一些人带来巨大利益，而且将威胁既有利益群体，主要将威胁到传统服务行业。部分"实体经济"经营主体——酒店、出租车等传统行业联合劳动保护组织或相关地方监管部门以消费者权益保护或个人信息安全为理由，质疑共享经济经营模式和经营合法性，认为其在定价规则和税收方面缺乏制度约束，企图扼杀共享经济。如何既保护既有利益者权益，又鼓励发展共享经济，做到平衡传统经济和共享经济，这是政府必须认真对待的问题。共享经济给消费者带来便捷和新体验的服务，传统行业则给消费者规范、安全、稳定的服务。由共享经济产生的新行业不可能完全取代传统行业。两者各有生存空间。不过，共享经济异军突起将迫使传统行业走上创新之路。

6. 共享经济在消费服务中分离了产品和服务的所有权和使用权。在共享经济中，私有权拥有者的所有权在一定程度上受损或收缩，财产成为一个符号。出于对所有权的担忧，所有者和使用者的矛盾也将难以避免。"共享型企业"（shared entrepreneurship，SE）是共享经济的重要组成部分，它由四个因素组成，分别是"共享型领导权（SL）、共享型所有权（SO）、共享型协作（SC）和自由"[1]。就个体与共享平台的关系而言，经济组织虽未消失，但形式松散不定，从业者与平台之间不存在强制雇佣关系，义务与责任关系模糊，监督和约束机制有待完善。共享经济参与者的医保、养老保险、车险等系列保障难以落实，缺乏团队建设与精神交流，企业价值难以灌输，个体需要独自承担因自由带来的不确定风险和压力。因此，自由松散引发新的监管挑战。参与共享经济的门槛较低，通过网站线上平台进行资格审查和控制，方便快捷和低成本的同时带来了安全保障隐患，分散个体缺乏长远稳定、统一规范的标准化管理，难以达到有效的约束规范。共享经济参与者缺乏专业性，甚至不知道如何建立与消费者的正常关系，如何承担法律责任。虽然线上平台有评价反馈机制，但不能迅速改善或纠正在服务中存在的问题，短暂交易使参与者往往不愿意接受劳动法的严格限制。

7. 共享经济自身不可能形成公平正义原则，并推广于整个社会。共享经济既不能解决贫富差距问题，也不能解决区域发展不均衡问题，尤其是城乡发展不均衡问题。这些问题是共享社会要去克服的难题。活跃于共享经济圈的大多是

---

[1]　Frank Shipper(ed.), *Shared Entrepreneurship: A Path to Engaged Employee Ownership*, New York: Palgrave Macmillan，2014，p. 11.

中产及以下阶层,中产阶级收入及以下的消费者其所需的和所贡献的共享服务远远大于高收入者。"通过共享经济消费转移效应实现福利提升的最主要获益群体是低于中等收入的消费者,他们同时也是共享经济服务提供的主力军。"[①]而作为有产阶级的高收入者,在充分认识到社会分层和等级的前提下,形成基于网络的封闭的高端的核心群体,并从中挖掘更大商机,形成高起点平台,其获取利润远远高于活跃于共享经济圈的中产阶层及以下阶层。因此,社会分层为共享经济带来的制度化障碍将加剧社会不平等。共享社会必须打破社会分层及社会等级的制度限制,扭转在社会阶层之间贫富分化加剧和收入差距扩大的趋势。

在共享经济中,虽然人们的获得感有所提升,但程度相异且有限。社会底层在共享经济中寻求基本需求的满足,中上层成员则获得更高层次的享受(精神、价值观)。社会分层固化决定了,社会精英在共享经济中获得的远高于中底层社会成员,绝大多数人只是单纯消费者和部分享有者,无法创造高端社会财富。共享社会要求优先照顾最低收入阶层,并向其倾斜,但是,底层阶层低收入者在社会存在分层和等级的情况下无法跳出最低阶层,其生活状况和收入只能改善而无法发生质的变化。底层成员作为消极接受者只能接受来自上层的恩赐。社会分层固化导致阶层难以突破,由共享经济来提升社会正义存在制度障碍。差别原则是共享社会的基本原则,只有通过特殊制度安排才能实现,共享经济却无能为力。

8. 共享经济主要参与初次分配,共享社会主要涉及二次分配,两者具有兼容和促进的关系。共享经济允许人们拥有不同的价值观,共享社会在提倡主流价值观时也能兼容非主流价值观。共享经济和共享社会在许多方面能够找到共同点。在共享社会中,人除了基于利益而交往之外,将基于共同兴趣、共需资源和彼此信任而交往。个人信用水平将越来越成为一个人是否值得交往的衡量指数。人的交往选择将不局限于物质利益选择,而在更大程度上倾向于价值观选择。人更加乐于基于相同的价值观进行交往。拥有不同价值观的人会加入不同群体或共同体。因此,人的同质性在强化,人的多样性也会增加。共享经济打开了人际交往和生存的新空间。共享经济之所以可能,首先是因为有着相似价值观的人们在一个共同平台上的交流和交往已经成为必需。共享社会则给予共享经济以制度保障和价值观支持。因此,共享经济和共享社会是可以互相促进的。虽然两者的目标有着根本差异,但是两者是可以兼容的。追求效率的共享经济同追求公平的共享社会能够找到一个平衡点。

共享经济主要属于市场行为,由市场中的不同行为主体如生产者和消费者

---

① 刘奕、夏杰长:《共享经济理论与政策研究动态》,《经济学动态》,2016 年第 4 期。

来完成,但它毕竟解决不了社会正义问题,主要是解决不了分配正义问题。如何进行二次分配,这不是由个人之间的自由交易能够完成的,它必定是一种国家或政府行为。相比之下,共享社会既包括共享经济,又超出共享经济,更多是政府、社会、市场和公民公同参与的社会治理和政府管理想要建设的社会,相似于罗尔斯倡导的以公平正义为原则建立起来的良序社会。共享经济通过创新平台,实现闲置资源的有效利用,以增进效率为主要目标。共享社会以追求社会更加公平为目标。在共享社会里,政府将"正确处理公平和效率关系,坚持居民收入增长和经济增长同步、劳动报酬提高和劳动生产率提高同步,持续增加城乡居民收入,规范初次分配,加大再分配调节力度,调整优化国民收入分配格局,努力缩小全社会收入差距"[①]。因此,共享社会建设更是一种政府行为。共享经济寻求更有效率的经济运行模式,共享社会则是更公平的社会。由于政府和其他非政府组织参与了共享经济,成为市场经济的主体之一,政府和非政府组织毕竟不同于单纯私有财富拥有者如企业家这样的个体,导致共享经济中内含更多社会性、公益性或公共性的目标,彰显共享经济中的非市场因素。政府和非政府组织成为沟通共享经济和共享社会的主要桥梁。这是我们主张共享经济和共享社会存在共通点,能够在效率和公平之间寻找到均衡点的主要理由。当然,无论是效率还是公平,都需要特定的制度设计才能成为现实。共享社会通过特殊制度安排将给共享经济以必要的制度约束,把人们的创造力引向更有利于实现社会正义的方向。

六、共享社会的可能性

要么社会主义,要么资本主义。哈耶克那一代的很多人把资本主义和社会主义完全对立起来。其带有保守主义色彩的自由主义理论产生于绝望年代。一方面,他认为,资本主义追求的投机性繁荣(speculative boom)是不可持续的。另一方面,他把中央计划等同于社会主义,资本主义一旦接受中央计划,将最终滑向社会主义。社会主义将剥夺个人的私有财产,这对许多人是灾难性的。钱伯林在《通往奴役之路》美国版序言中作过这样的推荐:"《通往奴役之路》是冷静的、严肃的,具有逻辑的力量。它不想讨读者的欢心,但它的逻辑是不可抗拒的:'充分就业'、'社会保障'、'免于匮乏'是不可能实现的,这些只能是那种解放个

---

① 新华社:《中华人民共和国国民经济和社会发展第十三个五年规划纲要》,《人民日报》,2016 年 3 月 18 日。

人自由的制度的必然产物。如果'社会'和'整体的利益'成为判断国家活动的唯一的试金石，个人就不可能安排自己的生活了。"①

然而，哈耶克思想的片面性是一目了然的。《通往奴役之路》审稿人也看到了这一点："这本书几乎全是批评性的，而缺乏建设性。它的论证思路是非此即彼。没有妥协的余地。"②凯恩斯认为，中央计划不是划分社会主义和资本主义的标准，资本主义也可以有中央计划。虽然连续景气是不可持续的，但是"它们对于资本主义是本质性的"③。凯恩斯反对自由放任的资本主义，认为自私的唯利是图是资本主义大萧条的原因。"过高利润率、不平等、失业、资本家举止粗野"④等是资本主义丑恶的表现。资本主义必须受到规制，均匀的平衡（uniform equilibrium）是必要的。1944 年 6 月 28 日，凯恩斯在给哈耶克的信中这样评价《通往奴役之路》：

> "对这本书，我实在只有一个严肃的批评。你在不少地方都承认关键是线划在哪里的问题。你同意，必须得画出一条线来，逻辑上走极端是不可能的。但对于线到底应该画在哪儿，你却语焉不详。我和你划出的线可能确实不在同一个地方。我觉得，根据我的看法，你大大地低估了中间道路的可行性。不过，只要你承认走极端是不可能的，那就必须画出这条线，而根据你的观点，你却画不出这条线来。因为你一直要说服我们相信，只要向计划指令的方向移动一寸，就走上了一条收不住脚的路，必然会滑向悬崖峭壁。"⑤

对中间道路的探寻正是凯恩斯比哈耶克的高明之处。欧洲复兴计划之所以能够成功，在很大程度上要归功于凯恩斯的经济学思想，换言之，西方国家能够在冷战时最终占据优势，不是因为它们拒绝了中央计划，拒绝了政府对市场的干预。恰恰相反，是因为它们接受了一些社会主义经济制度曾经做过的尝试。欧洲和亚洲资本主义国家经济复兴的前提是，强大的政府是必需的。

福山准确预见了苏联解体和东欧社会主义崩溃。自由主义或资本主义似乎真的战胜了社会主义。"结果，前共产主义国家普遍地竭力仿效……弥尔顿·弗

---

① ［美］艾伯斯坦：《哈耶克传》，秋风译，第 157 页。

② ［美］艾伯斯坦：《哈耶克传》，秋风译，第 156 页。

③ Roger E. Backhouse, Bradley W. Bateman, *Capitalist Revolutionary*: *John Maynard Keynes*, p. 63.

④ Roger E. Backhouse, Bradley W. *Bateman*, *Capitalist Revolutionary*: *John Maynard Keynes*, p. 69.

⑤ Keynes, *CW XXVII*, p. 387.

雷德曼和弗里德里希·哈耶克推崇的自由市场资本主义。"①但是,社会主义只是暂时遇到了挫折,人类的大道仍然偏向社会主义。然而,2008 年金融危机证明,"自由市场观念已经不再有效"②。海勒(Henry Heller)表达了世人对资本主义前景的担忧:"这场危机影响到时至今日大约已有五百年的制度。资本主义制度仍然可见于未来利润和经济增长的持续前景中。但是这条道路的前头可谓阻力重重:低利润率和资本过度积累,消费不足和不充分需求,全球金融体系崩溃,能源短缺前景和环境危机充分暴露,世界治理危机,如此等等。在这些严重问题的重压之下,现有制度将来创造利润和增长的能力皆广受质疑。在当代资本主义遭遇如此广泛而深刻的困难之下,人们便质疑这个制度:它能否可持续地再生产自身? 人类是否处于向社会主义过渡的重要关口? 或者,我们是否处于遥遥无期的停滞阶段,甚至处在走向没落的衰退之中?"③

我们相信,社会主义及其强大的政府是日趋文明的人类追求社会正义的保证。为人类社会寻找到一条共享发展之路,正是社会主义的伟大性所在。如果未来的人类要在资本主义和社会主义之间做出选择,那么,他们终将偏向社会主义一边。与自由市场相比,我们更加相信国家及其制度的力量。只有借助于自由市场以外的手段,才能实现共享社会追求的目标——社会正义。共享社会与社会正义是市场和政府共同努力的结果。我们建议采取以下策略来建设社会主义共享社会。

1. "共享"不仅是一种新发展观,而且是一种新价值观。"共同富裕是社会主义制度不能动摇的原则。"④构筑共享社会,要同时照顾到效率和公平,并把公平置于首要位置。"实现每个人的自由全面发展,是马克思主义理论一以贯之的最高理想、价值追求和逻辑起点,共建共享发展成果是未来理想社会的基本特征。"⑤构筑共享社会就是要把与共享相吻合的新价值观注入社会主义事业之中,既要造就新人,又要改造社会,进一步推进社会主义改革和发展。

在中国改革开放初期,邓小平同志提出了"共同富裕"思想:"社会主义的目的就是要全国人民共同富裕,不是两极分化。"⑥习近平同志提出了"共同享有"

① Roger E. Backhouse, Bradley W. Bateman, *Capitalist Revolutionary: John Maynard Keynes*, p. 142.
② Roger E. Backhouse, Bradley W. Bateman, *Capitalist Revolutionary: John Maynard Keynes*, p. 142.
③ Henry Heller, *The Birth of Capitalism: A 21st Century Perspective*, London: Pluto Press, 2011, p. xi.
④ 《邓小平年谱 1975—1997》(下),北京:中央文献出版社,2004 年版,第 1253 页。
⑤ 董振华:《共享发展理念的马克思主义世界观方法论探析》,《哲学研究》,2016 年第 6 期。
⑥ 邓小平:《邓小平文选》(第三卷),北京:人民出版社,1993 年版,第 110 页。

理念:"我们要随时随刻倾听人民呼声、回应人民期待,保证人民平等参与、平等发展权利,维护社会正义,在学有所教、劳有所得、病有所医、老有所养、住有所居上持续取得新进展,不断实现好、维护好、发展好最广大人民根本利益,使发展成果更多更公平惠及全体人民,在经济社会不断发展的基础上,朝着共同富裕方向稳步前进"①,丰富和发展了邓小平的"共同富裕"思想,体现了社会主义的本质要求和以人民为中心的发展思想。

2. 共享发展理念的实体形态就是中国特色社会主义的共享社会,社会主义基本制度是实现共享社会的制度保障。社会主义共享社会建设的全面开展,将为构筑"自由人的联合体"打下坚实的基础。共享社会是基本解决贫富两极分化问题、缩小城乡发展水平差距、实现共同富裕的社会主义社会。因此,共享社会是在社会主义基本制度框架之下,在追求效率和追求公平之间找到了合理的平衡点,基本消灭绝对贫困,缩小人民的财富和收入差距,缓和城乡发展水平差异,实现共同富裕的社会。共享社会不仅不排斥市场经济和共享经济,而且要使之发挥更好更有效的作用。共享经济可以自发地形成,但是共享社会需要艰难地构造,共享社会需要特殊的制度安排才能实现,因为共享经济的市场仍然以追求效率为首要目标,而共享社会以追求正义为首要目标。没有刚性的制度安排,根本就无法实现共享社会。

初看之下,共享并不复杂。共享就是我们把自己的东西拿给别人以满足他们的需要,所有者和使用者或消费者共同享用某个产品或服务,那个产品或服务既可以归私人所有,也可以归公共所有。被共享的产品或服务原本是有所有者的,但是它们可能处于闲置状态,共享是对其产品或服务之价值的再发掘。在自由市场上,只要主客双方自愿,就可以自发地形成共享。在共享经济中,资源所有者拿出闲置资源(比如住房、汽车、土地、信息、知识、时间等)提供给需要的人有偿使用,没有改变以追求价值最大化或追求效率为目标的市场经济规律。共享社会将十分重视公共平台建设,大力发展共享经济,把向所有人开放的以资源共享为目标的公共平台建设置于基础地位。当然,共享经济越是发展,人们可分享的产品、服务、机会将越多,共享社会的基础也将越是坚固。像 Uber、Airbnb、支付宝、腾讯(微信)、滴滴、阿里巴巴、京东等是服务不同消费群体的特殊公共平台。它们的成长壮大正是共享社会形成的实质组成部分。政府、社会和市场将共同促进各种平台的建立、完善和发展。但是,共享经济仍然属于市场经济,而市场经济不能自发地达成社会的公平正义。

共享社会不会自发地产生,必须借助特殊社会制度安排或创新才能成为现

---

① 习近平:《在第十二届全国人民代表大会第一次会议上的讲话》,《人民日报》,2012 年 3 月 18 日。

实。共享社会是刚性制度安排的结果。比如,无论在消费方面还是在生产方面,艺术和文化对人民生活满意度有巨大影响,与人民的精神生活休戚相关。"文化部门受到国家强有力干预;……绝大多数国家强有力地支持一般艺术和特殊文化机构,比如博物馆和剧院,因此也间接地支持艺术家。"①这一点在资本主义国家和社会主义国家都是相似的。但是从长期来看,由于资本主义国家受到所有制限制,无法建成共享社会,只有社会主义国家才能建成共享社会。沿着社会主义道路建设起来的共享社会将更加有利于一个国家的艺术和文化事业发展。

3. 在共享社会里,政府、市场和社会既有分工,又有合作。效率和公平往往此消彼长,是不兼容的,但在共享社会中,政府将通过制度创新,效率和公平得到兼顾,成为政府、市场和社会的共同目标。共享经济以满足用户需求和偏好为主导,以用户为本位,重视用户体验。相似地,共享社会将重视人民的获得感,以法规和制度来巩固人民的获得感。社会生活的目的在于实现人的全面发展。以资源为导向的传统商业在共享经济时代将被颠覆,共享社会将为共享经济提供制度保障。共享经济中的企业价值取决于撬动共享资源、满足用户需求的能力。借助大数据和网络平台,市场根据需求和供给匹配各种消费资源,具有强烈的个性化消费倾向,在物质和精神方面实现个人自由和需求的统一。

在共享社会里,政府既鼓励企业追求效率,实现经济利益和效率的最大化,又鼓励企业通过分享形式为社会提供公共服务。政府也将加入共享经济之中,参与到一定产品和服务的提供者行列。政府以公众需求和偏好为导向,重视公共物品和公共服务对不同用户的效用。由企业、政府和社会共同创造的共享平台将重新配置和利用闲置资源,为政府承担部分公共职能,如盘活闲置空房、闲置车辆、闲置车位,以自身有限资源发掘无限外部资源,通过共享模式跳出资源利用局限性,缓解就业压力和交通拥堵等公共问题。"要激发全国各族人民参与……建设祖国的主人翁意识,充分发挥各级政府、社会各界的积极性、主动性和创造性,尊重基层首创精神,汇聚人民群众的力量和智慧,形成全体人民群策群力、共建共享的生动局面。"②

4. 共享社会是信用社会,以人际相互信任为基石,强调利他性,在信任中实现产品、服务或资源的价值最大化。社会整体道德感、责任感和社会信用伦理的提升是发展共享社会的前提。基于互联网,人们越来越乐于展现自己的生活,人

---

① Toshiaki Tachibanaki (ed.), *Advances in Happiness Research: A Comparative Perspective*, Tokyo: Springer Japan, 2016, p.327.

② 新华社:《中华人民共和国国民经济和社会发展第十三个五年规划纲要》,《人民日报》,2016 年 3 月 18 日。

与人之间的信任感逐渐提升。"共享经济有利于解决信用缺失问题,缓解人的'异化'问题,推动制度改革,提升经济运行效率。"①发展共享经济有利于建设共享社会。共享社会是对人性的拷问,更多是基于信任而非商品本身的交易,是一种社会交往方式、消费方式的革新。

在共享社会提倡的合作和协同理念下,人从经济人角色向社会人角色转换,培养更多信任感、社会责任感、合作精神和利他精神。在市场经济中,合作、共享、利他价值往往被人忽视。在共享社会里,共享行为发生在陌生人之间,要求人们建立充分信任,平台信息的透明性与公开性让人自觉规范行为,网络平台的双向满意度评价对个人信誉度有了考量标准,服务者要考虑消费者的感受,从而形成自我约束机制。共享经济承诺"使人变得互相信任"②。共享社会将使人与人的相互信任在制度上变成现实。共享社会在信用伦理上对个人信任提出要求,将完善社会信用体系,"加快推进政务诚信、商务诚信、社会诚信和司法公信等重点领域信用建设,推进信用信息共享,健全激励惩戒机制,提高全社会诚信水平"③。如果没有高效的信用运行体系,仅依靠互联网技术,将难以建立共享经济,也难以建设共享社会。因此,共享社会强调合作、信用、利他等社会道德,是对经济人假说的改进,有利于改善经济伦理形态,优化社会经济发展的外部环境。

5. 共享社会既以物质共享为基础,又追求人际精神分享,形成自由、平等、民主、和平、关怀、友善、合作等社会主义的共享价值观。共享发展理念是一种高阶位的价值观,共享价值观同社会主义核心价值观高度吻合。在实行资本主义私有制的主要西方国家,缺乏健康的精神生活,存在着严重的社会疾病。"最民主、和平和繁荣的欧洲国家,以及世界上最强大的美国,精神失衡的症状最为明显。"④经过40多年改革开放,中国面临由经济社会发展带来的诸多问题。满足人们的精神追求是共享社会的重要目标。共享经济最初以物质共享的形式出现,通过利用闲置资源,以获取服务报酬为特征。随着共享社会的发展,人们共享的范围从物质领域延伸到精神层面。由于共享社会重视合作、利他、诚信、分享等价值观的传递,共享将作为一种价值观而非仅仅牟利的方式存在。除了资源共享,共享社会也是技能共享(如网络视频教程等)、智慧共享(如网络学习资

---

① 彭文生:《共享经济是新的经济增长点》,《证券日报》,2015年9月12日。

② Jason Tanz, "How Airbnb and Lyft Finally Got Americans to Trust Each Other", *Wired Magazine*, April 23, 2014.

③ 新华社:《中华人民共和国国民经济和社会发展第十三个五年规划纲要》,《人民日报》,2016年3月18日。

④ [美]弗罗(洛)姆:《健全的社会》,蒋重跃等译,第8页。

源、网络课程的共享)、价值共享的社会,不仅给人们带来物质裨益,而且给人们带来精神的完善与提升。共享社会提倡公共精神、公共价值和公共利益共享,互帮互助色彩在共享社会中将变得更加浓厚。正如斯利所说那样:"我们将造就一个不再被动、不再唯物的消费者共同体;我们将造就一个崭新的开放时代。无论我们走到哪儿,我们都会受到欢迎,得到他人的帮助。"①精神需求将成为共享社会的重要驱动力。不同参与者将最大限度克服利己追求,相较于分享的产品,合作和参与理念的传递与共享在共享社会中更为重要。

6. 共享社会将带来收入分配方式变革。公民参与共享社会之共享经济活动的门槛不高,社会中等以下收入者、失业者、自由职业者等均有机会参与共享经济活动,他们通过闲置资产或自身拥有的技术获取报酬,弥补现有分配制度的不平等。在共享经济模式下,每个人都有机会获得相应权利和经济利益。共享经济以低廉价格分享产品和服务。对低收入者而言,以低成本方式获得相应产品和服务,保障其作为社会成员应有的尊严与价值。在规范收入分配秩序方面,做到"保护合法收入,规范隐性收入,遏制以权力、行政垄断等非市场因素获取收入,取缔非法收入"②。共享经济有利于普通民众改善自己的生活条件,提高自己的物质收入,在一定程度上缩小社会成员之间的收入和财富差距。共享社会将对共享经济起到引导作用,以公平正义和社会应得的特殊价值含义重构社会关系,提升普通民众的获得感。在共享社会里,人们的社会关系将变得更为融洽,有利于达成不同社会等级的和解。

7. 共享社会将在更多领域和更大范围内实现社会正义。共享社会以社会正义为原则,重视人际平等,强调基于成员资格的社会应得。作为新型的资源再分配模式,共享社会的共享经济弥补了政府或市场资源分配不均的状况,在一定程度上矫正再分配环节产生的不公平,克服由传统经济模式带来的信息不对称造成的资源浪费和交易不公,提升经济运转效率。共享社会将克服市场对社会正义的忽视,强调在社会意义上实现每个成员平等享有基于平等社会地位和政治身份所获得的社会权利和经济利益,关注普通民众享有的基本社会价值。政府在社会正义方面积极地扮演协调者角色,给予人民在教育、就业、医疗、社保、养老等方面的均等机会或公共福利,增进人民团结与社会和谐。

8. 在建设共享社会过程中,让"三农"获得均等发展机会显得尤为迫切。一

---

① Tom Slee, *What's Yours is Mine*: *Against the Sharing Economy*, p. 14.

② 新华社:《中华人民共和国国民经济和社会发展第十三个五年规划纲要》,《人民日报》,2016 年 3 月 18 日。

方面,"农业是全面建成小康社会和实现现代化的基础"①。另一方面,城乡差别,尤其是城乡二元化结构的长期存在,不利于农村的发展。"三农"对中国社会经济发展作出了巨大贡献和牺牲。"三农"问题实际上是由针对"三农"的基本制度不合理和政策不合理造成的。农村并非没有任何发展优势,只是它们的优势长期地被人为压制或剥夺了。按照现有制度和政策惯性,毛丹对农村的可能前景发出警告:"如果人为、鲁莽地急剧减少甚至消灭村庄,一定会在保证粮食安全、适应地理环境、保持文化有效性和多元性、稳定治理框架诸方面遭遇难以逾越的窘境。"②为了重估村庄价值,他建议"城乡区块化发展最终需要落实为城乡社区的平等衔接,既非消灭村庄,也不是城乡隔离,而是确立一种有机联系城乡经济和社乡社区的衔接带"③。保留而不是消灭城乡差别,把城乡联结起来,而不是隔离开来,保持乡村活力,是重估中国村庄价值,建设中国美丽乡村的基本策略。

综上所述,中国共产党和中国政府解决了姓社姓资问题,回应了自由主义者对社会主义的指责。现在,中国人民正在努力建设中国特色社会主义的共享社会,这是一项事关人类文明发展方向和目标的宏大事业。均等地分享由国家和政府控制的公共财产和公共资源,是全体人民的重要政治权利。全面保护每个人的收入和财产,更是国家和政府的重要政治责任。在人际收入和财富存在扩大化趋势的情况下,政府进行调节是必要的,也是合理的。我们既要关注个人私有产权的全面保护,更要关注社会基本资源的均等分享。后者是建设共享社会的核心工作。和资本主义制度相比,社会主义制度既承认和保护个人合法的私有财产和利益,又维护和拓展人民可以共享的国有财富和社会资源。共享社会将使社会主义制度的优越性得到更加充分的彰显。这样的社会将更加接近马克思和恩格斯当年设想的"自由人的联合体"。最后,我们以《共产党宣言》的一句话作为结束语:

"代替那存在着阶级和阶级对立的资产阶级旧社会的,将是这样一个联合体,在那里,每个人的自由发展是一切人的自由发展的条件。"④

---

① 新华社:《中华人民共和国国民经济和社会发展第十三个五年规划纲要》,《人民日报》,2016 年 3 月 18 日。
② 毛丹:《村庄前景系乎国家愿景》,《人文杂志》,2012 年第 1 期。
③ 毛丹:《村庄前景系乎国家愿景》,《人文杂志》,2012 年第 1 期。
④ [德]马克思、[德]恩格斯:《马克思恩格斯全集》,第四卷,北京:人民出版社,1958 年版,第 491 页。

第一编　理　论

第1章　共同致富与共享发展

　　共同致富或共同富裕作为一种社会发展理念,萌生于中国社会主义改革开放初期,体现了社会主义的本质要求,是以中国特色社会主义的社会经济的全面发展作为物质基础,以中国特色社会主义政治经济制度作为制度保障的,以中国特色社会主义社会生产力全面进步为前提的,是在社会主义生产力有着一定发展条件下改善其生产关系尤其是经济关系的改革。共享发展作为新时代中国特色社会主义社会五大发展理念之一,是建设新时代中国特色社会主义社会的基本策略之一。因此,共同致富(共同富裕)和共享发展有着内在的一致性,从共同致富(共同富裕)到共享发展,表明新时代中国社会主义社会有着更加系统而全面的发展要求。共同富裕是社会主义社会发展的本质要求和基本目标,共享发展是社会主义社会发展的主要路径和实现手段。目标指明方向,手段指示道路。两者是相辅相成的。

　　不过,在中国政治思想史上,与"共同致富"、"共同富裕"和"共享发展"理念高度相关,"均平""公有""共富""民享"等重要思想有一个萌芽和成熟过程,追溯和总结这些思想观念的产生和发展过程,有助于我们更好地理解"共同致富"、"共同富裕"和"共享发展"理念,更好地摸索实现这些理念应当给予落实的基本社会制度保障。

一、共享、共享经济和共享发展

　　在中国共产党第十九届五中全会上,习近平同志指出:"共同富裕是社会主义的本质要求,是人民群众的共同期盼。我们推动经济社会发展,归根结底是要实现全体人民共同富裕。"[①]共同富裕是"十四五"时期经济社会发展的主要目标之一。而共享发展是共同富裕的题中应有之义。要实现共同富裕,必须坚定不移贯彻新发展理念,以共享作为发展的价值理念,以共享发展作为实现共同富裕

---

　　① 习近平:《关于〈中共中央关于制定国民经济和社会发展第十四个五年规划和二〇三五年远景目标的建议〉的说明》,《人民日报》,2020年11月04日。

的基本路径,以共享社会作为实现共同富裕的社会建设方向。"只有坚持以人民为中心的发展思想,坚持发展为了人民、发展依靠人民、发展成果由人民共享,才会有正确的发展观、现代化观。实现共同富裕不仅是经济问题,而且是关系党的执政基础的重大政治问题。要统筹考虑需要和可能,按照经济社会发展规律循序渐进,自觉主动解决地区差距、城乡差距、收入差距等问题,不断增强人民群众获得感、幸福感、安全感。"[1]创新、协调、绿色、开放、共享的新发展理念已经成为中国共产党和中国人民的共识,成为一种体现中国人民意愿的国家意志,成为实现共同富裕的指导理念。从社会主义作为基本制度的角度来看,与其他四大发展理念相比,"共享"更体现社会主义的本质,是中国"全体人民共同富裕取得更为实质性的进展"[2]的落脚点。

共享及其相关问题成为当前中国理论界和学术界的热点。中国学术界存在四种"共享"研究进路。

(1)当代马克思主义研究者把共享发展理念与马克思主义中国化联系起来,探求共享发展的基本内涵、理论意义、伦理基础、实现路径等问题,[3]认为共享发展与新时期中国特色社会主义社会和中国梦等治国理政思想具有一致性,体现了"中国特色社会主义的本质要求和以人民为中心的发展思想"[4]。

(2)社会政策研究者从具体社会问题入手,思考农民工、老年人、城市新移民等弱势群体共享社会发展成果的基本问题和实现路径,强调"研究共享必须站在全社会立场"[5]。

(3)政治哲学和政治学理论研究者对"共享"进行政治学或哲学解读,把"共享"与分配正义理论相联系。他们主张,共享发展理念为社会分配提供基本价值尺度,既超越罗尔斯公平正义观,又校正诺奇克持有正义观。在社会资源分配的策略上,他们不再把关注中心放到对私有财产包括个人财富和个人收入的再分

① 习近平:《深入学习坚决贯彻党的十九届五中全会精神确保全面建设社会主义现代化国家开好局》,《人民日报》,2021 年 01 月 12 日。

② 《中华人民共和国国民经济和社会发展第十四个五年规划和 2035 年远景目标纲要》单行本,北京:人民出版社,2021 年。

③ 参阅向玉乔:《共享发展理念的伦理基础》,《伦理学研究》,2016 年第 3 期;胡志平、龚芬:《国内共享发展若干问题研究述评》,《当代世界与社会主义》,2016 年第 4 期;陈波、洪远朋:《协调利益关系,构建利益共享的社会主义和谐社会》,《社会科学》,2007 年第 1 期;魏波:《以共享理解发展》,《中国特色社会主义研究》,2016 年第 1 期。

④ 董振华:《共享发展理念的马克思主义世界观方法论探析》,《哲学研究》,2016 年第 6 期。

⑤ 参阅王爱珠、奚全治:《老年人共享社会发展成果的理论思考》,《复旦学报》,1999 年第 3 期;陈成文、廖文:《从制度困境看农民工共享社会发展成果问题》,《甘肃社会科学》,2007 年第 1 期;苏昕:《城市新移民社会保障权益完善探讨——共享发展理念的视角》,《马克思主义研究》,2016 年第 6 期。

配上,而是放到对由国家和社会掌握的公共财富和社会资源的共享上。[①]

这些研究进路表明,"共享"与"共享发展"理念承载着公平正义的价值诉求与文化心理。

(4)经济学研究者从经济模式来探讨"共享",对共享经济给予高度关注。这些学者表明共享经济是"共享所有权、商品使用权",以共享公司为典型代表,通过整合不同消费者分散的特定需求,实现协同消费,减少浪费,产生利润。[②]共享经济以现代媒介为信息平台,暂时转移闲置资源的使用权,完成物品重复交易和高效利用,旨在降低交易成本。原来不可交易的资源纳入可交易范围,"为人类社会经济可持续发展创立了一种新的商业模式"[③]。研究者从交易成本理论、协同消费理论和多边平台理论来考察共享经济,它们涵盖了当前学术界分析和解释共享经济的主要理论维度。[④]

经济学进路没有涉及共享经济的公平正义议题。诚然,共享经济具有交易成本最小化和资源最优化的优点,提倡适度消费、合作互惠和相互信任的经济伦理。它通过互联网实现有效资源配置,共享模式促进了社会整体福利。但它并不含有公平正义的价值属性。"共享经济"是一个充满矛盾的术语。

第一,共享经济具有非持续性。"(1)不一定带来更少的消费;(2)不一定是'绿色'或者'公平',依然取决于基本经济原理;(3)工作条件并不稳定,有可能伤害工人的权利;(4)它依然是高度竞争的。"[⑤]"所谓'共享经济'本质上是一般经济或者知识经济的发展必然阶段……其核心逻辑并不在于弱化产权或者所谓的'共享',而在于知识结构变化导致的市场扩展。因此'Uber for everything''一切皆共享'这样的口号夸大和神化了'共享经济'。"[⑥]

第二,共享经济背离"开放的文化信仰"[⑦]。史利(Tom Slee)表示,"共享和开放密切相关,某事物是开放的意味着阻止它变成商品,使得它从私有财产的领

① 张国清:《分配正义与社会应得》,《中国社会科学》,2015 年第 5 期。
② 唐清利:《共享经济的混合规制路径:合作监管+自律监管》,《领导科学》,2017 年第 13 期。
③ 卢现祥:《共享经济:交易成本最小化、制度变革与制度供给》,《社会科学战线》,2016 年第 9 期。
④ 参阅乔洪武、张江城:《共享经济:经济伦理的一种新常态》,《天津社会科学》,2016 年第 3 期;刘奕、夏杰长:《共享经济理论与政策研究动态》,《经济学动态》,2016 年第 4 期。
⑤ Hans Verboven and Lise Vanherck, *The Sustainability Paradox of the Sharing Economy*, Springer, published online: 21 October 2010.
⑥ 谢志刚:《"共享经济"的知识经济学分析——基于哈耶克知识与秩序理论的一个创新合作框架》,《经济学动态》,2015 年第 12 期。
⑦ Tom Slee, *What's Yours Is Mine: Against the Sharing Economy*, New York, London: OR Books, 2015, pp.33.

域中分离出来,使得它在一个共同体成员中是可以共享的。"①所以,"共享是非商业的,是人际社会交往行为。它表明交换不涉及钱财,至少是被慷慨、被愿意给予和帮助的愿望所激励的。"②但是,"'经济'却表明市场交换——为了产品或服务而进行个人利益的货币交换。"③"共享经济把自由市场变成各种预先保护好的领域,那些主要的公司现在联合成巨大的力量,以一种更为侵略性的姿态进行交易,从其中牟利,维持自我品牌"④。

第三,共享经济是有限的。共享经济扩大了私有财产的使用权范围,本质上是对使用权界限的模糊,或者说是使用手段的更自由化。尽管它挑战了传统的产权观念,但它不是对所有权的重新界定,仍然囿于市场经济规则。而且共享经济的分享对象依然属于私有财产的范围之内,其他分享者受到私有财产所有者个体意愿和行动的限制,是一种有限度的分享。

第四,共享经济只是一种新商业模式。共享经济是市场经济在互联网时代的新变化、新形式和新趋势。共享经济是"在信息经济条件下市场交易转化的一种方式,本质并没有越出市场经济范围,只不过资本形态发生了变化"⑤。它的市场经济属性不容忽视。"共享经济"的弊端依然是市场经济的弊端,难以兑现自由、平等、公平、正义等价值属性。"'共享'并非'共享经济'模式的核心特征,强调共享经济的'共享'特征具有误导性……共享经济仍然是建立在市场基础之上产权明确的自愿交易,并未舍弃产权或者市场本身。"⑥史利其至认为,共享经济是一场"摆脱管制的运动":"大金融机构和具有影响力的冒险性金融投资正抓住此次机会挑战全球民主政府制定的规则,为了自己的利益重塑城市。它不是要建立市场经济的替代物,而是要将不受管制的自由市场变成我们生活的新领域。"⑦

"共享"显然是共享经济涵盖不了的一个社会发展理念,应当覆盖整个人类社会生活。然而,"共享"具有何种价值?"共享发展"理念是否相容于共享经济?"共享发展"如何超越市场经济的局限,它如何落实于具体的制度设计?这些问题的答案是不明晰的。绝大多数人分不清"共享发展"与"共享经济"的差异,以

① Tom Slee, *What's Yours Is Mine: Against the Sharing Economy*, pp. 33-34.
② Tom Slee, *What's Yours Is Mine: Against the Sharing Economy*, p. 19.
③ Tom Slee, *What's Yours Is Mine: Against the Sharing Economy*, pp. 19-20.
④ Tom Slee, *What's Yours Is Mine: Against the Sharing Economy*, p. 17.
⑤ 余逊达:《建构共享经济的核心范式》,《2016 生活与发展研讨会思考集》(2016 生活与发展研讨会,2016 年 11 月 11—13 日,杭州),第 17 页。
⑥ 谢志刚:《"共享经济"的知识经济学分析——基于哈耶克知识与秩序理论的一个创新合作框架》,《经济学动态》,2015 年第 12 期。
⑦ Tom Slee, *What's Yours Is Mine: Against the Sharing Economy*, p. 71.

为发展共享经济就能实现共享发展。这种混淆误解了"共享"和"共享发展"理念。尽管有人提出"社会共享"和"共享社会"概念,但是它们仍有待于做出详尽研究和解释。

因此,梳理从古代"均平"观念、现代"共同富裕"思想到当下"共享发展"理念的演进,总结"共享发展"和"共享经济"研究成果,明晰"共享发展"和"共享经济"的根本差异,对落实共享发展理念和建构全民共建的共享社会尤为重要而迫切。有鉴于此,本章将提出探讨共享发展理念的第五条进路,一条梳理"共享"观念史的进路。

二、"均平"理想及其演进

在中国政治思想史上,"均平"是共享观念的早期表述,到后来演变为一种朴素的"均贫富、等贵贱"理想。"均贫富"注重物质利益的调节,企图改变以封建土地所有制度为基础所形成的财富分配不均状况。"等贵贱"注重政治地位与社会位置的调节,试图改变以皇权为顶端的自上而下地划分为君王、贵族、平民、贱民等不同社会层级的封建等级状况。"等贵贱、均贫富"思想否定"死生有命、富贵在天"的天命观,试图在经济财富和社会等级方面建立人际基本平等。

先秦时期,"均平"观念在儒、法、墨等学派占据重要地位。孔子较早阐述了"均平"思想,主张"不患寡而患不均,不患贫而患不安。盖均无贫,和无寡,安无倾"[1]。韩非指出,"明主之治国……论其税赋以均贫富","均贫富"是重要的"帝王之政"[2]。墨子表示,"故古者圣王明天、鬼之所欲,而辟天、鬼之所憎……听狱不敢不中,分财不敢不均,居处不敢怠慢。曰:其为正长若此。"[3]财力"均分"是圣王顺应上天和鬼神而治理政事的原则之一。孟子把井田制看作"均平"的具体政策和实践操作。他说"子之君将行仁政,选择而使子,子必勉之! 夫仁政,必自经界始。经界不正,井地不钧,谷禄不平,是故暴君污吏必慢其经界。经界既正,分田制禄可坐而定也"[4]。荀子提到"天下莫不平均"[5]。管仲表示"地不平均和调,则政不可正也"[6]。这些论述都强调"均平"作为国策在治理国家和维护社会

① 《论语·季氏》,第十六篇。
② 《韩非子六反》,第四十六篇。
③ 《墨子·尚同(中)》,第十二篇。
④ 《孟子》卷五《孟子·滕文公上》。
⑤ 《荀子·王霸》,第十一篇。
⑥ 《管子·乘马》,第五篇。

稳定中的重要性,认为土地、赋税、财物是帝王施以"均平"之政的对象。

自秦汉以来,"均平"观念继续影响帝王和官僚阶层的治国主张,成为统治者的执政理念,落实为国家政策,主要做法是抑制土地兼并,均衡阶层势力,维持社会稳定。比如,西汉陈汤上书"使中家以下得均贫富"[①]。唐僖宗诏告"均其衣食"[②]。典型的政策实践是宋神宗支持王安石以"摧抑兼并、均济贫乏"为宗旨进行变法。"宋代的抑兼并不仅抑制土地兼并带来的占有不公现象,而且抑制与商人、高利贷、官僚结合的兼并势力。"[③]

"均平"观念也成为士大夫抨击权贵腐败,主张缩小贫富差距,要求贤君明政的一种思想武器。明末清初,唐甄感叹"天地之道故平,平则万物各得其所。及其不平也,此厚则彼薄,此乐则彼忧。……是以舜禹之有天下也,恶衣菲食,不敢自恣。岂所嗜之异于人哉?惧其不平以倾天下也!"[④]他批评当权者没有施以均平之政,一味骄奢淫逸,漠视民生疾苦,造成厚薄不均、乐忧不平的社会。同时,"均平"思想符合底层民众需求,得到农民阶级的广泛支持。每当封建王朝末期或面临改朝换代之际,社会矛盾尖锐,农民生活困苦。普通民众重视财富和土地的归属问题,希望平均分配财富和土地。东汉晚期《太平经》是中国道教早期读物,主张"财产共有",认为财富当为社会成员共有,所谓"物者,中和之有"[⑤]。

"均平是中国社会思想中的重要课题,历代农民起义都以实现均平为目标。"[⑥]北宋初期王小波、李顺领导农民起义,宣称"吾疾贫富不均,今为汝等均之";明末李自成起义军打出"等贵贱,均田免粮"旗号;太平天国运动早期提出"薄赋税、均贫富""均田以赈贫穷"等口号。1853 年定都天京后,太平天国颁布《天朝田亩制度》,主张建设"有田同耕,有饭同食,有衣同穿,有钱同使,无处不均匀,无人不饱暖"的理想社会。这些"均平"思想获得广大农民积极响应,引导多次农民运动。

在清末和民国时期,在中华民族面临生死存亡的内忧外患之际,"均平"观念与"富强"思想相融合,发展为"公有""共富"的共享观。首先,康有为提出一种以富民强国为鹄的的共享观。1895 年,康有为在《上清帝第二书》中,提出"富国之法"与"养民之法",陈述务农、劝工、惠商、恤穷四个"养民"之法。"然百姓匮乏,

---

① 《汉书·陈汤传》,卷七十。
② 《旧唐书·僖宗李儇》,卷二十二,本纪第十九下。
③ 李华瑞:《宋代践行孟子的仁政思想》,《中国社会科学报》,2018 年 2 月 23 日第 1397 期。
④ 唐甄:《潜书注》,成都:四川人民出版社,1984 年版,第 285-286 页。
⑤ 王处辉(编):《中国社会思想史》,北京:中国人民大学出版社,2002 年版,第 246-247 页。
⑥ 王处辉(编):《中国社会思想史》,第 556 页。

国无以为富也。……夫国以民为本,不思养之,是自拔其本也。"①其中,恤穷之法在于移民开荒,"予以(穷人)谋生之路,共有乐土之安";教工以技,使"穷民得食";养穷,使"鳏寡孤独、疲癃残疾、盲聋喑哑、断者侏儒"等生活困苦和残疾之人"咸为收养","无一夫失其所"②。如此扶贫措施展现了其"养民""富民"理想。他的《大同书》详尽阐释了某个"大同世界":"大同之道,至平也,至公也,至仁也,治之至也。"③所以要"去产界,共生业",乃至"去国""去家""去形",从而施行"公有""共产""均产""均养",消灭贫富差别,达到"人人皆教养于公产"的"均平"和"安乐"世界。

其次,孙中山进一步将"均平"观念发展为"民享"思想,把"国强"与"民富"视为一体,既强调国家富强,重视生产发展,又主张民生富足,重视分配问题。他肯定"共享"在民生主义中的核心地位,认为民生主义就是"所得的国家利益由人民共享"④。孙中山在民国革命初期提出"驱除鞑虏,恢复中华,建立民国,平均地权"的口号,后把"三民主义"阐释为"民有、民治、民享"六字箴言。1924 年,他在《国民政府建国大纲》中表示,"建设之首要在民生。故对于全国人民之食、衣、住、行四大需要,政府当与人民协力,共谋农业之发展,以足民食;共谋织造之发展,以裕民衣;建筑大计划之各式屋舍,以乐民居;修治道路、运河,以利民行。……土地之岁收,地价之增益,公地之生产,山林川泽之息,矿产水力之利,皆为地方政府之所有,而用以经营地方人民之事业,及育幼、养老、济贫、救灾、医病与夫种种公共之需。"⑤他在《三民主义·民生主义》中强调,"我们要完全解决民生问题,不但是要解决生产的问题,就是分配的问题也要同时注重的。……我们所注重的分配方法,目标不是在赚钱,是要供给大家公众来使用。"⑥吃饭、穿衣都需要凭"民数之多少","以供给人民之用","不致一人有所缺乏"⑦。因此,在构想近代中华民族复兴的政治蓝图中,康有为和孙中山都明确地表示,一要民众富裕,二要公共所有,三要公共分配。他们已经清晰表达了以"共同富裕"和"共享发展"为核心主张的近代中国经济社会发展和国家建设理念。

纵观中国政治思想史,传统共享观以平均主义为底色。在社会主义革命取

---

① 康有为:《上清帝第二书》,中国史学会(编):《戊戌变法》(二),上海:上海人民出版社,1972 年版,第 143 页。

② 康有为:《上清帝第二书》,第 147 页。

③ 康有为:《大同书》,邝柏林选注,沈阳:辽宁人民出版社,1994 年版,第 9 页。

④ 孙中山:《孙中山全集》,第八卷,北京:中华书局,1986 年版,第 572 页。

⑤ 孙中山:《孙中山全集》,第九卷,第 126-128 页。

⑥ 孙中山:《孙中山全集》,第九卷,第 409 页。

⑦ 孙中山:《孙中山全集》,第九卷,第 426 页。

得胜利之前,以此为理想的社会建设均以失败告终,没有真正实现"共同富裕"和"共享发展"的共享社会。

究其原因,第一,传统共享观缺少公共性基础。中国秦汉至唐宋明清,及至民国时期,统治集团是由帝王君主、门阀士族组成的权贵阶级。他们提出的"共享"思想,是出于挽救权贵政治危机的暂缓之计,最终是为了统治集团利益,以维持其统治的合法性和永久性。历史上的农民革命,虽然在起势之时制定激进的平均与共享纲领,但在夺权之后便恢复贵族政治,起义者变成新的权贵阶级。中国传统社会"共享"理想,要么是权贵精英为挽救君权倾颓而制定的临时政策纲领,要么是农民起义者为获取最高政治权力而采取的革命激励口号。它囿于提倡者的阶级本性,服务于少数利益,只是阶级统治或阶级斗争的手段。如此共享,不是真正为了民众的无差别公共利益,不会得到民众的长期支持。

第二,传统共享观没有平等的政治权利作为前提,至多是一种调和统治者和被统治者矛盾关系的治国策略。即使有人试图以此引导社会建设和改革,但是这种社会改革建立在权贵和平民二元对立的社会阶级结构之上,没有平等的政治基础。在没有经过彻底的政治革命,没有确立个人权利的政治法律保障的前提下,社会改革是注定失败的。

第三,传统共享观没有公有制的制度基础。中国传统社会实行土地和资本私有制,没有给社会共享发展留下余地。"共享"观念只是赈济性的,是对社会弱势群体的伦理关怀。缺乏公有制度的扶贫济弱,带有当权者的私人主观性,更多是因人施政。一旦主政生变或朝代更迭,则相关政策随之变革。缺乏公有制保障,共享发展和共同富裕都无异于空中楼阁。

综上所述,中国传统社会提出的"均平"观念和近代社会提出的"共享发展"和"共同富裕"理想都具有偶发性,更多是统治者、智识精英或富裕阶层偶发的社会关怀。它不具有观念的普遍性,没有深刻嵌入基本社会制度。不过值得肯定的是,"均平""共享""公有""共富"一脉相承。它们都是中国社会发展历史的重要思想成果。一旦社会条件成熟和制度安排具备,它们会从思想蓝图变成社会现实。

三、"共同致富"和"共享发展"理念再诠释

共同致富和共享发展理念是当代马克思主义学说的重要组成部分,在中国社会主义革命和建设中得到了全新诠释。没有中国社会主义革命和建设实践,没有中国特色社会主义基本制度作为保障,共同富裕和共享发展理念既不可能

被完整提出，也不可能被全面落实。

第一，在马克思主义学说发展过程中，"共同致富"和"共享发展"理念起源于马克思对异化劳动和私有财产制度的批判。马克思指出，"工人降低为商品，而且降低为最贱的商品；工人的贫困同他的产品的力量和数量成反比……整个社会必然分化为两个阶级，即有产者阶级和没有财产的工人阶级"①。导致无产阶级贫穷的根源是私有财产制度。马克思和恩格斯主张，依照社会发展总体计划和社会全体成员的要求来经营和管理一切生产部门，实现共同利益；他们要求废除私有制，实行财产共有，由社会全体成员共同使用全部生产工具和按照共同协议来分配产品。② 为了实现这种社会性普遍"共有"，必须进行无产阶级革命，实行无产阶级专政，建立公有社会制度，最终实现按需分配的共产主义社会。共产主义社会是一个高度共享社会。这个社会突破了家庭、阶级、民族、国家的桎梏，消除了体力、智力、勤务等自然禀赋带来的社会差异。每一个体皆共享集体财富，劳动成为生活的第一需要，人获得全面自由发展。

第二，列宁把马克思恩格斯关于共产主义社会的构想转变为一套具体的制度安排，通过俄国革命，把共产主义社会第一阶段即社会主义社会变成现实。在这个阶段，社会主要任务是消灭资产阶级，改造生产资料的私有属性，把生产资料变成公有财产，归全社会所有，实行按劳分配。"按劳分配"原则保证了社会每个成员共享平等参与劳动的机会，以及从劳动中获取对等产品数量的机会。社会主义社会实现了形式平等，社会全体成员通过完全占有生产资料得到劳动平等和工资平等。列宁指出，"这还不是共产主义，还没有消除对不同等的人的不等量（事实上是不等量的）劳动给予等量产品的'资产阶级权利'"③。按照列宁设想，到了共产主义社会的第二阶段，生产力高度发达，社会成员"能够自愿地尽其所能来劳动"，"每人将'按需'自由地取用产品"④。共产主义社会的高级阶段以需求作为分配和共享的标准，彻底消除了社会成员在产品分配上的深刻不平等，实现了全面的社会共享。

第三，马克思、恩格斯和列宁的共产主义理论深刻影响着中国人民对"共同致富"和"共享发展"理想社会的追求，引导中国人民进行政治革命和社会革命，并将那个理想落实为社会制度。在中国特色社会主义发展道路上，中国共产党带领中国人民努力建设真正的"共同致富"和"共享发展"社会。

---

① 马克思：《1844 年经济学哲学手稿》，北京：人民出版社，2000 年版，第 50 页。
② 马克思、恩格斯：《马克思恩格斯全集》，第四卷，北京：人民出版社，2006 年版，第 365 页。
③ 列宁：《列宁专题文集·论社会主义》，北京：人民出版社，2009 年版，第 34 页。
④ 列宁：《列宁专题文集·论社会主义》，第 36 页。

1921 年,中国共产党成立,确立共产主义理想,领导中国人民走上新民主主义道路。1929 年 12 月,毛泽东发表《关于纠正党内的错误思想》,将传统"均平"思想定性为"绝对平均主义"而加以摒弃,认为绝对平均主义"是手工业和小农经济的产物","是农民小资产者的一种幻想","在社会主义时期,物质的分配也要按照'各尽所能按劳取酬'的原则和工作的需要,决无所谓绝对的平均"[①]。中国共产党和中国人民完成新民主主义革命、建立人民民主政权之后,在 1953 年到 1956 年进行社会主义改造。通过社会主义改造,中国改变了生产关系,解决了所有制问题,把原来的私人所有制改造为全体社会成员占有生产资料的国家公有制和集体所有制。中国走上社会主义道路,进入列宁描述的社会主义社会。

1978 年,中国共产党制定改革开放的战略方针,改革中国社会生产方式和组织方式,提出新的社会发展理念,尝试新的社会制度安排,重新拟定共同富裕的社会主义目标。1992 年,邓小平在南方谈话中提出关于社会主义本质的重要论断,表示"社会主义本质是解放生产力,发展生产力,消灭剥削,消除两极分化,最终达到共同富裕"[②]。"社会主义财富属于人民,社会主义的致富是全民共同致富。"[③]他重新诠释了"共享发展""共同致富"和"共同富裕"思想。在邓小平看来,平等不是平均主义,不是吃"大锅饭",也不是共同贫穷;平等是共同富裕。[④]换言之,平等是全国人民都能够勤劳致富,过上小康生活。而且,共同富裕离不开平等。"全民共同致富",强调在致富奔小康路上一个都不能少,一个都不能穷,更不能出现两极分化。共同富裕成为社会主义的本质属性,共享发展是其另一种表述。在共享发展理念指导下,"以按劳分配为主,多种分配方式并存"成为中国特色的社会分配制度,"共同富裕"规定了社会共享发展的新目标和新形式。

第四,2015 年 10 月 26 日—29 日,中国共产党召开第十八届中央委员会第五次全体会议,习近平同志在这次会议上提出"五大发展理念",首次把"共享发展"提到国家发展理念的高度。2016 年 1 月 18 日,在省部级主要领导干部学习贯彻党的十八届五中全会精神专题研讨班上,习近平对"共享发展"理念的内涵作了明确表述:"共享"是"全民共享"、"全面共享"、"共建共享"和"渐进共享"[⑤]。"共享"已经成为新时代中国特色社会主义的五大发展理念之一。社会共享思想具有了新的时代内涵。

---

① 毛泽东:《毛泽东选集》,第一卷,北京:人民出版社,1991 年版,第 91 页。
② 邓小平:《邓小平文选》,第三卷,北京:人民出版社,1993 年版,第 373 页。
③ 邓小平:《邓小平文选》,第三卷,第 172 页。
④ 邓小平:《邓小平文选》,第三卷,第 155 页。
⑤ 习近平:《在省部级主要领导干部学习贯彻党的十八届五中全会精神专题研讨班上的讲话》(2016 年 1 月 18 日),《人民日报》,2016 年 05 月 10 日。

　　(1)以人民为主体的共享理念。习近平将广大人民群众共享改革发展成果阐释为社会主义的本质,确立了人民在发展和共享中的主体地位。他指出,"坚持共享发展,就是要坚持发展为了人民、发展依靠人民、发展成果由人民共享,使全体人民在共建共享中有更多获得感,朝着共同富裕方向稳步前进。"[①]人民共享既是共享发展的目标,也是共享发展的动力,更是共享发展的判断标准。"改革发展搞得成功不成功,最终的判断标准是人民是不是共同享受到了改革发展成果。"[②]这意味着在社会主义社会,全体社会成员不仅要绝对占有生产资料,更要共同享有生产产品。习近平指明了在社会主义社会进行更高阶的共产主义性质改革的方向。

　　(2)以民生幸福为表征的共享理念。习近平主张,共享发展的着力点在于改善民生。他把增进民生福祉看作发展的根本目的,要求在发展中保障和改善民生,不断增强人民群众的获得感和幸福感,满足人们对美好生活的向往。共建共治共享共同富裕是习近平所设想的民生发展格局,"幼有善育、学有优教、劳有厚得、病有良医、老有颐养、住有宜居、弱有众扶"[③]是民生幸福的基本表现。

　　(3)以公平正义为内在要求的共享理念。习近平反复强调,"公平正义是中国特色社会主义的内在要求"[④],"共享发展注重的是解决社会公平正义问题。"[⑤]中国社会存在权利、机会、规则、分配不公平问题,这种不公平造成贫富差距的扩大化,限制着个体平等享有自由发展的机会和享有社会发展的成果,制约着中国特色社会主义社会的前进道路。因此,他要求以公平正义规范"蛋糕"分配的每个环节,以其为原则改革社会制度。

　　(4)以全体人民共同富裕和美好生活为目标的共享观理念。习近平多次表示,"共同富裕是中国特色社会主义的根本原则,所以必须使发展成果更多更公平惠及全体人民,朝着共同富裕方向稳步前进"[⑥]。像邓小平一样,他坚持共同富裕是社会主义的本质要求,共享发展是走向共同富裕的必由之路。"美好生

　　① 习近平:《深化合作伙伴关系,共建亚洲美好家园》(2015 年 11 月 7 日),北京:人民出版社,单行本,第 11 页。
　　② 习近平:《在中共中央召开的党外人士座谈会上的讲话》(2015 年 8 月 21 日),《人民日报》,2015年 10 月 31 日。
　　③ 习近平:《在深圳经济特区建立 40 周年庆祝大会上重要讲话》,《人民日报》,2020 年 10 月 14 日。
　　④ 习近平:《切实把思想统一到党的十八届三中全会精神上来》(2013 年 11 月 12 日),《十八大以来重要文献选编》(上),北京:中央文献出版社,2014 年版,第 552 页。
　　⑤ 习近平:《以新的发展理念引领发展,夺取全面建成小康社会决胜阶段的伟大胜利》(2015 年 10月 29 日),《十八大以来重要文献选编》(中),北京:中央文献出版社,2016 年版,第 827 页。
　　⑥ 习近平:《紧紧围绕坚持和发展中国特色社会主义学习宣传贯彻党的十八大精神》(2012 年 11 月17 日),《十八大以来重要文献选编》(上),北京:中央文献出版社,2014 年版,第 78-79 页。

活"成为中国共产党带领中国人民奋斗的更高的价值追求。

在习近平共享发展理念引领下,中国民生建设举措成效显著,历时八年的脱贫攻坚战完美收官,中国全面建成小康社会。发展成果更多更公平地惠及全体人民,人民群众获得感、幸福感、安全感不断增强。收入分配制度更为合理有序,在落实"按劳分配为主,多种分配方式并存"的分配制度基础之上,按劳分配和按生产要素分配相结合,城乡居民的劳动性收入和财产性收入不断增加,收入分配差距缩小,收入分配秩序规范化。国家基本公共服务体系不断完善,公共服务质量极大提升。以权利公平、机会公平、规则公平为主要内容的社会公平保障体系基本建立,人民平等参与、平等发展的权利得到保障。

综上所述,"共享是中国特色社会主义的本质要求"[①]。中国共产党领导中国人民砥砺前行,改革奋进,创造性地以马克思主义改造中国传统共享观念,革命性地以共产主义引导中国社会所有制变革,走上了一条制度化共享的社会主义道路。共享不再是政治口号。它成为以人民为主体、以公平正义为内核、以共同富裕为目标的社会制度。它不仅回答了"生产资料归谁所有"的社会所有制问题,而且解决了"生产产品如何获取"的社会分配问题。在习近平新时代中国特色社会主义思想体系中,民生幸福、共同富裕、美好生活、社会共享熔为有机整体,高瞻远瞩地擘画了新时代中国特色社会主义"人人享有"的共享社会。

四、落实共享发展理念,实现共同富裕

2020年,中国全面建成小康社会取得决定性成就,实现第一个百年奋斗目标。中国特色社会主义进入全面建成社会主义现代化国家的新阶段。"随着我国全面建成小康社会、开启全面建设社会主义现代化国家新征程,我们必须把促进全体人民共同富裕摆在更加重要的位置,脚踏实地,久久为功,向着这个目标更加积极有为地进行努力。"[②]扎实推动共同富裕,到2035年全体人民共同富裕取得更为明显的实质性进展,是中国共产党带领中国人民要完成的新的历史任务和重大使命。共享发展是实现共同富裕的社会建设方向。共享社会是共同富裕的社会形态。"共享"的要义,不在于扩大私有财产的使用权范围,而在于落实

---

① 《中共中央关于制定国民经济和社会发展第十三个五年规划的建议》,《人民日报》,2015年10月29日。

② 习近平:《关于〈中共中央关于制定国民经济和社会发展第十四个五年规划和二〇三五年远景目标的建议〉的说明》,《人民日报》,2020年11月04日。

共享发展理念,完善社会共享制度,超越市场经济的局限性,最终实现共同富裕。

第一,落实共享发展理念,必须把消除贫富差距、实现共同富裕作为社会主义建设的重要任务来追求。"共享"与"共享发展"理念由中国传统"均平"、"公有"、"共富"和"大同"思想演变而来,同自由、平等、公平、正义、富裕、文明等现代观念紧密相连。虽然中国社会主义发展处于初级阶段,但是这个初级阶段已能满足中国人民对共同富裕的渴望。中国已经取得巨大的社会主义发展成就,拥有实现共同富裕的雄厚物质基础。国家统计局数据表明,改革开放40年来,我国的经济增速在全球主要经济体中名列前茅,经济总量跃居世界第二。"1978年,我国国内生产总值只有3679亿元,之后连续跨越,1986年上升到1万亿元,1991年上升到2万亿元,2000年突破10万亿元大关,2006年超过20万亿元,2017年首次站上80万亿元的历史新台阶,达到827122亿元,当年经济增量折合1.2万亿美元,相当于2016年全球第十四大经济体澳大利亚的经济总量。"① 这意味着中国已经实现了物质资料的极大丰富,财富总量可以满足全体人民生存和发展的需要。人民共享发展成果的要求正当其时。"制定促进共同富裕行动纲要,自觉主动缩小地区、城乡和收入差距,让发展成果更多更公平惠及全体人民,不断增强人民群众获得感、幸福感、安全感。"② 这是中国共产党为"十四五"时期经济社会发展制定的重要任务。社会主义不允许严重社会经济不平等和严重社会两极化的持续存在。共享社会没有取缔私有制,但找到了克服其局限性的办法。它将是基本解决贫富两极分化问题,缩小城乡发展水平差距、实现共同富裕的社会。消除贫富差距、实现共同富裕是共享发展的历史必然和现实要求。正面而直接回应"共享"内在的自由、平等、公平、正义、富裕等诉求,坚定不移地走社会主义道路,"以共建共享为基本原则,在体制机制、制度政策上系统谋划"③,是"共享"这一历史性和时代性愿望和效果相统一的必由之路。

第二,落实共享发展理念,实现共同富裕,重在建立健全社会公共资源的国家所有和人民享有的制度。单纯对个人"私有财产"的分享模式尚不能称为"共享"。共享经济的到来不等于共享社会的实现。真正的共享应是在社会领域实现社会公共资源的全民共享。人民共享和共富的对象应是社会公共资源。它包括国家和人民所有的"公有资产"与"公共权益"。"公共权益"指向那些应由全体

① 国家统计局:《波澜壮阔四十载 民族复兴展新篇——改革开放40年经济社会发展成就系列报告之一》(2018年8月27日).

② 《中华人民共和国国民经济和社会发展第十四个五年规划和2035年远景目标纲要》单行本,北京:人民出版社,2021年版.

③ 《习近平在浙江调研时强调,干在实处永无止境,走在前列要谋新篇》,《人民日报》,2015年5月28日.

人民平等享有、增进个人福祉的所有物范畴,诸如发展成果、社会保障和公共服务。此共享是不可让渡、交易和取代的。在经济领域进行个人私有财产的"分享",采用某种形式的共享经济,这不是共享。此共享也是非排他性的。社会共享的原则是开放和平等,社会公共资源须向整个社会开放,使得每个人都有资格、有机会平等地获取。中国作为社会主义国家,在共享方面具有独特优势,共享的制度基础已经具备。那就是社会主义公有制。社会主义公有制既承认和保护个人合法的私有财产和利益,又维护和拓展人民可以共享的社会公共资源。公有制的主体地位对于实现共同富裕具有决定性作用。国家和集体所有资产在社会总资产中占优势,国有经济控制国民经济命脉且对经济发展起主导作用,决定了人民集体享有的社会公共资源在社会总资源中占主要部分。邓小平指出,"因为我们这里没有剥削阶级,没有剥削制度,国民总收入完全用之于整个社会,相当大一部分直接分配给人民"①。在社会主义公有制的基础之上,要重点完善社会公共资源的人民享有制度。这要求,一要坚持和发展社会主义公有制,二要健全与经济发展水平相适应的社会保障和公共服务制度。虽然中国已经赢得脱贫攻坚战的胜利,全面建成了小康社会,但是在区域之间、城乡之间和阶层之间公共服务还非常不均衡和不平等。这是制约着共同富裕的关键问题。其中,最为突出的问题是城乡之间公共服务水平差异较大。"城乡基本公共服务的均等化程度还比较低,尤其是一些社会服务和社会福利在大部分农村依然缺乏,已有的一些基本公共服务在质量上远低于城镇,难以满足农村居民对改善生活、实现体面就业和创业发展的机会追求。"②因而,健全社会公共资源的人民享有制度,有效提升人民的获得感、幸福感和安全感,肯綮之处是实现基本公共服务在全体人民中的均等化,使得区域之间、城乡之间和不同阶层之间的公共服务水平差距显著缩小,使得每个人享受到平等的公共权益。

第三,落实共享发展理念,实现共同富裕,必须超越市场经济的局限性。"共享发展"既离不开自由市场,又不能单纯依靠市场。市场可以实现资源的最大配置,但是市场行为是资源优化配置的行为,它不能解决共同富裕的问题。市场经济会背离共享原则。布坎南(James M. Buchanan)认为,"对市场经济秩序的社会主义批判,大部分批错了地方。人们批评市场制度产生的分配结果没能满足规定规范目标的要求,事实上在这种情况下,这些分配结果与前市场禀赋和能力中的悬殊差别关系更为密切。"然而,他的错误在于,虽然分配结果与前市场的禀赋和能力的差别有关,但是正是市场经济加剧了这种差别,更加剧了由这种差别

---

① 邓小平:《邓小平文选》,第二卷,北京:人民出版社,1994年版,第259页。
② 王春光:《乡村建设与全面小康社会的实践逻辑》,《中国社会科学》,2020年第10期,第40页。

造成的贫富差距。社会主义承认自然禀赋和能力的差别，却否认这种差别应造成严重的社会不平等。贫穷不是社会主义。少数人富裕，大部分人贫穷，这也不是社会主义。社会主义尊重合理的差别，但要求通过调节单纯由自由市场而产生的分配结果，消灭市场经济两极分化，最终实现共同富裕。所以，超越市场经济的局限性，必须要建立健全生产资料的公共占有与产品分配和劳动分配的制度。列宁指出，在社会主义社会，"仅仅把生产资料转归全社会公有还不能消除分配方面的缺点和'资产阶级权利'的不平等，只要产品'按劳动'分配，'资产阶级权利'就会继续通行"①。在"按劳分配"的社会主义阶段，要尽可能消除劳动分配和产品分配的历史局限性，正确处理效率与公平的关系。这是实质性推进共同富裕的重要方面。"正确处理效率和公平的关系，建立合理的分配制度，是坚持以人民为中心、实现共同富裕目标必须解决的问题。"②"共享"将限定全体人民对生产资料的更为公平的管理和分配方式。它意味着不仅要在制度上实现共同拥有和集体管理生产资料的社会主义公有制，而且要从制度上落实"共同拥有"和"集体管理"的公平的分配结果。第一，在"按劳分配"的制度中，要提高劳动报酬在初次分配中的比重，实现劳动报酬提高和劳动生产率提高基本同步，使得所有劳动者能平等地据其劳动共享经济发展的成果，有尊严地据其劳动收入过上体面生活。第二，在收入分配的结构中，要保障和增加人民的"财产性"所有权及其收入，缩小在财产性收入上的差距，从社会结构上实现公平正义。第三，完善再分配机制，通过税收、社会保障、转移支付等手段，缩小收入和财富分配差距。第四，通过共享经济分享土地、资本、房屋、汽车等要素的使用权和收益权，从而增加中低收入群体的要素收入。共享经济确有其重要作用。它将为共享社会提供先导条件和技术上的可能途径。"在信息流驱动的资源最优分配的情况下，社会可能首先实现分享，分享中的一部分最后达到了共享。"③但是，它又需要被管理、引导和规制，既保持在市场经济中的创造力和活力，又促进人们以土地、资本、房屋、汽车等要素参与共享经济而合法获得收益。

　　第四，落实共享发展理念，走中国特色的社会主义共同富裕道路，具有普遍价值和世界意义。在中国实现共享社会，走向共同富裕，既满足中国社会的需要，又是人类文明发展的重要表现。共同富裕不仅是中国人民的追求，而且是世界人民的心声。1776 年，亚当·斯密希望，通过分工，"别人所需的物品，他能与

①　列宁：《列宁专题文集·论社会主义》，第 34 页。
②　谢伏瞻：《新中国 70 年经济与经济学发展》，《中国社会科学》，2019 年第 10 期，第 16 页。
③　余逊达：《建构共享经济的核心范式》，第 17 页。

以充分供给;他自身所需的,别人亦能与以充分供给。于是,社会各阶级普遍富裕"①。然而,在社会分工高度发达的条件下,人类社会并没有走向普遍富裕。在当今世界,收入和财富不平等是一个世界难题。联合国计划开发署发布的《2019年人类发展报告》指出,"税前收入占比中欧盟是最平等的地区,其顶部10%占比为34%。中东是最不平等的地区,收入最高的10%的人拥有61%的税前收入。……据估计,美国最富有的10%人口的收入占总收入的47%,中国占41%,印度占55%"②。贫富差距的扩大化,既是发达国家的社会积弊,又是发展中国家的发展障碍。在此背景下,中国提出实现共同富裕的中国方案,对世界其他国家具有重要借鉴意义。

中国经验表明,只有在社会主义国家,才能消灭剥削,消除两极分化,最终实现共同富裕。只有中国共产党才能不断改善人民生活,增进全体人民福祉。在实现共同富裕的过程中,必须实现社会共享,使得社会公共资源与社会机会公平分配和合理配置,从社会结构和社会制度上追求公平正义。中国经验也说明,政府在经济和社会中扮演着更为积极的作用。

最后,我们以习近平同志一段话作为本章的结束语:"共享理念实质就是坚持以人民为中心的发展思想,体现的是逐步实现共同富裕的要求。共同富裕,是马克思主义的一个基本目标,也是自古以来我国人民的一个基本理想。孔子说:'不患寡而患不均,不患贫而患不安。'孟子说:'老吾老以及人之老,幼吾幼以及人之幼。'《礼记·礼运》具体而生动地描绘了'小康'社会和'大同'社会的状态。按照马克思、恩格斯的构想,共产主义社会将彻底消除阶级之间、城乡之间、脑力劳动和体力劳动之间的对立和差别,实行各尽所能、按需分配,真正实现社会共享、实现每个人自由而全面的发展。"③

---

① [英]斯密:《国民财富的性质和原因的研究》(上卷),郭大力,王亚南译,北京:商务印书馆,1983年版,第11页。
② 联合国计划开发署:《人类发展报告2019》,中文版,第110页。
③ 习近平:《"在省部级主要领导干部学习贯彻党的十八届五中全会精神专题研讨班上的讲话》,《人民日报》,2016年5月10日第2版。

第2章　共享发展与社会共享

　　创新、协调、绿色、开放、共享是习近平总书记提出的五大发展理念,它们以"共享发展"理念为归宿。"共享是中国特色社会主义的本质要求。"[①]在中国改革开放初期,邓小平同志一再强调,建设中国特色社会主义市场经济不得背离"共同富裕"这个根本目标。"共享发展"理念是对"共同富裕"思想的新发展。落实"共享发展"理念,关乎全体人民的根本利益。这一理念所蕴涵的意义,比人们主观猜测的要明确得多,也深刻得多。但它们是有待辨析的。

　　有鉴于此,在这一章里,我们试着从中国特色社会主义制度之顶层设计原则的高度来理解"共享发展"理念,以期准确把握其政治含义。首先,我们将探讨共享的三个含义,重点诠释"共享发展"理念的含义;其次,我们将考察阻碍共享发展的诸多消极因素;再次,我们将考察落实"共享发展"理念的社会条件,以期阐明,克服影响共享发展的诸多消极因素,落实"共享发展"理念、实现共同富裕,是中国新一轮改革的重心。

一、共享和共享发展

　　所有的共享都是社会共享,社会共享是共享发展的主要形式。"共享"是当今中国学术界和主流媒体使用频率较高的一个词汇,表达了人们对未来社会的美好预期。"共享"至少存在三个含义:(1)作为价值理念;(2)作为市场创新模式;(3)作为发展理念。它们表达了人们对"共享"的不同诠释,也表明了"共享"在不同领域有着不同含义。

　　1. 作为价值理念的"共享"。基于现今社会经济高速发展、资源极大充分、网络媒体高速发达的现实,尤其互联网的发展使共享的渠道更为实时准确,资源的大规模共享成为可能,共享作为价值理念逐渐广泛被人们所接受。在推动社会发展转型过程中,人们逐渐意识到集体主义的意义、合作分享的价值。"共享"

---

　　① 《中共中央关于制定国民经济和社会发展第十三个五年规划的建议》,《人民日报》,2015 年 11 月 4 日,第 1 版。

成为化解社会矛盾、促进社会变革和进步的指导原则。

随着《中共中央关于制定国民经济和社会发展第十三个五年规划建议》的通过,共享作为一种价值理念渗透到人们生活的方方面面。"共享"是中国特色社会主义制度的本质要求,具有高度的政治属性和价值属性。"共享"首先是一个政治概念,《建议》对"共享"的主体、对象、制度要求、手段和目标有明确规定:"必须坚持发展为了人民、发展依靠人民、发展成果由人民共享,做出更有效的制度安排,使全体人民在共建共享发展中有更多获得感,增强发展动力,增进人民团结,朝着共同富裕方向稳步前进。"[①]"共享"的主体是人民,"共享"的对象是中国改革开放成果。"共享"的制度安排涉及八个方面:(1)增加公共服务供给;(2)实施脱贫攻坚工程;(3)提高教育质量;(4)促进就业创业;(5)缩小收入差距;(6)建立公平的可持续的社会保障制度;(7)推进健康中国建设;(8)促进人口均衡发展。[②]

作为一个价值理念,"共享"与中共十八大提出的社会主义核心价值观体系高度一致,前者对"共享"的价值属性有着充分表达:维护人民根本利益,坚持人民主体地位,是建设富强、文明、和谐国家的根本目的。"人民是推动发展的根本力量,实现好、维护好、发展好最广大人民根本利益是发展的根本目的。必须坚持以人民为中心的发展思想,把增进人民福祉、促进人的全面发展作为发展的出发点和落脚点,发展人民民主,维护社会公平正义,保障人民平等参与、平等发展权利,充分调动人民积极性、主动性、创造性。"[③]维护人民根本利益,坚持人民主体地位,需要"共享"理念作支撑。

2. 作为市场创新模式的"共享"或"共享经济"。作为市场创新模式,"共享经济"从观念到实践主要是最近几十年的事。自然资源危机引发的以集聚世界资源为手段的发展模式具有不可持续性,随着金融危机和经济危机的持续爆发,人们开始反省原来的经济发展模式。基于私有产权的资本主义生产方式不断受到质疑。"当今世界的一个病症:科技创新滞后于实体经济,实体经济创新滞后于虚拟经济,以致整体经济的发展因此而失去平衡……依靠科技创新、管理创新和制度创新,打造新的经济增长点和发展方式,是摆脱危机和求得可持续发展的

---

① 《中共中央关于制定国民经济和社会发展第十三个五年规划的建议》,《人民日报》,2015 年 11 月 4 日,第 1 版。

② 《中共中央关于制定国民经济和社会发展第十三个五年规划的建议》,《人民日报》,2015 年 11 月 4 日,第 1 版。

③ 《中共中央关于制定国民经济和社会发展第十三个五年规划的建议》,《人民日报》,2015 年 11 月 4 日,第 1 版。

根本出路。"①这是共享经济动力的最初来源。

在理论上,费尔逊(Marcus Felson)和斯潘思(Joe L. Spaeth)于 1978 年发表在《美国行为科学家》(*American Behavioral Scientist*)杂志的论文中对共享经济作了经典表达。共享经济指个人或独立组织将其拥有的闲置资源有偿提供给需要的使用者,使双方从中获益。②作为市场创新模式的"共享经济",在 2008 年金融危机后为世人广泛接受。里夫金(Jeremy Rifkin)表示:"资本主义时代正逐渐离我们远去,尽管这一进程并不迅速,却是大势所趋。与此同时,一种改变我们生活方式的新型经济体制应运而生,它就是'协同共享'(Collaborative Commons)。"③作为共享经济模式,协同共享正在悄然改变我们的生活。

经济和社会的变革总是来自新能源与新通信方式的交汇,共享经济的兴起预示着经济转型时代的来临。"新通信技术变成了组织、管理复杂文明的手段,能源来源的多元化使复杂文明成为可能,相应的基础设施建设大大减轻了时间和空间的限制,并以一种更加多样化的经济关系将人们与市场联接起来。"④里夫金认为,共享经济将引领一场新的社会革命。他提出,互联网与可再生能源相结合的模式将为第三次工业革命奠定坚实的基础,并预言在接下来的半个世纪里,第一次和第二次工业革命形成的传统,集中经营活动,将被第三次工业革命的分散经营方式取代。

此外,共享经济的动力还源于人们试图克服由消费主义带来的烦恼,渴望极简主义的生活:"随着互联网,移动技术的发展,信息沟通愈加流畅,对于资源限制及高消费不可持续,越来越多的人有了共识。这种觉醒帮助我们重新考虑集体社会的价值。与他人共享物品,参与公益,让我们从对物质的追求中抽离出来。"⑤因为人们对"极限生产力"和"零边际成本社会"的追求,开放的共享平台才得以建立,共享经济才得以展开。

3. 作为发展理念的"共享"。《中共中央关于制定国民经济和社会发展第十三个五年规划的建议》中指出:"实现'十三五'时期发展目标,破解发展难题,厚

---

①　[美]里夫金:《第三次工业革命》,张体伟、孙豫宁译,北京:中信出版社,2012 年版,第 2 页。

②　Marcus Felson and Joe L. Spaeth, "Community Structure and Collaborative Consumption: A Routine Activity Approach", *American Behavioral Scientist*, Vol. 21, No. 4 (March, 1978), pp. 614-624.

③　[美]里夫金:《零边际成本社会》,赛迪研究院译,第 1 页。

④　[美]里夫金:《第三次工业革命》,张体伟、孙豫宁译,北京:中信出版社,2012 年版,第 29 页。

⑤　刘国华、吴博:《共享经济 2.0:个人、商业与社会的颠覆性变革》,北京:企业管理出版社,2015 年版,第 17 页。

植发展优势,必须牢固树立创新、协调、绿色、开放、共享的发展理念。"①中共十八届五中全会首次提出"共享"发展理念。坚持共享发展,是一场关系全局的深刻变革。不同于作为市场创新模式的"共享经济",作为发展理念的"共享"以维护和增加人民的根本利益为目标。其宗旨是,发展为了人民,发展依靠人民,发展成果由人民共享。正如《建议》指出的那样,在增进人民福祉方面,要坚持共享发展,按照人人参与、人人尽力、人人享有的要求,注重机会公平,保障基本民生;在开放发展理念上,在推进"一带一路"建设的过程中,完善双边和多边合作机制,推进同有关国家和地区多领域互利共赢的务实合作;在拓展发展新空间方面,实施"互联网+"行动计划,发展共享经济,实施国家大数据战略,推进数据资源开放共享,促进互联网和经济社会的融合发展。

落实共享发展理念,其最终目标是建成社会主义的共享社会。共享社会是人类恒久的理想,也是人类共同的社会期待。它不仅涉及商业模式的转型,效用经济和效率思维模式的突破,更是社会结构的改造和社会关系的调整。"共享发展理念"设立了四大框架:全民共享、全面共享、共建共享和渐进共享。它强调,(1)共享主体是"全体人民";(2)共享范围是"全面共享",即政治、经济、文化、社会等各方面;(3)共享方式是"共建共享",即共同建设开发,共同分享成果;(4)共享过程是"渐进共享"。在全民共建共享过程中,政府应该超越从上而下对社会的管理过程,将政府、市场和社会三大架构真正纳入协同合作的治理过程,致力于公共价值和公共利益的实现。以共享作为发展理念的共享社会,其共享的过程不是改革开放成果的平均分配过程,共享对象不只停留在物质成果层面,而要包括公共利益、公共价值和公共精神的共享。共享作为一种发展理念来倡导,共享经济则作为共享发展理念的经济分支来开展。

4."共享"三个含义的相关性。共享主要是经济、政治和社会的共享。(1)在经济意义上,经济公平是共享的前提,经济发展为共享提供物质基础;(2)在社会意义上,共享是对每个社会成员身份的认同与肯定,利益共享的主体是全体社会成员;(3)在政治意义上,共享是对特权的否定,权力、机会不属于特定阶层,每个人都有权过问和监督权力。共享是进入法权社会后才有的比较晚近的概念。共享涉及具体的制度安排,公共部门在推行时有章可循。

作为价值理念的共享体现了人民、政府和国家共同担负的社会责任,作为市场创新模式的共享要求经济活动符合社会伦理的生产和生活方式。"共享"作为一种价值理念,引领共享经济、共享社会的发展,共享经济与共享社会表达了共

---

① 《中共中央关于制定国民经济和社会发展第十三个五年规划的建议》,《人民日报》,2015年11月4日,第1版。

享价值。共享不仅是社会责任的体现,而且是对生活舒适感和安全感的追寻,凝结着人类的社会智慧:"当代对社会智慧似乎有更多的要求,因为人们已经有够多的利己主义行为,因此更渴望共享主义的生活。"①共享经济作为一种绿色和实用的经济计划,是对因经济持续增长引发的发展受限问题的疏通,将促进经济的可持续发展。因此,在日常生活中,共享应成为评估社会经济行为的价值尺度,符合共享价值的,应加以推行。社会改革将在共享价值观指导下进行形成新的改革模式。

二、社会共享的阻力

当然,在共享经济和共享发展理念之间存在着矛盾。因为共享经济仍然是一种商业创新模式,只是在一定程度上模糊了私有产权的边界,并没有从根本上否定私有产权制度。共享经济对实现共享发展理念有一定的促进作用或辅助作用,但是,社会共享需要新的社会制度安排。

在人性、所有权、社会关系、社会保障制度等层面存在着影响"共享"和"共享发展"的消极因素,我们统称为阻碍因素。哈丁(Garrett Hardin)在《公地的悲剧》一文中指出:"在所有人都认为共享资源可以自由支配的社会,人人追求自己的最大利益,结果,所有人的利益都会受到损害。共享自由将给所有人带来厄运。"②哈丁断定,所有共享物品注定会因使用者而毁坏:"共享实在太恐怖,根本不应当将其作为一种方案去考虑。"③虽然他对共享的错误理解遭到后来学者的抨击,比如罗丝(Carol Rose)指出:"在纯粹的私有财产和政府控制的'公共财产'之外,还存在一种截然不同的'天然公共财产'……这种财产被集体'享有',并由整个社会'管理'。"④但是,他的见解提醒我们,共享发展并非全无障碍。在共享带来硕果的同时,我们要关注其背后的黑洞,避免发生像"公地悲剧"那样的"共享悲剧"。我们认为,存在着影响"共享发展"的如下消极因素。

1. 人性的弱点。休谟认为,道德和政治的基础是人的自利心:"人们的慷慨是有限的,它很少能延伸到他们的朋友和家庭以外,或者至多不超过他们的国家

① ［德］卡斯特尔:《自我价值与共享思想》,董岩、唐子奕译,北京:北京出版社,2002 年版,第 15 页。

② Garrett Hardin, "The Tragedy of the Commons", *Science*, Vol. 162, No. 3859 (December 1968), pp. 1243-1248.

③ Garrett Hardin, "The Tragedy of the Commons", pp. 1243-1248.

④ Carol Rose, "The Comedy of the Commons: Custom, Commerce, and Inherently Public Property", *The University of Chicago Law Review*, Vol. 53, No. 3 (Summer, 1986), pp. 711-781.

以外。"①霍布斯表示,"人生来就有欲望和厌恶。"②人的个体利益和集体利益始
终存在差别。人会为了荣誉和尊严而竞争,产生嫉妒和仇恨心理。"人类只会欣
赏杰出的事情,他们的快乐产生于同他人的比较。"③经典经济学的理性经济人
假设断定,人自私、贪婪而利己,利己行为是推动经济增长的唯一有效途径。

因此,为了实现共享,必须克服个体的利己主义价值取向。卡斯特尔
(Michael Kastner)尝试将利己主义与共享相结合,提出了"共享利己主义"概
念:通过与他人合作来实现自己的愿望和目的。他指出,社会生活越来越显示出
个人不顾一切地自我努力,只知单纯行使权利,终将走上绝路。"共享"是一种重
要的能力,人们却极少拥有它。"社会最大的智慧就是在不损害一体化的情况下
而使个人获得最大成功。"④共享利己主义区别于以自我为中心的纯粹利己主
义,其前提是要战胜人性中的自私杂念。但是,它在实践中将遇到很大困难。一
方面,它要求在公正交换原则下能持久促进共享利己主义行为;另一方面,"共享
利己主义行为很难得到回报"⑤。在多数情况下,"人们经常以别人为代价而使
自己前程似锦"⑥。因此,如何有效引导和控制人的欲望,是实现共享发展理念
必须回答的问题。

2."公私"悖论。在中国文化语境中,一直存在着"公私"悖论。沟口雄三认
为,在传统中国,"公私"表示"公正与偏邪相对,具有正与不正的伦理性"。⑦ 梁
启超最早区分了"公德"与"私德"概念,认为中国道德教育主要是规范私人行为
的私德,缺乏公德理念,是导致公德缺失的根源。传统中国"公私"关系错位,缘
于作为独立个体的个人与作为社会成员的个人的混同。随着社会经济发展,社
会领域分化为公共领域和私人领域,"公私"关系需要得到重新确认。基于社会
交往的共享行为,因社会关系的公共性与私人性,也面临公德与私德的拷问。

共享行为的发生往往建立在普遍的个人公德之上。首先,从共享行为的主
体身份来看,个人以社会成员身份处理社会关系,共享行为不局限于亲属、朋友、
同事等私人身份的关系,而扩展到社会的陌生人范围。其次,从发生领域看,共
享是在公共领域发生的,主要是公共场所,即向所有公众开放的场所,包括真实
的和虚拟的共享平台。再次,就共享行为目的来说,共享面临公德和私德的拷

① [英]休谟:《人性论》,石碧球译,北京:中国社会科学出版社,2009年版,第417页。
② [英]霍布斯:《论人类》,汪涛译,北京:中译出版社,2015年版,第26页。
③ [英]霍布斯:《论人类》,第43页。
④ [德]卡斯特尔:《自我价值与共享思想》,第90页。
⑤ [德]卡斯特尔:《自我价值与共享思想》,第90页。
⑥ [德]卡斯特尔:《自我价值与共享思想》,第90页。
⑦ [日]沟口雄三:《中国的公与私》,郑静译,北京:生活·读书·新知三联书店,2011年版,第9页。

问,体现在共享行动者的目的中。共享行为既增进行动者自身的利益,又增进陌生人的利益,或者不妨碍陌生人的利益。沟口雄三指出,人性中存在的原有的自然欲望,随着经济的发展,会以"社会性欲望的面貌出现"[1]。因此,我们需要重新审视共享的社会价值,在个人利益和社会利益之间找到更好的平衡点。

3. 自由与秩序的博弈。布坎南(James Buchanan)在谈到"被治理的悖论(paradox of being governed)"时指出,人们既向往"没有约束的自由",又承认"秩序的必要性"[2]。这一悖论将随着"生活的政治化程度和政府在私人事务中行使的权力增加"而变得更加突出。"个人自由成了社会政策最为重要的目标;它不是获致经济或文化之极乐世界的工具性要素,也非某种形而上学意义上具有优越性的价值。"[3]

共享使自由成为可能,但自由往往会增加不确定因素。共享引发社会流动性加快,社会更加趋于不稳定。个体在共享时能够实现临时联合,完善的规则约束因为只是快速和临时的联合而难以奏效。在竞争与合作、兼职与全职、使用权与所有权等关系的转变中,人们不断扩大自由的范围。在自由市场领域,处于灰色地带的共享经济,将引发新的监管挑战。共享经济既造就社会公平,也带来系统性风险,可能导致社会的瓦解。在社会领域,共享唤醒超越组织的个体自由意识,人们要承担因自由带来的不确定风险和压力。

4. 所有权的限制。人们在现有法权制度和法权法规下,形成既定法权观念和产权观念。产权制度是法权制度的重要组成部分,产权观念也是重要法权观念。在现有产权观念中,产权是经济所有制关系的法律表现形式。它包括财产的所有权、占有权、支配权、使用权、收益权和处置权,等等。如果将财产分为私有财产和公共财产,那么产权相应地可以分为私有产权和公共产权。私有产权主要指私有财产的个人所有权;公共产权主要指归国家、政府或集体所有的公共财产和公共资源的公共所有权。

在现有产权制度中,公共产权因其公共性而存在产权不清、主体不明、交易市场和规则不完善等问题,造成有效利用的障碍。农村土地产权、国有资产产权、自然资源产权等,在产权归属、权能以及基于产权的利益分配等问题上,都存在模糊地带。"公共财产权是政府基于其公共性特质取得、用益和处分私人财产的权力,包括对私人财产征税、处罚、国有化等非对价性给付,征收土地房屋、收

---

① [日]沟口雄三:《中国的公与私》,第 9 页。
② [美]布坎南:《自由的界限》,董子云译,杭州:浙江大学出版社,2012 年版,第 1 页。
③ [美]布坎南:《自由的界限》,第 3 页。

费、发行公债等对价性给付,以及支配这些财产的权力。"①共享发展理念将对以下产权问题提出改进要求。

(1)集体产权。我国宪法和法律规定,农村土地产权归集体所有,但宪法和相关法律法规没有对"集体"作进一步说明。农村集体组织既有村委会、村民集体小组,还有村大队、村小分队等多种形式。在这种情况下,农村土地缺乏明确的所有权代表,实际行使农村土地所有权的是乡镇干部、村委干部等,农民作为被代表者而存在。这导致在农村土地使用、征用、承包经营等过程中,农民合法权益没有得到保护,经常遭受侵害且申诉无门。

(2)国有资产。国有资产归国家全体人民共同所有,国家(政府)代表全体人民享有并行使国有资产的产权,基于国有资产产权所得的收益应归全体人民共同所有。但在实际国有资产产权行使过程中,绝大部分国有资产交由国有企业来经营、交易和管理。盈利时,其所得收益仅有一小部分上缴国库,作为国家公共财政收入归全体人民共同享有,盈利的很大部分用于国企高管的超高额薪酬和福利待遇。亏损时,政府以公共财政支出形式进行补助。换言之,国有资产产权收益方面,无法做到全体人民共同享有收益,却由全体人民共同承担国有资产的经营损失。这与国有资产产权的公有性不相称。

(3)自然资源。自然资源作为公共资源,其产权和基于产权的收益理应归全体人民共同享有。但在自然资源开发、开采、利用过程中,公民无法共享由自然资源带来的收益。因自然资源税率过低、税种覆盖面不全等缘故,国家作为自然资源所有者的权益没有保障。

(4)个人财产、私有产权或个人持有的财富。个人财产和个人持有的各种财富皆受宪法和法律保护。每个人收入和财富的增长,就是国民财富的增长,是国家富强的实质。每个人的财富都是国家财富的一部分,每个人财富的增长都是国家财富的增长。因此,共享社会有责任保护和增长每一个人的收入和财富。任何个人、政府和社会组织不得非法地剥夺或夺取属于人民私人所有的收入和财富。

诺齐克、哈耶克等自由主义学者强调私有产权的完备性。那种完备性可以表述为:"我的就是我的,不是你的,未经我的许可,你不能使用,否则就是对个人所有权的侵犯。"这是西方法谚所谓"风能进,雨能进,国王不能进"的含义。这样的产权观念是竞争性和排他性的。"国家不得以强制手段迫使一些公民去援助另一些公民,不得以强制手段禁止人民从事追求自己利益的活动。"②但是,由于

① 刘剑文、王桦宇:《公共财产权的概念及其法治逻辑》,《中国社会科学》,2014年第8期。
② Robert Nozick, *Anarchy, State and Utopia*, p. xi.

存在着资源占有比例的巨大差异,财富和资源在自由市场中不断向极少数资本家、经营者和社会上层聚集,过分集中的私有财富、财产和其他资源因其排他性导致产权交易和流通的僵化,市场经济的发展受到阻碍。

过分强调私有产权的完备性,不利于人财物的自由流动,不利于市场经济的自由发展,也不利于人民共享经济和社会发展的成果。例如,在城市交通中,在节假日或上下班高峰期,对出租车的用户需求远远大于出租车的供应量。这是典型的潮汐式需求,在现有产权观念下,增加人均汽车拥有量是不可行的。一方面,城市交通基础设施已不堪重负,在私家车上路数量控制上,政府出台了各种限购和限制出行政策。另一方面,现有交通工具(汽车)没有实现高效利用,大量私人或家庭用车处于闲置状态。显然,现有私有产权观念无法满足人们的多元需求。不过,基于资源稀缺和使用权共享的共享经济解决了这一难题,很快获得了巨大市场。Uber 和滴滴的成功就是典型例子。在人居领域取得巨大成功的 Airbnb 也是如此。"2015 年初,Airbnb 已拥有超过 100 万间房间,因其采用的是盘活存量住房,而非买地盖楼等重资本投入,降低了酒店业的新增投资需求。"[①]这些企业在所有权利用方面取得重大突破,形成新社会组织和社会关系,有利于挖掘和利用闲置的资源、时间、机会、知识和信息等,为发展共享社会提供了新思路。

因此,共享受到所有权的限制。人们往往珍视自己私有的财富,而任意挥霍公有财产或公共物品,由此造成"公地悲剧"。"公地悲剧"的一大特点是,人人都想从公地或公共资源中无限地获取自己的利益,却从不想要维护公地或公共资源。他们明知这样的行为终将毁灭公地,且能预见公地毁灭的消极后果,但是,没有人认真对待或愿意承担那个后果。

三、社会共享的条件

"21 世纪下半叶,资本主义将走向没落,协同共享将取而代之,成为主导经济生活的新模式。"[②]落实"共享发展"理念,需要一定的社会条件。它们不是现成的,而是要通过理念创新、制度创新、实践创新等手段去创造出来。

1. 重新解读人性。人既是利己的,又是利他的。两个倾向是此消彼长的。人的社会性本质的心理诉求是共享理念得以发展的重要支撑力量。虽然利己主

---

① 彭文生:《共享经济是新的经济增长点》,《证券日报》,2015 年 9 月 12 日,第 A03 版。
② [美]里夫金:《零边际成本社会》,赛迪研究专家组译,第 16 页。

义是人性的主要弱点之一,但人性存在对集体性的寻求。这成为促进共享的助推器。共享是人作为社会动物的本性,也是人类生产生活的基本动力之一。在共享社会中,人的物质生活得到满足,原本在资本引导下人性的贪婪、对物质的贪欲和追求,在共享价值引导下,逐渐得到克服,利己主义被深度合作的共享所取代。人们更愿意与志同道合的人致力于促进社会进步,推动社会发展。正如克莱·舍基(Clay Shirky)所揭示的:"渴望成为群体的一员,在群体中与他人共享、合作、协调一致地行动,是人的基础本能,而此前它一直受到交易成本的抑制。"①

契约精神在共享理念下被重新唤醒。虽然性恶论和理性人是契约的逻辑起点,但契约的形成是出于对人性的正视,是对人性恶的必要约束。西方契约的价值原则是合理利己主义,即基于自主和自愿基础上形成的一种双方普遍接受、认同的规约,以个体间的利益平衡点作为联结个体的纽带,最大限度地反映双方的基本利益。正如斯宾诺莎所言:"人要保持他的存在,最有价值的事,莫过于力求所有的人都和谐一致,使所有人的心灵与身体都好像是一个人的心灵与身体一样,人人都团结一致。"②契约所体现出来的是自由与责任的统一,个人利益和社会正义的和谐,而这正是为实现共享发展理念所需要的。共享发展最根本的仍然是利益共享,在共同利益的驱使之下,人们需要可以信赖的契约来达成默契和均衡。因此,共享是对自私人性的突破,对利己神话的克服。在利用和引导人性之与人为善的条件下,在共享发展理念指引下,利他的人性善得到回归,以实现人际利益互惠。

2. 理顺价值关系。德国社会学家舍勒(Max Scheler)指出,价值秩序与文明秩序有着内在关联,价值秩序是评判乃至重建文明秩序的依据。③ 在自由与民主成为共识的今天,一元化、绝对主义价值原则已经不再适用于现代社会,经济社会的发展使得价值秩序呈现多元化。价值秩序正在经历重大变迁,逐渐偏离核心价值体系,趋于物质化和去理想化,进而滑向功利化和虚无化。提倡和落实共享发展理念,不是要迎合价值秩序的变化,但是不能回避价值秩序的变化。

共享社会没有完全摆脱资本的决定性影响,是资本追求其利润或利益、实现其价值的更高级社会形式。它不仅是信息资本化和资源资本化的社会,而且是非物质财富或价值实现资本化的社会。作为一种价值体系,共享并非作为独立

---

① [美]舍基:《人人时代:无组织的组织力量》,胡冰、沈满琳译,杭州:浙江人民出版社,2015年版,第43页。

② [荷兰]斯宾诺莎:《伦理学》,贺麟译,北京:商务印书馆,1981年版,第170-171页。

③ [德]舍勒:《舍勒选集》,刘小枫选编,上海:上海三联书店,1999年版,第752页。

的价值观而存在,而是由尊严、权利、平等、人类命运共同体等一系列价值选项组成,并融合了自主、自律、共生、共责、共担等一系列价值理念。这将决定共享主体"做什么"的应然性和"如何做"的有效性和适用性。在承认价值秩序变化的前提下,寻求共享发展理念,使那一理念渗透到人的日常生活中,引导价值秩序沿着有利于落实共享发展理念和建设共享社会的方向变化。

有人认为,以增强人民福祉为终极价值的共享发展,是一个由三大维度(共享经济、公共文化、环境生态)、两大指数(政府承诺的约束性指数、依靠市场主体实现的预期性指数)、多元主体共建共享组成的立体价值系统,它有着"基于价值论和方法论的认知关联度和逻辑契合性"①。它规范着《国人攀登和实现这种"价值高度"和"信念诉求"的行动方案、目的方向和价值动力》②。推进共享发展理念,需要建立在共同价值观基础之上。向普通民众宣传"天下为公"的公共精神是必要的。"尽管道德与私利是人们结合在一起的重要因素,但是最有效的组织都是建立在拥有共同的道德价值观的群体之上的。"③因此,在共享发展理念的指导下,作为社会性存在和与他者共存的社会成员,要从总体性上把握自己的存在,培育共同体精神,形成以共同体意义为背景的价值秩序建构,并在共享行动中达成对共同体价值秩序的认同,但不以共同体之价值压抑个人之价值。在共享价值秩序重构的过程中实现物质文明与精神文明共生共荣的美好愿景。

3. 创新社会制度。社会制度是人的构造物,服务于人的各种目的。人需要借助社会制度的合理设计来实现一定的价值目标。主张分配正义的罗尔斯十分看重社会制度对分配正义的保障作用。他的"公平正义"结构是指社会的主要政治制度、社会制度和经济制度,以及它们相互结合而成的一个统一的社会合作体系。罗尔斯的第一个正义原则,即自由原则主要讨论每个人平等享有的基本自由和基本权利,这些权利和自由通过基本社会制度的设计和安排得到确定和明晰。并且,正义的社会制度使人能够得其应得,针对现实社会的正当抱怨或利益诉求可以诉诸这一原则得到表达。

作为促进社会公平正义感的共享理念,其合理性源于社会运行机理和社会制度的公共理性。一方面,共享发展理念形成确定的社会资源分配内容,成就新的利益分配程序,引导社会制度的设计和安排。另一方面,落实共享发展理念,不仅需要道德教化,而且需要社会制度作保障。作为社会制度的重要组成部分,

---

① 马唯杰、李兰芬:《人民性是"共享发展"的政治战略》,《中国社会科学报》,2016 年第 7 期。
② 马唯杰、李兰芬:《人民性是"共享发展"的政治战略》,《中国社会科学报》,2016 年第 7 期。
③ [美]福山:《信任——社会美德与创造经济繁荣》,彭志华译,海口:海南出版社,2001 年版,第 75 页。

社会绩效标准也将得到重塑。里夫金认为共享经济将带来对经济绩效评价标准的重塑:"经济生活正在发生改变,金融资本和市场中商品和服务的交换逐渐过渡为社会资本和协同共享中商品和服务的共享,这种过渡正在重塑社会对经济绩效评价标准的思考。"①作为促进社会整体发展的共享,在推动共享社会的建成中,不仅要从经济方面考虑绩效评价标准的重塑,更要从政治、文化、社会等各个方面树立一套科学的评价标准体系,以此作为共享发展实践的评估依据。从制度上保障共享发展实践,促进人们实现共享发展理念的意愿,使落实共享发展理念成为自觉行为。

4. 协调社会关系。共享将发展包容、丰富的社会关系。随着共享的日益深入,社会分层体系的开放程度逐渐上升,社会流动性(social mobility)增强。共享带来在社会阶层、收入以及其他关键领域向上攀升的群体数量占总人口比例的变化。

从伦理上讲,共享发展是基于合作信任的发展。信誉是重要的社会资本,也是共享的核心价值。共享行为产生的关键在于快速建立互信。随着共享主体参与的扩大化,培育信任显得至关重要,其有赖于信任机制的建立,反过来又重塑社会信任。建立人际信任的社会关系是共享行为得以发生和继续的前提,持续的协作和反馈造就社会信任的纽带。"这种社会纽带使共享免予僵化和崩溃。在最困难的年代,'社会资本'被证明是共享可以依赖的对象。"②

5. 实现社会共享本地化。实现共享本地化意味着在我国当前国内环境下,有针对性地克服影响共享发展理念之落实的消极因素,主要包括信任危机的克服,扩大共享规模的基础。

第一,克服信任危机。中国的信誉体系建设落后于市场经济体系建设。福山指出,中国社会是一个低信任度社会,家庭主义根深蒂固的中国文化渊源,造成中国社会对陌生人普遍不信任。"家族以外缺乏信任使无关系的人很难组成社团或组织,包括经济组织。"③社会整体道德感、责任感以及社会信用伦理提升是共享活动得以开展的前提。共享活动更多是基于信任而非商品本身的交易。共享从信任伦理上构成对个人信任度的挑战,没有高效的信用运行体系,共享理念将难以落实,共享社会也难以建立。因此,克服信任危机,是实践共享发展理念的首要条件。

第二,扩大共享的规模。人的社会责任、价值观会因物质匮乏而受到局限。

---

① [美]里夫金:《零边际成本社会》,赛迪研究专家组译,第20页。

② [美]里夫金:《零边际成本社会》,赛迪研究专家组译,第161页。

③ [美]福山:《信任——社会美德与创造经济繁荣》,彭志华译,第75页。

物质提升是共享的基础。人们可共享事物的规模越大,越能正向获得更多资源,延伸共享价值链。私有经济制度会对共享的范围和性质造成限制,共享是对经济私有制度的克服,它在社会主义公有制条件下更容易实现。我们要坚持中国的社会主义公有制。但这并不意味着共享与市场经济存在冲突,相反,共享需要生产力的充分发展,而市场经济能够激活市场主体,为共享平台的搭建提供物质和技术基础。所以,我国要致力于破除利益固化藩篱,解放和发展以科技创新为先导的生产力,扩大共享规模。

6. 重视共享的国际化。在国际意义上,共享意味着追求全球正义,建构人类命运共同体。在全球范围内,广泛开展的共享经济已经形成一股巨大力量。中国"一带一路"建设秉承共商、共享、共建原则,实施利益共享、责任共担的战略目标,积极在国际范围推进共享价值理念。共享发展不仅是人类命运共同体分享共同价值的要求,也是全球正义的应有之义。"我们正在进入一个部分超越市场的世界,在这里,我们正在学习如何在一个相互依存性越来越强的全球协同共享中共同生活。"①人类最终能够以以前无法想象的方式在全球协同共享中分享生活。"跨大洲的、彼此连接的生存空间将使我们对空间重新定位。在一个日渐统一的全球社会中,人们开始将自己视为一个不可分割的地球有机体系中的一部分。"②随着全球公民身份的发展,全球化经济时代到来,更多国家的人民在开放、透明、无边界的世界中生活,共享的普遍性保证每个人不被排除在全球共同体生活之外。

综上所述,共享正在悄然改变人们的生活,由共享引发的社会变革已经到来。生产关系、社会制度、价值观等将在共享时代得到重构。"互联网+"引发的协同共享模式将主导人类社会。共享将成为医治 21 世纪经济、社会和政治生活弊端的良方。人们将实现更多的政治自由、经济自由、文化自由。

---

① [美]里夫金:《零边际成本社会》,赛迪研究专家组译,第 8 页。
② [美]里夫金:《第三次工业革命》,第 172 页。

第3章 社会共享的基本要素

共享不仅是一种注重共同分享发展成果的新发展理念,而且是一种超越占有、注重存在的新生活方式;共享不局限于经济领域,它重新解释了所有权范畴;共享既是推崇利他精神的互利互惠行为,更是每个社会成员基于其社会成员资格都应享有的社会权利。个人共享行为出于自由意志、基于分享美德或奉献精神等偶然性因素,共享的对象可以是个人自然所得,个人闲置的物品、能力或服务;经济领域的共享取决于互惠互利的市场原则,共享的对象、范围与程度受到市场需求与市场规则的限制。作为全体社会成员共同享有的状态、体验和感受,共享的对象包括公共安全、公共价值、公共资源、公共财富、社会发展成果等。国家与政府基于公平正义原则,以资源配置的方式,让全体社会成员共同享有社会基本资源、利益与价值。共享对象的丰富、共享范围的扩大、共享程度的提高,意味着共享社会到来的可能。共享社会在制度、目标、社会成员角色上区别于西方福利社会。共享社会的建立有赖于同情、分享、奉献、配合的社会心理基础,互联网技术平台,比重较大、内容丰富的公共资源与公共财富,以及社会主义公有制和其他社会基本结构与制度安排。

人人生而平等,却无时无处不在不平等的处境中。由于人的出身、体能、智力、运气等偶然因素差异,"人人生而不平等"更加符合人类的真实处境。人与人之间在健康状况、智力水平、出生条件、家庭背景等个人自然应得方面存在着巨大差异。由于社会基本结构分布与基本制度安排状况,人与人之间无法充分平等地共享公共资源、利益和价值。当罗尔斯表示"正义是社会制度的首要德性"时,它意味着,人类创造的社会制度,应该符合人们关于正义的想象。既然改变人的自然所得,比如人的出身、天赋、勤奋和运气,既缺乏理论支持,也缺乏实践可操作性,那么,在社会应得领域,人们至少可以追求"得其应得""有其应有"。全体社会成员共享公共资源、利益与价值,符合正义社会的要求。只要正义仍然是人类的普遍追求,共享就应惠及每个社会成员。

因此,本章主要讨论以下问题:社会共享意味着什么?社会中哪些事物是可以共享的?依共享发展理念而建构起来的共享社会将是一个什么社会?它与西方福利社会有何区别?这样的共享社会是如何可能的?

一、社会共享：理念与行动

今天,共享作为新发展理念已经受到广泛重视。近几年基于互联网平台的共享经济的发展使得共享经济成为社会和理论界讨论的热点。不过,共享本身具有的内涵比它作为新发展理念和新经济形式要丰富得多。

第一,共享是一种注重共同分享发展成果的新发展理念。《中华人民共和国国民经济和社会发展第十三个五年规划纲要》确立了国民经济和社会发展的五大发展理念——创新、协调、绿色、开放、共享。五大发展理念是具有内在联系的集合体,关系着我国国民经济和社会发展的全局。其中,“共享是中国特色社会主义的本质要求。必须坚持发展为了人民、发展依靠人民、发展成果由人民共享,做出更有效的制度安排,使全体人民在共建共享发展中有更多获得感,增强发展动力,增进人民团结,朝着共同富裕方向稳步前进”①。作为一种新发展理念,共享既体现“坚持人民主体地位”的发展原则,又符合科学发展原则。共享发展理念要求以人民为中心、增进人民福祉、促进人的全面发展、维护社会的公平正义,呼应“更高质量、更有效率、更加公平、更可持续的”发展要求。

第二,共享是一种超越占有(having)、注重存在(being)的新生活方式。弗洛姆认为,“人本身具有两种倾向:一种是占有(having)倾向,其力量源于人渴望生存这一生物因素;另一种是存在(being)(分享、奉献和牺牲)倾向,其力量根植于人类生存的特殊状况,源于人渴望通过与他人的联合来克服自身孤独感的内在需求”②。占有(having)和存在(being)何者居于主导地位,人们就会在社会生活中相应地形成注重占有的生活方式或注重存在的生活方式。“在‘占有’这一生存方式中,我同世界的关系乃是一种占有和所有的关系,在这种关系中,我要使每一个人、每一样东西,包括我自己在内,都成为我的财产。”③以财产、利润为取向的社会,就是以“占有”作为基本生存方式的社会。人们追求更多、更有效率的利润,渴求占有更多的所有物,包括资源、财富等。与之相反,注重“存在”的生活方式则是“人不占有什么,也不希求去占有什么,他心中充满欢乐,拥有创造性地去发挥自己的能力,以及与世界融为一体的愿望”④。共享(sharing)是一种注

---

① 国务院:《中华人民共和国国民经济和社会发展第十三个五年规划纲要》,政府办公网,2015 年 3 月 17 日。

② [美]弗洛姆:《占有还是存在》,李穆等译,第 92 页。引文略有改动。

③ [美]弗洛姆:《占有还是存在》,李穆等译,第 13 页。

④ [美]弗洛姆:《占有还是存在》,李穆等译,第 7 页。

重存在(being)的生活方式。共享意味着人们不受自己的占有欲、所拥有的东西和占有行为的束缚,注重更新、创造、分享和奉献。"在重占有的生存方式中,对于一个人来说,幸福就在于他能胜过别人,在于他的强力意志以及他能够侵占、掠夺和杀害他人。而在存在的生存方式中,幸福就是爱、分享和奉献。"①

第三,共享是一种提倡利他精神的互利互惠行为。共享是占有的对立面,如果占有推崇个人主义或利己主义,那么共享推崇集体主义与利他主义。因为共享具有附带价值,这一利他行为会产生对行为者自身有利的结果,所以共享实际上是一种互惠行为。正是基于共享的互惠性,共享经济才如此繁荣。人为了维持个体存在总是在直觉上优先选择占有这一利己行为,但是"他们好像没有意识到,占有欲(以及征服行为)会使人变得愚蠢,也会让人失去谋求自己利益的能力"②。倘若在集体中每一个体都以利己方式来维持自我的存在,那么这个集体将处于持续的剥夺、对抗、斗争乃至战争之中,与个体自我保存愿望相背离。"虽然利他行为削弱了各个群体中实施该行为者的适应性,但随着时间的推移,倾向于该行为的基因将在种群中增加。这一可能性有助于我们理解利他行为何以能被进化过程偏爱,即使从定义来看,它们损害了单个群体的利益。"③尽管人们对超越血亲利他行为的真实性表示怀疑,但是依然能证明"存在被称为纯粹利他主义的行为"④。况且,共享不是纯粹利他行为:某一行为者选择共享行为,使共享的对象被充分利用,行为者通过共享行为实现了与他人的联结。这往往意味着更多的价值互动与资源交流。因此,互惠互利的共享比纯粹利他行为更具有可行性与可持续性。

第四,社会共享理念导致对所有权关系的重新解读。现代社会建立在现代法权制度的基础上。资本主义社会的法权制度以私有制为核心。社会主义社会的法权制度以公有制为主体、私有制为补充。无论公有制还是私有制,都是所有权观念和所有权关系的表达。

在所有权观念中,尤其被重视的是个人的私有产权或私人产权。诺齐克认为,私有产权是人的首要权利,即使强大的国家力量也不能将之剥夺。基于这种产权观念,所有权关系被理解为一种占有关系。但是实际上,所有权关系有着远比占有关系更为复杂的衍生意义,某种物品的所有权不仅意味着占有某个具体

---

① [美]弗洛姆:《占有还是存在》,李穆等译,第68页。

② [美]弗洛姆:《占有还是存在》,李穆等译,第11页。

③ [美]菲尔德:《利他主义倾向——行为科学、进化理论与互惠的起源》,赵培等译,长春:长春出版社,2005年版,第2页。

④ [美]内格尔:《利他主义的可能性》,应奇、何松旭、张曦译,上海:上海译文出版社,2015年版,第86页。

的对象,而且意味着享有由占有此物品而带来的身份感、地位感、荣誉感以及交易机会等。在某种程度上,这是私有产权的时代。人们不仅谈论物品的私人所有权,而且谈论情感、观念、信仰、习惯等等的所有权,把它们都当作个人所有物来对待。财产的内容不仅包括奢侈品、金钱、利润、资本等,还包括健康、知识、名誉、社会地位等。

　　基于如此所有权观念和所有权关系,人们重视的所有权似乎都与共享相背离。在诺齐克看来,共享意味着对所有权的侵犯。实则不然。只是在提及共享之前,人们对所有权观念和所有权关系的理解偏重于个人的私有产权、私人产权以及占有关系。共享发展理念则让我们在理解产权观念和产权关系时,重新关注一直被忽视的公共产权及其共享关系。

　　因此,就共享与所有权的关系而言,我们有待做如下工作:(1)进一步明晰和确定公共财产与私人财产的产权界限;(2)承认、尊重和保护私有产权以及基于其上的个人自然应得;(3)公正地利用和公平地分享公共产权及其带来的所有收益与负担。用罗尔斯的话来说:"我们试图找到一种解释,将每个人都平等地视为道德人,并且不根据人们的社会运道或天赋运气来衡量其在社会合作的收益和负担中所占有的份额。"①这将是一种社会合作和社会共享理论。

　　共享与所有权不存在绝对矛盾。共享不一定会侵犯个人的私有产权、私人产权以及基于这两者的个人自然应得,反而对它们实施保护。其原因主要在于:(1)从实践上改变社会成员之间的个人自然所得差异是十分困难的。尽管可以通过税收政策等改变个人自然所得中的财富、收入等,但无法改变人在健康、智力、能力、运气等方面的自然差异。(2)共享社会不是均平社会,尊重和保护私有产权,有利于调动社会成员的积极性、主动性和创造性,鼓励他们创造更多社会财富。只有整个社会获得基数巨大的可供共享的社会公共资源、利益和价值,每个社会成员才能获得和体验更多更优质的共享对象。尽管私有产权以及基于其上的个人自然应得会带来社会不平等,但这种不平等对整个社会而言并不是绝对的恶。尽管共享以社会的公平正义为取向,但绝不是通过侵占私人财富来实现共享目标。

　　因此,与其争论个人自然应得是否应该被尊重、保护或鼓励,或者担心共享会侵害到个人自然应得,不如将重心放在对公共资源、公共产权和公共物品的公正分享和高效利用上。后者才是共享和所有权关系的真正意义所在。

　　第五,社会共享和共享经济是两个不同的概念。人们从经济学角度理解共享,在很大程度上,是在谈论共享经济。但是,共享不局限于共享经济,共享有着

①　John Rawls, *A Theory of Justice*, Revised Edition, p. 64.

远比共享经济更丰富的内涵和意义。博茨曼和罗杰斯对共享经济作过系统归纳:产品服务系统(product service system)的共享,倾向于短时使用,如 B2C 式共享或 P2P 式共享的滴滴、Uber、Airbnb;再分配市场(redistribution market)的共享,通过 5R(reduce，recycle，reuse，repair，redistribute)来改进旧的消费理念,如 Freecycle、eBay、淘宝、咸鱼等;协同生活方式(collaborative life style)的共享,强调虚拟资源的共享,如支付宝、微信、沙发客等。①

尽管相较于强调自主自愿的传统市场经济,共享经济更强调互惠互利,并在形式上与传统市场经济有所区别,但是,共享经济是出于解决市场经济中的产能过剩和大量社会资源闲置的需要。与传统市场经济一样,它以效率、利润和利益的最大化为目标,本质上仍然追求财富的再创造,而非财富的再分配。在共享经济中,财富的再分配还是按照市场原则来进行,市场依然在共享经济的资源配置中起决定性作用。因此,共享经济本质上是市场经济。

财富再分配的市场原则区别于社会公平原则。共享经济按照劳动和资本投入比例再分配财富,无论共享经济的共享程度有多大,它取得的公平只是市场公平,而不是政治和社会的公平。共享经济既不是、也无力解决根据市场原则分配财富而产生的社会不公正问题。局限于市场和经济领域的共享是有限的、不完整的,共享需要超越市场和经济的范畴才能体现其完整的价值和意义。

第六,共享是每个社会成员基于其社会成员资格都应享有的社会权利。任何人,只要他是社会中的一员,具有社会成员资格,他就拥有共享——提供共享对象或接受共享对象——的资格与权利,责任和义务。它们与社会成员的道德水平或对社会的贡献程度无关,而只与其社会成员资格有关。无论出生条件如何、家庭背景如何、健康状况、智力水平如何、运气如何、对社会的贡献程度如何,每个社会成员都有权利共享社会的公共财富、公共资源和社会发展的成果。

因此,共享发展的"共享"有两个基本内涵:(1)共同享有的状态、体验和感受:国家和政府是共享对象的主要提供者和保障者,社会成员是共享对象的接受者、享受者和体验者;(2)共享的行动和行为:社会成员是共享对象的提供者和共享行为的发起者。

就共同享有的状态、体验和感受而言,共享如社会应得一样,不是去剥夺私人财富、改变人的自然所得,属于私人所有权范畴内的个人所得不在共享范围当中。社会中能够共享的对象包括:公共资源、公共财富、社会发展成果(经济利益、发展机会、社会条件、基于政策环境的福利等),以及安全、自由、社会权利、价

---

① [美]博茨曼:《共享经济时代:互联网思维下的协同消费商业模式》,唐朝文译,上海:上海交通大学出版社,2015 年版,第 87 页。

值等,社会成员共同享有这些掌握在国家、政府、社会或集体手中的非排他性和非竞争性的资源、利益与权利。这一意义上的共享是普遍的、无条件的、均等的,不以社会成员的道德水平、健康状况、家庭背景、运气、勤奋或贡献程度等为转移。国家与政府通过资源配置来实现全体社会成员共同享有公共资源、利益与价值的状况。因此,这一意义上的共享问题,实际上是社会分配正义的问题。国家和政府理应为每个社会成员提供可以共享的对象,同时肩负着保障全体社会成员共同享有状态的社会责任。

就共享的行动、行为而言,共享是社会成员主动发起的,基于社会成员自主、自愿的奉献、牺牲和共享精神,部分属于私人所有权范围内的个人所得也可以成为共享的对象,如私人财产、个人的知识成果、专业技能、人生经历、资源等。前提是这些资源与利益是社会成员主动、自愿拿出来与其他社会成员一起分享的。在这一意义上,社会成员既拥有开展共享的权利,也拥有拒绝共享的权利,二者都应该得到尊重与保护。这种共享行为主要体现为社会慈善、社会公益行动,以及基于互惠互利市场原则的共享经济行为。

社会分配正义要解决每个社会成员的社会应得问题,社会应得是社会赋权的结果,源于特殊的政治、经济和社会制度设置,这些制度规定并保障社会成员享有基本社会权利和经济利益。与之相似,作为共同享有状态的共享,要通过社会基本结构分布、社会基本价值追求、社会基本制度安排和社会基本资源配置才能得以实现。全体社会成员共同享有的共享对象,在某种程度上,属于社会成员的社会应得。一个人只要具备共同体成员资格,他就已经享有社会应得的充分条件。在这种分配正义观的指导下,人们将既超越个人的私有产权理论,又超越"有付出才有回报"的劳动应得理论,通过必要的社会基本制度设计和安排,在起点上赋予每个人共享社会基本资源或基本价值的社会权利。而在作为分享行为和行动的共享中,社会慈善类、公益类的共享依赖于个人的自由意志,与个人的仁慈美德、奉献精神相关;共享经济中的共享则取决于市场规则和互惠互利的程度。

共享不一定对个人的自然应得构成威胁。共享发展主要不是一个经济命题,而是一种社会与政治命题。共享发展需要特定的社会基本制度安排。通过做大做强公共资源和公共财富这块蛋糕,让所有公民能够分享到更大的社会资源、利益和价值份额。国家与政府将发挥作用,让每个社会成员都能共同享有社会公共资源、利益和价值。共享不只是经济学话题,它至少应该是政治经济学问题,或政治问题。离开国家与政府,离开社会基本机构与基本制度的设计与安排,共享将只停留在市场经济层面,共享经济依然追求效率与利润的最大化。这将是不完整、不健全的共享,甚至与共享发展理念背道而驰。真正的共享将超越经济和市场范畴,实现政治与社会意义的共享,倘若缺乏政治与社会意义的共享,致力于社会公平与正义的共享社会不可能成为现实。

二、公共资源、利益和价值

如前所述,共享有两层含义。若将共享理解为一种基于自由意志、自主自愿的个人分享行为与行动,或基于互惠互利市场原则的共享经济行为,那么,可以拿来共享的对象主要包括:个人财产(包括收入、工资、财富、资本等)、机会、岗位、荣誉、知识成果、专业技能等。受到个人自由意志和市场原则的限制,这一意义上的共享,无论是可供共享的对象,还是能够共享的程度,都相对有限。

很多人之所以对共享持有异议,是因为没有弄清楚共享的对象,担心个人所得会受到侵害或剥夺。按照共享发展理念,我们明确哪些东西应该共享,哪些东西不应该共享。它不仅不会侵害个人所得,反而保护合法的个人所得。共享的意义与价值的实现主要依赖于国家、政府或公共部门通过配置社会公共资源,让每个社会成员都能共同享有社会公共资源、利益和价值。

共享发展理念的基础理论是社会应得理论,一种共享正义理论。按照社会应得理论,人人可以均等地共享的社会基本资源,不仅包括可量化的公共财富,而且包括向所有社会成员开放的机会、岗位、位置和荣誉。公共财富只是社会资源的一部分,社会成员可以分享的社会资源比公共财富无论种类还是范围都要多得多。因此,作为共同享有的状态、体验和感受的共享,或者国家、政府和公共部门主导的共享,其内容至少包括以下方面。

第一,人身安全、财产安全和公共安全。在马斯洛需求层次理论中,自我保存的安全需求是人类首要的需求。因此,安全是我们需要共同享有的首要资源。社会成员共同享有安全,包括人身安全(生命安全)和财产安全。享有人身安全(生命安全),意味着"正常长度的人类预期寿命;不会过早死亡,或者在死亡之前,一个人的生活已经下降到不值得活下去的水平"[①]。国家和政府首先应该保障每个社会成员都能够免于他人、组织、机构乃至政府、国家的无故的人身伤害,在最低限度上保障社会成员的人身安全——维持生命,实现自我保存。享有财产安全,意味着每个社会成员都体验和感受到个人的合法所得能得到有效的、安全的保护,能免于他人、机构、乃至国家的非法侵占。全体社会成员共同享有同

---

① [美]努斯鲍姆:《寻求有尊严的生活——正义的能力理论》,田雷译,北京:中国人民大学出版社,2016年版,第24页。

样的人身安全和财产安全,这意味着每个人的安全体验和感受是一样的、同质的,不必担心自己的安全处于他者的掌控当中。此的安全不会成为彼的危害,共同享有安全的状态也就是彼此共生共存的状态。在这一意义上,安全共享不限于同一国家的社会成员之间,还可以延伸到不同国家的社会成员之间,甚至是人类与植物、动物之间。

第二,社会基本权利。全体社会成员共同享有的社会基本权利,是公民的法定权利。它们是相对于道德或习俗上的权利而言的。公民的法定权利由法律规定,存在于权威性法律条文中,并与法定义务相对应。宪法和法律赋予了公民诸多权利,有些权利由宪法所确认,在法定体系中具有基础地位与价值,这些权利即是基本权利。其他普通权利由基本权利派生出来。《中华人民共和国宪法》第二章规定了公民的基本权利和义务,概括而言,全体社会成员共同享有的基本权利包括:

(1)生存和发展权(生命权,健康权,个人财产权,劳动权,契约自由,受教育权,学术和创作自由,获得物质帮助权,妇女、老人、儿童受国家特别保护)。

(2)人身自由(人格尊严,身体自由,婚姻自由,住宅安全,通信自由,迁徙自由)。

(3)平等权(法律面前人人平等,人格平等,男女权利平等,民族平等)。

(4)表达自由(言论自由,著作自由,出版自由,新闻自由,结社自由,集会、游行和示威的自由)。

(5)参政权(知情权,创制权,选举权,监督权,请愿权,自治权)。

(6)精神自由(良心自由,宗教自由)。[1]

这些基本权利"都是基于一种独立的直觉性的反思,而不是基于现有的各种偏好"[2]。它们是基本的。它们指向人类基本的、体面的、有尊严的生活。正如努斯鲍姆(Martha Nussbaum)所说:"一种没有满足这些权利的生活是一种境况不好的生活,它与人类尊严不匹配。"[3]这些社会基本权利应是全体社会成员共同享有的,除非是社会成员自身主动放弃这些基本权利,或者权利本身丧失了存在的依据,否则,社会成员所享有的基本权利不应被随意剥夺和侵害。与此同时,国家与政府还应通过宣传、教育等方式,减少不自觉地丧失权利或权利被依法剥夺的情况,有效地保障每一个社会成员都能"共享"社会基本权利。

第三,社会基本自由。很多时候,人们关于自由的主张会以权利的形式表达

---

[1]　谢鹏程:《公民的基本权利》,北京:中国社会科学出版社,1999 年版,第 37-38 页。

[2]　[美]努斯鲍姆:《正义的前沿》,朱慧玲等译,北京:中国人民大学出版社,2016 年版,第 195 页。

[3]　[美]努斯鲍姆:《正义的前沿》,第 195 页。

出来,所以,在社会基本权利和社会基本自由之间存在着很多重合部分。但是,"在语义上或习惯用法上,权利与自由略有不同。权利侧重于表达正确的、正当的、应当保护的利益或行为方式;自由则侧重于表示当事人进行自主的选择。权利把人指向某一方向;自由则给人指明了某种选择范围"①。因此,全体社会成员不仅共同享有那些以权利形式表达出来的基本自由,而且共享着其他形式的基本自由,主要包括如下。

(1)法定自由:(亦指广义和狭义的政治自由)这种关于自由的主张通常以权利的形式表达出来。主要包括:人身自由(包括身体自由、婚姻自由、通信自由、迁徙自由等);表达自由(包括言论自由、著作自由、出版自由、新闻自由、结社自由以及集会、游行和示威自由等);精神自由(良心自由、宗教信仰自由)等;

(2)经济自由:"经济自由,就是人们遵循经济运行的客观规律,实现个人经济利益的自由,包括劳动的自由、贸易的自由、竞争的自由、消费的自由等等。"②当劳动不再是一种出于满足人的基本生存需求的强制性活动,而是作为人的自我实现的手段时,人们才能真正实现劳动自由;生产自由则取决于生产力发展水平与社会需求;消费自由则依赖于消费者的收入水平、物价水平、商品丰富程度以及支付手段等因素。

(3)社会自由:"社会自由实质上是一个人对社会的自由,是指一个人有在遵守道德或法律的前提下的行动自由,他的行动除了受一定的道德与法律约束之外,不受他人意志和社会权利的支配和奴役。"③社会自由也意味着社会成员拥有关于生活世界的背景知识,能够认识和分辨出哪些规则分别在他的社会生活的哪些方面发挥着效用,因此也能够在不同的行动领域和不同的社会角色之间进行自由地、有效地转移和切换。

(4)道德自由:"个人的道德自由,主要来自以道德原则为取向的一种自我认同。"④道德自由意味着不应仅仅以正确和道德义务来解释个人的自主性和行为,自律是道德自由的核心,每个个体都有理由拒绝被强加于自身的各种社会角色、道德义务和所谓的正确的道德律令;同时,它还意味着个体能审视现存的各种道德规范的合理性与正当性,并能以合理的方式质疑、挑战和超越既存的、有悖自由的、不合理、不正当的道德规范体系。

(5)个性自由:"个性自由指的是个体实现其主体性的自由,也就是主体自觉

---

① 谢鹏程:《公民的基本权利》,第30页。
② 陈小鸿:《论人的自由全面发展》,北京:人民出版社,2004年版,第315页。
③ 陈小鸿:《论人的自由全面发展》,第325页。
④ [德]霍奈特:《自由的权利》,王旭译,北京:社会科学文献出版社,2013年版,第152页。

地认识、肯定自身所固有的要求自主活动的本性,从而自觉能动地发展和实现自身的需要和能力。"①个性自由意味着个体能够按照自己的意志发挥自己的自主性、能动性和创造性,成为自己想要成为的人,而不必因外部力量的强制而被迫违背自身原本的意志和倾向性。

第四,全人类共同价值。"每个社会在一定程度上都是客观精神的一种表现:沉淀在社会机制和社会实践以及习惯中的客观精神,决定了社会成员有哪些共同的规范信念,什么是他们共同合作的目的。"②社会基本价值是这种客观精神的组成部分之一。就全体社会成员共同享有的共同价值而言,它类似于罗尔斯所讲的经过反思平衡和公共证明而得出的重叠共识,因而能被社会成员共同接受、共同享有。全人类共同价值不同于"普世价值",它们是全人类追求和共享的价值,从各种社会主流价值观、传统习俗与惯例、传统文化中的价值理念、少数群体信奉的价值理念等素材中提炼和抽象出来的。因而,它不会偏袒某些群体的价值,也不会诋毁少数人信奉的价值取向和理念。其内容主要由以下方面组成。

(1)人类普遍价值:普遍价值与西方社会所宣扬的"普世价值"有着本质区别。"'人类需要什么样的东西以过上一种真正意义上的人类生活'的这种观念,是我们共享的、最生动的直觉性观念。"③围绕着怎样的生活才是真正有意义的人类生活、如何过上这种生活,人类在文明进程中逐渐形成了基本的、普遍的、为全人类所共同认可的价值理念,如自由、平等、正义、和平、宽容等。

(2)传统文化中的价值理念:如传统儒家的仁义礼智信、温良恭俭让、忠诚、友爱、孝悌等;墨家的兼爱、非攻;道家的无为、中庸等。

(3)社会主义核心价值观:富强、民主、文明、和谐、自由、平等、公正、法治、爱国、敬业、诚信、友善。

第五,社会公共资源。社会公共资源是社会资源配置的主要对象,国家与政府、公共部门应该通过一系列的社会基本结构安排与基本制度设计,让每一个社会成员均等地、共同享有社会公共资源。具体而言,社会成员理应共同享有的社会公共资源主要包括以下几方面。

(1)自然资源:如空气、水资源、土地资源、能源资源、森林资源、海洋资源、生物资源等。大部分自然资源都属于不可再生资源,不仅数量有限,且地理分布十分不平衡,国家与政府、公共部门应重点保护不可再生的自然资源、合理限制不

---

① 陈小鸿:《论人的自由全面发展》,北京:人民出版社,2004 年版,第 326 页。

② [德]霍耐特:《自由的权利》,第 15 页。

③ [美]努斯鲍姆:《正义的前沿》,第 196 页。

可再生的自然资源的开发和利用、重点开发可再生的自然资源。

（2）创新资源：《中华人民共和国国民经济和社会发展第十三个五年规划纲要》提出"实施创新驱动发展战略"，要求"强化科技创新的引领作用"；"深入推进大众创业万众创新"，这不仅要"建设创业创新公共服务平台"，"构建激励创新的体制和机制"，"建立统一的科技管理平台，健全科技报告、创新调查、资源开放共享机制"；还要"全面推进众创众包众扶众筹"，"推进专业空间、网络平台和企业内部众创，加强创新资源共享"[①]。

（3）信息资源：互联网技术的发展使得人类社会从工业社会迅速向信息社会转变，在信息社会中，信息资源将变得更加重要和更富价值。主要的信息资源共享意味着：食品和产品质量安全信息共享；政府公共数据信息共享；就业信息共享；信用信息共享等。

（4）社会公共基础设施资源：包括道路轨道交通基础设施（公交、地铁、公路、铁路、轨道、机场、港口等）；网络基础设施（电信、宽带等）；社会福利基础设施（公办福利机构、慈善会、基金会、养老院、福利院、孤儿院、救助站、公共墓地、公共殡仪馆等）；休闲娱乐公共基础设施（公园、体育馆、图书馆、博物馆等），等等。国家、政府与公共部门尤其应该投资西部不发达地区、贫困乡镇地区的社会公共基础设施建设，让社会公共基础设施资源惠及每一个社会成员。

（5）基本公共服务资源：包括公共教育服务、劳动就业服务、基本住房保证服务、医疗卫生服务、社会保障服务、公共文体服务、公共安全服务等。《国家基本公共服务体系"十二五"规划纲要》提出了实现基本公共服务均等化的要求，公共服务均等化即是让全体社会成员均等地、共同享有社会基本公共服务。国家、政府与公共部门应致力于满足社会基本公共服务需求、改变基本公共服务供给不均与享受不均的局面，均衡配置公共服务资源，实现基本公共服务均等化。

第六，社会公共财富：广义的财富包括各种资源、机会、声望、健康、名誉、地位等，这里主要指狭义上的、以货币形式表现出来的财富。主要包括国有财产、公共财产、集体财产等。税收是社会公共财富的主要来源，因此，社会公共财富理应"取之于民，用之于民"，为全体社会成员所共同享有。

第七，社会发展成果：社会成员通过劳动、资本投入等方式参与社会建设与发展，是社会发展的建设者与贡献者，社会发展成果理应惠及全体社会成员。无论是有形的物质利益、经济利益，如国民生产总值的上涨、人均 GDP 的增长、工资水平的提高等；还是其他各种无形的发展成果，如经济发展带来的发展机会、

---

① 国务院：《中华人民共和国国民经济和社会发展第十三个五年规划纲要》，政府办公网，2015 年 3 月 17 日。

产业优势和区位优势,进出口贸易以及创新产业发展的政策福利,简政放权的行政审批制度改革带来的公共服务便利性,等等。

在全体社会成员可共同享有的公共事物中,安全、社会基本权利、基本自由、基本价值的共享具有基础意义,是政治意义的共享对象;社会公共资源、社会公共财富、社会发展成果则更多的是社会和经济意义的共享对象。然而,无论是政治意义上的共享对象还是社会和经济意义上的共享对象,就上述七项而言,它们都是积极意义的共享对象。

但是,共享不仅有积极意义的共享对象,也有消极意义的共享对象。共享不仅仅意味着好处、益处与成果的共享,在另一方面,共享也意味着共担风险、共承苦难、共度危机。消极意义上的共享对象不仅仅是义务、危机、风险、厄运、痛苦、悲伤、苦难、战争等,还包括由于缺乏上述积极意义的共享对象而导致的社会不公平、不正义等的消极体验或一些实质性伤害。在某种程度上,积极意义的共享对象越是缺乏,消极意义的共享对象就越是宽泛,两者呈现出此消彼长的关系。消极意义的共享对象,尤其需要每个社会成员发自内心地"能够与他人共同生活在一起,承认并且展示出对他人的关切,参与多种形式的社会互动;能够设身处地想象他人的处境"[①]。因此,共享还包括共同承担社会责任和社会负担。

此外,由于人与人之间存在着身体、心智、禀赋和能力的自然差异,存在着健全者与不健全者、强者与弱者的区分,他们在共享上述内容时,依然很大可能会出现实质性的差异。这与阿玛蒂亚·森和努斯鲍姆以个体能力差异质疑罗尔斯正义理论是一致的。比如,努斯鲍姆认为,政府有责任让民众有能力追求一种有尊严的最低限度的生活。体面的政治秩序必须保证全体公民拥有最低限度的10 种核心能力:生命(life);身体健康(bodily health);身体健全(bodily integrity);感觉、想象和思考(senses, imagination, and thought);情感(emotions);实践理性(practical reason);归属(affiliation);其他物种(other species);娱乐(play);对外在环境的控制(control over one's environment)。[②]尽管个体自然和自然所得差异使每个个体在共享上述对象时存在实质性体验和感受差异,但是改变人的自然应得不仅在理论上缺乏合理性支持,在实践上也极其困难。因此,社会应得或社会公共资源、利益和价值的共同享有,就是弥补和改变因自然和自然所得差异而造成的社会不平等与社会不公正。社会公共资源、利益和价值的共同享有也有助于提高努斯鲍姆所谓的 10 种公民核心能力,

---

① 　[美]努斯鲍姆:《寻求有尊严的生活——正义的能力理论》,田雷译,北京:中国人民大学出版社,2016 年版,第 24 页。

② 　[美]努斯鲍姆:《寻求有尊严的生活——正义的能力理论》,第 24-25 页。

使全体社会成员过上有尊严的生活。

三、从人际共享到社会共享

共享既是个人基于自由意志、自主自愿的分享行为，也是基于互惠互利市场原则的共享经济行为，还是国家与政府基于公平正义原则的资源配置行为。共享的对象既包括个人自愿共享的个人所得，也包括社会公共资源、利益和价值。

首先，就个人而言，共享意味着体验当下，实现个人自由和解放。倘若把共享理解为基于互惠的经济行为，那么共享意味着人们从强调所有物的所有权，转变为强调所有物的使用权，通过使用权共享实现所有物的价值最大化，以及个体相关利益的增长。倘若把共享理解为基于自由意志、自主自愿地与他人共享自己所得的分享行为，那么共享意味着相比起占有自己的所有物，个体更重视由共享行为带来的附加价值、感受和体验。当对所有物的占有成为自我束缚时，共享占有物意味着自我解放，人从对物的崇拜中解脱出来，不再依据他所占有的、拥有的东西来定义自己的存在，而是以分享行为、分享体验和分享带来的意义来定义其存在及意义。

强调占有的人，对过去、现在和未来的判断都基于他占有的东西：金钱、身份、地位、荣誉等。注重分享的人，注重自我的当下体验和感受。尤其在作为共同享有状态、体验和感受的共享当中，国家与政府对社会成员的判断，是基于社会成员当下的成员资格，而不是基于社会成员过去所积攒起来的东西，或未来可能作出的贡献程度。

此外，私有财产本身包含剥夺之意。财产的私人所有，意味着剥夺其他任何人对这一财产的使用权或享受权。共享意味着人们不再需要通过占有某物（拥有私人产权）才能去使用或享受该物。人们能从同一物中获得使用、享受和体验。"这一情况不仅使人们没有必要再去争吵，而且会使人深刻地体验到一种人的幸福——分享的快乐。把人紧紧联合在一起的（但是他们的个性不受到限制）是他们对某个人共同的倾慕、爱，或者是一种思想、一片乐曲、一副油画、一种礼仪，他们甚至可以去分担痛苦。这样一种体验会使两个人之间的关系变得生动并得以维持，而这就是一切伟大的宗教、政治和哲学运动的基础。"①

一般认为，占有意味着安全感，共享意味着建立新联系，意味着风险。所以，很多人本能地选择占有，尤其是在整个社会经济结构都以财富和利润为目的时。

---

① ［美］弗洛姆：《占有还是存在》，李穆等译，第102页。

但是实际上，基于占有的安全感只是虚幻的安全感。因为任何人都无法永久占有任何东西——生命、健康、财富、金钱、声望、名誉、地位等。因为资源以及自我的有限性、边际效益递减性，占有是一个体验感、价值感逐渐下降的过程。所以占有与人的安全感、幸福感实质上是相背离的。相比之下，共享能带来真实的喜悦与幸福。共享是一个喜悦与幸福逐渐递增的过程。在共享过程中，无论是共享物还是作为共享主体的人，其价值都将得到提升，人们将在共享过程中体验到真实的安全、喜悦与幸福。

其次，就共享同人际关系而言，共享意味着团结、互助以及自由人的联合。在占有关系中，人与其工作、自身、周围的人以及自然界的关系是一种异化了的关系。按照马克思的异化理论，这种异化关系是私有制的必然结果。私有制实际上是将自我与他人乃至整个世界的关系视为一种占有和所有的关系，这种关系创造出来的是一个物化的世界，在这个物化的世界中，不仅物作为一种所有物的存在，人在某种程度上也被物化了。"它使每个人和每件东西成为无生命的物，并使之从属于另一种力量。"[①]

在私有制主导的社会中，人们视占有为最自然的、唯一的生存和生活方式，以自我所占有和消费的东西来证明自我的存在和价值，因而特别难以理解共享的意义。尤其是工业社会创造出巨大的物质财富，为了解决商品过剩问题，极大地鼓吹消费与物欲，人们似乎已然忘却了在私有制产生之前，共有、共享在很长的历史阶段中确实存在过。"私有制被认为是一个自然和普遍的属性，然而，如果我们考察一下整个人类史（包括史前史），特别是欧洲以外的、不以经济为主要生活目的的各种文化的话，我们就会看到，私有制实际上只是个特例，而不是常例。除了私有财产，还有自己创造的财产，它纯粹是个人自己劳动的成果；限定财产，即受责任限定、用来帮助他人的财产；实用性的或个人的财产，包括劳动工具或享受的物品；共同财产，一个具有共同血缘关系的群体所共同享有的财产，如以色列的集体农庄。"[②]

共享在某种程度上可以扭转这种因私有制和占有而导致的异化关系。共享是一种基于利他主义的互惠行为，而"利他主义本身依赖于承认他人的实在性，依赖于把自己当做只是许多人当中的一个人的相应能力"[③]。因此，共享意味着把人当做人来看待，而不是把人当做某种所有物来对待。"与他人结合，与他人

---

①　［美］弗洛姆：《占有还是存在》，李穆等译，第 64 页。

②　［美］弗洛姆：《占有还是存在》，李穆等译，第 57 页。

③　［美］内格尔：《利他主义的可能性》，第 3 页。

产生联系,是实现人的精神健全所依赖的最迫切的需要。"①共享契合于人与人、人与自然的亲密关系的需要。无论是社会公共资源、利益和价值的共享,还是基于自主自愿的个人自然所得的共享,抑或是基于互惠互利的经济共享,共享都能弥补因占有而造成的人与人之间的竞争、剥夺与分裂,创造出一种彼此协作的生活方式,更好地实现彼此的联系、团结与融合。

再次,对于整个社会而言,共享意味着共享社会、和谐社会和公正社会。当人强调对财物的占有时,由此创造的社会是以物为中心的社会。在这样的社会中,人难以摆脱对物的占有与保存。无论是出于最大可能地占有最多的物质与财富,还是出于保存、消费已经占有的物质与财富,最终都会形成一种竞争、剥夺、对抗和斗争关系,会呼吁和要求某种强力的存在,以确保所有物的安全,或掠夺、占有更多的所有物。

当人不再强调占有,转而倾向于注重共享时,人创造的社会才是真正意义上的以人为中心的、共享的社会。在共享社会中,人与人的关系以分享、协作、互助为特征。共享将分离、孤立和利己的个人联合起来,在人与人之间、人与物之间、人与自然之间建立起良性的和谐关系。在此意义上,共享与和谐相一致。

与此同时,社会成员之间基于平等的社会地位和政治身份,共享安全、自由、社会基本权利和价值、社会公共资源、公共财富、社会发展的经济利益和一切发展成果。这符合人们关于正义社会的设想。如果正义社会是每个社会成员得其应得的社会,那么正义社会也是每个社会成员享其应享的社会。在此意义上,它不仅是应得即正义,而且是共享即正义。

共享之于和谐或公正,不仅体现为尊重和保护个人自然应得,共享社会公共资源、利益和价值,增强社会公平,而且体现为对苦难、厄运、不幸、风险、危机等的共情和共担,以增强整个社会的凝聚力。社会公共资源、利益和价值在很大程度上依然有着国别的界限,但人类对苦难、厄运、不幸等的共情则是普遍的,这使得共享创造的和谐与公正有可能超越国家界限,成就更大范围内的团结、联合与正义。在此意义上,人与人之间不仅仅是同甘共苦、同舟共济,甚至是同呼吸、共命运,最终将形成一种"人类命运共同体"。

四、共享社会与福利社会的区别

共享社会不是福利社会,两者存在本质差别。为了进一步阐明两者的差异,

---

① [美]弗罗(洛)姆:《健全的社会》,蒋重跃等译,第25页。

我们作以下探讨和论证。

首先,制度区别,体现为公有制与私有制、资本主义与社会主义的区别。西方发达国家的福利社会本质上是以私有制为基础的资本主义社会。共享社会本质上是以公有制为基础的社会主义社会。西方发达国家基本制度的私有性质决定了在资本主义社会中无法实现共享,资本主义国家不可能建成共享社会,而只能建成福利社会。其主要原因在于,社会基本制度的公有或私有性质,限制着可供选择的社会基本资源的性质、项目和范围。

西方资本主义国家赖以延续的基础是现代法权制度,尤其是私人财产所有制。诸如个人私有财产神圣不可侵犯,不得以公共福利名义强制分配私有财产等观念,在自由主义者倡导之下,在西方资本主义国家中根深蒂固。私人所有权观念和私有制不仅承认社会成员之间个人自然应得的差异,而且承认由资本差异而造成的持续加大的贫富差距。社会福利政策只能在一定程度上缓解收入和财富分配的两极分化,却无法将之根本消除。

在西方主要发达国家,私有财富在国民财富中比重太大,公共财富比重太小,人们平等地分享公共财富的实际意义不大。根据皮凯蒂的研究调查,"英法两国的公共财富数量相当少,与私人财富相比显得微不足道。净公共财富在英国不足国民财富的 1%,在法国仅有约 5%,即使我们假定公共资产的价值被严重低估,它也不会超过国民财富的 10%,目前看来依然无足轻重。……从现有的最新数据上看,2010 年,英法两国的私人财富在全部国民财富中占据绝大部分,在英国超过 99%,在法国超过 95%。""私人资本的收益率 r 可以在长期显著高于收入和产出的增长率 g"[①],这种增长率之间的差距将持续加剧社会的贫富差距。尽管通过一些税收政策的调整,国家与社会的公共财富有所增加,或通过社会福利政策的实施,社会贫富两极分化的情况有所缓解,但是,这也容易引起富有阶级乃至中产阶级的反对和抗议。资本主义现代法权制度限制着人们均等分享财富、收入、机会、荣誉的实际可能性。因此,共享社会在西方资本主义私有制和法权制度下是不可能实现的,但在社会主义条件下却可能实现。

与资本主义国家的私有制不同,社会主义国家以公有制为基础,私有制只是作为公有制的补充而存在。尽管社会主义国家也存在富裕阶层,拥有巨额财富总量。但是,社会主义国家与社会的公共财富,足以支撑起人民群众的基本生活保障,维护社会的基本公平正义。社会主义国家的公有制基础,使国家与社会的主要财富基本上掌握在国家、政府和集体手中。由于财产的共有性质,当政府分

---

① 〔法〕皮凯蒂:《21 世纪资本论》,巴曙松等译,北京:中信出版社,2014 年版,第 125-126 页、第 589 页。

配公共财富时,不会像西方福利国家那样容易引起纳税人的反对和抗议。因为财富本身就是公有的,由国家与政府掌控的共享对象惠及社会全体成员。只要拥有社会成员资格,就有权利共享由国家和政府管理的公共资源、利益和价值。因此共享社会在社会主义公有制条件下完全有实现的可能性。

其次,目标区别,体现为共享社会以共同富裕为目标,福利社会则以救济社会底层为目标。西方福利社会既不以共同富裕为目标,也无法实现共同富裕。在西方资本主义社会中,生产资料的私人所有性质使得财富越来越向社会中的少数人集中,虽然凭借科技进步和社会福利政策,基本建成了福利国家或福利社会,拥有较高的社会福利水平,劳资矛盾、社会经济不平等、财富的两极分化均稍有缓解。但是,社会基本制度的私有性质决定了西方福利社会提高生产力与生产率的目的在于追求财富和利润,而财富与利润的增长与共同富裕无关宏旨。

西方福利国家所采取的社会福利政策,目的在于维护社会秩序和社会稳定,缓和社会贫富阶层之间的冲突。政府依据福利政策对社会中需要福利支持的民众予以救济,以福利救济的方式让社会底层人员的基本生活需求得到满足,达到最低生活标准。

与之相反,社会主义国家以公有制为基础、私有制为补充,既尊重和保护个人自然应得,同时也积累和发展全体社会成员都可以共同享受的社会基本资源、利益和价值。共享社会追求财富与利润也是以共同富裕为依归的。在共享社会中,"社会由各种依附关系和重要问题维系起来,只有其中一些与生产率相关。讲求生产率是必要的,其或是有利的;但是,它不是社会生活的主要目的"[①]。在共享社会中,国家与政府的目的不是让处于社会底层的人员达到最低的生活标准,而是全体人民当家做主,是人民的各种经济权利、政治权力、社会权利的实现,是让全体社会成员过上更好的、有尊严的、体面的生活。

因此,相较于西方资本主义社会严重的财富两极分化和社会经济不平等,社会主义基本制度的公有性质决定了社会主义国家以共同富裕为目标。社会主义公有制是实现共同富裕的制度保障;比重和基数庞大的公共财富是实现共同富裕的经济支撑;共享是实现共同富裕的重要手段。

再次,社会成员的角色区别。共享社会的社会成员是积极主动的财富创造者,福利社会的社会成员则是消极被动的被救济者。在西方福利社会中,福利政策直接面向的对象是社会底层人员中需要被救济的人,而那些需要接受国家和政府救济的人,往往被认为是在能力或者道德上有缺陷的人,他们个人既没有能力也没有资源使自己过上体面的、有尊严的生活。政府通过福利政策为这些人

---

① [美]努斯鲍姆:《正义的前沿》,朱慧玲等译,北京:中国人民大学出版社,2016年版,第112页。

提供救济时,所考虑的也仅仅是满足他们基本的生存和生活需要,个人的尊严以及体面而有尊严的生活并不在国家和政府的考虑范围之中。然而,不管承认与否,我们都有着这样一种需求:"我们每一个人——只要我们同意说我们希望与他人一起过得体面且受尊重——都要去创造一个并生活在一个道德上比较体面的世界,在这个世界里,所有人都拥有所需要的一切以过一种与人类尊严相匹配的生活。"①即马斯洛所说的被尊重的需要,而这一需求是福利社会无法提供和满足的。

相较于西方福利社会中的大多数人都是处于被动的被救济者角色,共享社会则致力于充分发挥全体社会成员的积极性和主动性,鼓励全体社会成员创造更多的社会财富。共享社会是对人的价值的尊重与肯定,国家与政府在这个共享过程中不对社会成员的道德或能力进行预设性判断,共享是基于社会成员资格的共享。并且,国家与政府让全体社会成员共同享有社会公共资源、利益和价值,不仅仅是让那些处于社会底层的人员能够拥有更多的财富、机会、资本、资源等以改善生活处境,更是让全体社会成员都发挥自己的主动性、积极性和创造性,共同投入到社会建设的过程中。

社会共享以社会基本制度的共有性质为制度保障,社会主义制度的优越性也将充分显现于共享社会当中;国家与政府不满足于基本的社会救济与社会福利,而是以共同富裕为目标;社会成员能够在共享社会中充分发挥积极性、主动性和创造性。共享社会优于福利社会。

五、社会共享的基础

第一,社会共享的心理基础和情感基础:分享和奉献的意愿以及同情心与感受性。"同情心,对差异的同情体验,是道德主体性的必要条件,也是实现'普世价值'的必要条件,更是承认政治和共同体团结的必要条件。"②就个人基于自主自愿的分享行为和基于互惠的共享经济行为而言,共享建立在社会成员的分享和奉献的意愿之上。缺乏这种意愿,共享将失去可能。由于社会成员分享和奉献的意愿具有偶然性,因而,仅凭借社会成员基于自主自愿和互惠互利分享行为无法实现共享社会。

---

①　[美]努斯鲍姆:《正义的前沿》,第 192 页。
②　Anthony M. Clohesy, *Politics of Empathy: Ethics, Solidarity, Recognition*, London and New York: Routledge, 2013, p. 127.

消极共享指人们共同承担社会责任和社会负担。人们之所以能够共担风险、共承苦难、共度危机,是因为人们拥有同情心、同理心和共情能力。在罗蒂看来,"同情心不在于认同我们和其他同类成员具有共同的普遍人性核心,而在于以非常特定的方式对待非常特定的一些类型的人,和非常特别的事情"①。这些特定类型的人指的是正在受苦难的人和受到制度惩罚的人。"人们能够看到,有越来越多传统上的差异(部落的、宗教的、种族的、风俗习惯等等),比起人们在痛苦和侮辱方面的相似性,其实是微不足道的。"②感受性(sensibility)则是"休谟意义上的同情和斯密意义上的公正的旁观者具备的倾向性(disposition)"③。凭借人们的同情心、想象力和感受性,人们能够想象、理解他者的苦难和痛苦,能把迥然不同的各种人包含在"我们"的范围之中,使得消极共享得以可能。

第二,共享社会的平台基础或技术基础:互联网技术平台。"互联网+"是共享经济的特征之一。互联网技术平台是共享经济的重要条件。互联网技术平台由第三方创建,以信息技术为基础,能有效连接市场中的需求方和供应方。它消除一切中间渠道,实现有效信息对接,减少交易成本,提高交易效率和水平,在市场经济中广受欢迎。借助于互联网技术平台,资源供给方实现了闲置资源的高效利用,实现了收益增长。消费需求的多样化和个性化也得到更大程度满足。因此,共享经济是互惠互利的。互联网技术平台的效益主要体现在共享经济领域。

政治和社会的共享也需要互联网技术平台的支持。国家与政府依托互联网技术,搭建国家大数据共享平台、资源开放共享平台、信息开放共享平台、公共服务共享平台等,使社会公共资源、利益和价值共享惠及全体社会成员。

第三,共享社会的物质基础:比重较大的社会公共财富与资源。尽管在私有制产生以前的原始社会中,也曾出现共同劳动、共享劳动成果的共享情形,但是,限于生产力发展水平与物质匮乏,只是低水平的,不是真正的共享社会。共享社会主要是社会公共资源、利益和价值的共享。丰富的共享对象是共享社会得以形成的前提条件,共享社会需要以比重较大的社会公共财富和资源作为物质基础。共享社会不是均贫富社会。没有经济发展,就没有共享,共享社会就无从谈起。在此意义上,共享经济以财富和利润的增长为目标,因共享经济的发展而创造和积累起来的财富基数与资源基数,有利于促进共享社会的形成。需要注意的是,共享经济不等于共享社会,共享经济只是为共享社会创造和积累用以共享

---

① [美]罗蒂:《偶然、反讽与团结》,徐文瑞译,北京:商务印书馆,2003年版,第49页。
② [美]罗蒂:《偶然、反讽与团结》,第273页。
③ 董山民:《罗蒂政治道德哲学批判》,北京:社会科学文献出版社,2012年版,第27-28页。

的社会公共财富与资源,只有超越经济领域,在政治和社会意义上,全体社会成员共同享有社会公共资源、利益与价值,共享社会才真正得以实现。

第四,共享社会的制度基础:社会主义公有制以及其他社会基本结构和制度安排。社会主义基本制度的共有性质决定了社会主义国家中,主要财富归国家和集体所有,国家与政府拥有可供全体社会成员共享的丰富资源与财富。因此,社会主义公有制是共享社会得以形成的制度基础。但是,仅仅如此是不充分的。在某种程度上,共享对象的前四项(安全、自由、基本权利、价值)类似于罗尔斯正义理论当中的社会初始权益,罗尔斯认为,"初始权益是制度的某些特征,或与制度相关的公民的处境的特征"[①]。除开建立在个人自由意志基础上的自主自愿的共享行为,其制度依赖性相对较弱,即使是基于互惠互利市场规则的共享经济行为也需要制度和法规的保障才能健康持续地发展,更遑论安全、社会基本权利、基本自由和基本价值这些社会初始权益以及社会公共资源、公共财富以及发展成果的共享。社会公共资源、利益和价值的共享尤其依赖于社会结构的合理分布和社会基本制度的恰当安排。比如,民主选举制度、社会保障制度、社会福利制度、信息管理制度、信息安全保障制度等。

共享社会是全体社会成员"共商、共建、共享"的社会。这就意味着需要"充分调动全社会的积极性,激发全国人民参与规划实施、建设国家的主人翁意识,发挥各级政府、社会各界的积极性、主动性和创造性,尊重基层首创精神,汇聚人民群众的力量和智慧,形成全体人民群策群力、共建共享的生动局面"[②]。

综上所述,共享不仅有助于个人的自我实现和人性解放,而且有助于人际关系从占有、竞争、剥夺、斗争的关系转变为分享、合作、互助、团结的关系,加快社会阶层之间的流动,打破固化的社会层级,增强每个社会成员的获得感。尽管共享具有如此吸引人的魅力,但是共享社会的到来还要经历漫长的过程。

[①]　[美]罗尔斯:《罗尔斯论文全集》(上册),陈肖生等译,长春:吉林出版集团有限责任公司,2012 年版,第 411 页。

[②]　国务院:《中华人民共和国国民经济和社会发展第十三个五年规划纲要》,政府办公网,2015 年 3 月 17 日。

第 4 章　社会共享的制度基础

　　2017 年 10 月 18 日,中国共产党第十九次全国代表大会在北京胜利召开,习近平总书记在大会上作了报告,明确表示新时代中国社会主要矛盾已经转化为"人民日益增长的美好生活需要和不平衡不充分的发展之间的矛盾"①。有关新时代中国社会主要矛盾的这一新论述表明,经过四十年改革开放,中国取得了令世人瞩目的全面成就。但是,中国仍将长期处于社会主义初级发展阶段,仍要面对比较突出的"不平衡不充分的发展"问题。现在,共享发展理念已经写入新时代中国特色社会主义基本方略,它将积极回应新时代中国特色社会主义发展方式问题,那就是,以共享发展满足人民群众不断增长的美好生活需要。中国共产党和中国政府将更加注重社会公平问题,社会主义公有制度对实现共享发展的重要性将得到进一步彰显。

　　通过学习十九大报告,全党和全国人民对共享发展理念和新时代中国社会主要矛盾已经达成共识。不过,共享发展理念同新时代中国社会主要矛盾的关系仍然有待澄清。我们认为,共享发展理念既符合新时代中国特色社会主义发展的实际,又能妥善解决当前中国社会发展的不平衡问题。以共享发展理念来解决新时代中国特色社会主义社会面临的主要矛盾中不平衡发展的方面,既符合邓小平同志在中国改革开放初期关于"贫困不是社会主义"和"共同富裕是社会主义的本质"的论断,又符合马克思关于社会主义"各尽所能按劳分配"原则的论断,还符合马克思恩格斯关于"人的全面发展"的论断。但是,在对共享发展理念的理解中,人们从经济和社会因素方面考虑得比较多,从中国作为社会主义国家具有的基本制度优势方面考虑得比较少,甚至有些人仅仅从共享经济角度去理解共享发展,把对共享发展理念的理解引向了不正确的方向。

　　有鉴于此,本章将考察共享发展及其制度基础,重点阐明共享发展理念与新时代中国社会主要矛盾的关系。我们认为,共享发展理念最适合用来解决新时代中国不平衡发展的问题,因为中国存在一个刚性的社会基本制度,它就是具有社会主义性质的社会基本制度,社会主义公有制是其最核心部分。共享发展理

---

　　①　习近平:《决胜全面建成小康社会夺取新时代中国特色社会主义伟大胜利》,《人民日报》,2017 年10 月 19 日,第 1 版。

念是四十年中国改革开放的伟大思想成就之一,将深化我们对社会主义本质的认识。社会主义公有制是共享发展成为可能的制度保证,只有增强和完善落实共享发展理念的这一基本制度及其优势,才能更好地满足人民对美好生活的追求。

一、"共享"的四个特征

我们认为,在当前中国语境中,"共享"有如下特征:

1. 共享的全民性。全体人民是共享的主体。这里的人民包括不同行业、不同阶层、不同民族、不同区域的共同体成员。在共享发展体系中,无论肤色、种族和阶级,人人皆拥有共享发展的权利。人民的共享发展权是与生俱来的。在最广泛意义上,共享发展权是基于共同体成员资格而可分享的权利。共享发展权是全体人民享有的非交易性权利,是人人享有的,不必通过额外讨价还价即可享有的权利。共同体要为每个社会成员提供发挥自身潜能的平台,向全体人民开放那样的平台。人民或社会成员之所以拥有共享发展的权利,是因为每一个体都是共同体成员,享有共同体成员资格,无论其对共同体有无贡献,都拥有作为共同体成员共享社会基本资源的权利。

2. 共享的基础性。公共资源、公共财富、社会和经济领域的岗位与职位是共享的客体。它们都是共享的基础性事物。从理论上讲,共享是经济、政治、社会、文化、生态等全方位的共享。政治共享就是要充分尊重、保障与实现个人享有的基本权利,公民与社会组织共同参与社会治理。经济共享,就是要消除贫困,缩小贫富差距,让普通民众切实分享到改革与发展的果实,提升他们的获得感和幸福感。社会共享就是要改善民生,同等对待各族人民的发展,健全社会保障制度,提供高质量的公共物品和公共服务,改善住房、教育、医疗、交通等不均衡发展现状,令每个公民能够体面地生活。文化共享就是要通过国与国人民之间的交往,传播与弘扬中华民族优秀文化,积极汲取外来文化的精华,借助互联网等科技发展成果,增强公民责任意识、法治意识与共享意识。生态共享就是要在发展过程中,注重环境发展与经济、社会等发展的协调,走可持续发展道路,不以牺牲环境为代价获得经济的片面增长。但是在现实生活中,人们首先要满足对基本公共事物的平等分享。如果在一个社会中,人们缺乏对基本公共事物的平等分享,所有关于共享发展的美好愿景都是空洞的。

3. 共享的渐进性。共享是分阶段的,依梯度推进的。共享发展不是一蹴而就的,是一个渐进过程。共享发展的第一阶段是共建阶段。在物质层面上,公共资源或公共财富的充足储备是共享的先决条件,没有充足的公共资源或公共财富,就没有实际的共享对象。开发公共资源,创造公共财富,只能依靠发展生产力,依靠全体人民。共享发展的第二阶段是边发展边均衡阶段。这一阶段是社会问题和社会矛盾的突发期,也是共享发展的攻坚期。在这个发展阶段,公共资源和公共财富积累达到一定程度,但仍不能满足全体人民的需要,发展带来的社会贫富差距、发展不均衡等问题开始突显,社会矛盾容易被激化。先富裕起来的一部分人不愿意与他人分享改革开放的成果,极力维护既得利益,想方设法吞并更多社会资源,巩固自身的资源优势。在这个发展阶段,政府既要寻求继续发展经济,也要通过制度手段,强制干预自由市场对财富和收入的初次分配,完善财富和收入的二次分配,缓和贫富差距。共享发展的最后阶段是全民共享阶段。在这一阶段,社会物质财富极大丰富,人的精神境界得到提升,个体能自觉进行创造性劳动,社会安定祥和,人人平等,公平地分享社会财富。

4. 共享的目标性。共享发展理念是国家社会发展整体战略布局,凸显社会主义制度优越性,符合中国进一步深化改革要求。"共享"同"创新、协调、绿色、开放"发展理念共同建构了新时代中国特色社会主义社会发展体系。其中,创新发展是推动社会发展的内驱力,主张实行供给侧改革,优化资源投入方式,不断推进理论创新、制度创新、科技创新与文化创新。协调发展强调各种利益关系的平衡性,特别注重缩小城乡二元化,强化基础设施建设等。绿色发展要求处理好发展与生态的关系,加快建设资源节约型、环境友好型社会。开放发展就是要充分利用国际资源与市场,实现互利共赢战略,深化各国之间的信任,提高对外开放水平。共享发展指明了发展的长远目标和最终归宿,注重机会平等,保障基本民生。五大发展理念是一个整体,相互作用,偏离其中一个都不能实现社会的充分、平衡发展。其中,共享发展理念指明了新时代中国特色社会主义社会全面发展的长远目标。

共享发展的目标,不仅包括共同富裕强调的物质生活质量,而且包括人的需求满足、能力提升与精神富足。共享发展的重心在于对社会基础资源的均等分享。实现共享发展需要政府、市场与社会组织等多元力量的配合,共建共享是基本途径,明确政府与市场职能是保障,多元社会力量参与是动力,协调、均衡发展是润滑剂,培养与提升共同体意识是伦理要求。

二、共享发展理念的理论依据

共享发展理念最终落实为人民共享发展成果的权利。人民共享发展成果的权利,是人民自由参与政治、经济、社会等发展活动并公平享有由社会经济和政治发展产生利益与成果的权利。共享发展的权利是一项基本人权。每一个体具有独立性、自主性、创造性、平等性与不可替代性。个体的发展是独一无二的。共享发展的权利,要求充分尊重每一个体的权利,为个体发展创造条件。共享发展理念的理论依据主要有马克思主义人的全面发展理论和分配正义理论。

1. 共享发展理念与历史唯物主义关于"人民群众是历史创造者"理论相一致,是对人民群众作为历史创造者的权利、利益、成就与贡献的充分肯定。共享发展的重心在于共享,发展是手段,共享是目的。共享的主体是社会共同体成员。共享发展的客体外延较广,既包括整个社会创造的经济繁荣的物质成果,也包括每个人享有的政治和社会权利、个人能力成就、精神文化成果等。以对象为维度,"共享"一般包括利益共享、服务共享和机会共享。[①] 独立而平等的人在交往中产生合作,共同遵守给各方带来好处的某些行为模式。[②] 在最广泛意义上,共享渗透于人的学习、工作和生活的每一个环节,将提升人的生存能力、合作能力和理性能力。共享作为结果,揭示了社会共同体成员对社会发展成果的占有和分配方式。共享作为发展模式,表明了当前发展的非完备性,可共享的成果总是有限的。共享既是发展的限定属性,表明发展的公共性或全民性,也指明发展的趋势和方向,具有导向性和目标性。

2. 共享发展理念与马克思恩格斯关于"人的全面发展"理论相一致,是马克思主义中国化的重要思想成就。人是目的,而不是手段,社会发展的最终归宿在于丰富人类的物质和精神文明生活,实现个人全面而自由的发展。在马克思主义看来,社会是各种社会关系的总和。但是,资本导致人的异化,导致人的基本特征的丧失。在资本主义生产关系中,资本家具有资本扩张的欲望和贪婪本性,工人迫于生计压力不得不出卖自己的劳动力。劳动力成为可以买卖的商品,其所有权不再属于劳动者自己,而受制于资本家。生产活动不是自发形成的,社会分工具有强制性,而人的异化具有普遍性。劳动是工人阶级的谋生手段。人们不自愿地被卷入资本主义生产关系中,在严格制度管理与监控机制下,劳动者失去自由,沦为创造剩余价值的工具。资本家被资本和贪欲所操纵,无法自拔,失去自我。劳资双方都发生异化。它强化了资本的权力,造成人与人的不平等,进而造成阶级对立。但凡可以产生剩余价值的东西都被纳入工具范畴,资本在人与人之间筑起一面高墙。因此,资本在初生之日便充满罪恶,哪里有剩余价值,资本就流向哪里,哪里就会产生剥削。

---

① 于昆:《实现共享发展的三个维度》,《中国高校社会科学》,2016年第5期,第21页。

② [英]哈耶克:《致命的自负》,冯克利译,北京:中国社会科学出版社,2009年,"译者的话"。

社会性、实践性与主体性是人的本质属性,劳动是人的类本质。解决人的异化问题首先要消除劳动异化现象。社会主义公有制为消除异化现象提供了出路,克服资本主义内在矛盾,视人为完整的个体存在物。人的发展既是人的需求的全面发展,也是人的能力、个性、社会关系的全面发展。"社会关系作为个体共同的关系既是服从于他们自己的共同的关系也是服从于他们自己的共同的控制。"[①]人的自由全面的发展不再受到物的关系的束缚。人成为自己的主人。[②]

共享发展理念是马克思主义人的全面发展理论中国化的产物,集中体现为四个"坚持"。(1)坚持马克思主义思想指导,坚定不移地走社会主义道路。(2)坚持经济繁荣成果由人民共享,以中国特色社会主义经济制度形式将其稳定与巩固。(3)坚持人民群众的历史主体观,强调发展依靠人民,注重群众路线的具体运用和实践。(4)坚持执政为民、以人为本的执政理念,把实现好、维护好、发展好人民群众的根本利益放在首位。在中国特色社会主义理论体系中,实现最广大人民的根本利益是马克思主义中国化的基本价值取向,从是否有利于人民的根本利益到发展为了人民,发展成果由人民共享,整个过程体现了中国现代共享思想的继承性与发展性。

3. 共享发展理念与邓小平关于"共同富裕是社会主义的本质"思想相一致,是对邓小平关于"共同富裕是社会主义的本质"思想的继承与发展。共享与均享存在区别。一些人认为,共享就是均享,就是要把经济发展的所有劳动成果拿出来平均进行分配,也就是要消除财产权,实行绝对的平均分配。这种分配方式早已被历史证明是行不通的,在社会物质生产能力和人们精神境界都达不到满足人的基本物质需要和精神需求的要求的情形下,绝对平均主义只是一种狭隘的小农意识和阶级偏见。一些学者看到了共享经济的兴起对现代财产制度带来的挑战,他们欢呼互联网提供了一种新型的商业潮流,实现了私有财产所有权的短暂转移。[③] 但是,在从使用权转移到所有权更换之间还有很长距离,这段距离涉及既得利益者的核心利益。在个人已为社会发展尽了自己应尽义务的前提下,强制拿走个人合法持有财产的合理性、合法性本身就需要质疑。共享经济的本质是一种商业运作模式,它停留于私人领域,无法触及财产所有权的根基。共享发展涉及私人领域,但更侧重公共领域问题,主要探讨的是公共资源的发展与配置问题。

---

① ［德］马克思、［德］恩格斯:《马克思恩格斯全集》(第 46 卷上),北京:人民出版社,1979 年版,第 108 页。

② ［德］马克思、［德］恩格斯:《马克思恩格斯选集》(第 3 卷),北京:人民出版社,1995 年版,第 760 页。

③ Tom Slee, *What's Yours is Mine*, New York and London: OR Books, 2015, p.1.

共享不是坐享其成。公共领域存在有人坐享其成的搭便车问题（free-rider problem）。人们认为，既然共享是社会共同体成员不可剥夺的资格，那么即便自己不劳动、不努力，也有权分享别人创造的财富。"凡是在公众人数众多且包括许多个体的场合，每个人都会尝试回避做自己本该做的事情。这是因为无论一个个体做什么，这一个体的行为都不会对生产总额产生重大影响。个体认定他人的集体行动是既定的。一旦公共物品生产了出来，个体对公共物品的享用不会因为他没有做出什么贡献而减少。如果公共物品没有被生产出来，那么个体的行为无论如何也不能改变这种状况。"[①]正如政府部门存在庸官懒政现象一样，一些政府官员害怕担责或缺乏奖惩激励措施，工作积极性不高，每天靠着撞钟过日子，按期领取国家俸禄。由于公共物品具有不可分割性和公共性的特点，一些公民即使自己没有任何贡献，仍然可以分享其他人的劳动成果。"公共物品的极端情况则是，它对整个社会都具有完全不可分割性。一个标准例子是国家防御（非正义的）外敌攻击。所有公民都必须获得同等数量的安全保护；他们不能根据自己的意愿得到不同的保护。"[②]公共物品是公民共享的首要对象或主要对象。无论一个公民对生产公共物品有无贡献，或贡献大小，他都可以同他人均等地共享公共物品。

共享是一个中性词汇，共享的前提是共建共享，即每个人都要自觉参与到建设中，创造性发挥自己的创造才能。坐享其成是一种享乐主义价值观，只讲究分享的权利，却逃避应当承担的责任和义务。坐享其成有很大的危害性。它浪费了公共资源，增加了发展负担，还腐化了人的上进心。在共享发展中必须得以清除。

共享发展面临的一个问题是什么时候共享。一种观点认为，要等到发展成熟后，达到特定财富积累后富人才有能力反哺他人。另一种观点则认为，要一边发展，一边分享。前一种观点主张共享发展要优先集中优势资源，将蛋糕做大，这个过程必然会牺牲一些人的利益，但是这部分人的利益可以通过整体产量增值后提供的社会保障制度或公共服务措施得以弥补。等到社会总资产足够充裕之时，再将受益者的财富拿出来反哺社会，实现共享。这种共享观存在一定风险，因为功利主义较强的人关注的是从别人那里获得共享资格而不愿将自己的财产拿出来共享。[③]它没有考虑到代际的影响，借助社会资源优先发展起来的群体和应尽义务反哺其他群体的主体可能已经不再是同一代人，即便第一代受

---

①　John Rawls, *A Theory of Justice*, Revised Edition, p. 236.

②　John Rawls, *A Theory of Justice*, Revised Edition, p. 236.

③　Russell Belk, "Sharing", *Journal of Consumer Research*, 2010(5), pp. 726-727.

益主体有反哺的意愿,但不能确保第二代人会采取反哺的行动。其次,借助社会资源优势发展起来的资产在市场的作用下已经转化为了个人私有财产的一部分,即便有先富反哺后富的约定,但谁来反哺、反哺多少、反哺的标准等都很难衡量。不仅如此,只顾发展、不重公平的分享,必然会令社会矛盾激增,出现很多发展中的问题。这不是说边发展边分享是最佳的共享发展方案。共享是阶段性的,有条件的、渐进型的共享。

4. 共享发展理念与当代马克思主义分配正义理论相一致,吸取了以罗尔斯为代表的当代西方分配正义理论的合理思想。分配正义既涉及每个人的私有产权,又涉及每个人可分享的社会公共资源,涉及他从国家和社会中获取的社会权利和经济利益,社会应得主张全面保护个体的私有产权,慎重对待私有产权的交易、变更和补偿,主张每个人均等享有基本的社会资源。共享是一种基本社会资源分配方式。这种资源分配方式符合分配正义的基本要求,并依托正义制度得以实现。实现共享发展,须在保全私有产权和实现社会正义之间寻求均衡。按照罗尔斯的观点,分配正义是"所有社会初始权益都得到了平等分配:每个人都拥有相同的权利和义务,收入和财富是均等共享的"[1]。共享发展的分配正义具有限定性。它探讨的是公共资源与公共服务领域的分配问题,而不涉及私人领域,即共享发展具有公共属性。公共资源在所有权上属于人民,共同体成员天然地享有公共资源的分享权。这种分享资格与共享权利的获得是基于社会的分工与合作。尽管个体角色不同,但正是各个个体的配合与合作,才产生社会财富与价值。但是,共享发展不是简单的公共资源分配问题,它还涉及个体私有产权的保护。共享的分配正义不否定因偶然因素造成的人际差距。它提供满足个人发展的基本平台,通过建构平台来保证个体发展的机会公平。个人的发展水平和能够享有资源的多少,仍然取决于后天的努力程度。

在讨论公共领域资源配置问题时,共享发展面临着复杂的社会系统。涉及国家与市场、个体利益与集体利益、效率与公平等诸多关系。在自由主义思想中,个人持有的正义与最少受益者的普惠引申出了两种不同的国家与市场关系,在前者看来,偶然性因素是天赋的一部分,天赋是个人正当持有的,天赋带来的个人利益与财富增值理应属于个体合法财产。在这个意义上,共享发展理念不得否定个人的私有财产是神圣不可侵犯的。国家从合法个人所得中拿走一部分用以救助最少受惠者的做法缺乏合法性。国家与市场的关系应当符合最小国家原则,国家职能仅局限于维持社会秩序稳定、提供基本公共物品与服务以及矫正资源持有的错位等最低限度的公共职能,社会资源的配置应该由市场发挥决定

---

[1] John Rawls, *A Theory of Justice*, Revised Edition, p. 55.

性作用,个人的合法利益应当得到国家和社会的充分尊重。但在后者看来,个人偶然所得不是一种社会应得,倘若制度设计不是建立在抹去偶然因素的基础上,那么产出的制度也必然带有某种利益"偏见"。"正义是社会制度的首要德性。"①其核心是公正与平等。正义原则设计的社会基本结构框架将每个个体视为平等的主体,每个个体无论扮演什么样的角色,处于什么样的地位,都具有平等的发展权,这种权利不因偶然所得而被区别对待,国家职能之一就是要缩小、矫正因偶然所得而造成的发展机会不平等现象。社会资源的不均等分配有一个最低限度的指数,即要获得最不利地位群体的承认与认可。这样的功能是市场无法企及的,有时候甚至处于市场扩张的反向。这种分配正义观赋予国家干预的合法性与合理性,全民共享的实现依赖于国家制度的合理性及政府的综合治理能力。罗尔斯分配正义理论能为我们思考如何落实共享发展理念问题提供一定的理论借鉴。

三、实现共享发展面临的难题

1. 效率与公平的矛盾。共享发展首先要处理的一组关系是效率与公平。效率考虑的是有效性问题,而公平侧重的是平等性与均等。人类发展历程中,存在着三种形态的效率与公平关系。在效率优先观看来,效率就是、甚至超越了公平。在该原则下每个人按照自己的付出获得与劳动所匹配的回报,勤劳的人理所应当地获得比懒汉更多的报酬,这种观点特别盛行于生产力低下、物质匮乏时期,当个体得到的资源难以维持生计与发展时,人们优先考虑的是维护自身财产,自食其力,自给自足,共享的观念较弱。效率优先会带来诟病,经济尤其是货币几乎成为衡量个体社会地位、能力大小、成功与否的唯一指数,为了物质利益和经济利益,一些人不惜出卖灵魂,利用暴力工具强行霸占他人资产,在商品中添加各种致癌物质,使用欺诈等手段牟取暴利,而迫于生存、丧失了基本生产与生活资料来源的底层,不得不出卖自己的劳动换回基本的生活资料,他们挣扎在贫困线上,几乎没有能力谈发展或共享的资格。

反过来,社会公平的优先会减弱经济的效率。在物质积累达不到共享程度的条件下,社会资源配置无法照顾到每个个体,区域之间、城乡之间以及各行业与阶层之间的资源都会呈现一种不均衡的分布状况。效率能够发挥很大作用关键在于它是一种内生的激励机制,每个个体在自利心的驱使下,能够最大化创造

---

① John Rawls, *A Theory of Justice*, Revised Edition, p. 3.

社会财富。但如果一味讲究公平和平等的共享,就会打消社会的创造热情,均等的分配只会以牺牲效率为代价,养活更多的懒汉。这种分配模式延伸到公共领域,就会带来公地悲剧与搭便车的灾难,人性贪婪的特性被激活,每个个体只顾从公共资源中索取,而不愿意承担维护的成本,只强调自己的享有权利而忽视应尽的义务,最后只会带来普遍的贫穷。

第三种观点是寻求效率和公平的均衡,也是目前多数国家采纳的观点。效率和公平是社会发展的一体两面,片面强调效率会带来社会公平问题和社会发展的失衡,反之亦然。但两者绝不是对立或此消彼长的关系,它们既独立,又统一,发展过程必须两者兼顾。共享发展内含了效率与公平两大关系,将两者放在等同地位,发展追求效率,而共享注重社会公平,共享以发展为前提和手段,而发展以共享为目的。在物质匮乏时期,效率居于主导,辅之以社会公平,边发展、边有条件地共享,待到发展到了成熟时机,经济发展再反哺社会公平建设,实现真正的共享。当前我国处于边发展、边有条件地共享阶段,问题是共享的条件应该如何进行限定,效率和公平的均衡点在哪里?在物质产量并不极大丰富的条件下,哪些公共物品或服务应该共享?多大程度的共享?在区域不均衡发展情况下,差别共享的依据是什么?这些问题的解答目前还处于摸索阶段。

2. 不平衡的发展问题。一些学者认为,当前中国难以实现公共资源的均等共享。他们提出了差异性或均等性共享方案。比如,在基本公共服务配置方面,他们强调东部、中部和西部经济实力、人口集中度、公民需求、区域发展能力等各有不同,公共服务和基础设施应该优先考虑沿海地区,再向内地扩展。因为需求和满足需求的能力要匹配。随着城镇化和城市化兴起,东部地区及城市承载着更多人的生存压力与发展需要,需要配套的基础设施和公共服务来满足人的需求。基础设施和公共服务只能按照区域实行均等分配。这实际上是一种差别分配,不能缓解发展的不平衡问题,反而加深区域发展差距。

上述解决社会发展不平衡问题的策略至少要回应三大质疑:(1)有何种调查或数据显示中部地区和西部地区生存与发展需求较弱,而东部地区较强?测量需求的标准有哪些?(2)既然东部城市人口已经超负荷,为什么公共服务和基础设置的配置还要实行差别分配,将优质基础资源继续汇聚在东部城市?这不是将更多中西部或农村人口引向东部城市,加剧东部城市人口压力吗?这样的增长需求只会带来无限制恶性循环。(3)差别分配是公平的吗?共享发展强调每一个体平等地享有公共资源和公共财富。差别分配与平等分配相对立。差别的资源配置首先将分配的对象进行了类群划分。个体平等具有限定性,是一种相对平等。倘若分配建立在差别分配机制上,那就是不彻底的共享制度。

人类社会处于不平衡发展过程中,现代发展不平衡集中体现为资本和社会资源配置的不平衡。不彻底共享是共享发展无法逃避的问题。它集中表现为发展的不均衡性，这种不均衡性既表现为人际财富和收入差异，也表现为区域发展差异。除了人的因素，自然资源分布和社会资源配置也直接影响共享的均衡性。发展的均衡性是内力和外力共同作用的结果。共享强调资源配置状况与人的需求相契合。这个过程既需要外部资源的合理调配，也需要共享主体不断提升自我能力。

3. 政府与市场的职能边界界定难题。政府与市场角色的模糊是历史遗留问题，也是现代化发展过程中的问题。过去，我们急于利用西方经济及科技成果让自己变大变强，无暇顾及政府与市场关系的恰当处理。而今，要想获得持续性的发展，实现共享社会的目标，就不得不重新理清两者的关系。

政府与市场的关系具有两面性，"既是双重博弈，也是相依的伙伴"[①]。由于市场充满利益和诱惑，政府先前主导着市场，与市场有着千丝万缕的联系。政府通过审批制度、监管体制等对市场的初次分配进行调控，必要时直接干预市场。市场经营者寻求发展机会，会主动迎合政府的监管。随着改革的深入，公民权利意识逐渐觉醒，人们对政府和市场的关系有了新认识。统治型或管理型政府模式已经不适应现代发展需要，多元社会组织的参与使得政府决策权受到限制，社会治理模式被提上日程。十八届三中全会明确市场在初次分配中发挥决定性作用。新型政商关系必须理清政府与市场、政府与资本、政界与商界的关系。

四、夯实"共享发展"理念的制度基础

改革开放的成就要由全体中国人民来分享。1978—2018 年，中国改革开放四十年是对社会主义本质不断加深认识的四十年。中国改革开放四十年，既是中国共产党和中国人民探索中国打开国门，融入国际社会，中华民族重新崛起于世界民族之林的四十年，也是中国共产党和中国人民重新认识市场经济，合理评估中国所处社会发展阶段，不断加深认识社会主义本质的四十年。从邓小平同志倡导"共同富裕"思想，到习近平同志提出"共享发展"理念，清晰展示了中国共产党和中国人民不断深化认识社会主义本质的过程。

1. 社会主义公有制是共享发展的基本制度。生产资料占有方式很大程度上决定了社会基本结构与基本制度的安排。社会主义公有制是共享发展的基本制度。首先，公有制比私有制具有更大的优越性。马克思曾在《家庭、私有制和

---

① 刘祖云：《政府与市场的关系：双重博弈与伙伴相依》，《江海学刊》，2006 年第 3 期，第 106 页。

国家的起源》中痛斥私有制度,认为以个人利益为中心的私有制把人与人的关系转换为赤裸裸的金钱或利害关系。自由、良心与道德,所有的人情味,都被冷冰冰的计算和交易所吞没。劳动人民创造文明,却无法分享文明成果。私有制刺激了人的贪欲,造就了阶级和现代战争。资本主义私有制的发展必然导致对其自身的否定。通过无产阶级革命,推翻资本主义制度,实施无产阶级专政,最终必定建立起社会主义公有制,以及由此带来的新型生产方式、生产关系和社会关系。

社会主义公有制为劳动人民共享发展提供了制度保障。共享发展理念克服人性的自私论的片面性,强调自私与为公是人性的一体两面。人可以超越自私本性,创造更高的人类文明。人性自私论多出现于经济学领域,或将人比作趋利避害的动物,或将自利称赞为一种追求自由和效率的美德。但是人是复杂的社会性动物。人与人、人与自然共生于同一生态系统中。除去自私本性,人还为各种生产、生活关系所关联。人不是单一原子,而是社会网络的结点。社会关系造就了社会人,基于血缘、地缘、认同及关系的网络将所有人的命运捆绑在了一起。

共享发展理念不否定人有自私性。现代文明一定程度上是在人的自利本性驱动下发展起来的。我们认为,公有的共享的分配关系与市场经济是兼容的。国民财富的创造源泉始终来源于个人,只有发挥个人的创造与创新潜能,才能产生更多社会财富。我们曾经将自利看作百无一是的。事实上,自利是一个中性词。人性自利是一把双刃剑。历史证明,强调尊重和激发人性自利的市场机制是资源初次分配的有效机制。自利的人性可以被良序的社会基本制度和结构所引导。当充满个人欲望和抱负的个体创造的价值能够更好地服务于国家、社会和人民群众时,当社会主义公有制给予这样的个体以施展其个人野心和抱负的机会时,社会主义公有制将创造出更高的人类文明。一个最好的例证就是,我国以公有制为主体、多种所有制并存的分配方式带来了国家的繁荣与昌盛。

社会主义公有制是落实共享发展理念的根本性制度,单纯的自由市场经济不能充分实现社会基本资源的均等共享。(1)共享发展的前提是共享共同体的存在,而人类自由联合体的首要特征是用公共的生产资料进行劳动,即共享发展离不开公有的生产资料,只有社会主义公有制才能提供那样的生产资料。(2)社会基本资源的分配与共享总是限定在一定阈值之内的,良好的分配制度能最大限度地匹配和契合对应的分配理念,社会主义公有制度的实际存在,是共享发展理念得到落实的制度保证。共享发展存在的前提是存在着可供合作发展的共同体,无论这个共同体是由单一民族还是多民族组成,共同体成员之间必须存在共识。它们不仅是利益共同体,而且是价值共同体,共享着共同的利益、价值、责任和负担。以经济和利益为纽带的私有制共识注定是脆弱和不持久的,只有建立在认同、信任、对等、忠诚及正义基础上的有着充分公共资源和公共财富的社会主义性质的分配制度才真正契合共享发展的实质。社会主义公有制建立在共同占有和共同控制生产资料上，以物质和精神条件的发展及联合起来的个人所进行的自由交换等为前提，超越了私有制的狭隘界限，将社会关系视为统一的整体，符合共享发展的内在要求。(3)社会主义公有制和共享发展理念统一于社会主义实践。社会主义的本质就是回答社会主义是什么、怎么建设社会主义的问题。马克思、恩格斯曾在《资本论》、《哥达纲领批判》、《反杜林论》和《社会主义从空想到科学的发展》等著作中描述了科学社会主义的特征，"社会主义＝公有制＋计划经济＋按劳分配"的构想曾指导了中国特色社会主义实践，邓小平在此基础上指出"贫穷不是社会主义"，"市场和计划都是手段"，"社会主义的本质就是解放生产力，发展生产力，消灭剥削，消除两极分化，最终达到共同富裕。"公有制是社会主义建设的应有主题，共享发展与社会主义本质相契合，两者都是要寻求生产力的解放和发展，实现发展的均衡性。

2. 壮大和发展社会主义公有制，落实共享发展理念，就要处理好政府与市场的关系。公有制与共享发展的实现必须要处理好政府与市场，政府与社会的两组关系。明确政府与市场的关系也就是让政府和市场各自回到自己的角色中，不越位、不缺位、不错位。十八届三中全会明确市场在资源分配中的决定性作用和更好地发挥政府作用的职能定位。但是，长期以来，我国市场受到强权干预，官僚机制的惯性仍然在初次分配领域保留很多行政规章制度，政府并未淡出市场领域。一些地方政府仍然打着"自由裁量""不放心""地方发展特色"等旗号，不断抬高行政门槛，为自己寻求经济增长效益或利润空间。即使在二次分配领域，尽管社会保障制度不断出炉，但真正应得福利的人却没有享受到政策的惠泽，好的福利政策通过人为行政运作，落入富者的口袋。

我们认为，明确政府和市场边界的主要手段是制度建设，也就是法治建设。政府源于人民权利的让渡，是国家意志的执行机构，韦伯(Max Weber)将其描述成一套技术化的工具体系，每个政府部门就像是科层制中的一颗螺丝钉，政府运作有着正式化、规范化、等级制的程序，政策指令的上传下达就是科层制运作的信号器，而制度是科层制内部原已存在的政府职能界定系统。以制度和政策明确政府的职能有利于权、责、职对等，防止政府越位、错位，确保有法可依，而配套的惩罚机制和追责机制有利于避免政府缺位，杜绝庸官懒政。以制度调整政府和市场的关系，既是一种渐进式的改良，也可以减小或避免因行政体制改革引发的动荡。以制度界定政府职能范围并不否认政府的自我裁量权，只是限定了自我裁量权的阈值，给定制度范围内自我裁量权允许的最大值和最小值，强调自我裁量权并不是领导者拍脑袋的决策，但凡涉及老百姓切身利益的决策都应通过制度化程序公开信息,征求利益相关者的意见。过去,我们一直强调政府角色的定位,但无论是从运动员到裁判员,还是从划桨者到掌舵者,再到服务者,政府职能转变的重心都是制度建设。只有强化制度,政府管好自己,才能防止公权的膨胀及向市场的无限渗透。

需要注意的是,共享发展与当下倡导的共享经济有本质的区别。共享经济是 21 世纪初一种流行的商业化模式,它建立在节约、便捷、互惠互利等原则之上,以互联网为平台和依托,依靠科技手段实现点对点的高效衔接,是人们对闲置品的一种利用、处理方式,也是市场经济条件下的产物。诚然,共享经济含有共享发展的意蕴,但这种共享是不完全、不充分、不均衡的。共享经济的产品与服务本质上仍然通过交换获得,主要局限于市场领域,具有竞争性和排他性。共享发展理念超越共享经济的共享内涵,共享发展的共享是全民共享、全面共享、整体共享,渗透到经济、政治、社会、文化等各个方面,打着鲜明的"公共"烙印。

3. 坚持社会主义公有制,落实共享发展理念,要夯实民主参政与社会治理的制度基础。人民性是公有制与共享发展的本质属性,正确处理与维护好政府与社会的关系是公有制与共享发展的内在要求。这里的人民性主要有两层含义,一是指人民当家作主。即人民是国家与社会治理的主体,是公权力的本源。二是指发展成果由人民共享,社会基本结构能够确保发展成果人人有份且人人能够获得自己应得的份额。这主要涉及两个制度领域,其一是民主政治制度。夯实民主政治制度的基础,就是要用制度体系保障人民当家作主,体现人民意志、保障人民权益、激发人民创造活力。公共政策要反映民意,就要充分尊重人民的知情权、建议权、参与权及监督权。在多民族与人口众多的民族国家,该政治制度主要以代议制和协商民主制度为依托。其二是社会保障制度。社会保障制度的建立与完善既依赖于国家和政府现代化治理能力和治理体系,也与社会治理网络的发达程度及社会治理能力密切相关。公有制与共享发展是国家与社会力量共建、共治、共享的过程。人民需要参与到共建、共治、共享的实践中来。这是因为人民对自身最关心、最直接、最现实的利益问题最为了解,也最为关注。依靠基层的社会自治网络,一些社会矛盾或基本需求可以在基层被化解或满足,既减轻了政府的行政负担,也提升了公民基层自治的能力与水平。人人参与建设、人人参与治理、人人共享社会成果有利于加强政府与公民的合作,增强彼此的信任,让人民拥有更多的获得感。

我们必须承认,在改革开放四十年中,我们偏重效率而轻视公平。无论在市场意义上,还是在政府与社会意义上,这种偏离都有充分的表现。因此,注重效率而忽视公平的发展理念,必须给予改变,在涉及公共资源分布和分配方面尤其如此。效率优先是典型的市场思考方式,它在市场领域是有效的。但在公共资源领域,我们要给予审慎对待,尤其是在教育、公共医疗、养老与社会保障等领域。在这些领域我们应该把公平放在第一位,渐渐地让基础公共资源有一个相对均衡的分布,对相对落后地区给予必要的资源补救。"共同享有"优先于"共同富裕"。有些事不必等到"共同富裕"之后才讨论,而是在人民没有实现共享富裕之前就给予"共同享有"。人民非常看重共享改革开放成果。在可共享成果当中,首先看重社会基础资源。这些资源不是社会福利,而是人民的生活必需品或必要条件,是在社会主义制度下应该给所有人提供的生活、生产和学习条件。人民对美好生活的需要的落实就是平等地享受这些社会基本资源。

总之,共享发展理念提供了人民追求美好生活的基本路径,社会主义公有制明确了社会资源的归属权限,保证人民创造的基本社会财富和基本社会资源能够在最大程度上为人民均等地分享。两者都强调人民的主体地位,反映了社会主义的本质要求。个体能力的有限性决定了个人需要进行合作,而资源的有限性决定了社会发展必然要借助整体的而非个体的资源,公有制和共享发展带有强烈的集体意识,人类文明的进步与发展是作为复数形式人类集合的共同发展。社会主义公有制为落实共享发展理念提供了制度基础,两者的结合必将把人类引向美好的未来。

第 5 章　通往社会共享之路

政治学是一门主要研究国家、政党、政府、市场、社会组织等公共事物及其运行方式的事关重大利益的权威性分配的社会科学。作为政治学基础学科,政治哲学探讨的一个主题是社会正义:如何配置自然资源和社会资源,促进国民财富不断涌流,保障社会成员分享公平的财富和收入份额,并获得学习、工作和生活的均等机会? 换言之,如何兼顾效率与公平,既调动财富创造者的积极性,又缩小社会成员间的贫富差距? 正如克莱顿和威廉姆斯指出的那样,"从最广泛意义上讲,社会正义问题……事关不同个体或团体间利益和负担的分配"[①],不仅涉及社会成员的切身利益,而且涉及他们对未来社会的预期。

"经过长期努力,中国特色社会主义进入了新时代,这是我国发展新的历史方位。这标志着我国社会主要矛盾已经转化为人民日益增长的美好生活需要和不平衡不充分的发展之间的矛盾。"[②]这是习近平同志在中共十九大报告中提出的有关当前中国社会主要矛盾的新表述,为讨论"共享"和"共享发展"议题提供了理论指导。

本章的主题是中国社会发展不平衡问题及其解决方案。我们提出一种"作为共享的正义"(justice as sharing)理论,从共享正义视角探讨社会成员拥有平等地分享公共事物的权利和自由的实际可能性,探索解决新时代中国特色社会主义阶段由社会发展不平衡导致的诸多难题。

一、公平与效率的张力

正义或公平观念像人类文明一样古老。从古希腊开始,哲学家围绕正义问题展开了广泛争论,涉及正义感、公民权利与自由、正义制度、政治正义、社会正

---

① Matthew Clayton and Andrew Williams (eds), *Social Justice*, Oxford: Wiley-Blackwell, 2004, p. 1.

② 习近平:《决胜全面建成小康社会夺取新时代中国特色社会主义伟大胜利》,《人民日报》,2017 年 10 月 19 日,第 1 版。

义、法律正义或司法正义、全球正义等议题。虽然他们就上述议题没有达成共识,但有助于我们认清公共事物的性质。其中一种观点是,作为美德之一,正义同其他三个美德智慧、勇敢和节制相区分,并确定正义为城邦或国家的本质属性。用亚里士多德的话来说:"正义是在城邦中维系人与人关系的纽带。"①

1. 效率与公平的矛盾。在哲学家围绕正义问题的诸多争论中,如何处理效率与公平的关系是一大难题。一般而言,市场追求效率,社会追求公平。市场在资源配置中发挥决定性作用,以促成人财物的自由流动,创造社会需要的商品、服务和价值。在市场中,人们根据能力、机会、勤奋和表现来获取收入和财富,包括荣誉、地位和尊严。天赋和运气也成为人们取得成功的关键因素。市场决定财富和收入的初次分配。公平似乎不是每个市场参与者应当思考的问题。市场追求效率,必然导致财富和资源向少数人集中。市场自身无法解决社会贫富分化问题。

作为效率和公平的仲裁者和协调者,政府在解决贫富分化问题上扮演的角色便凸显了出来。然而,在政治哲学史上,一直存在怀疑政府作为仲裁者和协调者角色的声音。比如,古代希腊诡辩家色拉舒马霍斯断定,政府只代表强者,"正义是强者的利益"②。哈耶克和诺齐克等提出保守主义正义理论,主张"最弱意义的国家"观念,反对政府干预市场。两种论调看似矛盾,实质是一样的:国家和政府没有理由为弱者提供特别的社会支持。相比之下,有一种主张国家和政府应当代表弱者的正义理论,它赋予国家、政府等社会基本制度以道德属性,强调优先保护弱者权益、维护弱者利益的正当性。比如,罗尔斯提到:"正如真实是思想体系的首要德性(first virtue),正义是社会制度的首要德性。任何理论,无论多么精致而简洁(elegant and economical),只要缺乏事实根据,就须加以拒绝或修正;同样地,任何法律和制度,无论多么高效而有序(efficient and well-arranged),只要违背公正和正义,就须加以改造或废除。"③这是一种具有鲜明道德取向的正义理论。

按照后一种正义理论,市场不仅应当追求经济效率,而且必须实现社会公平。换言之,社会公平是社会基本制度应当解决的根本问题。如果市场本身不能解决社会公平问题,那么就应当由其他社会制度比如政府来解决它。社会公平问题也就是社会正义问题。于是,围绕社会正义问题展开争论的哲学家分成

---

① Aristotle, *The Basice Works of Aristotle*, ed. By Richard Mckeon, New York: Randon House, 1941, p. 1130.

② Plato, *The Republic of Plato*, the Third Edition, p. 15.

③ John Rawls, *A Theory of Justice*, Revised Edition, p. 3.

了两派,一派是肯定论者,另一派是怀疑论者。

2. 社会正义的肯定论者。柏拉图、亚里士多德、霍布斯、康德、罗尔斯和森等人认为,拥有正义感和道德能力是人之为人的前提,社会正义尤其是分配正义对美好社会是实质性的。人们对正义存在主观的理解偏差,但正义作为社会制度的首要德性来强调是不太会错的。人们拥有正义感和共享正义知识是建设国家、社会等公共事物的人性基础。罗尔斯甚至反问道:"假如成员权力服从于合理目标的通情达理的正义的万民社会[或良序社会]是不可能的,人多是不讲道德的,纵使并非不可救药地玩世不恭或以自我为中心,那么我们会和康德一起发出疑问,人是否值得苟活于世上?"[①]

为了反驳优先追求效率的效用论正义观,罗尔斯设计了"良序社会"(well-ordered society)。在那样的社会里,"在良序社会中,(1)每个人都接受且知道他人也接受相同的正义原则;(2)基本社会制度一般满足且众所周知地一般满足正义原则。在这种情况下,尽管人们会相互提出过分的要求,但是他们毕竟承认用来裁定其诉求(claims)的某个共同观点(a common point of view)。如果人的自利倾向令其必存防人之心,那么人具有的公开的正义感令其安全往来成为可能。在抱着不同目标和愿望的个体中间,一个共享的正义观连接起民间友谊的纽带;向往正义的普遍渴望限制着对其他目标的追逐。人们于是设想,某种公开的正义观,将筑就良序的人类联合体的根本宪章(the fundamental charter)"[②]。这样的社会"在社会基本制度层面确立作为社会目标的公平正义,在人民层面树立人民对社会基本制度的普遍信任,在基层社区层面建立稳定、体面的社会共同体,在公共政策层面建立向社会低层倾斜的公共利益调节机制,在哲学、宗教和道德观念领域建立友善、宽容而仁慈的价值冲突和解机制"[③]。

按照罗尔斯正义理论,良序社会无关于效率。然而,假如没有充足的资源和财富,社会就无法进行实际分配。理想社会必须具有充足的资源和财富,追求效率才能实现财富最大化和资源利用最优化。良序社会能否满足市场追求效率的要求,是一个有待检验的问题。

3. 社会正义的怀疑论者。洛克、休谟、斯密、哈耶克、诺齐克等人大多怀疑正义是社会制度的首要美德。他们认为,天赋及其权利和利益是人享有的自然权利。每个人可以自由处置其天赋,市场能够满足每个人自由处置其天赋权利的要求。人的天赋差异不构成分配正义的理由。政府应当尽量不干预市场的自

---

① John Rawls, *Political Liberalism*, p. 128.

② John Rawls, *A Theory of Justice*, Revised Edition, pp. 4-5.

③ 张国清:《罗尔斯的良序社会理论及其批判》,《复旦学报》,2014 年第 4 期。

由交易。哈耶克拒绝罗尔斯在分配正义方面所做的努力,表示"罗尔斯渴望的世界决不是文明的世界。通过把差异强制归结于运气,它将一笔勾销绝大多数可能的新发现"。①诺齐克强调"个人拥有权利,有些事情是任何人和任何群体都对他们做不得的"。②社会正义的怀疑论者反对借国家之手来实现正义,主张在最弱意义上理解国家的功能,使之限于"防止暴力、偷盗和欺诈,保证合约实施等"③,取缔罗尔斯论证的国家具有重新分配财富和资源的功能。哈耶克甚至断言,"对于由自由人组成的社会来说,'社会正义'之类说法其实没有什么意义"④。

长期以来,人们建设并完善以私有制为基础、以私人占有为目的的社会制度,一种排他的私有产权制度,难以共享许多美好的事物。怀疑论者看重的这种制度,在保障人们拥有诸多基本权利和自由的同时,阻碍他们寻求更加广泛的权利和自由。然而在现实中,实现效率往往比实现公平要容易一些。与效率相比,公平是强制性制度构建的结果。哈耶克甚至认为,公平违反人的自由本性,"力图实现'社会'公平的各种努力与维护由自由人组成的和平社会不相容"⑤。

4.效率与公平的矛盾的克服。只追求效率而忽视公平的社会,不是人们向往的理想社会。只追求公平而忽视效率的社会,也不是人们想要的理想社会。假如存在既保全私有产权又实现社会正义的某个办法,那将为实践社会正义找到两全之策。它就是兼顾效率和公平的社会,它将"既提升社会创造财富和克服贫困的能力,又造就公平正义的社会秩序"⑥。共享发展理念正是这样的两全之策,将为正确处理效率与公平关系指明方向。共享发展理念发展了马克思主义政治与社会哲学,为解决社会正义问题、实现社会发展目标指明了方向。

与之呼应,我们提出一种共享正义理论,并尝试对其做出哲学论证,使之成为建设共享社会的基础理论。"现存制度依据理想正义给出判断,理想正义理论则为追求正义社会提供目标。"⑦无论在小范围的社区意义上,还是在大范围的

①　Friedrich August Hayek, *The Fatal Conceit: the Errors of Socialism*, London & New York: Routledge, 1988, p. 74.

②　Robert Nozick, *Anarchy, State and Utopia*, p. ix

③　Robert Nozick, *Anarchy, State and Utopia*, p. ix

④　哈耶克:《哈耶克论文集》,邓正来译,北京:首都经济贸易大学出版社,2001 年版,第 177 页。(译文略有改动。)

⑤　哈耶克:《哈耶克论文集》,第 179 页。

⑥　Hans-Hermann Hoppe, *A Theory of Socialism and Capitalism: Economics, Politics, and Ethics*, p. 9.

⑦　Gerald Gaus, *The Tyranny of the Ideal, Justice in a Diverse Society*, Princeton, NJ: Princeton University Press, 2016, p. 5.

国家意义上,人类社会应当是基于社会正义的共同体。社会正义的重心在于分配正义,分配正义本质上是一种作为共享的正义。共享社会是实现了共享正义的社会。以建设共享社会为目标,政府的首要任务不在于创造新的财富,而在于实现其治下的人民对公共财富的均等分配和对公共资源的均等分享。

今天,我们正在努力建设的新时代中国特色社会主义社会正是这样的社会。正如习近平在十九大报告中指出的那样:"要贯彻新发展理念,建设现代化经济体系。深化供给侧结构性改革;加快建设创新型国家;实施乡村振兴战略;实施区域协调发展战略;加快完善社会主义市场经济体制;推动形成全面开放新格局。"[①]同其他四大发展理念一起,共享发展理念已经成为中国人民的共识,它正好处于共享正义理论和共享社会实践的中间。

二、共享和共享正义

所谓"共享"就是"人人有份"的意思。只要你是某个共同体成员,你就享有与其他成员相同的学习、工作、生活的机会和条件。"共享"意味着,除非特殊规定,共同体及其派生机构不能剥夺任何一个人作为其成员而享有的均等地进行学习、工作和生活的资格和条件。人际平等是共享的前提。"因为所有人都是平等的,所以他们应当获得平等的份额。在许多语境下,这个假定凭直觉看似正确:我们应当获得相同的法律保护,在民主选举时获得相同数量的选票,作为公民获得相同的权利。但是在经济语境下,按照相同份额进行分配是有争议的。因为存在以下冲突的直觉:个体根据其所是和所行获得其应得。"[②]共享有自己的适用领域和范围。

富足相对于贫困,充裕相对于匮乏,共享基本资源将拉近富人和穷人的差距。共享正义理论将从政治哲学上论证人人平等地共享基本资源的合理性。为了理解共享正义理论,进而理解共享社会,我们先须了解"共享"的含义、性质和人性基础。

1. "共享"的含义。"共享"在英语中的对应单词有"share","shared","to share"和"sharing"。"共享"有多层含义。比如,罗尔斯提及的相关表述主要有:

---

① 习近平:《决胜全面建成小康社会夺取新时代中国特色社会主义伟大胜利》,《人民日报》,2017 年 10 月 19 日,第 1 版。

② Sherwood Thompson (ed.), *Encyclopedia of Diversity and Social Justice*, Lanham: Rowman & Littlefield, 2014, p. 6.

（1）"亚里士多德曾经说过，人的独特性在于，拥有正义和不义感，分享有关正义的通识（sharing a common understanding of justice），造就城邦"①。

（2）"公平分享（to share fairly）社会合作的好处和负担"②。

（3）"平等共担风险（equal sharing of risk）"③。

（4）"分摊成本（sharing the costs）"④。

（5）"分担负担（sharing the burdens）"⑤。

（6）"分配正义"意味着每个人获得"公平的份额（a fair share）"⑥。

上述表述囊括了"共享"的主要含义。人必须先有属于某个团体的"共享身份和成员资格"⑦，才能分享公共事物，进而支持他人与自己一起共享公共事物。凡是可以共享的事物，一般具有"公共"的属性。"共享"有三个维度。A. 共有，即全体国民共享国家和政府控制的公共财产所有权，共享主体是全体国民。B. 分享，即个人私有财产使用权的有偿分享，将所有权与使用权进行了分离。C. 共享，即共享"天然公共财产"的公共权益，其共享主体为整个人类。正所谓，"且夫天地之间，物各有主，苟非吾之所有，虽一毫而莫取。惟江上之清风，与山间之明月，耳得之为声，目遇之而成色，取之无禁，用之不竭，是造物之无尽藏也，而吾与之所共适。"⑧

当罗尔斯谈论"共享"时，他讨论到的"共享"对象既包括美好事物，比如，"社会合作的好处""公平份额"，也包括不美好事物，比如大家"分摊的成本""分担的负担"。因此，共享的关键含义是，作为共同体成员，大家同甘共苦，"平等共担风险"，"公平分享社会合作的好处和负担"。

相比之下，在汉语语境中，"共享"很少同"正义"联系在一起。"共享"意味着"利益均沾""见者有份"，极端的说法是"一人得道，鸡犬升天"，往往同美好事物主要是眼前利益联系在一起，却很少同广泛的公共事物联系在一起，尤其难以同超越个人、家庭甚至族群的正当事物联系在一起。换言之，汉语"共享"回避"重大社会利益的权威性分配"。忽视"共享"的哲学基础及相关论证，造成中国社会基本结构存在重大缺憾："与当代的社会正义概念相比，中国古代的正义观念可

---

① John Rawls, *A Theory of Justice*, Revised Edition, p. 214.

② John Rawls, *A Theory of Justice*, Revised Edition, p. 214.

③ John Rawls, *A Theory of Justice*, Revised Edition, p. 145.

④ John Rawls, *A Theory of Justice*, Revised Edition, p. 250.

⑤ John Rawls, *A Theory of Justice*, Revised Edition, p. 253.

⑥ John Rawls, *A Theory of Justice*, Revised Edition, p. 96.

⑦ Gillian Brock, *Global Justice*, *A Cosmopolitan Account*, Oxford and New York：Oxford University Press, 2009, p. 93.

⑧ 苏轼：《前赤壁赋》。

能更缺少权利的意识,更多的是对道德正当性的意识。"①

"共享"是一个比较晚近的政治概念,其前提是可分享的公共权力和不可分享的个人权利的确立,缺少个体权利意识的正义观,谈不上是具有"共享"含义的正义观。在中国政治文化中,"共享"不是作为个体的政治社会权利提出来的,多是基于血缘和等级、区别对待的,往往只是针对某些特殊社会团体或政治团体的。在中国哲学史上,儒家推崇"亲亲相隐"和"爱有差等",使共享成为不可能,但很少有人对它们做出深刻的反省与批评。刘清平为此评论道:"通过肯定血缘亲情的至上地位,尤其是通过肯定人们可以把慈孝友悌的血亲规范凌驾于其他一切行为准则之上,它实际上就等于是容忍、认可乃至赞许那些为了维护血亲团体性的特殊利益、而不惜违背社会群体性的普遍准则的腐败现象。"②照此推论,无论"亲亲相隐",还是"爱有差等",凡是局限于特殊阶层和团体的"共享"都不具有正当性,只会败坏公共事物,败坏人对正义事物的向往。不是建立在每个人的正义感和道德判断力基础上的共享,实际上就是腐败。比如权贵或裙带资本主义,形成赤裸裸的权力和资本合谋关系,腐败、权钱交易或权力寻租盛行,只给特殊社会团体或特殊阶层带来实际利益。这些丑恶现象同"亲亲相隐""爱有差等"等中国传统政治思想多少有些关联。因此,"共享"不是基于人际自然关系或血亲关系,推崇"亲亲相隐""爱有差等"等基于慈孝友悌的血亲规范,不能成为共享正义的哲学基础。同儒家相比,老庄等道家提倡损有余以补不足的"天均"③思想。有学者对老子同罗尔斯的正义观相提并论:"罗尔斯对'初始位置'的追求,对正义原则及优先原则的偏爱,对不公平根源的探索体现了他的弱者关怀思想。而老子关于政府'为而后不为'、真圣人的先人后己、高贵和贫贱转化统一、关注弱者德行的论述,同样透露出老子对弱者的深切关心。"④不过,与罗尔斯论证的自由平等的个体相比,基于"天地齐一,万物并生"的自然哲学观念,老子等道家的正义主体并不限于人类,是一种不着边际的"泛生物"主体。按照小国寡民的静态的桃花源式社会理念,国家或政府成为整个社会的单纯负担或恶的对象。在这一点上,道家正义理论更相似于哈耶克和诺齐克的保守主义正义理论。道家推崇的"无为而治"政治哲学基调,难以支撑起共享正义理论的大厦。

那么,"共享"是如何可能的?这既是一个理论问题,又是一个实践问题。在有关共享、共享发展和共享社会的所有讨论中,如果"共享"在学理上无法得到辩

---

① 陈少峰:《正义的公平》,北京:人民出版社,2009年版,第32页。
② 刘清平:《美德还是腐败?——析〈孟子〉中有关舜的两个案例》,《哲学研究》,2002年第2期。
③ 庄子:《庄子注疏》,郭象注,成玄英疏,北京:中华书局,2011年版,第40页。
④ 孟凡拼:《弱者关怀:罗尔斯与老子正义思想之契合》,《商丘师范学院学报》,2008年第8期。

护,那么我们的实践努力便是徒劳的。

2. 共享的性质。(1)共享的均等性。共享对自由是至关重要的,但是自由不是共享的首要价值,平等才是共享的首要价值。"政府保证每一位公民,作为社会权利,而不是作为慈善,享有最低标准的收入、营养、健康、安全、教育和住房。"[1]在国家层面上,共享主体是所有社会成员,共享客体是向所有社会成员开放的公共事物及其公共福利,包括公共负担。我们在此区分了两种权利,一种是在自由市场中得到实现的权利,是社会成员享有的自由、自愿公平交易的权利,这种权利的最大特点是对等性(reciprocity)。哈耶克和诺齐克都强调这种权利的首要价值。人的私有产权是可以进行交易的。相比之下,政治权利和社会权利不是在市场中实现的权利,虽然有人拿它们进行交易,但是,这样的交易是非法的,因为社会成员不必经过市场交易就应当具有这样的权利。它们是社会成员人人共享的公共福利或国家福利,均等性(equaliity)而非对等性是其最大特点。

对等性权利以追求效率为目标,均等性权利则以追求公平为目标。后者属于基于社会正义理论而建立起来的社会基本制度调节的政治权利和社会权利。社会正义由政治正义和分配正义组成,前者以制度方式确认人们的权利,后者公平地分配由国家和社会支配的资源和利益。分配正义一般分为市场分配正义和社会分配正义。二者最大的差别是,前者以劳动力、生产资料和资本作为分配正义的衡量尺度,后者以成员资格、身份和地位作为分配正义的衡量尺度。前者以土地、劳动、资本等生产要素为基础,以土地、工资、利润等形式,只有狭义的分配概念,没有广泛的共享概念。而后者相反,其共享概念更为广泛和彻底。按照社会应得理论,在对于社会基本资源的分享上,每个人皆应有其社会应有,得其社会应得。在分配正义上,社会应得是可能的。

(2)共享的公共性或非排他性。共享"意味着某事物被共同拥有,并由集体管理"[2]。共享是一个非排他性概念。它表示每个社会成员都有资格和机会参与分享公共事物的好处和负担。共享涉及"私有财产"、政府控制的"公共财产"和"天然公共财产"等三类资源。由于"私有财产"具有排他性,是无法共享或难以共享的。同样地,大量"公共财产"也具有排他性,是无法共享或难以共享的。"天然公共财产"不受政府控制,也不受私人控制,包括河流、海洋、空气、空地、乡

① Harold L. Willensky, *Rich Democracies: Political Economy, Public Policy and Performance*, Berkeley, CA: University Press of Califonia, 2002, p.211.

② [美]里夫金:《零边际成本社会》,赛迪研究专家组译,北京:中信出版社,2014年版,第196页。

间小路等具有公共物品的性质，①它们是人们共享的主要资源。除了基于财产概念的资源以外，共享还涉及大量非排他性社会资源，比如学习、工作、生活的机会、资格和条件等等。社会成员能够均等分享的资源越多，社会越平等，社会成员越感到生活的幸福与自由。相反，可共享的资源越少，成员之间的竞争越激烈，为争取学习、工作和生活的机会越疲于奔命，社会越不平等，他们便越是感到生活的不幸与压力。因此，扩大共享社会资源的范围，是缓解社会成员之社会压力的重要途径。

（3）共享的法定性。共享是人为的或法定的，是特定社会政治制度设计或安排的结果。共享是有条件的，共享主体必须遵守社会习惯、习俗、法律法规等生活、学习和工作准则。由于人们生活、学习和工作于不同社会条件之中，共享着不同的公共事物，人与人因为共享的公共事物的差异，而划分为不同的社会成员和不同的社会阶层。每个领域都有不同的规定和要求，他们只有符合那些规定，满足那些要求，他们对公共事物的共享才具有合法性。共享以基本制度为依据，基本制度对共享主体有具体的条件限制或资质限制。达到某些特殊条件或具有特定资质的主体，就能共享相应的公共事物。

（4）共享的渐进性。人类文明进步表现为可共享的公共事物的广度和深度的逐渐推进。当人类社会生产能力和生活水平达到一定程度，社会资源和财富不再成为稀缺资源，特定的社会制度为共享提供制度安排，共享便成为可以实现的社会目标。当然，实现资源共享是一个渐进过程。资源共享可分为"个人所得"和"社会应得"两大基本权益。由于人的出身、禀赋、背景和运气等偶然差异所产生的个人"私有财产"，属于个人所得，可用于市场交易，也可用于人际分享，这取决于个人意愿。由此产生的"自然所得"必然存在人际差异，但受宪法和法律保护。这种差异难以改变。相比之下，人的社会应得，即每个人共享公共财产和公共权益的份额，不取决于其出身、禀赋、背景和运气，不取决于人的健康、精力、理智和想象力，而取决于人的社会成员资格及其在社会基本结构中的地位。换句话说，基于平等的社会地位和政治身份，每个社会成员都能够从社会中获得并平等享有公共财产和公共权益的权利。社会应得是社会基本制度的结果，而不是个人幸运或者不幸的结果，分配正义意味着人在社会经济意义上得其应得，而不在个人偶然运气上得其所得。社会应得使人的成员资格优先于人的私有产权，当人类社会生产能力和生活水平达到一定程度，社会资源和财富不再成为稀缺资源，特定的社会制度为共享提供制度安排，共享便成为可以实现的社会目标。

---

① ［美］里夫金：《零边际成本社会》，赛迪研究专家组译，第159页。

3. 共享的人性基础。在共享主体身上，"共享"是一种超越个体自生自发情感局限性的意愿和能力，同人的正义感和道德判断力相一致，却往往与人性中的自私性和占有欲或者资本的目标相背离。

马克思说过："如果有百分之二十的利润，资本就会蠢蠢欲动；如果有百分之五十的利润，资本就会冒险；如果有百分之一百的利润，资本就敢于冒绞首的危险；如果有百分之三百的利润，资本就敢于践踏人间一切法律。"[①]一切资本活动都是以利润最大化或占有为目的的。资本家都是冲着利润才去冒险的。在资本主义生产方式和生活方式占据主导地位的国家，共享要么是不可能的，要么是极其有限的。

然而，人性还有超越自私而寻求善、正义和共享的一面。共享与人类追求善和正义的努力相一致。像善和正义一样，共享是人类追求的一种普遍价值，共享社会是人类追求的理想社会。孟子曾经提出独乐乐，不若与人乐乐，与少乐乐，不若与众乐乐的共享哲学主张，表达了一种跨越社会等级的普遍大爱，一种人人皆有的"恻隐之心"[②]。正如罗蒂所说："道德两难不是理性和情感冲突的结果，而是两个不同自我、两个不同自我描述、给予某人生活以意义的两种不同方式冲突的结果。……我们并不因为自己在人类中具有成员资格而具有一个核心的、真正的自我，一个响应理性召唤的自我。相反，……自我是一个叙事的重心。在一些非传统的社会里，大多数人都有数种这样的叙事，任由自己处理，因此具有数个不同的道德同一性。"[③]就处理道德两难而言，不存在康德哲学事先预备的"标准答案"或德沃金断定在裁决疑难案件时存在的"正确答案"[④]。

从主观上考虑，共享以主体间情感共鸣为前提。正如阿里克桑德尔所说："正义依赖于团结，依赖于同他人相处时萌生的休戚与共情感，依赖于我们成为比自身更宏大的某个总体之一部分的某种感觉。"[⑤]同情具有普遍性，对他人苦难的同情，不受时间、地域或国界的限制。这种同情将转化为对所有在世成员的责任要求，"对所有人给予平等关切的要求表明，为了满足需要而担负全球责任是完全可行的。这样的关切支持担负责任去限制各团体，使每个团体获得大致相同的资源。除了家庭和友人，我们与之同甘共苦的团体成员都是陌生

---

① ［德］马克思：《资本论》（第一卷），北京：人民出版社，1975 年版，第 829 页。

② 《孟子·梁惠王下》。其原文为，"曰：独乐乐，与人乐乐，孰乐？曰：不若与人。曰：与少乐乐，与众乐乐，孰乐？曰：不若与众。"

③ Richard Rorty, *Philosophy as Cultural Politics*, p. 45.

④ Ronald Dworkin, *A Matter of Principle*, Cambridge, MA: Harvard University Press, 1985, p. 3.

⑤ Jeffrey G. Alexander, *The Civil Spere*, p. 13.

人。……人们会对远在他乡的人表示同情"[①]。恻隐之心跨越时空限制,是一种人人皆有的普通情感。

人们要建立共享的社会关系,同情心是必要的,但不是充分的。只有每个人拥有正义感和有关正义的通用知识,才是共享成为可能的充分的人性基础。人人皆有的正义感不属于人的特别能力;有关正义的通用知识不属于专业知识。拥有正义感,作为一种能力,不属于智力,而属于人的基本道德判断力。它们当然是需要培养的,但是,在文明社会里,只要接受过一定的基础教育或家庭教育,任何一个公民都将具备这样的道德能力。这种能力普遍地为任何正常的个体所具备。这是一种抑恶扬善、明辨是非的能力。不过,由于人的慷慨的有限性,人所面对的可共享的自然资源和社会资源,尤其是财富的有限性,人的正义感会受到束缚,甚至被遮蔽。这是在历史上共享正义难以得到普遍承认的原因。同情既是普遍的,又是不确定的,个人的慷慨是任意的或独断的。假如共享只停留在个人主观独断层面,真正需要帮助的个体或团体往往得不到资助,共享正义必须突破个人正义感的局限性。

作为对同情不确定性和慷慨有限性的克服,总体性社会正义或分配正义制度是必要的。人们获得平等的社会成员资格是共享正义的社会条件。随着人类文明的进步,随着先进社会制度的设立,原来被遮蔽的人的共享意愿,人类愿意与他人共享美好事物的意愿得到肯定和发扬光大,这不是一种简单的博爱精神,而是人类生存的实际需要。当我们摆脱个人视角,从人类作为整体来看时,人类共享要求就变得真实而可信。共享不是要求特殊个人做出单纯牺牲,而是要求每个个体做出奉献。这种奉献既成就他人,也成就自身。这是共享的哲学内涵,也是作为共享的正义得到正当性辩护的理由。

4. 共享正义理论是共享社会的政治哲学基础理论。换言之,共享正义理论是共享社会的基本理论。"作为共享的正义"(justice as sharing)或"共享正义"指的是,借助于特殊社会基本制度,每个社会成员在最大程度上拥有平等地分享公共事物(包括其利益与负担)的权利和自由。共享正义是一种制度正义,一种社会结构意义上的基本制度安排而实现的正义。它不是依靠个人主观意愿和实践行动来实现的,而是根据社会基本制度的刚性设计来实现的。它致力于解决在经济和社会领域人们对自然资源和社会资源的均等分享问题。

共享正义是对分配正义的限制性规定,要求平等地分享社会合作的成本和好处,保证每个人在公共物品、岗位、机会和服务分配中得到"公平的份额",包括

① John Baker and Richard Jones, "Respossibility for Needs", Gillian Brock (ed.), *Necessary Goods*, *Our Responsibilities to Meet Others Needs*, Lanham, MD: Rowman & Littlefield, 1998, p.229.

均等地承担社会责任、义务和负担。"即使别人忽视了本应承担的责任,你也要尽到公平分担的责任。"①共享正义是共享社会的基本原则,将把分配正义广泛应用于社会资源分配领域。"所有社会初始权益都得到平等分配:每个人都拥有相同的权利和义务,甚至收入和财富是共享的(income and wealth are evenly shared)。"②共享正义是共享发展理念的制度化,把后者融入社会基本制度设计当中。落实共享发展理念,不得背离共享正义这一核心环节。

以共享正义观为哲学基础,共享社会不想改变人在出身、禀赋、背景和运气方面的差异,因为那样的改变在实践上是困难的。相反,那些个人差异仍然保留着并且被鼓励着。在社会资源分配策略上,共享社会不把关注重心放到对私有财产包括个人财富或个人收入的再分配上,而是放到对由国家和社会掌握的公共财富和社会资源的共享上。假如分配正义没有达到共享正义的要求,那么人人生而平等的理念便没有实现。在共享社会里,人人可以均等地共享的社会基本资源,不能仅仅归结为可量化的公共财富,还包括向所有社会成员开放的各种机会、岗位和荣誉。公共财富只是社会资源的一部分,社会成员可以分享的社会资源比公共财富无论种类还是范围都要多得多。

三、落实共享发展理念的三个原则

"如果人的选择和行动是自愿的,那么他是自由的,也即是免于他人或国家强加的外部阻碍或限制的。在经济和政治领域,个人私下选择越不受约束,其获得的福份也就越大。"③社会发展的主要问题是公平问题。由于人的出身、身份、地位、能力和机遇存在差异,人享有自然资源和社会资源的资格、机会、份额、水平、潜力和预期存在差异;由于自然条件和社会条件不同,在自然资源和社会资源方面,包括涉及民生的公共政策方面,不同的社会和政府存在不同的供应能力;由于存在着区域发展水平、城乡发展水平、行业发展水平差距,导致了不同社会阶层在财富、收入、机会等方面的差距。其解决办法在于全面深化改革,推行共享发展理念,"创造更加公平正义的社会环境,不断克服各种有违公平正义的

---

① David Miller, *Justice for Earthlings: Essays in Political Philosophy*, Cambridge, UK: Cambridge University Press, 2013, p. 13.

② John Rawls, *A Theory of Justice*, Revised Edition, p. 55.

③ Sebastiano Bavetta, Pietro Navarra & Dario Maimone, *Freedom and the Pursuit of Happiness: An Economic and Political Perspective*, New York: Cambridge University Press, 2014, p. 6.

现象,使改革发展成果更多更公平惠及全体人民"①。

因此,共享发展理念不仅有经济含义,而且有政治含义。基于共享正义理论,共享发展理念有明确的政治目标。共享是全民共享、全面共享、共建共享和渐进共享。共享发展将实在地增进人民的获得感和幸福感。这种获得感不仅是收入和财富方面的,而且是机会和资源方面的。共享的对象不仅有物质的,而且有精神的。

1. 共享发展理念和共享正义理论具有内在一致性,将促进共享经济的发展,引导现有产权制度变革,使之更有利于人民群众的根本利益。产权制度是法权制度的重要组成部分,产权观念也是重要的法权观念。在现有产权观念中,产权是经济所有制关系的法律表现形式,包括财产的所有权、占有权、支配权、使用权、收益权和处置权,等等。诺齐克、哈耶克等自由主义学者强调私有产权的完备性、不可让渡性或神圣不可侵犯性。他们强调,个人权利是至上的,合法的个人权利优先于也高于公共权力,纵使君王权力也不得欺凌个人权利。任何个人和团体皆不得妨碍、侵占、剥夺属于他人的权利。"国家不得迫使一些公民去援助其他公民,不得以强制手段禁止人民追求自利的活动。"②个人私有产权以及依附其上的权利和利益是竞争性的、排他的。

由于存在着资源占有比例的巨大差异,财富和资源在自由市场中不断向极少数资本家、经营者和社会上层聚集,过分集中的私有财富、财产和其他资源因其排他性导致产权交易和流通的僵化,市场经济发展受到阻碍。因此,过分强调私有产权的完备性、不可让渡性或不可侵犯性,不利于人财物的自由流动,不利于市场经济的自由发展,也不利于人民共享经济社会发展的成果。在这方面,共享经济先行者 Uber、滴滴、Airbnb 等在有效地利用所有权方面取得突破,有利于挖掘和利用闲置的资源、时间、机会、知识和信息等,为发展共享社会提供了新思路。比如,"2015 年初,Airbnb 已拥有超过 100 万间房间,因其采用的是盘活存量住房,而非买地盖楼等重资本投入,降低了酒店业的新增投资需求"③。

共享经济将更有效地利用各种资源,包括提高私有财产的利用效率。但是,共享经济难以从根本上挑战或改变现有产权制度,难以缓和贫富分化加剧的趋势。共享经济无益于增进社会公平,在分配正义方面无甚作为。共享经济是自由经济的一种新形式,在提高效率方面作了新尝试,但无关乎社会正义。之所以如此,是因为建设共享社会需要特殊的制度安排,社会主义公有制度是其制度前

---

① 习近平:《切实把思想统一到党的十八届三中全会精神上来》,《求是》,2014 年第 1 期。
② Robert Nozick, *Anarchy, State and Utopia*, p. xi
③ 彭文生:《共享经济是新的经济增长点》,《证券日报》,2015 年 9 月 12 日。

提。必须指出的是,虽然资本主义和社会主义趋同理论在学术界颇为流行,但是两者差异是不容怀疑的。"社会主义起初是一种放之四海而皆准的哲学。马克思的《共产党宣言》、希尔费尔丁的《金融资本》、韦伯斯的《费边社论文集》,所有这些文献都一致地断定:生产的问题可以通过资本主义来解决,而社会主义的使命在于以更加公平的方式再分配劳动果实。但是,19 世纪的资本增长问题,各种刺激,生产力在今天依然很具活力,而与此同时,国有化并没有产生什么奇迹。"①这样的见解是片面的,但它抓住了两者差异的一个本质方面。马克思对资本主义局限性的批判仍然有效,那种局限性正是自由市场的局限性。相比之下,社会主义是"再分配财产所有权的制度化政策"。② 社会主义共享社会将解构坚固的财产所有权堡垒,重构人的社会关系,使人"从给予和分享中获得快乐,而不是从积聚财物和剥削中获得快乐","让自己和自己的同胞得到全面发展,使之成为生活的最高目标"③。落实共享发展理念的制度基础是社会主义公有制,没有社会主义公有制作保障,共享是不可能的。

当然,社会共享并不想简单地消灭私有制,而是鼓励善于创造财富的人继续去创造财富。在经济意义上,富人还是富人,穷人还是穷人,人人享有相等的财富是做不到的。关键在于,在社会意义上,穷人和富人在社会资源共享上应该享有均等的权利,也就是说,他们拥有同样的社会权利。共享社会将改变在社会资源共享方面严格按照社会等级、收入差距、家庭或个体的特定社会身份来划分的做法。

2. 共享发展理念将变革政府管理方式,并增强社会主义公有经济。市场与政府有着微妙的关系。不同层级的政府,尤其是基层政府在资源配置中仍然起着决定性作用,影响着经济和社会利益的分配。共享社会鼓励非公有经济发展,最大程度地调动社会的财力、物力和人力,激活各种社会发展因素。政府将注重资源市场化配置之后的参与者利益保障、公共资源归属和增值部分的分配问题。共享社会将变革当前政府管理方式,促进政府职能转变,提高政府治理能力,使政府、市场与社会的职能取得动态平衡。与此同时,在社会主义公有经济尤其是国有经济占据主导地位的条件下,要求政府退出市场是无理的。因为社会主义公有经济是实现共享发展的重要途径,政府是社会主义公有经济尤其是国有经济的主体。所以,"必须重视公有制经济的地位和作用,不断壮大国有经济,振兴

---

① Daniel Bell, *The End of Ideology*: *On the Exhaustion of Political Ideas in the Fifties*, pp. 259-60.

② Hans-Hermann Hoppe, *A Theory of Socialism and Capitalism*: *Economics*, *Politics*, *and Ethics*, p. 33.

③ [美]弗洛姆:《占有还是存在》,李穆等译,第 159 页。

集体经济,提高劳动收入份额,采用各种综合调节措施,以便制止贫富分化和促进全体人民的共同富裕"[1]。

3. 共享发展理念将改善社会分层结构。社会分层指人的社会地位差异结构,本质上由人们占有资源份额不同和社会地位差异所产生。在社会分层结构中,不仅存在着基于职业差异而形成的各种身份阶层,而且存在基于收入、财富、资源占有量等因素而形成的经济、社会、政治和文化等级阶层。[2]

现有社会分层结构最显著地体现在城乡二元结构当中。城镇与乡村无论在人口、收入、机会、资源方面,还是在公共基础设施、基本公共服务方面,都存在巨大的差异。社会经济发展没有有效扭转中国城乡二元结构,城乡贫富差距日益拉大,呈现两极化趋势。在城镇化过程中,不同城市之间的发展水平、同一城市各行业的发展水平、各阶层人员的收入水平等也是高度分化的。由于现有社会结构是分层、等级化和固化的。在这样的结构中,人口、技术、资本等流动性不足,阶层等级差别明显,中低阶层获得感低下,不同阶层的资源占有份额和资源分配比例不均衡。其产生原因,既有个人特质、自然环境和社会条件的差异,也有社会制度因素。在改变社会分层结构过程中,即使政府采纳罗尔斯差别正义原则,优先照顾最低收入阶层,在社会经济政策方面向其倾斜,但是,无论如何倾斜,都无法改变社会底层收入低下的状况。政府实行差别正义原则,只是一种程度性改善,而不是一种制度性改变。尤其在社会分层与等级固化情况下,低收入者仍是低收入者,即使政策倾斜也难以改变其低收入状况,更难以改变其固定的社会阶层地位。

共享社会有望借助于资源共享和机会共享,打通社会阶层隔阂,利用私人占有或公共占有的闲置资源,满足其他阶层成员的需求,创造更多可共享的商品、机会和服务。通过阶层良性互助,中下阶层将改善自身的糟糕处境。因此,改善社会分层结构,既依赖于可共享社会资源的不断丰富,也依赖于社会成员共享能力的不断提高,还依赖于创立不同阶层共享自然和社会资源的机制。

4. 共享发展理念为消除贫困提供解决方案,共享正义理论为实现共享社会提供哲学基础。"贫困不只是个物质匮乏问题。它还事关人的尊严、正义、基本自由和基本人权。"[3]黑格尔早就指出,"如何消除贫困是一大难题。它一直困扰

---

① 程恩富、张建刚:《坚持公有制经济为主体与促进共同富裕》,《求是学刊》,2013年第1期。

② 李强:《当代中国正义理论的建构——社会分层与社会空间领域的公平、公正》,《中国人民大学学报》,2012年第1期。

③ Thomas Pogge(ed.), *Freedom from Poverty As a Human Right: Who Owes What to the Very Poor*, Oxford and New York: Oxford University Press, 2007, p. vii.

着社会,在现代尤其如此。"①共享发展理念将为消除贫困提供解决方案。经济增长是解决绝对贫困的主要手段。"1990 年以来,亚太地区出乎意料的增长,已经让大约 3 亿人摆脱了极端贫困,中国占了最大份额。"②但是,经济增长不能解决贫富差距问题。如果单纯依赖市场,那么"富人变得越富,而穷人变得越穷。基尼系数……表明,在过去 10 年里,21 个国家中的 15 个国家的收入不平等在加大"③。

精准扶贫是实现共享社会的重要进路。共享社会将消灭绝对贫困,保障每个公民的生存权和发展权。政府落实共享发展理念,具体化为三个原则。它们分别是发展性原则、均衡性原则和包容性原则。

(1)发展性原则。"贯彻落实新发展理念、适应把握引领经济发展新常态,必须在适度扩大总需求的同时,着力推进供给侧结构性改革,使供给能力满足广大人民日益增长、不断升级和个性化的物质文化和生态环境需要。"④发展是共享的逻辑起点,经济可持续增长是建设共享社会的基础。发展与共享的关系好比做大蛋糕和分享蛋糕的关系。做大蛋糕,才能更多更好地分享蛋糕。共享发展理念兼顾效率与公平,两者不可偏废。一味追求效率,必定陷入贫富两极分化和收入差距拉大的困境,背离中国改革的初衷。过分追求公平,会抑制人的创造力。只有坚持效率与公平兼顾的可持续的发展性原则,人民的幸福生活才能细水长流。

(2)均衡性原则。共享发展强调政治、经济、文化、社会、生态等全面协调发展,既强调区域经济的协调性,又强调总体发展的平衡性。但在财富和收入分配层面,共享的均衡性原则强调对弱者的帮扶。共享正义旨在实现人民在争取经济社会岗位和职位方面的机会均等,而不是财富和收入的均等。均衡发展不是平均发展,共享社会不会剥夺人民合法创造的财富,不会出现劫富济贫的做法。但是,人人均等地分享社会基本资源是分配正义的根本要求。政府为缩小贫富差距而努力,为缩小城乡发展水平差距而努力,并在政策和制度上做出具体

---

①　[德]黑格尔:《法哲学原理》,范扬、张企泰译,北京:商务印书馆,1961 年版,第 245 页(译文有较大修订)。另参阅 Georg W. F. Hegel, *Philosophy of Right*, trans. by S. W. Dyde, Amherst and New York: Prometheus Books, 1996, p. 189.

②　Economic and Social Commission for Asia and the Pacific of United Nations (ed.), *Economic and Social Survey of Asia and the Pacific* 2008: *Sustaining Growth and Sharing Prosperity*, New York, 2008, p. 4.

③　Economic and Social Commission for Asia and the Pacific of United Nations (ed.), *Economic and Social Survey of Asia and the Pacific* 2008: *Sustaining Growth and Sharing Prosperity*, p. 4.

④　新华社:《中华人民共和国国民经济和社会发展第十三个五年规划纲要》,《人民日报》,2016 年 3 月 18 日。

规定。

(3)包容性原则。这个原则同包容性增长(inclusive growth)或包容性发展(inclusive development)联系在一起。包容性增长一般用于讨论世界经济,表示在经济全球化冲击下,处于边缘的相对落后的国家和地区也能像发达国家那样实现经济增长。正如前世界银行首席经济学家斯特恩(Nicholas Stern)指出那样:"全球经济一体化有助于消除贫困而非相反。不过,世界经济将变得更具包容性:全球市场增长不应当继续与有着20亿人口的国家失之交臂。富裕国家能做很多事情,通过援助和贸易政策,帮助目前处于边缘的国家走上一体化道路。"[①]包容性原则既适用于国际环境,也适用于国内环境。在经济与社会领域,包容性原则倡导,在全球范围内,各国人民公平合理地共享经济增长成果,寻求社会经济协调发展和可持续发展。在政治、文化和精神领域,包容性原则承认人际社会差异和文化多样性,承认存在不同社会阶层、收入差距和财富差别。社会是一个整体,其发展离不开各社会力量的贡献。

共享不仅是一个经济学概念,而且是一个政治学概念。落实共享发展理念,实现共享正义,建成共享社会,是国家和政府的责任。国家作为社会资源或公共资源的掌控者,既要促进国民财富增长,也要维护社会正义,协调不同社会阶层利益,为全体人民谋福祉。

四、开启更加公平的人类文明之路

如前所述,共享正义是落实共享发展的初始原则,共享正义理论是实现社会共享的哲学基础。实践共享发展理念、实现社会共享的关键在于合理的制度设计和特定的制度安排。显然,不是所有的社会形态都能实现共享正义。社会主义社会是实现共享正义的可靠社会形态。为人类社会找到共享发展之路,正是社会主义的伟大性所在。

1. 实践共享发展理念,推进社会共享建设,将为构筑自由人的联合体打下坚实基础。资本主义社会是把人对资本和金钱——包括人追求金钱的才能——的崇拜推向极端的拜物教社会。相比之下,社会主义者设想的社会是取缔私有制、实行财产公有、消灭阶级差别和按需分配所得的社会。"在公共利益不受损害的范围内,所有公民应该除了从事体力劳动,还有尽可能充裕的时间用于精神

---

① Paul Collier and David Dollar, *Globalization, Growth, and Poverty: Building an Inclusive World Economy*, New York: Oxford University Press, 2002, p. xi.

上的自由及开拓,他们认为这才是人生的快乐。"①共享社会没有取缔私有制,但找到了克服其局限性的办法。它将是基本解决贫富两极分化问题,缩小城乡发展水平差距,实现共同富裕的社会。"世界历史进程决定,中国只有选择社会主义,进而选择中国特色社会主义,才能实现现代化。"②共享社会是刚性制度安排的结果,只有沿着社会主义道路才能建成共享社会。

2. 在注重共享发展和倡导社会共享的社会里,政府、市场和社会既有分工,又有合作。落实共享发展理念,实现共享正义主要是政府的责任。在分配正义方面,市场主要参与初次分配,政府主要实施二次分配,各方共同努力,才能实现共享发展,推进社会共享。政府将"正确处理公平和效率关系,坚持居民收入增长和经济增长同步、劳动报酬提高和劳动生产率提高同步,持续增加城乡居民收入,规范初次分配,加大再分配调节力度,调整优化国民收入分配格局,努力缩小全社会收入差距"③。效率和公平往往此消彼长,是不兼容的。注重共享发展的社会将兼顾效率和公平,重视人民的获得感,以制度、法规和政策来巩固人民的获得感。政府鼓励企业追求效率,实现经济利益和效率的最大化,又鼓励企业通过分享发展为社会提供公共服务。由多方创造的共享平台将重新配置和利用闲置资源,为政府承担部分公共职能。注重共享发展的社会通过特殊制度安排,把人的创造力引向更有利于实现共享正义和社会共享的方向。

3. 注重共享发展的社会以物质共享为基础,追求人际精神分享,形成自由、平等、民主、和平、关怀、友善、合作等同社会主义核心价值观高度吻合的共享价值观。随着社会共享程度的提高,人们共享的范围从物质领域延伸到精神领域。注重共享发展的社会提倡公共精神和公共价值,互帮互助成为日常生活的组成部分。"无论我们走到哪儿,都会受到欢迎,得到他人的帮助。"④这种情形在社会主义社会中将变得更加普遍。像注重共享发展的社会重视合作、利他、诚信等价值观一样,共享将作为一种价值观,受到整个社会的推崇。除了资源共享,注重共享发展的社会也是技能共享、智慧共享、价值共享的社会,不仅给社会带来物质利益和实际便利,而且对社会成员起着净化心灵、提升觉悟的作用。注重共享发展,倡导社会共享,把与共享相吻合的新价值观注入社会主义事业之中,既

---

① ［英］莫尔:《乌托邦》,戴镏龄译,第 60 页。

② 王伟光:《马克思主义中国化的当代理论成果——学习习近平总书记系列重要讲话精神》,《中国社会科学》,2015 年第 10 期。

③ 新华社:《中华人民共和国国民经济和社会发展第十三个五年规划纲要》,《人民日报》,2016 年 3 月 18 日。

④ Tom Slee, *What's Yours is Mine：Against the Sharing Economy*, New York ＆ London：OR Books,2015,p.14.

造就新人,又改造社会,进一步推进社会主义改革和发展。

4. 注重共享发展的社会将在更大范围内实现社会正义。注重共享发展的社会以共享正义为基本原则,重视人际平等,强调基于成员资格的社会应得。注重共享发展的社会将克服市场对社会正义的忽视或侵蚀,强调在社会意义上实现每个成员平等享有基于平等社会地位和政治身份所获得的社会权利和经济利益,关注普通民众享有的基本社会价值。政府在社会正义方面积极地扮演协调者和仲裁者角色,给予人民在教育、就业、医疗、社保、养老等方面的均等机会或公共福利,增进人民团结与社会和谐。

有人主张个人应得,认为正义就是应得,应得是我们在创造财富过程中每个人按照个人的能力、勤奋、运气等获得的东西,是因人而异的。的确,每个人都有他的应得,它按照对等原则来实现。我们承认基于对等的个人应得,但是更强调基于社会基本制度保证为每个社会成员提供的均等权利。"均等"的意思是,每一个体除了获得个人应得,还应该有社会应得。社会应得理论的核心主张是,不管个体是什么出身,无论乡下村民,还是城里市民,在共享社会基础资源方面,都应当给予均等机会。要明确区分社会应得和个人应得,不应只讲个人应得,却不讲社会应得。

社会应得必定涉及共享正义。共享正义是分配正义的细化。假如分配正义没有达到共享正义的要求,那么在经济和社会意义上,人人生而平等的理念便没有实现。按照共享正义理论,在共享社会里,人人可以均等共享的社会基本资源,不仅包括可量化的公共财富,而且包括向所有社会成员开放的机会、岗位和荣誉。共享社会将为社会成员均等分享社会资源打开空间,实现在分配正义上从关注个人财富和公共财富的再分配向关注社会资源的均等分享的策略转向。

5. 实现共同富裕和共同享有,中国社会主义将获得充分的制度自信。在改革开放初期,邓小平同志提出共同富裕思想,使之成为社会主义制度"不能动摇的原则"[1],"社会主义的目的就是要全国人民共同富裕,不是两极分化"[2]。最近,习近平进一步提出共同享有理念:"我们要随时随刻倾听人民呼声、回应人民期待,保证人民平等参与、平等发展权利,维护社会正义,在学有所教、劳有所得、病有所医、老有所养、住有所居上持续取得新进展,不断实现好、维护好、发展好最广大人民根本利益,使发展成果更多更公平惠及全体人民,在经济社会不断发展的基础上,朝着共同富裕方向稳步前进"[3],发展了邓小平共同富裕思想,体现

---

① 《邓小平年谱 1975—1997》(下),北京:中央文献出版社,2004 年版,第 1253 页。

② 邓小平:《邓小平文选》(第三卷),北京:人民出版社,1993 年版,第 110 页。

③ 习近平:《在第十二届全国人民代表大会第一次会议上的讲话》,《人民日报》,2012 年 3 月 18 日。

了社会主义的本质要求和以人民为中心的发展理念。构筑注重共享发展的社会,兼顾效率和公平,并把公平置于首要位置,"实现每个人的自由全面发展,是马克思主义理论一以贯之的最高理想、价值追求和逻辑起点,共建共享发展成果是未来理想社会的基本特征"①。

综上所述,共享正义理论是共享发展理念的哲学基础,也是共享发展理念的思想内核。建设注重共享发展的社会,是一项事关人类文明发展方向和目标的宏大事业。保护每个社会成员的合法收入和财富,是国家和政府的政治责任。均等地分享社会基本资源,是每个社会成员享有的社会和经济权利。在人际收入差别和财富差距存在扩大化趋势的情况下,政府调节人际收入差别和财富差距是必要的,也是合理的。政府既要全面保护个人的私有产权,又要保障所有社会成员享有均等地分享社会基本资源的权利。沿着这个政治逻辑,社会主义既承认和保护个人合法的私有财产和利益,又维护和增加人民可共享的国有财富与社会资源。扩大可共享的社会资源的范围,是缓解社会成员社会压力的重要途径。共享发展理念及其实践将更充分地彰显社会主义基本制度的优越性,更接近马克思和恩格斯当年设想的"自由人的联合体"理念。这将是一条越走越宽广的人类文明之路。最后,我们以习近平十九大报告的一句话作为结束语:

"我国社会主要矛盾的变化是关系全局的历史性变化,对党和国家工作提出了许多新要求。我们要在继续推动发展的基础上,着力解决好发展不平衡不充分问题,大力提升发展质量和效益,更好满足人民在经济、政治、文化、社会、生态等方面日益增长的需要,更好推动人的全面发展、社会全面进步。"②

---

① 董振华:《共享发展理念的马克思主义世界观方法论探析》,《哲学研究》,2016 年第 6 期。
② 习近平:《十九大报告全文》,新华网,2017 年 10 月 18 日。

第二编　问　题

第6章 私有产权的边界与局限

20世纪90年代初期,随着苏联解体和东欧社会主义阵营崩溃,冷战以西方的胜利结束。资本主义暂时取得胜利,社会主义遭遇重大挫折。自由主义者不必再为私有制作辩护。尽管如此,西方发达国家的社会基本矛盾依然存在,贫富差距依然尖锐。在此之前,为了缓解社会内部矛盾,决策者将目光转向调整贫富差距的国家福利政策。资本主义已经从自由放任的资本主义转向福利资本主义。但是马克思主义者仍然坚信,资本主义是没有未来的。双方论战主要围绕社会贫富差距逐渐扩大的现状以及私有产权——这一自由主义核心制度来展开。现代社会基本制度,既保护公民享有的私有产权,又倡导公民享有公共物品的均等机会。前者以承认私有产权为前提,后者以存在公共利益为条件。但是,维护私有产权与追求公共利益是经常冲突的。显然,私有产权及其制度是实现社会共享的主要制度障碍。

有私产方有恒心。私有产权观念源于17世纪英国资产阶级革命。说起它的确切起源,我们可以回溯到1646年。在那一年,为了替宗教自由作辩护,英国平等派领袖欧维顿(Richard Overton)从自身不受他人侵犯角度解释了私有产权概念:"对每个人而言,他之所以是他自己,就在于他有着独立的自我处置权,否则他就不成其为他自己;关于这一点,只要妄想剥夺,就显然是要侵犯和践踏自然法则本身及人际的公平和正义原则。"①

在西方政治思想史上,洛克是最早运用私有产权概念的政治思想家。洛克写道:"土地和一切低等动物为一切人所共有,但是每人对他自己的人身享有一种所有权,除他以外任何人都没有这种权利。"②洛克认为,对人自身,也就是对自我的所有权是世上首要所有权。其他一切的自由权、财产权、平等权都从自我所有权派生而来。私有产权只指向一件事,即你是你自己的所有者,你拥有你自己的一切:你的身体、精神、能力、生命、成就等等,这些都是不可被剥夺的。人的私有产权还意味着:没有人天生拥有统治他人的权利,即个人作为主权者,建立

---

① [美]帕尔默:《实现自由:自由意志主义的理论、历史与实践》,景朝亮译,北京:法律出版社,2011年版,第89-90页。

② [英]洛克:《政府论》(下篇),叶启芳、瞿菊农译,北京:商务印书馆,1964年版,第19页。

政府,是为了服务个人,而非占有个人或奴役个人。洛克的自我所有权思想,实际上反映了当时资产阶级的启蒙思想。随着契约社会的来临,个人替代家庭成为民法调节的基本单位。于是,个人拥有他的身体变得更加天经地义。除此之外,洛克还以私有产权为基础,论证了私有财产的合法性和不可侵犯性。从洛克开始,私有产权所指对象主要不在于个人本身,而在于外部资源。

然而,一些学者在继承和发展洛克自我所有权思想时,质疑从"自我所有权"到"私人财产权"的引伸。休谟表示,洛克的占有理论,只是说明了"所有权是如何产生的",难以为所有权的正当性做辩护。所有权论证需要解决的关键问题是"稳定持有"。休谟认为,避免纷争的效用原则,而非私有产权,成为私人财产合法性的唯一来源。边沁的反驳则更加直截了当:"诸种权利……是法律的结果。"法律是私人所有权的重要保障。休谟和边沁的论证更多停留在道德哲学上,斯密则用私有产权理论来解释市场经济。斯密认为,自由使用自身能力的权利有利于资源的优化配置,提高生产效率,促进市场经济的繁荣。

随着资本主义逐步发展起来,私有产权学说变得更为天经地义而为社会所接受。然而,罗尔斯在论证差别原则时却强调分配的作用,展示了更多其他的社会价值。"尽管差别原则与补偿原则不同,但它确实实现了补偿原则的某些意图。差别原则改变了基本结构的目标,以至于这一整套制度既不再强调社会效率,也不再重视技术官僚的价值观。差别原则事实上表示了这样一项协议,即在某些方面将自然资质的分布(the distribution of natural talents)视为一项共同资产,并借助于这种分布的互补关系,使分享更大的社会收益和经济收益成为可能。那些受到上天眷顾的人,不管他们是谁,都可能从他们的好运中获益,但其条件是,要改善较不幸运者的处境。"[1]罗尔斯强调国家干预不平等分配的必要性,由此引发了诸多争议。其中一个重要原因是,罗尔斯没有赋予私有产权,尤其是生产资料私有制度以至上的地位。在他的公平正义的社会基本制度安排中,私有产权并不占据核心位置。罗尔斯对资本主义私有制度和社会主义公有制度采取兼容并包的态度,认为它们都能实现公平正义。

诺齐克就是热烈参与者之一。诺齐克认为,个体权利优先于国家权力,其他任何个体、群体或国家权力都不能对其加以侵犯。诺齐克表示:"个人拥有权利,有些事情是任何人或任何群体都不能对他们做的,否则就会侵犯他们的权利。"[2]他批评罗尔斯的公平正义观,尤其是差别原则。他提出一种持有正义观。

---

[1]　John Rawls, *A Theory of Justice*, Revised Edition, p. 87.

[2]　Robert Nozick, *Anarchy, State and Utopia*, Oxford UK and Cambridge US: Blackwell Press, 1974, p. ix

它从洛克私有产权理论发展而来,主要由三个原则组成:(1)获取正义原则。如果每个人的持有是正义的,那么其持有的总体是正义的。(2)转让正义原则。人们通过自愿交易完成权利的转移。(3)矫正正义原则,如果前两个原则遭到违反,那么必须纠正错误,补偿损失,以恢复原状。诺齐克的论证,进一步丰富了"私有产权"概念。我们将在后面再次讨论他的持有正义理论。

由于当代分析的马克思主义者柯亨的介入,私有产权成为当代政治哲学的焦点之一。柯亨认为:"每一个人对其自身及其能力,具有完全的不可分割的控制权和使用权,因此,在没有立约的情况下,他没有义务向他人提供任何产品和服务。"[①]柯亨无法接受由承认私有产权带来的不平等。他既承认诺齐克的自我所有概念没有逻辑漏洞,又认为这个概念应该受到一定限制。于是,他提出了"共同所有权"概念。"可以将共同占有这一种人与物的初始道德关系与自我所有权原则结合起来,以便对自我所有权的分配效果产生某种影响,从而在尊重自我所有权的前提下,将世界上的物质资料置于一种平等的制度中,以确保境遇平等这一结果出现。"[②]

纵观西方政治思想史,关于私有产权的争论集中在以下方面:(1)个人对自己的身体是否有充分的所有权?(2)财产的最初获得是否符合正义?(3)对"私有产权"的肯定是否就能论证"财产所有权"的合法性?(4)"私有产权"中权利的界限在什么地方,它和国家权力应该保持一种什么关系?由于这些问题多少涉及社会共享是否可能这一主题。它们都将在这一章中得到一定的探讨。

一、私有产权的取得

左翼自由至上主义者克里斯特曼(John Christman)将人的核心私有权利分为两类,一类为控制权(control rights),包括占有、使用和管理等权利;一类为收入权(income rights),指从资产中获得收入的权利。"控制权的基础是个人自由、自主和自决之类的个人利益;而收入权是经济生活中的物品分配原则,它们不能还原为个人利益。"[③]收入权要求他人的合作,控制权则排斥所有其他人。我们认为,对私有产权的探讨除了占用和控制、使用和收益这两种权利以外,还

①　[英]柯亨:《自我所有、自由和平等》,李朝晖译,北京:东方出版社,2008 年版,第 13 页。

②　[英]柯亨:《自由与平等能否调和》,王列编译,《马克思主义与现实》,1996 年第 2 期,第 102-109 页,第 106 页。

③　李风华:《自由所有权:观点与议题》,《哲学动态》,2007 年第 12 期,第 79 页。

应该深入讨论转让或让渡的权利。

第一,保全生命或保全身体是个体的第一权利。个人真的能对自己的身体进行有效控制吗?个体的完全控制权,包含当事人使用自由权并且他人不能使用其防卫权。强调积极自由似乎容易与控制权形成联系。然而在私有产权中,人的生命权居于优先地位。没有生命权,或者把生命权交到他人手中,也就意味着人的私有产权的完全丧失。拥有自己生命的权利,就是拥有自己的生命不受他人约束和强制的权利。这是一种生命的自由,也就是在世上自由生活的权利。正如施特劳斯阐释的那样:"既然幸福要以生命为前提……因此,一切权利中最根本的就是自我保全的权利。"①个人首先拥有健全的身体,才能接着去拥有其他一切美好的东西。个人可以自由处理自己拥有的一切,包括他的身体。只要愿意,每个人都可以捐献自己的器官。当然,保护自己不受伤害也非常重要。诺齐克反对任何强制行为,主张个体可以自由处置自己的身体。那么,这种对身体的控制权有什么理论依据呢?我们将选取几位代表人物作一个简单介绍。

霍布斯假设的理性人是一个追求自我利益的理性人。他肯定人的自利处于优先地位。他认为人的天性就是保全自己的生命。他提出:"如果一个人尽全力去保护他的身体和生命免遭死亡,这既不是荒诞不经的,也不应受到指责,也不是与正确的理性相悖的。可以说,只要不与正确的理性相悖,就是按照正义和权利去行事的。"②他将这种自我保存视为一项重要的自然权利,并且试图从人的本性角度去分析自我保存的合理性。霍布斯是这样进行论述的:在唯物主义原则中,人在受到外部刺激之后,会形成两种原始感觉:欲望和嫌恶。前者有利于自我保存,后者则不利于自我保存。如果刺激对人的生存有利,人们就会做出适当回应,反之,人们就会退缩或采取其他措施以避免损失生命的代价。所以,在霍布斯看来,自我保存是一种本能。这种本能是正当的、合法的。假如一个人由于自我保存的目的而不进行自我控告,拒绝为自己的罪行提供证据。这种行为是合法的。反之,假如一个人自己控告自己,并因此遭受刑罚,那么他的做法违反了人性,违反了自然法则。

霍布斯提出,因为自然状态是你死我活的人际战争状态,它不是有利于自我保存的最佳状态。由于受到欲望、激情的刺激,会导致人际竞争,亦即"每一个人对每一个人的战争"。想要实现更好的自我保存,首要前提是结束战争,实现和平。实现和平的方式,就是建立主权国家,化自然法为法律,由法律来对身体的

---

① [美]施特劳斯:《自然权利与历史》,彭刚译,北京:生活·读书·新知三联书店,2003年版,第232页。

② [英]霍布斯:《论公民》,应星、冯克利译,贵阳:贵州人民出版社,2003年版,第7页。

外在行为产生约束。但是,即便建立了主权国家,自我保存权也是绝对不能交出的。因为建立主权国家的前提在于保证人身安全。"任何人在按约建立主权时,都不能认为放弃了保全自己人身的权利,一切主权的定约成立,就是为了人身安全。"①君主主权或国家强制是必要的,明确的惩罚手段是对个人合法权利的最好保障。后来罗尔斯对此作了进一步发挥,将它称作"霍布斯论题":"通过实施公开惩罚制度,政府消除了人们以为他人不遵守规则的理由。因此,即使在良序社会中制裁并不严厉,而且可能永远不需要实施制裁,一个强制君主大概总是必要的。更确切地说,有效刑罚机器的存在,是人们相互间安全的保障。我们不妨把这个命题及其背后的推理视为霍布斯论题。"②

不过,罗尔斯只是关注了霍布斯自我所有权理论的一个方面,个体权利要受制于君主主权或国家权力。另一方面,霍布斯甚至赋予自我保存权以高于主权的反抗权利。这一点成为古典社会契约论的最重要政治思想遗产。尽管霍布斯承认君主权力的绝对性,但是,他仍然给个体的自我保存权利留下了后路。霍布斯认为,如果主权者要对自己进行伤害,个体有不服从的自由权利。霍布斯对臣民的私有产权的保护甚至超出了一定的限度。他认为,就算违反公正的法律而要受到身体刑罚,臣民也有权利反抗。为了实现自我保存,即使犯了罪,他们也有越狱或相互合作、共同防卫的自由。由此可见,霍布斯非常强调对个人自我保存基本权利的捍卫,坚决维护它的不可侵犯性和不可被剥夺性。当然,这种控制权更加倾向于一种防卫权,保证自己的身体真正为自己所有,这一点与主权国家是否建立并没有关系,在任何情况下都能成立。"霍布斯的自然状态便是囚徒困境的一个范例。"③当个体把自己的理性要求最大化时,他们的合作是不可能的。因此,国家主权的建立必定是个体妥协的结果,而不是权力强制的结果。这是洛克克服霍布斯理论弱点的重要贡献,也是罗尔斯更加欣赏洛克的而非霍布斯的社会契约理论的原因。

第二,个体拥有和保全自己的身体是一项神圣权利。人的自然权利拥有神圣性。个人生命有着神圣的或神学的起源。随着 17、18 世纪西方自由主义思想的发展,关于自我选择、自我控制、个人自由的思想逐步成熟。上帝在洛克的身体所有权理论中扮演着重要角色。像霍布斯一样,洛克对所有权的探讨仍然带有神学维度,认为上帝创造了人类,并将万事万物赐予人类共有,以确保人类能保存自身。人生来就拥有一系列上帝赋予的对于保存自我来说必不可少的自然

---

① ［英］霍布斯:《利维坦》,黎思复、黎廷弼译,北京:商务印书馆,1985 年版,第 100 页。

② John Rawls, *A Theory of Justice*, Revised Edition, p. 211.

③ John Rawls, *A Theory of Justice*, Revised Edition, p. 238.

权利,比如生命、自由、健康、财产。因此,无论从世俗层面上,还是从神学层面上,人类都有义务来保证自己生命的延续。"每人对他自己的人身享有一种所有权,除他以外任何人都没有这种权利。"①在违反本人意志的情况下,任何他人对一个人身体的控制或移动,都是对其人身权利的侵犯。只有他本人才拥有对其身体的控制权。当一个人的身体受到威胁时,他有权惩罚罪犯或者要求赔偿。

上帝是自然权利的最终来源,是自然法的终极依据。人是一种有人性、有理性的动物,正因为人有人性与理性,人的一些基本价值才能得到实现。洛克认为,这种能力也是上帝所赋予的。个体除了要遵循上帝的教导对自己的生命、健康进行有效保护以外,也要防止他人对自己的身体进行任何伤害。因为所有人都是上帝的创造物,是平等的,没有人有权利去破坏上帝的财产。"既然人们都是全能和无限智慧的创世主的创造物,奉他的命令来到这个世界,他们就是他的财产,他要他们存在多久就存在多久,而不由他们彼此之间做主。"②虽然这种状态是一种自由状态,但它不是完全放任的。在洛克看来,每个人还是应该受到自然法的约束。

第三,个体拥有保全身体自我控制权的消极性。哈耶克已经放弃个体控制自我身体的神圣性,给出了个体拥有私有产权的其他理由。他强调,社会秩序并非人为设计的产物,而是在人类社会长期的发展、演变过程中逐渐形成的。促成自发秩序的必要条件之一,就是个体能够在合法范围内对自己的身体拥有自由控制权,并且他们的行动不会受到外部强制力的过多约束。然而,在哈耶克的理论视野中,个体对自身身体的控制权不是一种肯定性权利或肯定性自由。哈耶克认为,这种自由控制更多表现为不被侵犯的可能性,具体呈现为消极防卫,类似于伯林所谓的消极自由。在《自由秩序原理》中,他着力批判混淆自由与能力的做法。他指出,大权在握的将军不一定拥有贫穷农夫或工匠那样的自由,因为前者必须要听命于他人,后者却不必如此。所以,在哈耶克这里,个体自由不在于对自己身体的积极控制,而在于自己的命运不受他人控制或掌握。自由不意味着你能够做什么,而是意味着你不被强制要求做什么。像伯林一样,哈耶克更加推崇消极自由。这种消极控制权,是个体对自身能够不受他人侵犯的一种保护。后来佩蒂特进一步将它发展为"无支配的自由"。

那么,具体该如何理解这种消极的控制呢? 哈耶克给出了自己的看法:当社会中的他人强制被尽可能地减到最小程度时,这种状态为自由状态。具体地说,

---

① ［英］洛克:《政府论》(下篇),叶启芳、瞿菊农译,第19页。
② ［英］洛克:《政府论》(下篇),叶启芳、瞿菊农译,第84页。

当一个人不受其他人武断意志的强制时,他就拥有了个人自由或人身自由。[①]
为了更好地说明对自由的强制,哈耶克进一步说明了他对"强制"概念的理解。
他认为,强制指"一个人的外部条件受他人控制,为了避免更大的恶果,他被迫为
实现他人的目的工作,而不能按照自己的计划行事"[②]。在受到强制之下,个体
可能采取一些行动,但是这些行动不是自主的,都只是为了完成他人的目的,是
他人意志的表现,而非自己意志的表现。面对这种强制,个体必须用威慑加以预
防。只有这样,才能抵抗他人的强制行为。哈耶克也指出,如果个体希望周围环
境能为其提供服务,出于自愿而改变自己的行为,就称不上强制。然而,为了维
持生计,为了得到其最为看重的东西,个体接受某些附加条件,就有可能受制于
人,从而导致强制的实际产生。在存在强制的条件下,个体存在对他人的依附
性,对自己身体的自由控制就无从谈起。

　　第四,个体接受社会正义原则规制和调节的必要性。关于强制问题,罗尔斯
从个体道德人格发展的角度专门讨论了个体在不同发展阶段的道德能力和正义
感。罗尔斯认为,人对家庭成员尤其是父母的情感依恋是必然的,那种依恋是其
走向人格成熟的必经阶段。因此,人并不是生来自由的,包括他的生命和身体,
都存在着对他人的依恋,并且这种依恋会持续相当长的阶段。个体会形成"权威
道德、社团道德和原则道德"[③]。个体权利意识的产生与其正义感的形成是遥相
呼应的。社团道德造就公民。公民只能生存于特定的社团之中。他们不仅追求
自己的权利,而且成就共同的福祉。因此,社团对个体的强制是必要的,也是必
然的。那种强制以所有公民必须遵守的正义原则表现出来。罗尔斯是这样展开
论述的:"如果我们考虑由主要社会制度规定的有着较高要求的岗位,那么正义
原则将既被认为是规制基本结构的原则,又被认为是属于许多重要理想的内容
的原则。事实上,这些原则适用于所有人扮演的公民角色,因为每个人,而不仅
仅是在公共生活中的公民,都有关于共同福祉(the common good)的政治观点。
因此,我们不妨假定,存在一种社团道德,在这种道德中,社会成员彼此平等看待
对方,视之为朋友和伙伴,在一种众所周知的有益于所有人的合作制度中走到一
起,并受一种共同正义观的支配。这种道德的内容以合作德性为特征:正义与公
平、忠诚与信任、正直与公道。典型的恶习是贪婪与不公、虚伪与欺瞒、成见与偏
袒。在合伙人中,犯下这些错误往往会引起一方的愧疚感和负罪感,另一方的愤
慨和义愤。一旦我们依附于以公正或公平的方案与我们合作的人,这些道德态

---

① [英]哈耶克:《自由宪章》,杨玉圣译,北京:中国社会科学出版社,1999年版,第35-38页。

② [英]哈耶克:《自由宪章》,杨玉圣译,第42页。

③ John Rawls, *A Theory of Justice*, Revised Edition, p. 404.

度就定然会存在。"①这种见解当然不会被哈耶克所认同。但是,我们认为,它是非常重要的。

第五,国家或公权力干预个体实施对自己身体有害的个人行为的正当性。既然个体享有对自己身体和自己意志的控制权,那么,他有权对自己的身体进行任意伤害吗?答案显然是否定的。基督教认为,自杀有罪。康德提出人是目的的主张。其道德上的绝对律令都旨在使人过上有道德的生活。因此,只要对人的身体造成伤害,无论这类伤害的施加者是他人还是自己,都是不允许的。当然,我们在探讨自我控制、自我保存的界限时,不可避免地会涉及政府干预的实质和范围。那么,政府有权干涉自我伤害吗?法律父爱主义者对这个问题给出了肯定回答。他们认为,公权力为了避免个体进行自我伤害,对个体的某些行为进行强制性干预,是合理的。这是政府对其公民的"强制的爱"。各国法律对自我伤害都有一定限制。这是各国从法律上对保护人的身体做出的回答。

罗尔斯表示:"家长式干预必须通过理性和意志的明显失败或缺失方可得到正当辩护;它必须以正义原则为指导,熟悉被监护人持有的较为持久的目标和偏好,或者,它必须以对初始权益的考虑为指导。对实施各种家长式做法及其方向的这些限制,以初始位置假设为遵循。各方希望保证被监护人的人格完整,保证其最终目标和信仰(final ends and beliefs),无论这些目标和信仰是什么。只要家长式原则提供了以后获得同意的前景,这些原则保护着我们,去抵制我们自身的非理性,它们绝不能被解释为允许以任何方式去攻击一个人持有的信念(convictions)和性格。"②由于个体存在非理性的或不成熟的行为,罗尔斯肯定"家长式干预"的合理性。综上所述,对身体的控制权更倾向于保护自己不受伤害,它是一种消极防卫。个体对自己的身体凭借控制权而为所欲为是不合理的。

第六,个体拥有由身体所有权延伸的其他权利和利益。那么,个人是否能够利用身体来获取收益,包括这个身体本身具有的天赋、能力以及运气呢?或者说,这些能够带来收益的天赋、能力以及劳动力是归个人所有,还是归集体所有呢?诺齐克对这些问题做出了明确回答。他的回答从根本上否定了社会共享议题的可能性和必要性。相比之下,罗尔斯主张个体通过其身体所有权延伸而来的其他权利和利益都应当受到限制,应当成为再分配的对象,也就是,成为国家强制干预以实现分配正义的对象。

作为私有产权的重要辩护者,诺齐克提出,个人的自然权利神圣不可侵犯。个人可以利用他的天赋、能力、运气等优势来获得收益。因而,将个人的天赋、能

---

① John Rawls, *A Theory of Justice*, Revised Edition, p. 413.

② John Rawls, *A Theory of Justice*, Revised Edition, pp. 219-220.

力、运气等视为一种集体财产并且进行分配，是不正义的。这是对私有产权的一种侵犯。诺齐克的论述依托于其"持有正义原则"。诺齐克提出，要证明一个人对某物的持有是有权利的，须满足三个条件：(1)获取正义原则，一个符合获取的正义原则获得一个持有的人，对那个持有是有权利的。(2)转让正义原则，一个符合转让的正义原则，从对持有拥有权利的他人那里获得一个持有的人，对这个持有是有权利的。(3)矫正正义原则，除非是通过对上述(1)与(2)的(重复)应用，无人对一个持有拥有权利。[①]

　　根据诺齐克的持有正义原则，只要符合这三个条件，那么个体对其持有就是正当的。诺齐克进一步提出，天赋、能力、外貌作为自然资质，和人本身有着密切联系，个体有对其处置的自由。这完全符合持有正义原则。诺齐克举了一个例子，某些人由于其天赋(可能是智力与外貌)出众而赢得某位女士的青睐，这位女士选择这位天赋出众者并拒绝另一位天赋平庸者，我们不能以天赋出众者夺走了天赋平庸者的机会就认为这是不公平的，更不能要求前者去整容或降低智力来保证竞争机会的均等。对天赋平庸的人而言，失去机会是不幸的，值得同情，但并不是不道德的，更不是不公正的。他人享有运用天赋提高生活质量的权利，也拥有追求更加美好生活的自由。

　　罗尔斯与诺齐克在这一问题上持有完全不同的观点。罗尔斯认为，"尽管差别原则不同于补偿原则，但它确实实现了后一原则的某些意图。它改变了基本结构的目标，使整个制度体系不再强调社会效率和专家治国价值观。事实上，差别原则代表一项协议，即在某些方面，把天赋视为一项共同资产来分配，并通过这种分配的互补性分享更大的社会和经济效益。那些被大自然宠爱的人，不管他们是谁，都可能从他们的好运中获益，但条件是改善那些不利者的处境。得天独厚的人不仅仅是因为他们更有天赋，而是为了支付培训和教育的费用，以及用他们的天赋帮助那些不那么幸运的人。没有人值得拥有更大的自然能力，也没有人值得拥有更有利的社会起点"[②]。一个人的天赋与早年生活及教育有着密切联系。个人的优越个性，很大程度上依赖于良好的家庭环境。一切个人天赋，都是偶然因素在起作用，从道德上来看，都是任意的。所以，对受益者本人而言，这些天赋都是不应得的，任何从天赋得来的持有也是不应得的。凭借天赋得到的一切都应该被重新分配。否定个人应得是差别原则的前提。当然，罗尔斯认为，实行差别原则，完成分配正义，主要通过社会结构安排来进行，而与个人努力

---

　　① 　[美]诺齐克：《无政府、国家与乌托邦》，姚大志译，北京：中国社会科学出版社，2008 年版，第 180 页。

　　② 　John Rawls, *A Theory of Justice*, Revised Edition, p. 87.

或意愿无关。差别原则最终体现为一种制度设计,以法律法规形式明确规定不同个人,尤其是那些命运不济的人,在天赋、出身、运气、努力等方面的差异而导致的不同人生轨迹,尽量减少人的偶然因素对其产生的消极影响。

针对罗尔斯的反对个人应得观点,有人提出了批评意见。他们认为,罗尔斯的天赋不应得在运用到具体利益时就会失效。因为每个人的具体天赋有差别,都会有擅长或不太擅长的领域。例如,有人在体育方面有天赋,在艺术方面却没有天赋;有人擅长逻辑推算,但在语言表达方面有一定劣势。所以,批评者认为,这些天赋并非固定,个体能找到一定优势领域,发挥能动性,获取一定收益。如此一来,他们获取的收益是应得的。然而,我们不赞成这种降低天赋在个人成就中的重要性的看法。有些有天赋者拥有很强的学习能力,让他们在许多领域能够表现得非常出色。有些天赋不是靠努力就能弥补。比如,超常的艺术灵感,会让天才脱颖而出,是无法学习或仿效的。

除此之外,罗尔斯认为运气也非个人应得。他提出,运气要在一定社会制度中才能发挥作用,否则,表现的只是个体差异。运气不是个人自由选择的,有时,运气对个体而言,更像是一种社会责任。所以,对于这些非应得部分,罗尔斯认为我们不能用它们来获取收益。人的才能不完全归自身所有。罗尔斯将社会设想成一个完整的合作体系。物质资料的配置依赖于人的天赋、能力与运气,因而,他们的使用方案也必须由全社会来进行合理安排,他们创造的成就或财富也应当由整个社会来分配或分享。

与马克思不同,罗尔斯没有在生产资料所有制方面表现出任何异议,却在个体能力和天赋差异方面表现出异常兴趣,这既激起哈耶克和诺齐克等自由主义者的不满,也激起柯亨等马克思主义者的不满。[①] 罗尔斯提出分配正义原则的理由,在他们看来不具有可操作性。因为人的天赋不属于道德范畴,我们不用去评判有天赋者在道德上是否应得,更倾向于一种基于自由和资格的权利,而且是一种否定性权利,是一种要求不被伤害、不被干涉、不被侵犯、不被剥夺的权利。在现实生活中,对于一个人的成功,我们很难判断身体带来的天赋以及身体所付出的努力分别在其中占有多少比例。他必须要和后天的努力程度相结合,也必须在社会合作中才能发挥更大作用。罗尔斯区分了人的自然或天赋初始权益和社会初始权益。人的天赋肯定影响人的成就,把天赋与成就相隔离是不合理的。因此,把天赋归于共同财产并进行分配在现实中很难操作,也很难具有说服力。人们有着享有利用自身天赋来获得收益的自由,不应该剥夺人们利用天赋来为自己获取利益的可能。人类社会利益不是从天而降的,我们需要刺激和鼓励那

---

① 傅丽红、张国清:《马克思、罗尔斯和社会正义》,《浙江社会科学》,2021年第2期。

些有能力的人将蛋糕做得更大。我们不认同以天赋偶然性或不应得为武器,对通过天赋创造更多收益的人进行剥夺。在这一点上,哈耶克和诺齐克对罗尔斯的批判是有力的。

但是,一旦否定了人的天赋及其产生的个人产品需要进行再分配的必要性,那么整个社会正义理论都会崩溃。这也是我们既不承认罗尔斯否定个人应得,也不承认哈耶克和诺齐克否认社会正义,而尝试超越两者,提出社会应得理论的原因。社会应得主要从个人的成员资格而非天赋或私有产权角度去思考社会正义的可能性和必要性。作为任何一个个体的一项基本权利,社会应得与个体的特殊天赋无关,而只与其社会成员资格有关。社会应得提供的社会初始权益,也就是罗尔斯主张的那些主要由国家和政府提供的社会初始权益。在这一点上,我们赞成罗尔斯而反对诺齐克。

二、私有产权的转让

人类关于私有产权的思考高度相关于人类关于身体生命与死亡的思考。古希腊智者从本体论角度开始关注人类的生存与死亡、存在与虚无状态。普罗泰哥拉提出"人是万物的尺度"的观点。苏格拉底强调个人价值的崇高性,用生命来捍卫个体的尊严。柏拉图对人作了更深刻的认识,提出"灵魂与身体"学说,认为灵魂高于身体,并强调善的至上地位。所以,人类有了自我意识之后,将自己同其他生命体区分开来,把人性与道德、理性等价值相联结,它们都是无法物化的,更是无法转让的。

但是,随着近代法权思想的形成,在承认人的完全自我所有权的前提下,个体可以根据自愿自由交易其私有产权。这样的交易,国家和政府无权干预。因此,自由市场就是个体权利和利益的自由交易场所,是不同个体的私有产权完成自由交易或转让的地方。只要承认私有产权的完备性,就得承认自由市场的彻底性。私有产权的让渡也就是顺理成章的。

第一,私有产权转让范围的限定。完整的所有权必定包含所有物的让渡,个人的私有产权也是如此。但是完整的转让权却存在诸多争议。洛克提出,某些基本的自然权利是不可转让的,比如生命、自由、财产以及对压迫和暴政的反抗,因为"一个人既然没有创造自己生命的能力,就不能用契约或通过同意把自己交由任何人奴役或置身于别人的绝对的、任意的权力之下"。而且洛克认为,对于某些权利的让渡,例如自由权,就等于放弃了保存,也就是放弃了生命。但是彻底的自由至上主义者则坚持,如果禁止让渡某些权利,也就意味剥夺了个体所拥有这些权利,这才是对私有产权的否定,是真正对个人生命与自由权的侵犯。其结论是,任何法律不得禁止或限制个人出售他拥有的事物,每个人都可以将自己的权利商品化并出售给他人,包括爱情、道德责任、尊严,只要个人是自愿的,他可以卖身为奴,甚至献出生命。那么,我们该如何批判这种极端的思想呢?下面几位思想家们给出了他们的答案。

(1)人的自我尊严不得转让。康德道德哲学的核心主张是,人是目的,而不仅仅是手段。人是人自己的立法者。人的尊严应当受到尊重。康德强调"人的尊严"。他指出,人之所以与其他生命不同,是因为人类具有智慧的能力与实践理性,是根据个人信仰和意志而行动的。拥有尊严的人,会得到人们的肯定与尊重,而没有尊严的人,则会受到人们的否定与蔑视。其中,意志内部的自我立法是人格尊严的真正根源。康德指出:"人性的尊严正在于普遍立法的能力。"也就是说,个体需要为自己的行为设置一个理性的、普遍的规范,且必须按照这样的规范去行动,这样才是对"人的尊严"的具体实践。康德将这种法则视为一切道德的根源。因为这种规范是自己给自己设置的,与他人无关,所以遵循这种"意志内部的自然立法"的人,他们在具体的道德实践上也是有自由的。

在康德看来,这种尊严不仅仅是一种权利,更是一种义务。由于现实世界的多变与人本身存在的一定缺陷,作为一个高贵的道德存在,捍卫人格的尊严是其不可推卸的责任。而且,对于人格尊严的承认,也是对人内在精神、意志自由的肯定。作为自由的、有尊严的人,是不可以转让自己以及与自己密切相关的对象的。康德一直强调人是目的,而非手段,其绝对命令价值也是为了使人过上道德的生活。"在任何时候均须人性地对待,不论是对待自身或他人,永不仅仅作为工具,必须同时作为目的。"①如果把个体仅仅当作手段,对个人部分权利进行转让或者交易,是对道德生活的抛弃,对人的尊严的践踏。

(2)人的独立人格不得转让。黑格尔曾经用"自为地存在的意志"来解释人。他认为,人的本质就是人格,虽然动物也像人一样占有自己的身体,但是动物却没有人格,没有意志,也谈不上对自己身体的所有权。因此,我们可以发现,人格权是黑格尔提出的人的独特性的重要保证。在黑格尔所有权理论中,"所有权分为对人格的所有及对物的所有,所有人只能转让物而不能转让人格",包括"我的整个人格,我的普遍的意志自由、伦理和宗教"②。他认为,奴隶制是出卖人格的典型制度,是不符合作为人的本性的制度。因此,黑格尔对奴隶制进行了激烈批

---

① [德]康德:《实践理性批判》,韩水法译,北京:商务印书馆,2000年版,第95页。

② 参阅萧诗美:《黑格尔的所有权理论及其对马克思的影响》,《马克思主义哲学研究》,2009年10期,第167-185页。

判,表达了其否定态度。而且,作为主体的人,人的具体属性,以及与"人"紧密相关的"物",会带有某些人格化特征。当这些"物"的"人格化特征"非常明显,我们已经无法将其与人本身割离时,对它的转让就是对人本质的否定,这很好解释了我们对出售人体器官来获益的行为表示严格否定态度的理由。

（3）人的自由意志不得转让。人的私有产权不仅仅局限于外在的躯干,这些内在的道德意志也是其中的一部分。更重要的是,外在的躯干与内在道德意志两者是密不可分的,对外在躯体转让也是对人内在道德意志的践踏,此时的人也不能再被称为一个自由的人。既然人的本质都已丧失,人的私有产权也就荡然无存。当然,有些人会提到为了工作而出让劳动力的行为,这难道不是一种转让吗？马克思在谈到雇佣问题时,就给出了他的答案。他认为,劳动力所有者出卖的只是暂时的支配权,而不是所有权。对劳动力的所有权是任何人、任何时候都不能放弃的。当然,在资本主义社会条件下,无产阶级由于是一无所有的阶级,他们除了出卖自己劳动力之外,别无选择。这也是马克思称资本主义社会是无产阶级有出卖自己劳动力的自由的社会的原因。但是,这样的社会无法保障无产阶级的基本自由,他们只有遭受资本家或资产阶级剥削和压迫的自由。这是马克思提出要反对整个资产阶级法权,推翻资本主义制度,建立社会主义和共产主义制度的理论前提。

第二,私有权利的具体分类。罗斯-阿克曼（Susan Rose-Ackerman）专门研究了私有产权的具体对象。她将这些对象分为九类,具体包括：

（1）不可转让的责任（兵役、陪审权等）。

（2）不可转让的权利（美国的投票权）。

（3）有条件的强制（转移支付）。

（4）修正的不可转让物（肾脏、婴儿等）。

（5）修正的财产权利（破产清算公司的财产）。

（6）所有者受限的产权（烈酒；志愿兵役；纽约出租车）。

（7）特定用途的产权（历史保护法）。

（8）限制使用的产权（汽车）。

（9）强制的责任。

这些列举的权利和物品有两个特点,一是具有复杂性,二是与人的本质密切相关。有的私有产权是政治权利或宪法权利,比如选举权和陪审权。有的权利的转让是有条件的。这再一次证明,对于这些对象的转让在很大意义上是对人的道德本质的否定,是作为完整的个体无法接受的。

三、私有产权与联合产权

私有产权一旦以私有财产权的形式得到体现,便对社会共享具有排他性。这是我们在本章中提出私有产权是社会共享的最大制度障碍的理由。

第一,对自然资源的利用和占有。自然资源是未经人类加工改造的并有利于人类生存繁衍的天然存在物。它们是人类生存的自然条件,主要包括土地、矿藏、水利、生物、气候、海洋等资源。在漫长的物种演化过程中,人类和其他物种共享着自然资源。人类文明起源的重要标志在于有意识地利用和占有自然资源。其中的关键环节就是劳动和异化劳动。黑格尔对此作了深刻论证。私有产权不仅包括对身体和能力的最高掌控权,也包括运用自己的身体与能力去追求现实幸福的权利,这一过程内在地蕴含着对外部资源的必要占有和合理使用。否则,私有产权只会沦为形式,会变成一个没有意义的概念。因此,要使私有产权在现实的法律中具有意义,必须过渡到对外部资源占有权的有效论证上。那么,人们是如何实现对无主物(即没有被任何主体支配,尚无所有权归属的物)的合法占有的呢?劳动是一个决定性环节。劳动不仅产生劳动成果,而且改变了无主物的属性。

第二,对无主物的原初占有。人们在法律上对无主物一般采用先占之法,就是说,谁先占有,那么谁先取得。罗马法、法国民法和德国民法都对此有明确规定。洛克较早对如此占有的合法性进行论证。后来诺齐克进一步发展了洛克的论证。

(1)劳动所有权。洛克是劳动所有权概念的提出者,他把它作为一个政治哲学概念提出来,并以此论证私有产权的形成过程。他认为,劳动创造价值,无主物的占有过程是一个劳动过程。洛克用"劳动"概念来证明占有无主物。"劳动使它们同公共的东西有所区别,劳动在万物之母的自然所已完成的作业上面加上一些东西,这样它俩就成为他的私有的权利了。"[①]洛克认为,劳动让原本属于自然状态的东西产生有益改变。劳动者赋予自然之物以价值,让它们与原来的公有物品有所区分。而且,劳动由个人从事,与人的基本权利密切相关。洛克认为,每个人的身体天然地属于自己,"他的身体所从事的劳动和他的双手所进行的工作"是"正当地属于他的"[②]。人的劳动在自然的共有物品中开始确立人的

---

① [英]洛克:《政府论》(下篇),叶启芳、瞿菊农译,第23页。
② [英]洛克:《政府论》(下篇),叶启芳、瞿菊农译,第18页。

所有权。自然的共有物品原本是无主的,区分于后来的私有物品和公共物品。通过劳动,自然的共有物品转变为有主的私有物品。劳动过程就是一个占有过程。洛克通过对劳动过程的论述,将劳动者的工作对象和劳动者已有的东西合理连接起来,劳动成果理应归劳动者所有。马克思充分肯定洛克劳动价值理论,认为它是"以后整个英国政治经济学的一切观念的基础"①。

（2）占有原初资源的正当条件。洛克认为,一个人的占有只要不违背以下两个条件,他对资源的占有就是合理的,一是"不可浪费条件",二是"留有足够的同样之物条件"。洛克提出:"如果它们在他手里未经适当利用即告毁坏;在他未能消费以前果子腐烂或者鹿肉败坏,他就违反了自然的共同法则,就会受到惩处;他侵犯了他的邻人的应享部分,因为当这些东西超过他的必要用途和可能提供给他的生活需要的限度时,他就不再享有权利。"②他认为,人可以通过劳动来获取资源来满足自身的需求,但是他不能让这些获得的东西在所有者手中腐烂而造成浪费。这不仅是对所有者劳动的浪费,也是对上帝为人类提供生存之物的亵渎。除了不可浪费条件外,洛克认为还需要"有足够的和同样好的东西留给其他人共有"。也就是说,对一个无主物的占有并没有使其他人的状况变得更糟糕,那么对此无主物的占有便是合法的。这一点对后来罗尔斯构想其公平正义理论的差别原则有着决定性影响。罗尔斯表示:"在洛克那里,平等权利的作用正是在于保证,唯一允许脱离自然状态的,是尊重平等权利且服务于共同利益的人。"③差别原则将促进人际平等权利且服务于共同利益,有利于人类更好地实现利益共享。"当差别原则得到满足时,每个人都会从中受益。在任何双向比较中,处境较好的代表人受益于其提供的优势,处境较差的代表人则受益于由这些不平等带来的贡献。"④

（3）占有无主物或原初资源是一种持有正义。它和转让正义具有一致性。诺齐克的关于持有正义的理论,有一条"获取的正义原则"。在这个问题上,他的解释基本同意洛克的说法,即通过劳动产生对未占之物的合法所有权。但是,诺齐克不接受洛克关于占有者必须避免浪费的主张。诺齐克表示,无论其后果如何,只要占有动作符合条件,他人无权批评与干涉。在占有或持有之后,对物品的处理权完全归物主所有,即使物主任其腐败变质也是物主的权利。这是诺齐克与洛克对持有正义的不同理解。在洛克那里,占有正义或持有正义包含着分

---

① ［德］马克思、［德］恩格斯:《马克思恩格斯全集》,第 26 卷（第 1 册）,北京:人民出版社,1972 年版,第 393 页。

② ［英］洛克:《政府论》（下篇）,叶启芳、瞿菊农译,第 26 页。

③ John Rawls, *A Theory of Justice*, Revised Edition, p. 29.

④ John Rawls, *A Theory of Justice*, Revised Edition, p. 70.

享正义,所有者合理利用私有物品,把盈余物品和闲置物品进行交换,实现私有物品的充分价值。洛克的物品使用理论蕴含着罗尔斯的差别原则。诺齐克则牢牢把握私有产权的个人属性或私有属性。除非个人愿意,否则一切交易都是不合法的。因此,私有物品的闲置、浪费和腐败都是私有者权利的体现。诺齐克的见解当然与劳动价值论的目标相背离。这也是马克思主义正义理论与诺齐克正义理论的分界点所在。

(4)占有无主物的局限性。由于无主物或原初资源的稀缺性,无主物或原初资源的持有正义存在不合理性。柯亨对诺齐克"关键在于对一个无主物的获取是否使他人的情况变坏"这个说法表示赞成,但是他却与诺齐克关于如何做使他人境况变坏产生分歧。柯亨举了一个例子,一个一文不值的海滩为他人占有以后大大提高了其经济价值,但是这并不代表着没有使他人的境况变得恶化。因为事实是,这块海滩原来可以为所有人使用,但是现在成为私人领地,已经不再是大家可以自由出入的公地。在这里,柯亨就对诺齐克的占有的正义条件发起了挑战。

(5)占有权具有排他性,是对分享的否定,是一种人对人的权利。与洛克、诺齐克等人的观点不同的是,康德持有关于"占有"概念的独特见解。他将占有区分为感性占有与理性占有,前者为感官感受的占有,后者为理智控制的占有。他认为,我躺在一块土地上,并不能证明这块土地是为我所有的,除非我已经离开这块土地,但是我仍然能够正当地坚持说,这块土地是"我的",并且不允许别人去动用它。这样,我才能在权利意义上说,这块土地真的是"我的"。在这里,康德意识到,占有不仅仅是人对物的权利,也是人对人的权利。因此,占有权是一个个体相对于其他个体对于某个物品的持有主张。它具有排他性。这种排他性是明确的。当然,在对具体物品的占有上,并不排斥不同个体可以共享的情形。但是,即使共享的情形也是明确的。

第三,对占有外部资源的限制。个体通过占有外部资源以谋求生存和发展。对占有外部资源存在一定限制,这是对自己权利和他人权利的一种保护。这些限制力量主要有他者权利、自主契约、法律规则和重大公共利益。

(1)他者权利。每个人既是权利主体,又是义务主体。在承认自我所有权至上的前提下,他者权利是自我权利的边界。诺齐克称之为"边界约束"(side constraints)。在一定的权利结构下,想要保证某人对外部资源的占有,在资源并非绝对充足的条件下,就可能对他人自由占有的权利形成威胁。诺齐克对获取资格划出一条底线,即持有物的获取不能让他人的处境变坏,"使他(他人)不再能够自由使用(若无占有)他以前能够使用的东西"①。这种以权利自身作为权利的边界的观念背后蕴含着深刻的道德理念。它既承认个体作为独立的生命存在,又支持每个人平等享有权利,没有人可以侵犯他人的基本权利。在这一点上,罗尔斯、诺齐克、德沃金、哈贝马斯、伯林、福柯等西方思想家的基本立场大同小异,都表现出了对他者权利的同情和认可。只是诺齐克对他者权利的尊重不是分配正义意义上的,而是自我权利与他者权利是同等重要的平等权利意义上的。他者权利并不参与自我权利的分配,反之亦然。因此,除非通过权利的自愿交易或转让,自我权利和他者权利都是完整的,不需要从对方中获得任何东西。在这一点上,诺齐克最为顽强地保持着自我权利,拒绝罗尔斯把差别原则应用于自我权利当中,即使那个应用有利于增强自我权利也是如此。

(2)自主契约。所有契约都是出于双方自愿的或真实意图的。"契约指拥有理性思维、行动能力和利益要求的个体在自由、平等的条件下经过充分的商谈而相互达成的共识。"②契约让我们看到理性人在走出自然状态时所做出的重要选择。罗尔斯提出初始契约概念,他表示:"适用于社会基本结构的正义原则是初始契约的对象。处于一个人人平等的初始位置上,为了促进自身利益,自由理性人将接受这些原则,作为规定他们相互往来的基本条款。这些原则将规制所有的后续契约,明确规定人们可以加入的各种社会合作和可以建立的各种政体。"③在大部分时候,契约对权利起到促进作用,因为大部分人都不愿意放弃自己的权利,除非为了更好权利的实现。所以,契约是主体在理性状态下所做出的决定,是他们经过理性慎思后做出的放弃或牺牲。罗尔斯对自主契约进行了解释:"在词语'自愿'的字面意义上,没有任何社会是人们自愿加入的合作系统;每个人发现,自己生来就置身于某个特定社会的某个特定位置当中,这一位置的性质真实地影响着他的生活前景。不过,满足公平正义原则的社会,将接近于成为一个自愿的计划,因为它符合自由平等者在公平条件下同意的原则。在此意义上,它的成员是自主的,他们接受的职责是自我强加的。"④自主契约是当事人真实意愿的完整表达,但不一定是其理想意愿的真实表达。自主契约往往包含着当事方相互协商和博弈之后的意见结果。并且,自主契约不是能够得到完全执行的契约。因为随着环境和条件的变化,也随着当事人各种情况的变化,有的契约实际上已经无法执行,或者只能部分执行。所以,即使是自主契约,仍然存在

---

① 诺齐克:《无政府、国家和乌托邦》,姚大志译,第 211 页。
② 田广兰:《权利的边界》,《哲学动态》,2014 年第 5 期,第 56-64 页。
③ John Rawls, *A Theory of Justice*, Revised Edition, p. 10.
④ John Rawls, *A Theory of Justice*, Revised Edition, p. 12.

着难以执行的风险。认识到这一点,对于处理外部资源的占有问题是至关重要的。

(3)法律制度。法律作为一种特殊的契约,就是为了更好地保障个体的基本道德权利。罗尔斯指出:"既然假定制度是相当公正的,那么在处理特定案件时,权威部门将秉公办事,不受个人、金钱或其他无关因素的影响,这一点非常重要。就法律制度而言,形式正义只是法治的一个方面,法治支持并确保法定预期。某种不公正指的是,法官和其他执法者在裁决各种诉求时没有遵守适当的法规或解释。"①法律是最低的伦理规范。孟德斯鸠说过:"自由是做法律许可的一切事情的权利。"②如果没有法律的权威性约束,个人的占有行为也会容易受到他人的任意侵犯。因此,法律既保障自由,又能够成为这种过分占有的界限。如果离开法律,那就人人自由放任,那么,主体的私有产权也无法得到保障。当不同主体就占有问题发生争议时,往往要通过法律诉讼来表达自己的正当诉求。司法判决虽然不一定是无可挑剔的,但是,基于事实,依照相关法律法规,能够在最大程度上协调和保护当事方的各自正当诉求。

(4)重大公共利益。私人占有多少会侵蚀公共利益。重大公共利益是社会伦理规范形成的对占有的最高限制。当私人占有侵占重大公共利益时,那种占有便是非法的。人的社会属性决定了人需要且务必生活于社会之中。社会的整体秩序,稳定与良善的倾向与个体利益密切相关。当个体对资源的占有行为挑战其他社会德性时,这种占有行为触及社会道德维护的边界。重大公共利益往往在人们对公共事物的公平正义的关注和讨论中得到体现。罗尔斯采纳密尔的如下见解:"公民被要求重视自身利益以外的各种利益,并以某个正义观和公共利益为指导,而不以自身喜好为指导。"③政府在公共物品领域做出的重大决定,比如教育、医疗、养老、社会保障、公共交通等领域的政策调整,都是公共利益,会影响到每个社会成员的利益。当个体占有资源活动涉及公共利益,就务必考虑他的占有活动是否侵害了公共利益。罗尔斯为此提出一种"共同利益原则"(principle of the common interest),他说:"按照这一原则,各种制度和机构的排名(编制和排序),要么取决于它们如何有效地保证所有人平等地实现其目标所需的条件,要么取决于它们如何有效地推进有利于每个人的共同目标。因此,为了维持公共秩序和公共安全而实行的合理监管,或者,为了维护公共卫生和生命

---

① John Rawls, *A Theory of Justice*, Revised Edition, p. 51.

② [法]孟德斯鸠:《论法的精神》(上册),张雁深译,北京:商务印书馆,1964 年版,第 36 页。

③ John Rawls, *A Theory of Justice*, Revised Edition, p. 206.

安全而采取的有效措施,促进了这一意义上的共同利益。"①

第四,联合产权。柯亨提出联合产权思想。他先批判了洛克关于获取无主物的占有起点原则,然后反驳了诺齐克的私有产权思想。

柯亨认为,根本差别不存在于初始占有物和后来占有物之间,只有按照所有外部资源从一开始都可以得到的假设,占有的起点理论才能成立。如果这个假设是错误的,并且,由于一些外部资源突然产生或在剥削之后产生,那么起点理论就需要一种补充性的平等分配,而不是洛克式自由博弈。此外,柯亨也否定诺齐克关于私有产权奠基于"世界最初是无主的"假定。他认为,作为替代方案,诺齐克没有认真对待"世界是人所共有的"这样的假定。为什么世上资源刚开始是无主的呢? 我们可以接受私有产权原则,但是我们不一定接受这种假定。我们可以提出一种完全不同的假定,即外部世界最初是人们联合所有或集体所有的。每个人都对如何利用它拥有否决权。因而任何人都不能对其进行单方面的私有化。在此基础之上,柯亨提出了"联合产权"思想。柯亨区分了联合产权和集体所有权:在集体所有权条件下,土地为所有人所共有,但是每个人具体的使用都要服从集体的决定。在联合产权条件下,土地不为任何人所有,只要不妨碍他人的使用,每个人都可以主动地使用它。

为了更好地说明联合产权,柯亨假定,社会只为两个人所有,一个是有能力者,另一个是无能力者。两人既是自身的自我所有者,又是其他一切事物的联合所有者。只要存在适当的外部资源,有能力者就能生产出维持和提高生活水平的劳动产品。相比之下,即使存在适当的外部资源,由于无能力者没有任何劳动能力,无法生产出维持和提高生活水平的劳动产品。那么,两人在什么条件下会同意生产和分配计划呢? 柯亨给出了五种情况:

(1)假定有能力者生产不出满足任何一人的每天生活所需,那么两人都无法存活下来。

(2)假定有能力者生产出满足任何一人的每天生活所需,无能力者不对生产进行阻碍,那么有能力者存活下来,无能力者无法存活下来。

(3)假定有能力者生产出恰好满足两人的每天生活所需,并且假定有能力者不生产这么多,无能力者就会阻碍其生产,那么,两者都存活了下来。

(4)假定有能力者生产出超过满足两人每天生活所需的多余产品,并且要对多余产品进行分配;假定分配结果无法达成一致,那么有能力

---

① John Rawls, *A Theory of Justice*, Revised Edition, p. 83.

者就不能进行生产,结果两者皆无法存活下来。

(5)假定有能力者能够生产出超过满足两人每天生活所需的多余产品,并且他能够自由选择生产的数量,双方可以就结果进行谈判,那么两者皆存在下来,但是对多余产品的分配会导致两种情形,一是两方占有的多余产品相等,二是一方多于另一方。[①]

柯亨通过举例试图证明,没有一方在其中占有更多优势,因为一个控制着生产的必要条件(生产出多少产品),另一个则控制着资源使用的否决权和进一步生产的否决权。所以,"天赋本身即使在私有产权的条件下也不产出额外的回报"[②]。也就是说,通过如此设定,不会产生让平等主义者感到不满的不平等,或者,即使产生了不平等,也不是由所有权差异引起的,而是来自各种效用函数对谈判结果的影响。柯亨试图证明,在产品和权利分配中,个体天赋能力不是决定性的,私有产权制度才是决定性的。在这一点上,他明确地区分于森的观点,而相似于马克思的观点。

柯亨在论述共同所有权时提出,马克思主义者在批判私有产权时不够彻底,没有与左翼自由至上主义划清界限。马克思主义者在论述剥削时,只是批判了生产资料占有的不平衡,并没有排斥私有产权。柯亨认为,正是因为私有产权,鼓励人们利用其天赋、才能、运气和出身,这才是造成不平衡的重要原因。所以,在这一点上,柯亨同罗尔斯是一致的,都反对个人应得,否定私有产权的道德正当性。柯亨甚至进一步提出:"马克思主义者关于剥削的论述是建立在某种私有产权的观念之上的。"[③]在传统马克思主义剥削理论中,剥削被视为"盗窃他人的劳动时间",如果我们将剥削界定为对工人劳动时间的盗取,那么前提就是劳动者是自身劳动力的合法所有者,也就是工人也拥有私有产权。因此,柯亨认为马克思主义的剥削学说是对私有产权的侧面肯定,而这个原则与传统马克思主义者对平等观念的偏好相矛盾。柯亨对传统马克思主义剥削理论的批评与分析是比较深刻的。但是,柯亨像罗尔斯一样,否定个人优先拥有私有产权,这将动摇现代产权制度的基础。柯亨和罗尔斯的共同错误在于,承认每个人拥有私有产权,也就是承认每个人拥有不同的私有产权。私有产权的人际差异,导致拥有资源、财富和收入方面的巨大人际差异。哈耶克和诺齐克的论证并不存在逻辑矛盾。现在的争论焦点不在于是否承认每个人都拥有私有产权,而在于是否承认

---

① 吕增奎(编):《马克思与诺齐克之间——G.A.柯亨文选》,南京:江苏人民出版社,2007年版,第103-104页。

② 吕增奎(编):《马克思与诺齐克之间——G.A.柯亨文选》,第104页。

③ [英]柯亨:《自我所有、自由和平等》,李朝晖译,北京:东方出版社2008年版,第149页。

由私有产权产生的其他权利和利益都归个人所有,或者个人应得是否具有合法性或正当性。罗尔斯和柯亨作了否定回答,哈耶克和诺齐克作了肯定回答。

柯亨的共同所有权思想与哈耶克和诺齐克的私有产权观念存在一定冲突。假定我们承认共同所有权,那么私有产权就失去了意义。因为主张私有产权者认为,个体在使用外部资源时不应受到其他力量的干涉。反之,如果坚持私有产权观念,共同所有权也难以实现。所以,柯亨的共同所有权在解释资源的原初占有上与私有产权是不相容的。柯亨后来表示,没有共同体的授权,人们实际上无法做任何事情。"没有一种真正中间的制度会规定这一种把外部资源权利平等化的方式。"①

第五,从私有产权到私人财产权的延续。私有产权之所以成为马克思主义者与自由主义者论战的重要内容,是因为个人拥有自身天赋的私有产权常常成为私人财产权的重要辩护工具。私人财产权既涉及个体与身外事物的联系,又涉及与其他社会个体的关系。为了更好地了解这一核心议题,我们需要思考如何从私有产权延续到私人财产权的问题。

英国传统自由主义者一般从两个方面论证私人财产权的合法性:权利和效用。洛克是前者的重要代表。他的私人财产权理论的核心观点是,以私有产权为基础,把劳动作为连接个体和外部资源的重要纽带。通过劳动占有外部资源,这是个人拥有的不可剥夺的自然权利。

卢梭反对洛克的观点。他依据洛克的私人财产权解释总结初占权的三个条件:先占、个人需要和劳动。这三个条件只能说明关于初占权的事实,不能证明个体拥有财产权的正当性。卢梭认为,在人们形成社会契约,进入国家状态之前,人们对物仅有先占权。只有进入社会状态之后,根据公意,即政治共同体的全体人民的共同意志,先占权才能转换为财产权。

卢梭认为,契约的建立不仅结束了国家建立之前对私人占有保护不规范和混乱状态,而且有利于培养美好品德。(1)人们相互合作来实现共同利益的行为,让他们有被认可的需要,有利于培养互惠、利他品德。(2)在以契约为基础的社会中,每个人都是平等的公民,不用服从于任何随心所欲的意志,有利于养成独立人格。② 这些品德有利于巩固私人财产权。它们不仅教会人自由追求美好生活,而且教会人尊重他人的财产权。卢梭引入并强调在保障私人财产权方面的国家因素,同洛克对契约当事方愿意的重视相比,是一大进步。

① 吕增奎:《马克思与诺齐克之间——G.A.柯亨文选》,第 81 页。
② [美]罗尔斯:《政治哲学史讲义》,杨通进等译,北京:中国社会科学出版社,2011 年版,第 222-227 页。

　　休谟也没有把私有财产权看作一种天赋权利。与卢梭类似，他认为洛克的观点没有成功解释所有权的正当性问题。"在洛克那里，平等权利的作用正是在于保证，唯一允许脱离自然状态的，是尊重平等权利且服务于共同利益的人。显然，洛克所赞成的自然状态的所有转变都满足这个条件；并且，在平等状态下，所有关心促进自身目标的理性人，都会同意那样的转变。休谟在任何地方都没有对这些限制的适当性表示过异议。当休谟批评洛克契约论时，他从未否认其基本论点，甚至看似承认其基本论点。"①他认为，财产的占有与使用只是一种临时的、短暂的权利，而非永久所有权。如何实现稳定持有才具有现实意义。如果一个人想要获得他人占有的财物，有两种选择，一是掠夺，二是承认他人的所有权并且通过自由交易来实现。基于效用惯例，为了避免无休止的权利纷争，为了大家的共同利益，人们尊重这些惯例或法律，尊重私人的占有权。所以，在休谟这里，避免纷争的效用原则而非私有产权才是私人财产权的唯一来源。

　　边沁也反对从私有产权中天赋自然权利导出私人财产权的正当性。他认为不存在天赋权利，一切权利都是法律的成果，没有先于法律的权利，所有权与法律共生死，同存亡。边沁之所以如此强调法律因素并且抨击天赋自然权利，是因为他意识到，这种用来抨击封建主义的强大思想武器也会威胁到资产阶级自身，他们难以解释为何劳动者不能享有天赋权利带来的劳动成果，反而被少数人独享。所以，他用法律规范私人财产权，所有不符合法律规定的财产权都没有实际意义。后来罗尔斯表示，所有违反正义的利益都是没有价值的，进一步发展了边沁的无法律便无所有权思想。

　　从前面的论证可知，私有产权是私人财产权的逻辑基础，也是拥有私有产权的个体可以合理地拒绝社会共享的法理依据。既然私有产权理论承认每一个体都拥有自身的私有产权，那么，无产阶级通过出卖自己的劳动力来换取工资，也就是顺理成章的事。但是，因为无主物不属于私有产权的一部分，私有产权理论无法解释无主物的占有问题。洛克用劳动来解释对无主物的合法占有。但是，劳动显然不等于占有，因为很多占有不是通过劳动获得的，而是通过掠夺取得的。那是强取豪夺，是侵占。这是私有产权理论以及建立其上的私人财产权理论既无法否认也难以回避的问题。所以，从私有产权到私人财产权存在着逻辑的断裂，这个断裂不是通过社会契约论就能连接起来的。就这一点而言，马克思主义对资产阶级私人财产权理论的批判仍然是有效的。

---

　　①　John Rawls, *A Theory of Justice*, Revised Edition, p. 29.

四、私有产权与自由市场

社会共享的第二个障碍是自由市场。尽管自由市场实现着各种资源的有效配置,但是自由市场显然没有实现社会初始权益的公平分配。实现公平分配是社会共享的本质。市场在资源配置中发挥决定性作用,解决了社会生产方面的效率问题。与此同时,由于自由市场总是青睐有能力者或有天赋者,导致财富和资源向少数人聚集,造成资源配置的不均衡,也造成机会、权利、收入和财富分配的不均等,自由市场存在重大的局限性,难以实现社会公平。

第一,私有制更加符合人追求财富的欲望。洛克试图从私有产权的自然权利出发,论证私有制是契合人类本性的选择。他表示,根植在人性之中的自利性是对个体最佳的激励因素。所谓"无利不起早"。这种观点古已有之。但在中世纪观念中,追求财富是导致人性堕落的重要贪欲之一。启蒙思想家们试图为追求自利正名,论证追求财富可以培养出新的道德品质,成为抗拒暴力的制衡力量。在这方面,曼德维尔、休谟和斯密是最为卖力的启蒙思想家。比如,曼德维尔表示"私恶即公利",个人贪欲成就公共利益。个体的善行皆出于利己冲动而非利他仁慈。但凡经过深思的行为,盖皆源自"人类自私的本性"[1]。然而,个体的自私自利的败行与恶习反而造就社会的福利与繁荣。"曼德维尔第一个彻底地为自然状态学说赋予了历史的维度,他将'civil society'真正由'政治社会'变成了'文明社会'。"[2]这为后来马克思探索人类进步的社会根源埋下了伏笔。

保护私有财产,就得注重成本与利益核算。这将既使人变得更加理性,也提升工作效率。"对自身利益的追求是每个人经济行为的第一推动力,而私有财产是鼓励人们做出有效率的经济决策并认真加以实施的理想方法。"[3]在私有制支持者看来,在财产私有社会中,机会向有才能者开放,每个人将拥有更多机会来施展才能,并通过自身努力来致富,劳动积极性也能得到极大发挥。于是,效用论的兴起便不可避免。罗尔斯揭示了效用论在西方政治与经济思想领域长期占据主导地位的原因:"我们有时会忘记,诸如休谟、亚当·斯密、边沁和密尔等伟大的效用论者,也是出色的社会理论家和经济学家;他们创立的道德理论,既满

---

① 周辅成:《西方著名伦理学家评传》,上海:上海人民出版社,1987年版,第28页。
② 苏光恩、高力克:《曼德维尔对卢梭自然状态学说的影响》,《浙江大学学报(人文社会科学版)》,2014年第2期,第191页。
③ 杨春学:《私有财产权理论的核心命题:一种思想史式的注解和批判》,《经济学动态》,2017年第4期,第4-15页。

足着各自的广泛兴趣,又融入于某个总体方案之中。批评者往往以管窥之见对其评头论足。他们指出效用原则的模糊性,表示效用原则的许多意蕴显然与我们的道德情操格格不入。不过本人倒是认为,批评者并未确立一种能够与效用论分庭抗礼的可行而系统的道德观念。结果,我们似乎不得不在效用论和直觉论之间做出选择。最有可能的情形是,我们将止步于效用原则的某个变种,这个变种又以一定方式受到直觉论的修正和限定。"①效用论者必定是自由市场的坚定支持者。

第二,自由市场与私有产权的相容性。17、18 世纪欧洲启蒙思想家思考财产权的最初动力来自对君主专制权力的限制。他们将私有财产权视为公民政治权利的重要保障。后来,黑格尔的论述更具形而上学色彩。"所谓事物的无主,当然也不是说绝对的无主,它还是应该按照个别人的需要而归人所有,只是归人所有并非为了保存起来,而是为了直接被使用罢了。"②黑格尔认为,正是财产私有,让纯粹主观的个人意志外部化、具体化、实在化,个体才能突破自身,与他人建立联系,建立起一定的社会制度,拓展行动的空间,产生市民社会,最终为建立现代国家奠定基础。"市民社会是个人私利的战场,是一切人反对一切人的战场,同样,市民社会也是私人利益跟特殊公共事务冲突的舞台,并且是它们二者共同跟国家的最高观点和制度冲突的舞台。"③以个人权利为基础,以劳动为中介,以财富为目的,劳动产品的交换成就自由市场。市民社会与自由市场具有高度一致性。黑格尔的见解,既有霍布斯、曼德维尔、休谟和斯密的思想根源,又超越了他们的相关见解。他看到了市民社会和自由市场的局限性,尝试用现代国家的力量克服那种局限性。"黑格尔用概念的思辨方式改造了苏格兰启蒙思想家的市民社会理论,但他没有完全信任市民社会中'看不见的手'的作用,市民社会并不是一个完全自律的自然自由的体系,相反,它必然要导致贫富差距,因此,市民社会如果不加管束,就很可能变成一头可怕的野兽,黑格尔最终还是希望用国家的力量来克服市民社会本身的脆弱性。在他看来,市民社会还仅仅是一个知性领域,只有国家才是理性领域,国家决定市民社会。"④后来,马克思借鉴了黑格尔市民社会理论。他对市民社会的批判与对自由市场的批判是同时进行的。罗尔斯正义理论可以看作那种批判的最新版本。这也是我们认为罗尔斯正义理论有着黑格尔思想根源的理由之一。

---

① John Rawls, *A Theory of Justice*, Revised Edition, p. xvii.
② [德]黑格尔:《精神现象学》(上卷),贺麟、王玖兴译,北京:商务印书馆,1979 年版,第 285 页。
③ [德]黑格尔:《法哲学原理》,范扬、张企泰译,北京:商务印书馆,1961 年版,第 285 页。
④ 谢仁生:《黑格尔"市民社会"理论的经济学本质》,《知与行》,2019 年第 5 期,第 19 页。

私有产权、自由市场和市民社会是高度相关的。进入 20 世纪以后,通过比较资本主义国家和苏俄社会主义国家,一些自由主义思想家认为,财产私有制有利于控制政府意志,允许不同政治力量的制衡。波普尔表示:"我们不应当瞧不起我们的自由,不应当为了一点蝇头小利而出卖自由;我们不应当为了最高的可能生产力而出卖自由,不得以牺牲自由为代价来换得可能的效率。"[1]哈耶克认为,中央集权的计划经济体制导致政治经济权力过度集中,个体受到拥有强大垄断权的管理机构的支配。这样的计划经济体制必定是低效率的。面对如此困境,其解决方法是,通过市场来进行有效调整,控制政府的职能,减低政府的作用,让市场自己发挥资源配置作用。相信市场的力量,通过由市场形成的自发秩序,把政府职能限制在较小范围内,个体的自由权便有了保障。但是,公有制无法实现真正的自由市场,因为公有制依附于国家,也一定是低效率的,难以实现自由市场要求的高效率。只要自由市场真正运转起来,国有资本和私人资本的竞争,最终胜出者必定是私有资本。因此,自由市场不兼容于公有制,充分自由市场的前提便是财产私有。私有产权是自由市场的基础假定。没有私有产权,自由市场即使存在也不可能获得充分的发展。哈耶克、波普尔等人欣赏私有产权和自由市场,反对公有制和计划经济体制,限定政府职能和国家权力,都是出于保障个体权利和自由的考虑。波普尔表示,即使公有制和计划经济体制是更有效率的,他也表示反对,因为它们侵害了个体的权利和自由。

第三,自由市场无法解决社会公平问题。然而,波普尔和哈耶克等人对自由市场和私有产权制度的信奉并不能抹去其存在的内在弊端。显然地,自由市场会放大个体追求私人利益的原始欲望,加剧社会分裂和阶级分化。马克思对此有过深刻批判:"资本来到世间,从头到脚,每个毛孔都滴着血和肮脏的东西。"[2]私有制导致资源、收入和权力的巨大不均等分配。在波普尔和哈耶克等极端自由主义者眼中,这是市场规律的必然结果,干预这种结果,无论多么善意,都会被视为对私有产权的侵犯。然而,历史上,资本原始积累伴随着掠夺。比如,英国圈地运动促进了资本主义经济发展,也让农民失去了赖以生存的土地。

自由主义者大多无视自由市场导致的社会公平问题。他们认为,自由市场自身不考虑社会公平,只要交易是自愿的,即使一个人出卖自己的身体也是允许的、完全合法的。马克思指出,生产资料原初占有的不平等及其导致的剥削,是加大社会差距的重要原因。导致社会不平等的制度原因在于私人财产所有制。

---

①　Karl Popper, *After the Open Sociaety*, p. 239.

②　[德]马克思、[德]恩格斯:《马克思恩格斯全集》(第 5 卷),北京:人民出版社,2009 年版,第 871 页。

然而,诺齐克表示,只要是在私有产权的原则之下,即使生产资料分配平等,也会产生剥削。因为个体的天赋、能力、运气并不相同,初始资源占有是否平等并不影响剥削的产生。按照后者的逻辑,由于存在着个体之间的先天和后天偶然因素差异,即使实施社会主义公有制,仍然无法消除实际存在的人际不平等。

第四,财产私有制对人性扭曲。自由主义者认为,自由市场和财产私有制是对人性的解放。与之相反,马克思主义者认为,自由市场和财产私有制是对人性的扭曲。财产私有制保护个人对财富的无限追逐,"一切激情和一切活动都必然湮没在发财欲之中"[①]。最糟糕结果之一是人的本质异化。所有人都追逐财富,追求物质利益,追求利润的最大化,丧失了人的自我本性。人成了"被侮辱、被奴役、被遗弃和被蔑视的东西"[②]。个体不能达到真正自我所有与自由。私有产权原本是人的充分自由的重要基础,现在成为人丧失基本自由的帮凶。一旦抛弃对私有产权的必要限制,自由市场允许人们对一切事物进行自由交易,自由市场便成为一个超越道德的场所。只要当事方愿意,只要契约能够达成,所有违反人性的交易都被允许甚至被鼓励。这当然不是我们想要的人类社会。罗尔斯、德沃金、森、哈贝马斯、努斯鲍姆等当代自由主义者都看到了私有财产制的不合理性,尽管他们对苏联模式的社会主义多有微辞,但是他们没有像哈耶克、波普尔、诺齐克那样盲目地替资本主义制度作辩护。

因此,私有产权及其代表的现代资本主义制度有内在的局限性。它们无法依靠自身力量克服其局限性。"当现代资本主义没有提供实质性产品时,当价格机制失效时,公有制将很好地弥补现代资本主义的不足。市场制度的其他三个弱点为发展公有制提供了证据。(1)私有财富和公有财富的不平衡只有借助于可赢利的公有企业才能得到纠正。(2)公有企业对于抑制多国企业的影响是必要的。(3)政府运用公有制来纠正区域就业不平衡是必要的。"[③]

五、私有产权与国家的作用

第一,国家的两个功能。为了更好地了解国家权力在运行过程中扮演的角色,我们不妨确定国家的两个功能:保护个人权利和维护公共利益。前者注重保

---

① ［德］马克思、［德］恩格斯:《马克思恩格斯文集》(第 1 卷),北京:人民出版社,2009 年版,第227 页。

② ［德］马克思、［德］恩格斯:《马克思恩格斯全集》(第 3 卷),北京:人民出版社,2002 年版,第273 页。

③ Martyn Sloman, *Socialising Public Ownership*, London: Palgrave Macmillan, 1978, p. 124.

护个人自由,后者注重维护人际平等。自由主义者看重前者,平等主义者看重后者。诺齐克和哈耶克是自由主义者,强调个人权利保护;罗尔斯和柯亨是平等主义者,主张维护人际平等。尽管罗尔斯也是自由主义的,而柯亨是马克思主义,但是两人都主张国家干预个人收入和财产分配的必要性和正当性。诺齐克和哈耶克则明确地反对国家干预个人收入和财产分配的必要性和正当性,尤其是明确地反对国家打着社会公正的名义干预个人收入和财产分配的必要性和正当性。实际上,国家的两个功能是缺一不可的。问题在于何者具有优先性。自由主义者一般都强调保护个人权利具有优先性,在这一点上,罗尔斯和哈耶克、诺齐克是一样的。罗尔斯只是主张,在优先保护个人权利的前提下,国家或政府应当借助于制度安排来减缓社会成员之间的贫富差距,在增加收入和财富等方面给予社会中的不幸运成员以更多机会,赋予政府和国家以实现博爱的某种道德属性,把改善弱者生活条件当作国家和政府维护公共利益的具体内容。因此,当罗尔斯表示"正义是社会制度的首要德性"时,分配正义便是那个德性的核心要素。

第二,限定政府权力的必要性。因此,国家的两个功能存在着此消彼长的关系。洛克是有限政府理论的重要代表。他从私有产权出发,强调和主张个人权利,把个人私有财产权的得失作为政府是否对私有产权进行侵犯的标志。他认为,在任何国家中,生命、自由受到任意侵害的可能性会越来越小,但财产权却常常在公共利益的名义下被剥夺。在政治社会建立前,人们处于无序的自然状态。为了避免混乱,政治社会才在人们同意或契约基础上建立起来。因此,对许多学者而言,以同意为核心的社会契约论是论证政治正当性最杰出的论证。西蒙斯认为,同意应该符合两个条件:"首先,同意必须是故意地(intentionally)、有意识地(knowingly)或审慎地(deliberately)达成的;其次,同意必须是自愿做出的。"[1]所以,这种同意是理性的,并不是对自由的剥夺,反而是对自由的保护。那么,该如何理解这种同意原则呢? 在洛克的政治思想中,同意是政权保有正当性的一个重要前提条件。正如他在《政府论》中指出的:"人类天生都是自由、平等和独立的,如不得本人的同意,不能把任何人置于这种状态之外,使受制于另一个人的政治权力。"[2]除非人们同意政治权力拥有凌驾其上的权威,否则它是不合法的。同样地,关于财产权,没有经过本人同意,政府不能取走任何人的任何财产。没有征得人们的同意,比如向他们征收赋税之类的政府行为,也是对财

---

① 　[美]西蒙斯:《隐然同意与政治义务》,载《政治义务:证成与反驳》,毛兴贵编,南京:江苏人民出版社,2007 年版,第 35 页。引文略有改动。

② 　[英]洛克:《政府论》(下篇),叶启芳、瞿菊农译,第 59 页。

产权的破坏。因此,政府的权力必须被限定在一定的范围之内,所有的合法政府都必须是有限政府,是其权力受到限定的政府。

洛克认为,政府权力更像是一种人民把自己的权利和自由交给政府托管的委托权,政府只是人民的代理人,只是人民权利和自由的管理者。假如政府违反契约,人民就收回委托,推翻现有政府,以捍卫自身权利和自由。因此,政治社会建立的目的就是为了保护私有财产,而非掠夺私有财产。为了限制国家权力,他主张建立有限政府,用法治来防止权力专断,反对国家对生命、自由与财产的过多干涉。当然,罗尔斯和哈耶克都自称是洛克政治思想的忠实信徒,但是两人却提出了截然相反的国家和政府理论,这并不是由于他们对洛克的政府和国家理论有着不同的理解,而是由于两人把洛克政府和国家理论使用于不同的目的。

第三,国家过度干预的消极后果。19世纪以后,自然权利论被效用论所取代。效用论者认为,个人是至高无上的,政府只是达到目的的手段。个人利益和社会普遍利益的最大化应该成为政府的重要政治目标。"效用论的主要思想是,如果一个社会的主要制度将这样安排,以至达成全体社会成员的最大满足总量,那么这个社会就是井然有序的(rightly ordered),因而是正义的。"①

但是,强调社会公共利益,往往会侵害个人利益。第二次世界大战以后,哈耶克是反对国家干预的代表人物。他坚决反对国家过多干预经济,认为国家过多干预不利于经济的自由发展。他反对计划经济,认为中央计划经济否定自由市场的灵活性和活力,必定是低效率的,甚至无效率的。政府的作用应该仅限于维持社会公平。他后来放弃了社会公平观念,认为那是政府过分干预个人自由的借口。像伯林主张消极自由优先于积极自由一样,哈耶克尤其强调个人消极权利的重要性。他认为,在个人权利论证过程中,我们不应过多关注自己能够得到什么,而应思考如何避免自身权利不受强权威胁,避免政府权力伤害个人自由和私有产权。

哈耶克提出了如下主张:

(1)政府与市场分工的必要性。政府与市场的有效分工,是有限政府的理论前提。市场促进人们对分布零散的知识加以有效应用。由于不确定性和无知,市场有不完善之处。但是,市场能最好地收集这些认识,自发地推进社会进步。市场不是由政府设计的,而是自发形成的。政府的任务在于保证市场稳定,消除市场发展障碍。他不认同罗尔斯为了实现公平正义的分配原则,认为政府对经济事务的干涉,无形之中扩大了自己的权力。对于哈耶克而言,政府的职能除了实施法律和抵御外敌之外,就是提供市场无法供给或难以充分供给的公共服务

---

① John Rawls, *A Theory of Justice*, Revised Edition, p. 20.

职能。

（2）政府权力必须受到限制。哈耶克认为，在法律条件缺失的情况下，社会容易陷入暴政状态，对个人权利构成极大侵害。"没有法治，对个人权利的任何程序性保障措施的价值也将不再存在。"[①]所以，要用法律来限制政府的权力。哈耶克认为，最接近完美的法治模式是"宪政"模式，即用宪法来划分和指定政府的权力，避免集权政府对个人自由的任意侵害。

（3）政府向整个社会提供基本公共物品的必要性。但是，即使像哈耶克这样对社会正义（或分配正义）嗤之以鼻的自由主义者，仍然承认，必要的社会保障制度和教育制度应该提供给社会底层，因为这样做的目的不是在限制自由发展，而正是为每个人的自由发展和自治选择提供必要的基础。就此而言，哈耶克没有完全否定国家和政府的另一项重要功能，维护公共利益的功能。只是他没有像罗尔斯那样把它提到优先于个人权利和利益的程度。为了实现公平正义，在实行差别原则的过程中，罗尔斯甚至尝试把个人的所有优势都给予抹平，只允许那些幸运者从最不幸运者的利益最大化中去寻求自己的利益。这当然为哈耶克这样的自由至上主义者所反对。

第四，最弱意义的国家。在哈耶克个人的自由至上主义思想的影响之下，也在罗尔斯差别原则的刺激之下，诺齐克提出了"最弱意义的国家"（minimal state）概念。然而，虽然最弱意义的国家能够保障私有产权，却不能保障社会公平。最终，一些个体的私有产权也将丧失殆尽。如果国家的首要作用在于保全个人的私有产权，国家的其他功能不得违反之，那么最弱意义的国家无法有效地维护公共利益和提供公共物品，不可能认真地对待社会公平问题。

罗尔斯在《正义论》中提出实践公平正义的差别原则，主张国家合理干预不合理的财富和收入分配。诺齐克反对罗尔斯的基本主张，他在《无政府、国家与乌托邦》中以基本私有产权为论证起点，反对政府干预个人自由交易。诺齐克认为，只要个体权利没有被侵犯，社会运行包括自由市场就是合理的，国家不应过多干涉。因此，国家应当成为最弱意义的国家，仅承担诸如促进契约履行、防止暴力等功能。20世纪自由主义者强化个人权利的优先性，将政府功能减至最低。诺齐克是个人权利至上论的重要代表。

诺齐克认同洛克的看法，认为自然状态有诸多不便，自然法不能为每个偶然事件提供适当的解决办法。为了解决困难，人们开始自发形成一些简单的"保护性社团"（protective associations），保证在小范围内个人利益不受侵犯。保护性

---

① ［英］哈耶克：《自由秩序原理》（下），邓正来译，北京：生活·读书·新知三联书店，1997年版，第277页。

社团之间的冲突促使地区之内唯一拥有强制力支配性社团的形成,国家的雏形逐渐显现出来,并拥有实施惩罚的权力。为了弥补没有加入任何联合体,但寻求正义的冒险行为却被禁止的独立人,国家获得对他们进行补偿的再分配权力,这种拥有再分配能力的国家被诺齐克称为最弱意义的国家或最低限度的国家。

诺齐克试图证明,最弱国家是自然发展的结果,其功能仅限于维护秩序、保护所有公民免遭暴力之害、敦促契约履行等维持性功能。他把其他功能较多的国家归结为"与奴隶制无本质差别的国家"[①]。当政府职权超出这个范围并对个人财产进行再分配时,其行为一定会侵犯到个体的私有产权。这与建立国家的初衷相违背,是无法接受的和违反正义的。"对权利的现行限制会严重影响从它产生出来的东西,此外,甚至这些现存限制也许不会得到同意。这样,个人权利的形势将不得不加以重建。"[②]国家合法性及其权力范围以个人权利为界限。

第五,超越最弱小国家的必然性。罗尔斯首先主张第一个正义原则,坚持个人权利的至上性,在这一点上,罗尔斯同哈耶克和诺齐克没有任何差别。他坚持自由优先原则:"正义原则按词序排列,因此只有为了自由才可以限制基本自由。存在两种情况:(1)任一较不广泛的自由都必须巩固所有人共享的整套自由;(2)任一较不平等的自由都必须为那些较不自由的人所接受。"[③]但是,罗尔斯也看到了人们由于天赋、运气等的差别而带来的资源分配非常不均的后果,因而,主张政府对这种不平衡进行一定的干预与调整。罗尔斯认为,无论是人们出身于不同的社会文化条件带来的不平等,还是人们拥有不同的天赋所造成的不平等,都具有一定的偶然性与随意性,所以国家应该采取一定的分配手段来解决这个问题。在此基础之上,他提出了第二个正义原则。他认为,社会和经济的不平等要满足两个条件。第一,它们必须使各种职业和职位在机会均等的条件下对所有人开放;第二,它们必须最有利于最不利的社会成员生活的改善。通过差别原则,我们可以看到罗尔斯在社会和经济领域力争平等权所做出的努力。

罗尔斯试图通过制度设计最大程度地提升其他价值给最不利者带来更多的好处。当然,在现实世界中,实现完全的平均分配是不可能的,也是不合理的。有天赋者需要更多激励,较不幸运者需要得到补偿。如果不平等的分配方式能够对所有人有利并且得到所有人的支持,那么它就是可行的,也是正义的。他的差别原则理论正是朝着这个方向努力的。因此,它并不像诺齐克和哈耶克等人

---

① ［美］罗克全:《最小国家的极大值——诺齐克的国家观的研究》,北京:社会科学文献出版社,2005 年版,第 96-97 页。

② ［美］诺齐克:《无政府、国家与乌托邦》,姚大志译,北京:中国社会科学出版社,2008 年版,第 352 页。

③ John Rawls, *A Theory of Justice*, Revised Edition, p. 266.

反对的那样激进或者具有颠覆性。毕竟,罗尔斯仍然保留着整个私有产权制度。他只是想在某些方面做必要的调整,而不是根本的改造。

六、私有产权对社会共享的意义

中国正处于社会转型时期。社会主义公有制并没有简单地否定公民合法地享有私有产权。相反,社会主义基本制度充分肯定公民合法享有私有产权。当然,在实现共享发展方面,个人的私有产权制度有局限性,但是,这种局限性要通过其他办法来克服。

中国社会主义市场经济快速发展,既创造出更多的机会和财富,也带来严峻的社会问题。社会贫富差距不断扩大,是当下中国面临的最大难题。正如习近平总书记在十九大报告中指出那样:"中国特色社会主义进入新时代,我国社会主要矛盾已经转化为人民日益增长的美好生活需要和不平衡不充分的发展之间的矛盾。"[①]"不平衡、不充分"是对当前中国社会发展状况的精确概括。中国共产党和中国政府正视社会发展不平衡问题,体现了广大中国人民对社会平等的呼唤与诉求。解决社会发展不平衡问题,协调私有产权与社会公平的关系,是对中国共产党与中国政府的一大挑战。

由于个体之间存在着天赋、能力、出身、运气等差异,不仅产生在财富和收入方面的人际不平等,而且体现着他们所在地区社会发展水平的不均衡。当今中国社会无法避免这种不平等和不均衡。于是,在中国城乡之间、东西部之间,存在着显著的区域发展不均衡。比如,改革开放以来,在东部地区和一些主要核心城市,集中了更多的资源和人才,对中西部地区和农村地区形成强大的吸引力,带来大量的人口迁移,造成中西部和农村地区经济衰落,劳动力减少,乡村衰败,区域差距拉大。同时,中国经济发展也加大了个体之间和社会阶层之间的贫富差距。虽然个人的出身、天赋、运气、能力等因素都是偶然的、不确定的,但是这些偶然因素给特定个体带来的优势或劣势却是必然的。而且,当今中国,上一辈创造财富的优势差距对阶层流动带来了极大挑战,高昂的房价、物价等压力压制着先天优势不足的年轻人的梦想,个人努力所能带来的变化逐渐被弱化,阶层固化为加剧社会矛盾埋下了隐患。

在中国社会经济快速发展的条件下,总是有大量普通民众没有搭上中国社

---

① 习近平:"决胜全面建成小康社会,夺取新时代中国特色社会主义伟大胜利",《人民日报》,2017年10月19日2版。

会经济快速发展的便车,他们中的相当部分被沉重地摔在了后面,成为整个社会同情甚至嫌弃的对象。在这种情况下,如果整个社会和各级政府仍然只强调个体的私有产权,只关注社会经济的总体发展,而忽视相对弱势的群体或阶层的权利主张和利益诉求,那么必然会加剧社会不平等。

因此,国家和政府介入社会成员的利益分配是必要的,也是合理的。为了更好地解决中国社会发展的不平衡和不均等问题,就得落实五大发展理念核心内容之一的共享发展理念。共享正义和社会共享等思想是对共享发展理念的进一步理论阐发,为正确处理私有产权与社会公共利益的关系提供理论指导。我们认为,可以从以下方面考虑它们的关系。

第一,尊重个人的私有产权以及由此引伸的其他基本权利和利益。这种尊重不仅体现在宪法和法律的相关条款中,而且体现在政府的各项政策和决议中。这种尊重不仅体现在政府的具体行政事务中,而且体现在公共部门的具体行动中。要把每个人的私有产权都当作政府保护和维护的对象,尤其要把每个普通民众的财富都当作国家的宝贵财富,尊重每个人的权利和自由,最大限度地保护每个人的合法财产和合理收入,尤其是保护民营企业家的合法财富和合理收入,把它们当作国家的重要财富甚至主要财富给予对待。民富才能国强。中国民营企业家能够自信地创造财富,充分地展示其创造财富的能力,中国的社会经济的发展才能持久而长远。因此,中国人民源源不断创造出新财富,这是我们讨论社会公平问题、讨论社会共享问题的物质保障前提。没有这个前提,一切都无从谈起。

第二,强调共享发展所创造的机会对所有人的均等性。罗尔斯的第二条正义原则中就提出各种职业与职位的机会均等性。面对日益僵化的职业壁垒和教育壁垒,政府要逐步打破这些条条框框的限制,更多的机会优先向社会弱势群体开放,保证每个社会成员都享有住房、医疗、教育、卫生等社会初始权益和服务的机会,调动他们参与社会经济建设的积极性。这不仅是对社会经济不平等的纠正,而且有利于让每个人的努力都有所回报。

第三,强调每个人都可以平等享有社会资源,尤其是基本的社会产品和公共服务。个体与个体之间存在的未必是竞争关系,他们也可以共同享有公共资源。个体享有的公共资源越多,他们的获得感也会越大,当社会资源能满足社会成员的基本需求时,个体不必要为了更多的私人占有而陷入疲惫的竞争之中。他们可以用更多时间来享受生活。因此,公园、图书馆、学校、医院等公共资源应该降低准入标准,每位社会成员都能享用其基本权益。这不仅将更好地保障个体的私有产权,而且让每个社会成员都能享受这样的福利,降低财富和收入不平等造成的矛盾。

第四,将共享发展理念制度化。没有秩序,就没有稳定的社会结构,社会合作也难以顺利地开展。社会个体在享受权利时,也须履行义务。他们在享受社会合作的收益时,也要承担成本与风险。社会共享面对的既是现实社会治理问题,更是社会初始权益和服务的分配问题。因此,我们需要用制度化的方式,让每个成员在最大程度上享有平等的权利、责任和义务,不仅包括基本的权利与自由,也包括必要的风险与负担。

第五,将共享发展与个人基本享有社会初始权益相联系。作为社会成员,个体通过与他人合作获取更多利益。个体并非时刻保持竞争的状态。在基本权益不受到威胁的条件下,他们乐于自己的合作伙伴获取更多的利益。这是一种自愿协作,甚至不需要个体具备非常强的正义感。例如,大部分人不会抗拒以征税来改善社会基本福利。而且,社会共享具备激发、培育公民良好品质的功能。共享共生的社会总比弱肉强食的社会更加符合个体的价值追求。它通过引发价值共鸣来为个体创造更多的情感体验。此时的个体,既充分享有私有产权,掌控自己的选择,又关心社会苦难,有着良好的社会责任感。

基于共享正义,个体的私有产权并没有受到限制。社会共享思想鼓励个体充分发挥自己的能力、天赋来为社会创造更多的价值;它也支持为社会成员在最大程度上提供平等享有各种资源的机会与自由。无论贫富,任一社会成员在享有社会资源的权益上是一样的。依照共享正义,我们更加关心公共资源如何进行有效分配。通过罗尔斯倡导的差别原则,社会成员获得平等的工作机会和相似的收入水平,社会矛盾将被弱化,社会分层固化的趋势得到抑制,个体自由与平等的需求通过共享得到更好的兑现。

综上所述,我们以私有产权概念为起点,展示了不同学派在有关拥有自然权利和占有外部资源,社会公共利益与个人私有产权关系等方面的争论。我们将关注重心集中于公共资源的分配上,主要是社会初始权益在所有社会成员的合理分配上。这样,通过制度规范,每个人将平等享有自由与权利,既保证个体的私有产权得到保护,也保障社会初始权益的实现,在最大程度上弱化自由和平等的矛盾,实现两者的有益共生,克服私有产权在社会共享方面的先天缺陷,以制度形式巩固社会共享的成果。

第7章 权力腐败及其克服：
庸官懒政博弈分析

像社会公平一样，权力腐败是当今社会关注度最高的公共议题之一。与前一章以私有产权为主题相呼应，这一章的主题是公权力的腐败及其克服。我们以当今中国各级政府存在的庸官懒政现象作为主要研究对象，为克服权力腐败开出具体药方。与此同时，提升政府为推进社会共享所作努力的公信力，更好地推动社会共享建设。

"懒惰或许源于基因。"①这是美国密苏里大学弗兰克·布思教授领导的科研团队最近在实验鼠身上的科学发现。科学家们发现，一些实验鼠生来就比另一些实验鼠好静。他们在实验鼠大脑相关区域 1.7 万多个基因中找到了 36 个可能与运动有关的基因。那些基因也许是导致实验鼠懒惰或好动的原因。懒惰也许真有基因遗传的原因。但是，人毕竟与老鼠不同。"庸官懒政"，不应当从老鼠身上查找理由，而应在公务员身上查找原因。当然，作为科学研究者，我们也要从制度上探索抑制"庸官懒政"的对策。

一、中国公务员规模和庸官懒政现象

改革开放以来，中国公务员规模取得重大发展。据国家人社部公报，2009年、2010年、2011年、2012年、2013年，全国录用公务员人数分别为 13 万余人、18 万余人、19 万余人、18.8 万人和 20.4 万人。据国家公务员局报道，2009年、2010年、2011年、2012年和 2013年全国公务员总数分别是 678.9 万人、689.4万人、702.1 万人、708.9 万人和 717.1 万人，到 2014年，已突破 720 万。广大公务员在公共行政和公共服务中扮演着核心角色，塑造了拒腐败、讲规矩、负责任、

① M. D. Roberts, J. D. Brown, J. M. Company, L. P. Oberle, A. J. Heese, R. G. Toedebusch, K. D. Wells, C. L. Cruthirds, J. A. Knouse, J. A. Ferreira, T. E. Childs, M. Brown, F. W. Booth,"Phenotypic and Molecular Differences Between Rats Selectively—Bred to Voluntarily Run High Versus Low Nightly Distances," *American Journal of Physiology: Regulatory, Integrative and Comparative Physiology*, 2013 (April).

重法治、积极工作、默默奉献的整体形象,是中国特色社会主义建设的主导力量。

不过,我们也应当看到,与贪赃枉法、假公济私、以权谋私、徇私舞弊等极少数公务员存在的违法犯罪现象相比,部分公务员存在"宁可不做事,但求不出事""不贪不占,啥也不干""占着位置不干事,拿着工资不出力"等庸官懒政现象。"他们在岗却不在状态,在位却不谋公事,出工不出力,出力不尽力。"[1]"公权力行使不规范,表现为社会政策和法律制度滞后、政府违法决策处置突发事件不当、行政执法不规范、法律实施不良、行政不作为、信息不公开等。"[2]公务员庸官懒政、行政不作为或乱作为是造成当前中国社会矛盾激化的重要原因,正在成为中国进一步改革发展的阻力。

2015 年 3 月 5 日,李克强总理在第十二届全国人民代表大会第三次会议政府工作报告中严厉批评"少数政府机关工作人员乱作为,一些腐败问题触目惊心,有的为官不为,在其位不谋其政,该办的事不办"[3]。他首次提出要完善公务员政绩考核评价机制,表示实绩突出的,要大力褒奖;工作不力的,要约谈诫勉;为官不力、懒政怠政的,要公开曝光,追究责任。一时之间,"庸官懒政"成为社会关注焦点。2015 年 7 月 22 日,《人民日报》发布两条消息,一是福州市出台《关于整肃"为官不为"实行"下课问责"的暂行办法》,"共有 30 名政府工作人员受到处理,其中党纪立案 7 人、效能问责 23 人"[4]。二是大连市启动"不作为、不担当"问题专项整治,"面向全市各级党政机关、事业单位党员干部及工作人员,围绕贯彻落实中央、省市重大决策部署不到位,抓工作落实力度不够等八个方面内容,按照动员部署、自查自纠、督促检查、巩固成果等四个阶段进行,达到解决问题、推动发展的目的"[5]。治理"庸官懒政"开始动真格,正在一些地方政府中切实开展起来。

治理庸官懒政、行政不作为或乱作为是一项涉及立法、司法、行政等众多公权部门的综合性工作。从制度上抑制庸官懒政,激发公务员工作热情,既是公共部门的实践任务,也是社会科学的理论课题。有鉴于此,本章将综述有关"庸官懒政"的前期研究成果,从经济博弈论角度分析"庸官懒政"的原因,揭示其背后的利益选择,采用"工作竞争"模型分析在假定实现政府利益最大化并且政府利益和人民利益完全一致的前提下,研究公务员工资水平增长和奖励机制对激发

---

①　韩锐、李景平:《当前地方政府"庸官懒政"现象及其治理》,《行政与法》,2012 年第 6 期。

②　马怀德:《预防化解社会矛盾的治本之策:规范公权力》,《中国法学》,2012 年第 2 期。

③　李克强:《第十二届全国人民代表大会第三次会议政府工作报告》,《人民日报》,2015 年 3 月 17 日。

④　江宝章:《福州 30 名干部"为官不为"被问责》,《人民日报》,2015 年 22 日。

⑤　王金海:《大连专项整治"不作为不担当"》,《人民日报》,2015 年 7 月 22 日。

其工作积极性所起的作用,最后提出具体的相关对策建议。

二、庸官懒政研究综述

"庸官懒政"或"行政不作为"是近些年中国社会关注的焦点,也是中国法学和政治学界讨论的热点。人们经常混用"庸官懒政"和"行政不作为",但是两者有重大差别。"行政不作为"的主体是个别政府,"庸官懒政"的主体是个别公务员。不过,其造成的后果是相似的,都危害到政府的效率、信誉和权威,损害国家和人民的利益。

中国法学界从宪法、行政法、国家赔偿等层面研究行政不作为现象,对行政不作为及其法律后果讨论较为深入,对"庸官懒政"问题讨论较少。周佑勇表示:"行政不作为是与行政作为相对应的一种行政行为类型,其构成除必须具备行政行为的一般构成要件之外,还要求以行政作为义务的存在为前提条件,并具备作为之可能性、程序上逾期不为等主客观要件。展开对行政不作为构成要件的研究,对于深化行政不作为理论和正确认定行政不作为案件具有重要的理论价值和实践意义。"①黄学贤区分了形式作为和实质不作为,表示"揭示出形式作为而实质不作为的行为,是行政不作为从定性分析向定量分析发展,形式法治向实质法治发展以及秩序行政向给付行政发展的必然要求。……研究形式作为而实质不作为行政行为,是行政行为之分为依职权的行政行为和依申请的行政行为的进一步深化,有利于完善行政行为理论体系,从而有利于正确指导行政立法和行政执法,有利于科学指导行政诉讼实践。"②冯玉指出,最高人民法院人身损害赔偿司法解释第 6 条引入源自德国判例的交往安全义务。但法院在审判实践中遇到的真正困难在于不作为或间接侵权的结构性特征所带来的因果关系难题。"引入安全保障义务对解决这一难题的意义在于,如果安全保障义务的内容正是防止处于其保护范围内的人遭受第三人的侵害,或者防止处于其控制范围内的第三人侵害他人,那么认定义务人违反了此义务就可化解因果关系难题。"③

中国政治学界从政府行为、公务员制度、公务员职业特点、公务员行为的内部约束和外部约束等层面来考察"庸官懒政"现象,把"庸官懒政"和"行政不作

---

①　周佑勇:《行政不作为构成要件的展开》,《中国法学》,2001 年第 5 期。

②　黄学贤:《形式作为而实质不作为行政行为探讨:行政不作为的新视角》,《中国法学》,2009 年第 5 期。

③　冯玉:《安全保障义务与不作为侵权》,《法学研究》,2009 年第 4 期。

为"相提并论。蔡放波指出，"行政不作为是一种违法的行政行为。行政不作为侵害了行政相对人的利益，以及国家和社会公共利益，损害了政府的威信，违背了依法行政的基本原则，背离职权职责的统一性。行政不作为的原因不仅在于行政机关公务员责任意识淡漠，也与相关行政法规不健全、权责不明确以及行政机关职能的重叠、交叉等有关。要治理行政不作为必须深入开展公务员职业道德教育，建立行政投诉中心，完善行政责任问责机制，健全行政不作为诉讼救济制度，并且将行政不作为赔偿责任纳入国家赔偿的范围。"①韩锐和李景平从外部监督角度分析"各地行政效能考评都处在探索阶段，还存在着主观随意、暗箱操作、群众参与不够等诸多问题，这就使得考评无法真正起到奖能惩庸、奖勤罚懒的作用。"②韩锐和李景平总结了克服公务员庸官懒政的方法，提出在思想上要转变观念，强化为人民服务的意识；在制度上完善健全选人用人制度；在法律上建立和完善治理庸官懒政的法律体系。他们主要从思想观念及制度体系角度来评估和约束公务员工作，没有涉及公务员工资奖金结构改变对公务员工作热情的影响。燕继荣则表示，影响官员积极性有三个要素：政治信心、未来预期、政策转型。"从当下中国的现实情况看，官员消极观望式的'不作为'可能与对未来政治信心不足、反腐败高压之下对未来预期不明、政策转型需要适应期等要素有关。"③

我们发现，庸官懒政现象的产生，既存在主观原因，也存在客观原因。"一些公务员只对上负责；技术性、专业性比较强的工作岗位难以受到监督；存在'谁都能管又谁都不愿意管'的责任空白地带；队伍人员固化，'进去不易，出去也难'；为了谋求物质利益不愿做没有私利的事情。"④为了解决庸官懒政的问题，"要适当改善公务员工作条件，整体上提高其收入水平，在杜绝庸官懒政、打击灰色收入同时，也要根据我国经济发展速度和人民生活水平，适当提高公务员的待遇，改善公务员生活状况和工作条件"⑤。燕继荣则主张，"要改变这种境况，恐怕需要针对不同可能性制定相应的方案，要采取一系列切实的行动，增强官员的政策信心，明确官员未来预期，缩短政策转型的适应期"。燕继荣在另一个地方提议，"全面深化改革，让改革促进派尽早入轨，要求选人用人制度改革，改革的根本的目的是打破固有的人事制度瓶颈，在改革决策和执行中能够吸纳更多的改革促

---

① 蔡放波：《论行政不作为及其治理》，《中国行政管理》，2007 年第 1 期。
② 韩锐、李景平：《当前地方政府"庸官懒政"现象及其治理》，《行政与法》，2012 年第 6 期。
③ 燕继荣：《官员不作为的深层原因分析》，《人民论坛》，2015 年第 15 期。
④ 张国清：《惩治懒政者：中国政治改革将迈出重要一步》，《人民论坛》，2015 年第 15 期。
⑤ 张国清：《德治懒息者：中国政治改革将迈出重要一步》，《人民论坛》，2015 年第 15 期。

进派加入其中"①。其具体做法是,扩大公共职位的招聘范围,增加公共职位的
竞争性,规范公职部门招聘,提高招聘的职业(专业)门槛,推广干部培养的梯队
建设制度,寻求建立干部的退出机制。

综上所述,国内学术界大多从法学和政治学出发揭示庸官懒政的原因,并提
出解决对策,没有把公务员当作独立经济利益寻求者来对待,没有深入探索公务
员做出背离公共利益或国家利益的行为选择的深层原因。不过,从经济学角度
分析,公务员通过劳动或服务,完成政府分配的工作任务,实现各自经济利益和
社会价值,同其他行业从业者相比并无特别之处。剥除公务员的过多非常因素,
以平常职业行为人要求看待其工作。这正是笔者思考行政不作为和"庸官懒政"
现象的出发点。

三、庸官懒政的囚徒困境

导致庸官懒政的原因大致可以分为两类。一是公务员自身懈怠,二是外界
约束缺乏。美国行政伦理学家库珀(Terry L. Cooper)指出,"负责的行政管理
者既要做到对其行为实现客观评估,又要做到与其职业价值观保持主观一
致"②。公共组织维持负责行为一般有两个途径:内部控制和外部控制。内部控
制通过公务员自己内心的价值观、伦理准则来进行。外部控制以立法、规则、制
度来安排组织,严格地监管公务员行为。因此,克服庸官懒政可以从内部控制和
外部控制两方面进行。沿着这一研究路径,我们先从博弈论角度分析导致庸官
懒政的原因。

(一)庸官懒政的原因分析

由于公务员在公务活动中时常面临权力冲突、角色冲突、利益冲突和责任冲
突,一些公务员倾向于庸官懒政,选择性地开展工作,做只对自己有意义、有价值
的工作,而对自认为没有意义、没有价值的工作选择不做或消极怠工,公务员不
愿意做的工作大致分为以下三类。

其一,不被上级重视的工作。公务员管理体系是一个严格的科层体系,等级
森严、上下级关系明晰。下层或低层公务员的工作表现,若被领导赏识,那么将
获得较大的升迁几率。对员工来说,领导的满意度对其十分重要。然而,公务员

---

① 燕继荣:《当前改革促进力量的分布与特点》,《人民论坛》,2015 年第 18 期。

② Terry L. Cooper, *The Responsible Administrator: An Approach to Ethics for the Administrative Role*, Fifth Edition, San Francisco, CA: Jossey—Bass, 2006, p. 23.

的工作旨在完成政治决定的目标，重视由政府提供给人民的所有服务的效率和经济。一些公务员忘记其服务对象最终不是领导，而是人民，为人民服务才是其工作宗旨。"部分公务员在工作中不为民服务，不是去完成人民需要他完成的工作，而是相反，他主要完成的工作是上级委托给他、授权给他和交代给他的任务。对于这些任务是否值得去做，是否应该落实，则取决于他是否想要得到上级的反馈回应，取决于从上级那里得到的期望和预期，取决于上级可能对其做出的评价和评估。当他认为他所做的工作，在他的上级看来不是很重要、意义不大时，或者不能给他提供晋升渠道、相应奖赏时，他就丧失了工作的积极性。"[1]所以，这种错位服务行为是导致公务员不作为的重要原因。

其二，技术性、专业性比较强的工作。公务员工作分为两种类型。一种是普通岗位，人们都能了解如此岗位的职责；另一种是技术性、专业性比较强的岗位，工作性质相对独立，工作绩效主要依靠公务员的职业道德，外部一时难以监管，纵使公务员工作懈怠或产生工作差错，也难以被人察觉。在这些岗位上，公务员怎么做工作，做了多少，主要依靠其个人自主性和自觉性。岗位的性质造成了考评的困难，也造成了监管和监督的困难，导致一些公务员任凭自己的性子拖沓、懈怠，不及时完成任务。由于技术性、专业性强，公务员的工作具有不可替代性或难以替代性，如果公务员不积极工作，即使其上级也无可奈何，对这部分公务员的约束便形同虚设。此外，一些难度较大的工作，超过了现有基层公务人员的工作能力。由于政府没有采取相应的激励措施，公务员缺乏吃苦耐劳的精神。在缺乏外部激励的情况下，他们往往选择避重就轻、互相推诿的工作态度。没有人愿意多付出精力来解决烫手的山芋。现今国家高压反腐、制度收紧，让许多公务员不敢作为，生怕做事犯错。以"多一事不如少一事"的思想消极工作，以图安逸，工作的负效应使他们选择庸官懒政。

其三，职责、权限、义务不明晰的工作。公务员的工作存在交叉重叠，容易产生谁都能管又谁都不愿意管的责任空白地带。部分政府机构设置重叠，岗位职能重复，人员过于臃肿，公务员之间没有划定清晰的职责范围，没有明晰的权限和义务。由于"多头管理、多头负责"，且人多事少，公务员之间相互推诿，互相扯皮，谁都不愿意主动做事、主动负责。一件事情在谁都可以做的情况下，其结果不是大家都在做，而是大家都不做，都寄希望于别人做，于是无人去做，事情便一拖再拖，甚至不了了之。这既导致行政效率低下，也培养了懒惰懈怠的公务员。

（二）庸官懒政的囚徒困境分析

探究公务员相互推诿的庸官懒政行为的原因是解决庸官懒政方法的前提条

---

[1]　张国清：《惩治庸官懒政者：中国政治改革将迈出重要一步》，《人民论坛》，2015 年第 5（2）期。

件。公务员的竞争和合作其实是一个典型的"囚徒困境"博弈。该模型由塔克(Tucker)于1950年提出。为进一步了解公务员庸官懒政的内在原因,我们参考"囚徒困境模型"进行分析。

1. 假设

1)为了尽量简化模型,假设在一个单位有两名相同职位的公务人员,公务员1和公务员2。

2)他们享受同等的工资待遇,且工资待遇固定,不会因为工作量的大小而有所变化。

3)当面对对自己意义不大的工作时,亦即上文提到的三种情况,他们有两种选择:偷懒或不偷懒。

4)当两个人都偷懒时,两者的得益值都为A。

一人偷懒一人不偷懒,则偷懒者的得益值为C,不偷懒者的得益值为D。

两人都不偷懒时,两者得益值为E。

5)D<A<C;D<E<C

其原因是:公务人员都拿到相同的基本工资,对于无法带来客观利益的工作,若一人偷懒一人不偷懒,则所有的工作由不偷懒者完成,不偷懒者付出了工作时间和精力却和偷懒者拿到的工资相同,由此不偷懒者的综合得益减少,即C>D;若两者都偷懒则得益两人平分,即D<A<C;若两者都不偷懒则工作量平分,损失的得益也平分,即D<E<C。

图7-1为公务员工作的博弈(1)。

公务员2

		偷懒	不偷懒
公务员1	偷懒	A,A	C,D
	不偷懒	D,C	E,E

图7-1 公务员工作的博弈(1)

2. 分析

我们可以看出,在此博弈中,有四种策略选择。借助划线法可以更直观地看出公务员的策略选择。

当公务员1偷懒时,公务员2偷懒的得益为A,不偷懒的得益为D,因为A>D,公务员2选择最优得益A。

当公务员1不偷懒时,公务员2偷懒的得益为C,不偷懒的得益为E,因为

C＞E,公务员 2 选择最优得益 C。

当公务员 2 偷懒时,公务员 1 偷懒的得益为 A,不偷懒的得益为 D,因为 A＞D,公务员 1 选择最优得益 A。

当公务员 2 不偷懒时,公务员 1 偷懒的得益为 C,不偷懒的得益为 E,因为 C＞E,公务员 1 选择最优得益为 C。

由此分析可知,两者都偷懒成为最优选择。在这个博弈中,博弈双方各自的利益不仅取决于自己的策略选择,而且取决于对方的策略选择。这种偷懒的行为十分隐蔽,不易被发现,承担的风险损失小。更为重要的是,偷懒者与不偷懒者两者的工资奖金得益是相同的。当公务员 1 偷懒,公务员 2 不偷懒,则公务员 2 付出了较多精力与时间,即相当于公务员 2 的综合得益损失。因此,在公务员 1 选择偷懒情况下,公务员 2 面对自身行为的两种选择:偷懒和不偷懒,他会选择偷懒。在博弈中,我们不能忽视的是,另一方的选择对自己得益的影响。当公务员 1 不偷懒,公务员 2 若不偷懒,则两者共同分担工作要付出相同的精力与时间,获得相同的工资奖金得益。若公务员 2 选择偷懒则减少了需要付出的精力与时间,公务员 2 的综合得益增加。结果,偷懒是他们选择的"上策"。

(三)改进公务员庸官懒政的博弈分析

虽说公务员自身的利益选择使其选择了双方都偷懒的策略,但这与政府的监管与激励分不开。政府监管不力大大减少了公务人员偷懒所要承担的风险。公务人员偷懒,不作为不被发现或是不受到惩处,则偷懒的综合得益就会上升。与柠檬原理中的劣币驱逐良币的原理相同,在利益最大化目标的驱使下,越来越多公务员选择了偷懒(见图 7-2)。

公务员 2

		偷懒	不偷懒
公务员 1	偷懒	A,A	C,<u>D</u>
	不偷懒	<u>D</u>,C	<u>E</u>,<u>E</u>

图 7-2　公务员工作的博弈(2)

对于那些认真努力工作的不偷懒者,政府也没有相应有效的激励措施来鼓励他们积极工作。这严重打压了公务员的工作积极性。对于积极工作的公务员,相比他人付出了多倍的努力,却与偷懒者是相同的奖惩结果。更甚的是,他们付出了精力和时间,综合得益却少于那些偷懒者。因此,越来越多的公务员选择放弃损害自己综合得益的工作,转向由与偷懒者共享偷懒带来的得益。

作为政府来说,当然最希望的工作态度是公务人员均选择不偷懒的策略。那么当得益发生怎样的变化,博弈双方的选择会变为都不偷懒。

前四点假设不变。

需要注意的是,为什么博弈双方会选择偷懒,因为偷懒的综合得益值相对较大。公务员偷懒不易被察觉且没有相应的惩罚措施,这些导致偷懒的得益值相对较大。相对偷懒者,不偷懒者不仅要做相对的额外工作,增加自己的负担,而且在缺乏相应奖励措施的情形下,导致不偷懒的综合得益值相对较小。因此,政府要加大对偷懒者的惩罚力度以及对不偷懒者的奖励力度。

当政府对偷懒者实行严惩,那么,他们偷懒所得的收益远小于惩罚损失;当政府对不偷懒者实行激励,那么,他们不偷懒所损失的收益远小于激励带来的收益,那么 A<C<D;C<D<E。

当公务员 1 偷懒时,公务员 2 偷懒的得益为 A,不偷懒的得益为 D,因为 A<D,公务员 2 选择最优得益 D。

当公务员 1 不偷懒时,公务员 2 偷懒的得益为 C,不偷懒的得益为 E,因为 C<E,公务员 2 选择最优得益 E。

当公务员 2 偷懒时,公务员 1 偷懒的得益为 A,不偷懒的得益为 D,因为 A<D,公务员 1 选择最优得益 D。

当公务员 2 不偷懒时,公务员 1 偷懒的得益为 C,不偷懒的得益为 E,因为 C<E,公务员 1 选择最优得益为 E。

由此,博弈双方最佳策略选择为都不偷懒。当策略选择得益发生改变时,博弈双方的选择会发生改变。因而,改进公务员庸官懒政与政府有效监管及相应激励机制是分不开的。

四、庸官懒政的解构

每个公务员皆有抱负和追求,比如,寻求一定的政治、经济、文化、社会地位是其合理的个人目标。我们没有质疑科层制的合理性,只是想要探讨公务员在现代科层制下得到有效激励的途径。公务员要养家糊口,要过体面的生活,有保障的经济收入是必需的。因此,经济利益是其个人基本目标之一。我们就从经济激励角度来探索公务员庸官懒政的破解路径。

我们从前面的分析已知,为了克服公务员的庸官懒政,除了外部制度监督以及其他约束方法以外,公务员自身的内部激励也极其重要。只有公务员自身认识到庸官懒政造成的不利影响,进行自我约束,才是解决庸官懒政的长久之计。

因为影响公务员行为的最直接利益是其工资奖金,所以,通过调整工资奖金比例来激励公务员的工作热情和自我约束,是解决公务员庸官懒政的重要途径。

公务员工资由国家分发,其来源是国库税收。因此,制定合理的公务员工资奖金制度十分必要。1981 年,经济学家拉齐尔(Lazear)和罗森(Rosen)深入研究过工资调整实现雇员内部激励的博弈。受其启示,笔者尝试通过建立"工作竞争模型"来分析公务员内部激励机制。

（一）模型建立

工作竞争模型是在公务员之间相互竞争的前提之下,政府通过让公务员之间进行竞赛的方法进而实现有效激励的博弈模型。

基本假设:

1）为了简化模型,假设一个政府有两名公务员。公务员 $i(i=1,2)$ 的产出函数为

$$y_i = e_i + \varepsilon_i$$

其中 e_i 为公务员 i 的努力水平,而 ε_i 则是随机扰动项。公务员的努力程度是由其自身决定的,当然努力程度也会有负效应。其中有种种因素,例如努力工作会延长工作时间,高强度工作会损害身体健康等等。这也是导致公务员偷懒的重要因素之一。假设负效用是 e 的函数 $g(e)$,并且 $g(e)$ 满足 $g'(e)>0$ 和 $g''(e)>0$,即 $g(e)$ 是上升的凸曲线,负效用随着努力程度的提高而增大,并且增大的速度不断加快。当然这是符合人的心理效应的。扰动项 ε_1 和 ε_2 相当于从分布密度为 $f(\varepsilon)$,均值为 0 的概率分布中独立抽取。

2）因为公务员的努力程度是无法观察的,政府无法用努力程度来支付薪酬。所以,政府根据公务员的工作业绩来支付薪酬,业绩好的工资高为 w_h,业绩较差的工资也较低为 w_l。当然这可以理解为,所有公务员都有基本工资,而表现好业绩好的公务员则会得到额外的奖金 $w_h - w_l$。

3）公务员在已知这个工资奖金制度的情况下,选择自己的工作努力程度 e_i,$e_i \geq 0$。

4）假设公务员和政府都是寻求利益最大化的经济人。

显然,这是个两阶段的博弈模型。第一阶段,政府决定 w_h 和 w_l 的博弈阶段。第二阶段两个公务员在知道政府颁布的工资标准之后同时选择努力程度 e_i 的过程。于是,在该博弈中

两公务员的得益:$u(w,e) = w - g(e)$ 即工资减去努力的负效应

政府得益:$y_1 + y_2 - w_h - w_l$ 即产出(业绩)减去成本(工资成本)

需要注意的是,若政府定的工资太低,公务员将不接受这种竞赛机会,继续选择偷懒,或是离开工作岗位。因此,政府开给公务员的工资是有最低限度的。

（二）模型分析

我们采用逆推归纳法来分析这个动态博弈。首先，从第二阶段开始分析。

第二阶段分析

首先，假设当政府决定了工资，而且公务员愿意参与竞赛并选择自己的努力程度。那么 w_h 和 w_l 为不变因素。则两个公务员之间的竞争就变为静态博弈问题，博弈的最终努力水平（e_1^*, e_2^*）会达成静态纳什平衡。假定两个公务员都是风险中性的，在使自己利益最大化的目标驱使下，他们给对方的选择，即对任意的 i, e_i^*，必须是下列最大问题的解：

$$[w_h \cdot p\{y(e_i) > y(e_j^*)\} + w_l \cdot p\{y_i(e_i) \leqslant y_j(e_j^*)\}] \tag{1}$$

$$\underset{e_i \geqslant 0}{=} \max[(w_h - w_l) \cdot p\{y_i(e_i) > y_j(e_j^*)\} + w_l - g(e_i)] \tag{2}$$

其中 $y_i = e_i + \varepsilon_i, i = 1, 2$，$p\{\cdots\}$ 表示括号中不等式成立的概率。根据最大化问题的一阶条件，可得

$$w_h - w_l \frac{\partial p\{y_i(e_i) > y_i(e_j^*)\}}{\partial e_i} = g'(e_i) \tag{3}$$

这就是公务员必须满足的基本条件。其经济意义是，公务员付出努力的边际收入必须等于付出努力的边际负效用数值。

根据关系式（3），进一步地确定两位公务员具体选择，将模型假设中的产出函数式（1）和随机扰动的概率分布 $f(\varepsilon)$ 代入最大值问题的概率公式式（2），利用条件概率的贝叶斯法则得：

$$p\{y_i(e_i) > y_j(e_j^*)\} = \int_{\varepsilon_j} [1 - F(e_j^* - e_i + \varepsilon_j)] f(\varepsilon_j) d\varepsilon_j \tag{4}$$

把式（4）代入式（3）中，可得：

$$(w_h - w_l) \int_{\varepsilon_1} f(e_j^* - e_i + \varepsilon_j) f(\varepsilon_j) d\varepsilon_j = g'(e_i) \tag{5}$$

在这个博弈中，两个公务员的情况是一样的，我们可以假设他们对努力程度的选择也相同，即 $e_1^* = e_2^* = e^*$，这样就得到：

$$(w_h - w_l) \int f^2(\varepsilon_j) d\varepsilon_j = g'(e_i) \tag{6}$$

这就是两公务员之间静态博弈的纳什均衡。也就是在给定工资、奖金水平下的最优努力水平决定公式。从式（6）中我们可以看出，由于我们假设 $g(e)$ 是增函数，说明对工作努力者的奖励越大即（$w_h - w_l$）越大时，公务员的努力程度 e^* 也会越高。反而当奖励不变，即 $w_h - w_l$ 固定，而对产出的扰动因素的影响扩大，那么公务员会认为这场竞赛的结果更多的取决于"运气"，而非他们的努力程度，这样他们会觉得他们的努力是不值得的，这样他们就会选择较小的 e^*。

因此要设立合理的工资奖金制度。根据公正的绩效评估来设立奖金制度。对工作努力的公务员提供高奖金，以工作的努力程度以及业绩设立梯级奖金制度，以此激发公务员的工作积极性，提高 e^*。同时也要确立公正有效的绩效考核制度。公正合理地评估每一位公务员的努力程度，将产出的随机扰动因素的影响减到最小，让公务员确信竞赛的结果并非来自"运气"，而是来自自己的努力程度。

1. 第一阶段分析

因为公务员的参与是政府激励机制有效的起码条件，因此我们必须保证两名公务员愿意参与。满足上述假设，则必须设有"参与约束"。假设公务员工作得到的收益为 u_a，于是，保证公务员接受工作和参与竞赛的基本条件是：

$$\frac{1}{2}w_h + \frac{1}{2}w_l - g(e^*) \geqslant u_a \tag{7}$$

所有经济人都追求自身利益的最大化。在公务员接受工作和参与竞赛的前提下，政府会尽可能地压低工资奖金。因此，"参与约束"可进一步理解为

$$\frac{1}{2}w_h + \frac{1}{2}w_l - g(e^*) = u_a \tag{8}$$

可得

$$w_l = 2u_a + 2g(e^*) - w_h \tag{9}$$

假设满足上述"参与约束"，在第二阶段分析中我们已知在工资水平固定情况下，两名公务员选择的努力程度是相同的，为 e^*，而且满足式（6），因此政府的利润函数为：

$$y_1 + y_2 - w_h - w_l = 2e^* + \varepsilon_1 + \varepsilon_2 - w_h - w_l \tag{10}$$

由于 ε_1 和 ε_2 都是均值为 0 的随机变量，则政府的期望利润为 $2e^* - w_h - w_l$，政府选择工资水平是以利润最大化为目标，即

$$\max_{w_h \geqslant w_l > 0} \{2e^* - w_h - w_l\} \tag{11}$$

根据式（9），可将政府决策转化为促进公务员的努力程度需满足

$$\max_{e^* > 0} \{2e^* - 2u_a - 2g(e^*)\} \tag{12}$$

由于 u_a 是外生确定的常数，因此政府利润最大化要求的公务员努力程度的一阶条件为

$$1 - g'(e^*) = 0 \tag{13}$$

将式（13）带入式（6），得到

$$(w_h - w_l) = 1 \bigg/ \int_{\varepsilon_j} f^2(\varepsilon_j) \, d\varepsilon_j \; 且 \int_{\varepsilon_j} f^2(\varepsilon_j) \, d\varepsilon_j = \frac{1}{2\sigma\sqrt{\pi}} \tag{14}$$

该式的意义在于其具有有效激励作用,且符合政府利益的奖金水平($w_h - w_l$),只与工作成绩的不确定性有关,$\int_{\varepsilon_j} f^2(\varepsilon_j)\mathrm{d}\varepsilon_j$ 位于分母,可看出工作成绩的不确定性越小,符合政府利益的奖金水平就越高,政府的激励效果越显著。因此要减小工作成绩的不确定性就要有效公正地评估公务员的工作成绩,建立合理的绩效考核制度。

与此同时,符合政府利益的奖金水平 $w_h - w_l$ 与产出函数随机因素概率分布的方差正相关,即方差越大,激励效用越高。公务员之间能力水平差距越大,激励越有效。能力强的人获得奖金多,能力弱的人获得奖金少,以此带来激励效用,让能力弱的公务员向能力强的公务员学习,推动整体效率提高。若方差小,即公务员之间水平相差小,每个公务员得到的奖金相似,激励作用随之减小。因此,要建立合理的公务员录用、淘汰、晋升机制。将公务员之间的能力方差控制在激励有效的区间内。在录用、淘汰、晋升三个环节中严格把关公务员的能力素质,合理分配岗位。这样可以充分调动公务员的积极性。公务员参与工作竞争,获得成就感,实现人生价值。

五、必要的建议

我们通过"囚徒困境"和"工作竞争模型"对"庸官懒政"进行了分析。从"囚徒困境"模型可以看出,庸官懒政的主要原因是政府监管不力和缺乏有效的激励机制。由"工作竞争模型"可知,为了减小公务员工作成绩的不确定性,就要建立合理的绩效考核制度,有效公正地评估公务员的工作成绩。我们提出以下建议作为本章总结。

第一,重视公务员道德教育和思想工作。我们主要从经济角度探讨庸官懒政的破解之道,但不否认道德教育和思想工作对塑造公务员道德观、人生观、世界观的重要性。懒惰与勤快相对立,是人生的七大罪过之一,其他罪过是骄傲、贪婪、恋色、好食、嫉妒和易怒等。与之对应的人生美德是审慎、节制、正义、坚韧、忠信、希望和仁慈。罗尔斯以法官为例,强调公务员具备相应职业道德的重要性:"不难看出,就许多职业和角色而言,道德原则在规定受人推崇的品质方面是举足轻重的。比如,一个好法官要有一种强烈的愿望去伸张正义,依照法律的要求公平裁决案件。他要做到以德配位,具备以下司法美德:为人刚正不阿,公平评估证据,不徇私枉法,不为私心杂念所左右。这些品质或许不是充分条件,但一般来说却是必要条件。"①当然，这些品质不是与生俱来的，而是后天培育的结果。依据劳伦斯·柯尔伯格的实证研究，良知是教育的结果，人的诸多德行不是与生俱来的，而是后天塑造的。每个现代人都有自我批评能力和道德共同体成员认同意识，关键在于通过民主教育把他们造就成这样的公民。"公民教育的价值内核是道德正义原则。"②懒怠的公务员实际上把自己归入丧失自我批评能力和丧失道德共同体成员认同意识的另类公务员之列。把懒怠的公务员改造成勤快的公务员，可以有很多路径。对公务员开展道德教育，加强思想政治教育，仍然是训导公务员的重要路径。

第二，认清"庸官懒政"的本质及其危害。懒怠使人无所作为，无所事事，损耗了人的生命力，扼杀了人的创造力，一切皆陷入无意义之境。表面上，懒怠也给人以种种好处，某种"不劳而获"的成就感，但它是一种人格异常，一种心理疾病，严重的懒怠者需要接受专业心理治疗。相比之下，公务员"庸官懒政"或"庸官懒政"主要表现为公务员的角色异常而非人格异常，是滋生于公共机构的机关病。一些在上班时间懒惰懈怠、无精打采的公务员，只要换个场景，比如在私人生活中，便会完全换了一副模样，表现得精神抖擞，思维敏捷，行动迅疾。他们原本神龙活虎，生活得有滋有味，只在公务时间才表现出意志消极、精神萎靡、思想迟滞、行动僵化等诸多角色异常。公务员的"庸官懒政"，往往以公权示弱方式来回避其行政责任或公权责任，其造成的后果是行政效率低下，政府信誉贬损，公权威严扫地，必定损害公共利益，不可等闲视之。

"公职人员对向其寻求信任和信心的公民同胞，负有与之共同运行民主社会的职责。"③因此，同假公济私、以权谋私、贪赃枉法相比，行政不作为或庸官懒政，是另一种腐败。少数公务员角色失真，内心灰暗，"事不关己，高高挂起"；他们"懒政庸政"，在其位不谋其政，成事不足，败事有余；他们甚至渎职乱纪，违法犯科，严重影响党、国家和政府形象，成为社会负能量的载体。"庸官懒政"或行政不作为，不仅要给予公开谴责，而且要诉诸党纪国法，予以惩治。

第三，纠正公务员岗位即为"铁饭碗"的错误思想。建立公正的公务员录用、晋升、淘汰机制，控制公务员的能力方差在有效激励的区间内。在公务员录用上，要有选择性地进行录用，除了考察综合素质，更要将其素质与工作岗位的特性相统一。在通过公务员考试后可通过具体单位负责人进行面试，将公务员分

① John Rawls，*A Theory of Justice*，Revised Edition，p. 355.
② Lawrence Kohlberg，*Moral Education*，Unpublished manuscript of speech delivered to educators，Braga，Portugal，January 1986，p. 1.
③ John Rawls，*A Theory of Justice*，Revised Edition，p. 97.

配到最适合的工作岗位,提高行政效率。在公务员的晋升上,要进一步完善干部选拔机制。按照行政岗位的不同性质和领导干部的不同能力,运用公开、自由竞职等手段,开通行政职务晋升、行政级别晋升、专业技术职称晋升等多条渠道,把能力强、作风硬的人才选拔到行政领导岗位上来,让真正优秀的干部向更高职位和级别流动,承担更大责任、发挥更大效能。无法胜任自己岗位的公务员,向下淘汰到其适合的工作岗位。公务员工作的岗位要求要透明;对没有完成自身职权内工作的公务员,要实行惩罚;对在其位不为其事的公务员,要坚决辞退;使公务员意识到,努力工作有才能的公务员才有晋升的机会,名不副实的公务员则会被淘汰。

第四,设立公务员绩效考核制度。公正合理的绩效考核制度是衡量公务员工作能力的制度保障,是实施奖惩的重要依据。要建立权威的绩效考核组织,来负责制定整理各单位具体的绩效考核制度。建立科学的评估指数体系,对公务员工作开展定量定性评估。既要对公务员工作量进行考评,还要对公务员工作质量进行评估。可以参考民众对其工作的满意度、每日工作报告及工作影响等一系列指数对公务员的工作进行绩效考核。

第五,建立公务员梯级奖金制度。公务员获取薪水的方式,相似于企业员工获取薪水的方式。"假设每个公司(不论公有还是私有)都必须调整其对长期供求关系的工资价格。公司的薪酬不能定得太高,以至于付不起这些薪酬。公司的薪酬也不能定得太低,以至于足够多的人考虑到其他可得到的机会,将不愿意为公司效劳。"[1]正如"工作竞争模型"分析结果显示的那样,设置合理的工资奖金制度对促进公务员内部激励有着显著影响。"经验和培训,天赋能力和特殊专长,往往能赚取溢价。因为具有这些特征的人有着更强的生产能力,公司愿意为他们支付更多的薪水。这个事实说明和强调着按照贡献付酬的规则。在特殊情况下,我们确立了按照训练付酬或按照经验付酬的规则。但是,从供应方来看,如果要说服那些后来可能提供服务的人承担培训和延期的费用,就必须支付额外酬金。"[2]企业和政府都愿意录用有着出色工作表现的员工。当公务员的努力程度与奖惩力度成正比,奖惩力度越大,公务员工作的积极性也越高。此外,公务员的自我激励效果比外部制度效用要高得多。因此,要设立公务员的梯级奖金制度,根据公正的绩效评估来决定奖金分配,达到公务员努力程度与奖惩力度的平衡。当然也要保证公务员的基本工资,保证公务员的生活水平。良好的生活保障有利于提高公务员工作的积极性,在一定程度上防止公务员以权谋私,减

---

[1] John Rawls, *A Theory of Justice*, Revised Edition, pp. 268—269.

[2] John Rawls, *A Theory of Justice*, Revised Edition, p. 269.

少公务员工作的不作为和乱作为。

第六，实行公务员外部聘用制度。"涉及不确定的或不稳定的工种，或在危险的和不愉快的艰苦条件下工作的工种，往往会得到更多报酬。否则的话，就找不到人去做那样的活儿。在这种情况下，就产生了按照努力付酬或按照风险付酬的规则。即使个体具有相同的天赋能力，这些规范仍将按照经济活动的要求而产生。"①同样地，在政府工作中，对某些需要专业技能的工作岗位，一般公务员的工作能力无法胜任，建议委托"985""双一流"高校培养专业技术人才，向其指定招收相关专业人才，弥补公务员专业能力缺失。对已有公务员进行专业培训和引导，使公务员在学习中工作，在工作中学习，解决"不会做"的工作难题。

第七，建立多方位监督体制。统一监察、法制、审计在内的监督体制，实现监督体制网络化，各个部门相互监督。加大社会公众监督。可以借助网络来监督公务员工作，也可用民众满意度来监督公务员工作，将民众满意度作为工作的重要指数，实现全民监督。设置效能投诉中心，受理群众投诉，主动接受群众监督，奖励举报属实的群众。

综上所述，政府工作或公共行政以公共利益、人民利益或国家利益的最大化为目标。笔者把政府当作追求这样的利益和其他社会价值的独立实体。公务员是政府实现那些利益或价值的手段。庸官懒政或行政不作为是对如此目标的背离。造成背离的重要原因，是公务员经济利益没有得到合理的激发。当然，在公共行政领域，任何经济激励总是有限的。对于对有限经济利益激励措施无动于衷的公务员来说，也许，只有巨额贪腐才能激发起他们的行动冲动。这样的公务员已经成为国家公害或人民之敌，在公共行政领域不该有立锥之地，非清除不可。这项清除工作正构成政府自我革命的重要内容，也是中国政治改革的重要组成部分。最后，笔者借用习近平的一句话来结束本章的讨论：

"担当就是责任，好干部必须有责任重于泰山的意识，坚持党的原则第一、党的事业第一、人民利益第一，敢于旗帜鲜明，敢于较真碰硬，对工作任劳任怨、尽心竭力、善始善终、善作善成。'疾风识劲草，烈火见真金。'为了党和人民事业，我们的干部要敢想、敢做、敢当，做我们时代的劲草、真金。"②

---

① John Rawls, *A Theory of Justice*, Revised Edition, p. 269.
② 习近平：《习近平谈治国理政》，北京：外文出版社，2014 年版，第 416 页。

第8章 民族分离主义:
社会共享的文化阻力

由于族群认同、民族认同或种族认同的差异,民族分离主义是民族国家的共同体成员离心离德的倾向,是社会共享的主要文化阻力。在多民族主权国家,族群的、民族的或种族的分离主义成为导致民族国家内部各族群、民族或种族分裂的重要因素。进入21世纪,民族分离主义没有随着大部分国家和地区民族矛盾和民族关系在冷战后调整完毕而终结:斯里兰卡泰米尔人、印度尼西亚亚齐人、西班牙巴斯克地区、英国爱尔兰地区、中东库尔德地区等在追求民族独立道路中采取了暴力手段;西班牙加泰罗尼亚地区,英国苏格兰地区和爱尔兰地区,比利时弗拉芒地区,加拿大魁北克地区等举行了希望从原有多民族国家分离出去的全民公投。2016年11月9日,美国共和党候选人唐纳德·特朗普打败民主党候选人希拉里·克里顿,成为第45届美国总统,导致部分选民不满。纽约、芝加哥、洛杉机等地相继发生示威游行,抗议选举结果。加州独立运动网站(YesCaliornia.org)策划公投,谋求加州脱离美利坚联合众国而独立,分离主义阴影笼罩在加州上空。随着宗教极端势力的全面复兴,世上有民族纠纷或冲突的热点地区不时发生恐怖主义事件。分离主义有其新诱因和新趋势。

然而,"政治边界和民族边界不可能完全相等"[①]。当今世界一些重要国家成员,不断退出重要的国际组织或跨国联盟,否定维护国际和平与稳定的重要协议,比如,英国脱欧,美国先后退出伊核协议和中导条约,给国际和平环境又增加更大的不确定因素。无论在国家主权内部的族群冲突与民族冲突中,还是在国际组织或国际关系层面的国家利益冲突中,民族分离主义正在成为国内和国际社会共享的重要阻力。

有鉴于此,我们将探讨21世纪民族分离主义的诱因,审视其趋势,总结其带给世界的教训。

---

① Shane O'Neill & Keith Breen(eds.), *After the Nation: Critical Reflections on Nationalism and Postnationalism*, New York: Palgrave Macmillan, 2010, p. 86.

一、民族分离主义的原因分析

民族像民族国家一样是想象的政治共同体,具有非理性特征。民族分离主义对民族国家的解构体现了这种非理性特征。进入 21 世纪,填补意识形态真空的民族主义影响力慢慢褪去,民族政策失误伴随国家治理理念和治理能力的提升也在减少,外部势力对西欧和北美等发达民族国家难以造成实质性影响。除了历史原因,诱发民族分离主义的传统解释已被消解,传统原因无法解释 21 世纪欧美西方国家颇为活跃的民族分离主义现实。我们认为,以下因素可以解释21 世纪分离主义产生的原因。

第一,全球化的影响。20~21 世纪之交,与民族主义浪潮相伴而来的,还有全球化浪潮。"世界性经济及政治系统整合程度的提高,加剧了民族国家内部的族群分裂。"[①]民族国家内部存在权力向上和向下移动的逻辑,解构了非主体民族对国家权威的认同。

权力上移源于超民族国家力量出现,造成民族国家衰落。伴随跨国公司和全球资本消解民族国家的经济主权,联合国、欧盟、东盟等超国家组织分享和介入国家政治权力,全球化带来跨民族国家范围的经济认同和政治认同,产生所谓的"后民族结构(Post-national Constellation)"[②]或"后民族时代(post-nationalist era)"[③]。国家对内的控制力、影响力甚至政治、经济等领域的实际权力部分让渡给超国家力量或实体组织,削弱了国内民众对本国政府权威的认可,国家经历了"去中心化"过程。民族国家本来就是想象的共同体,一旦"'民族'从'民族国家'中抽离出来,就会像软体动物被从其硬壳中扯出来一样,立刻变得失去形态"[④]。比如,欧盟的成立部分剥夺了非主体民族对民族国家的认同,转向期待直接加入欧盟可以得到同样的安全保护,更好地获得政治权力和经济权益的分配。这是西欧分离主义运动频繁发生的原因之一。

---

① Susan Olzak, "Ethnic Protest in Core and Periphery States", *Ethnic and Racial Studies*, 1998, Volume 21, p. 187.

② 参阅 Jürgen Habermas, *Postnational Constellation: Political Essay*, Cambridge: The MIT Press, 2001, pp. 58-112.

③ 参阅 Shane O'Neill & Keith Breen (eds.), *After the Nation: Critical Reflections on Nationalism and Postnationalism*, pp. 1-18.

④ Eric J. Hobsbawm, *Nations and Nationalism Since 1780: Program, Myth, Reality*, Cambridge: Cambridge University Press, 1992, p. 190.

权力下移体现在中央和地方在政治权力、经济利益分配方面存在张力。就政治权力而言,民主、共享、治理等概念借全球化之力向世界各地渗透,国家和地方的权力分配总体呈现出向地方倾斜的趋势。在经济上,由于部分地区自身资源丰富或经济实力较强,地区本身就可以作为经济单位与外界建立经济联系。这些地区的经济发展、政治话语权相对提升,对民族国家的主权认同不断降低。在经济全球化和福利国家政策背景下,这些地区存在被剥夺经济利益的情况,主权国家不但不能给它们提供经济的互补利益,反而拖累它们的发展。于是,它们强烈希望摆脱和主权国家的主从关系。比如,北海油田发现之后,苏格兰不满北海油田收益和威斯敏斯特分享是苏格兰分离主义在近期愈发强烈的重要原因。加州独立运动之所以发生,主要是因为经济利益原因,加州人民不愿意以自己的经济成就和科技成就去支持美国其他相对落后地区。

因此,全球化存在融合与冲突、一体化与碎片化的二律背反。国家能力正在不断被超主权国家力量分享或转移给地区和地方层面,国家能力在超国家力量、民族国家、地方层面进行重新分配,民族国家的国家能力正在衰退,使得非主体民族对国家认同感衰减,他们相信可以跨越民族国家层面直接连接外界环境,实现民族发展。这是"大规模的超民族主义与裂变的族群民族主义同时增长的自相矛盾现象"出现的原因。[①]

第二,宗教势力介入民族分离主义。在全球化冲击下,世俗化进程开始转向,"一种新的宗教模式产生,其目的不再是适应世俗化价值观,而是为社会奠定一种神圣基础——如果有必要甚至可以改变社会"[②]。"全球宗教复兴(the global resurgence of religion)"由此开始。"宗教日益具有显要性和说服力,例如,影响私人生活和公共生活的宗教信仰、宗教实践和话语体系,宗教团体、宗教个体、非官方组织、政党和群体等在国际政治中发挥着重大影响。"[③]宗教教徒或宗教组织数量增加,宗教影响力在公共领域日益凸显。"宗教从所谓的威斯特伐利亚的放逐,回归国际关系的中心。"[④]随着"社会、经济和文化现代化的进程,文化认同和权威体系长期存在的纽带松懈了。人们从农村转移到城市,脱离了他

① [英]史密斯:《民族主义:理论、意识形态、历史》,叶江译,上海:上海人民出版社,2006 年版,第142 页。

② Gill Kepel, *Revenge of God:The Resurgence of Islam, Christianity and Judaism in Modern World*, Pennsylvania: Pennsylvania State University Press, 1994, p.2.

③ Scott M. Thomas, *The Global Resurgence of Religion and the Transformation of International Relations:The Struggle for the Soul of the Twenty-First Century*, New York: Palgrave Macmillan 2005, p.26

④ 徐以骅:《全球化时代的宗教与国际关系》,《世界政治与经济》,2011 年第 9 期。

们的文化根基和生存基础,从事新的工作或失业。他们被迫要和一群陌生人相互影响,暴露在新的关系模式中。他们亟需新的认同根源,新的稳定关系和新的道德规范使他们可以找到自身的意义及目标。不论主流宗教还是原教旨主义宗教都可以满足他们的需求"①。于是,伊斯兰复兴主义、泛伊斯兰主义、泛突厥主义甚至宗教极端主义、原教旨主义"成为宗教冲突和分离主义的主要思想渊源和动力"②。宗教复兴、民族主义、恐怖主义三者合流,给21世纪民族分离主义注入了更多不稳定因素,使民族对立超越民族国家本身,演变为世界范围的"文明冲突",扩大了民族分离主义的影响力,使得国内民族关系的变动成为具有国际影响力的大事件。

第三,竞争性政党对民族分离主义起着推波助澜作用。尽管存在分离主义和恐怖主义的合流,但作为21世纪分离主义的主流,欧美发达资本主义国家所在地区均选择由政党组织领导,在宪法制度框架内,以合法手段表达和追求分离的目标。之所以会有政党组织,除了西方发达资本主义国家政治民主化程度高,政治文明先进,有政党政治、民主传统外,也和民族(族群)、民族主义等概念的"政治属性"有关。民族和民族主义的关系在于"民族主义不是民族自我意识的觉醒:民族主义发明了原本不存在的民族"③。民族主义"首先是一条政治原则,它认为政治单位和民族单位应该是一致的"④。民族分离主义者希望从原来的多民族国家内部分离出去,建立以本民族人口及其所辖地区为边界的新国家。因此,民族分离主义是一个政治概念。由此创造或想象出来的"民族",是试图分离的民族及其政党和政治势力实现政治诉求的物质载体,是为实现民族分离的政治目标而想象出来的共同体。

在具体实践中,为了使"民族"有效参与政治活动,保证利益诉求的准确性和连贯性,最牢靠的组织形式就是政党组织。以其为载体,在宪法框架内合法分享国家政治权力,参与政治生活,表达民族利益诉求。选择这种方式不会使民族国家感受到该地区民族主义的崛起是对其主权的严重挑战,反而更容易获得政治权力和经济权力的下放,从高度自治演变为完全独立,走上渐进式分离主义。由政党提议的全民公投是这种渐进式分离主义的显著特征。需要认清的是,政党有政党的弊端。政党由人组成,政党存在的根本目的是赢得选民的支持与获得更大的政党利益。在渐进式分离主义取得进展或成功的地区,都存在政党政治

---

① 　Samuel P. Huntington, *The Clash of Civilizations and the Remaking of World Order*, New York: Simon & Schuster, 1996, p. 97.

② 　杨恕:《世界分裂主义论》,北京:时事出版社,2008 年版,第 11 页。

③ 　Ernest Gellner, *Thought and Change*, Chicago: The University of Chicago Press, 1965, p. 168.

④ 　[英]盖尔纳:《民族与民族主义》,韩红译,北京:中央编译出版社,2002 年版,第 1 页。

动作的政治现象。

在政党政治中,"分离"是一个好议题。政党通过追求民族分离,挑拨选民情绪,获得更多民众支持,在现有体制下分享到更多政治权力。极端而言,追求民族独立,建立新国家,可以使该政党从参政党变成至少是短时期内的唯一执政党。正如曼瑟·奥尔森指出那样,"任何少数人的利益集团为了能够获得大多数人的支持,往往将一己之私说成是符合大众利益的事情,将'官意'和'民意'混合起来"①。政党追求分离很难让人相信不存在基于政党和其领袖自身利益的考量。以苏格兰民族党为例,为了让更多人对独立公投投赞成票,苏格兰民族党极力鼓吹苏格兰独立之后的美好愿景,包括独立白皮书《苏格兰的未来》在内的有些数据明显存在问题,有夸大独立后经济收益,忽略独立成本和困难的嫌疑。这是基于党派利益对苏格兰民众不负责任的做法。

第四,在国家和地区权力结构中,过分放权会催生分离主义。21世纪分离主义主要发生在欧洲、北美等发达资本主义国家。这些国家政治文明发展程度较高,在国家和地方关系上通常采取放权的政治策略。面对地方兴起的民族主义,中央政府大多采取让渡政治、经济自治权力,设置独立议会的做法。但这种做法往往会获得相反的效果。尽管中央政府只想给予有限的地方"自治"权力,但是这种自治权力一旦失控,反而被当地谋求分离的政党、群体利用,成为分离的助推器。权力下放导致两种可能结果:"拉拢"非主体民族,或者被其"利用"用于追求分离。这两种结果之间不存在明显的界限,只能由民族国家根据本国实际情况进行尝试。在多次博弈之后,实现中央和非主体民族在权力和凝聚力上的平衡。

分权不一定是解决民族问题的正确方案。单纯以为权力下放就可以延缓分离诉求是天真的。权力下放很可能使得非主体民族在意识形态上减少了对国家的认同,产生离心力,同时利用政治制度上的安排为其实现分离提供可能路径。分权作为一种制度设计存在制度惯性。权力可以逐步下放,但不可过度给予。否则,收回权力一定会激化民族矛盾,引起非主体民族的强烈不满。在这一问题上,苏格兰地区和魁北克地区由于过多权力下放,导致分离意识产生,激发民族情感。同时,独立议会等也为分离的具体运作提供了制度空间。两个地区多次通过展开独立公投追求分离目标。但也要看到,西班牙中央政府向地方的权力让渡维持了国家稳定和统一。西班牙设立17个自治区,赋予其自治权,使得加泰罗尼亚、巴斯克等地区的民族分离运动趋于缓和,国内民族团结得到强加。因

---

① 廉思、孙国华:《民族自决权实现方式的法理研究——以全民公决制度为对象的分析》,《政治学研究》,2008年第3期。

此，放权在何种程度上会缓和民族矛盾，阻碍民族分离，在何种程度上会削弱民族凝聚力，给民族分离以精神支持和制度保证，这是一个值得思考的问题。由于各国民族问题、政治制度等存在差异，这一问题恐怕要在各多民族国家反复进行中央—地方权力分配，即在分权的尝试和博弈中才可回答。

第五，全球经济衰退和要求发展地区经济的矛盾也会导致分离主义。"主权国经济脆弱会加剧外围民族对主权的要求。"[①]2008 年金融风暴和随后的欧债危机严重打击了北美经济和欧洲经济，持续的经济衰退加剧了非主体民族对中央政府的质疑和反感，产生了摆脱被同一国家其他地区及中央政府的无能所拖累，分离出去自主发展会更好的想法。还有一些经济相对落后的地区担心自身地位在全球化浪潮中进一步被忽略，倾向于通过脱离原有主权国家，强化自身地位，参与世界经济。比如，自 2009 年以来，西班牙经济一直处于低迷状态，居高不下的失业率和银行坏账率及其他一系列错综复杂的问题使得西班牙陷入经济衰退的泥潭。根据加泰罗尼亚政府的数据，2009 年加泰罗尼亚上缴的税收占中央政府收入的 19.5%，但只获得 14% 的转移支付。因此，存在加泰罗尼亚对中央政府的糟糕经济买单的情况。作为西班牙经济最发达地区之一，拥有先进制造业、冶金业、化工业等实体经济，旅游业等第三产业日益兴旺的加泰罗尼亚，难怪会产生分离出去会更好的念头。分权已经无法凝聚加泰罗尼亚地区对西班牙中央政府的认同感，分离主义思潮伴随西班牙经济衰退在 2009 年后又开始甚嚣尘上。

第六，当代科技革命的影响。高科技的发展尤其是社交媒体和通信工具的革新，使得政治动员、咨询交流等通过互联网和社交网络迅速开展，便利了分离主义的思想传播和实际运作。只要有网络存在，政府就很难打击甚至控制分离主义思想的漫延。"一个集团的觉醒不仅唤醒了另一个集团，也为它的民族主义和暴力提供了语言上和策略上的框架结构。"[②]这种传播起到示范作用，使原本没有分离想法的民族萌生分离念头。

总而言之，21 世纪分离主义存在多种原因，每个原因都可能成为压垮民族国家的最后一根稻草。"稍有一点不正常都可以成为民族问题的发端。"[③]需要区分的是，传统分离主义的原因部分揭示了当时分离主义的产生具有一定合理性，可以得到世人的同情。但是，进入 21 世纪，分离主义的原因只能佐证其不合理性和消极性：在历史因素和文化因素逐渐淡化，人种、肤色和语言不再成为民

---

① 　Michael Hechter, *Containing Nationalism*, Oxford：Oxford University Press，2000，p.132.

② 　王逸舟：《恐怖主义溯源》，北京：社会科学文献出版社，2002 年版，第 333 页。

③ 　［日］宇多文雄：《关于"民族问题"的几点思考》，章莹译，《民族译丛》，1994 年第 1 期。

族国家内部国民交流的障碍,包括少数族裔在内的所有公民的权利被充分保护和尊重,民族政策失误甚少发生的情况下,仅仅基于全球化导致民族国家衰落和放权带来地方力量增强,在宗教因素催化下,利用科技进步带来的便利,以政党为分离诉求表达载体,借助经济衰退这一最现实最直接因素的作用谋求地方分离,是不合理、不正当的。其分离诉求无法被国际社会认同。21 世纪分离主义运动的消极性在其产生原因上可以得到充分揭示。

二、民族分离主义的趋势分析

第一,进入 21 世纪,分离主义出现一些新趋势,对现有民族国家体系具有解构作用。前苏联地区的分离主义直接源于"苏联对内实施大俄罗斯民族主义政策和对外推行大国沙文主义霸权,国内非俄罗斯民族感受到帝俄时期民族压迫的阴影,东欧国家的人民则感受到具有殖民主义色彩的统治"[1]。但是,当分离主义浪潮逐渐蔓延至西欧、北美和亚非拉一些已经实现民族解放的国家和地区时,它产生了异化,不再是帝国主义或殖民地宗主国同殖民地国家人民之间的矛盾,而是业已建立的多民族国家内部单一民族的分离诉求。他们仍以"民族自决权"为正当性来源,追求"一族一国"的目标,希望民族国家在族群、语言与国家领土上保持一致。它具有破坏主权国家完整和社会稳定的消极性质,成为影响多民族主权国家稳定和发展的重要障碍。法国科西嘉、西班牙加泰罗尼亚、加拿大魁北克、英国苏格兰和印度尼西亚亚奇等地区存在的民族分离运动都具有这一特点。

第二,进入 21 世纪,"和平的民族分离运动很少发生"[2]。分离主义存在同恐怖主义融合的趋势,这种情况多发生于亚非拉地区以及西欧北美中的落后国家和地区。"恐怖主义者进行恐怖活动有可能是理性思考的结果。"[3]分离主义和恐怖主义相勾结。如果政治机制和协商谈判无法实现独立目标,分离主义者就会诉诸暴力形式。从暴力到极端暴力的选择,是由于谋求分离的非主体民族一般在"政治地位、经济地位、文化影响、人口规模、宗教信仰和生活习俗等方面

① 郝时远:《20 世纪三次民族主义浪潮评析》,《世界民族》,1996 年第 3 期。
② 郝时远:《民族分裂主义与恐怖主义》,《民族研究》,2002 年第 1 期。
③ 王逸舟:《恐怖主义溯源》,北京:社会科学文献出版社,2002 年版,第 26 页。

处于社会非主流的情况"①。因此，"与政府进行常规战争无异于军事上的自杀"②。通过匿名方式制造事端或诉诸极端暴力即恐怖主义成为分离主义者的唯一选择。"战略性地诉诸暴力可迅速吸引注意力。"③这种注意力来自国内和国际两个层面：本国政府会对该民族问题进行关注，并很有可能出于维持国家稳定民族团结的角度优化该民族的生存环境，从政治、经济等角度赋予其更好的政策和制度环境；此外，就算本国政府选择忽略，在全球化时代，国际舆论也会形成压力，迫使该国政府关注民族政策和民族问题。因此，分离主义者倾向于选择恐怖主义作为表达政治诉求、追求分离目标的手段。分离主义成为恐怖主义"最持久、最强有力与最致命的根源之一"④。

我们看到，民族主义和恐怖主义勾结存在三个特点。(1)由于民族、宗教和恐怖主义的关系错综复杂，基于民族分离主义的恐怖主义常带有浓厚宗教色彩。分离主义、恐怖主义和宗教三者合流，使得问题愈发复杂，不断延伸出新的冲突与对立。在 21 世纪，冷战时期被高度关注的意识形态之争走向终结，宗教力量全面复苏，基于民族主义产生的恐怖主义在宗教催化下愈发突出。(2)外部力量介入痕迹明显。一是跨国民族的"母国"支持邻国内部的民族分离运动，二是大国干涉染指多民族国家内政并为其中一方提供武力支持以获得政治利益和经济利益。⑤ (3)手段越发血腥暴力，针对对象逐步转向无辜群众而非政治性目标。他们往往在公开场合，以普通民众或大型民用建筑为目标，用残忍手段制造规模较大的恐怖袭击活动，试图获得当局的注意并获得国际关注。比如，2002 年 10 月，车臣恐怖分子在莫斯科轴承厂文化宫制造了劫持人质事件，最终导致 128 人之死亡，500 多人受伤。2004 年 8 月，车臣恐怖分子袭击了俄罗斯两家民用客机，导致 90 余人遇难。同年 9 月 1 日，车臣分子跨境进入北奥塞梯共和国一中学劫持了 1000 多名人质，最终使得包括 157 名儿童在内的 335 名人质遇害，700 多人受伤。

第三，21 世纪民族分离主义者表达诉求的手段存在和平、合法的方法，采用温和的分离主义形式。这种趋势主要存在于经济和民主政治相对发达的西欧和北美国家，是 21 世纪分离主义的主流。在这些国家，多民族间历史上不存在深刻的民族仇恨，生活中没有民族压迫或受到不合理的民族政策对待，民族问题本

---

① 郝时远：《民族分裂主义与恐怖主义》，《民族研究》，2002 年第 1 期。

② Anthony Oberschall, *Conflict and Peace Building in Divided Societies*, *Responses to Ethnic Violence*, London and New York: Routledge Press, 2007, p.42.

③ Michael Hechter, *Containing Nationalism*, Oxford: Oxford University Press, 2000, p.129.

④ 胡联合：《当代世界恐怖主义与对策》，北京：东方出版社，2001 年版，第 29 页。

⑤ 杨恕：《世界分裂主义论》，北京：时事出版社，2008 年版，第 258 页。

身并不复杂。结合其发达的民主政治以及通常通过赋予民族地区高度自治权力，设立单独地方议会等权力下放措施提高非主体民族的凝聚力，其民族分离主义往往会采取公投等和平形式。

比如，加拿大魁北克地区谋求独立的历史脉络就是以和平手段谋求民族独立的范例。其领袖勒内·勒维斯克曾指出："为了达到目的，民族主义是不可避免的，问题是如何运用它，因为没有人确信能控制住它；我们所要做的就是尽力找到一条合乎逻辑的、理性的、宽容的方式。"①除了加拿大魁北克地区和乌克兰克里米亚地区，英国苏格兰地区在追求独立过程中也采取了全民公投形式。尽管在形式上全民公投是温和的，对人民生产生活影响较小，但在本质上是非主体民族借助中央政府对其重要性和特殊地位的过度强调与放权，挑战了多民族国家体系。由于这种渐进的分离形式，或者说"温和的"民族分离主义多发生在民主国家，对民主制度产生了冲击。

谋求独立的全民公投拷问了以下问题：在民族问题上中央政府是否应该放权；放权维系民族关系稳定和放权导致民族分离的界限在哪里；是否可以通过全民公投形式决定民族去留问题等。由于全球化和一体化进程，这种多发生在发达国家或地区的分离主义对国际政治经济格局会造成深远影响。诸如 2014 年 8 月苏格兰独立公投和 2016 年 6 月英国脱欧公投就是地方分离主义影响全球政经格局的有力佐证。

第四，21 世纪分离主义实体——民族——也在淡化，在界限上变得模糊。分离主义者也许不是传统意义上在历史起源、文化、宗教、语言等方面存在共性，与其他族裔有明显区别的一群人。他们可能仅仅是"想象的政治共同体"②。在对某一方面有相同利益诉求且选择采用分离手段实现诉求后，他们相互承认，成为一个共同体，采取统一行动，成为追求分离的政治实体。使他们成为所谓"民族"的，是他们对某一共同利益的追求和相互间伙伴关系的承认，"而不是使这个类别的成员有别于非成员的其他共同特征"③。

实际上，民族和民族主义运动主要存在于反殖民主义和反帝国主义的特殊历史时期。当反殖民主义和反帝国主义的历史使命完成之后，"民族"概念伴随民族国家的建立而逐步淡化。比如，美国 2016 年大选后，加州对独立的追求就是一种"泛民族的"分离主义追求。加州人民相较于美国其他地区人民并不存在

① 杨恕：《世界分裂主义论》，第 154 页。

② Benedict Anderson, *Imagined Communities*: *Reflections on the Origin and Spread of Nationalism*, Revised Edition, London and New York: Verso, 2006, p.6.

③ ［英］盖尔纳：《民族与民族主义》，韩红译，北京：中央编译出版社，2002 年版，第 9 页。

明显的历史起源、文化、宗教和语言差异。加州人民作为追求分离的政治实体更多是通过"想象的"联合,他们之间最普遍的共识可能只是认为"在特朗普上台后分离出去可以获得更好的发展",而并非以"民族"关系为纽带。"民族"概念在其中是淡化了的,逐步退化成为一种"共同体"。分离主义政治实体的"民族"属性正在不断衰弱,出现"泛民族"共同体追求分离的政治现实。

综上所述,21 世纪分离主义存在在性质上走向消极,在形式上向两极发展,或与恐怖主义结合,或利用政治制度采取和平手段,分离主体的"民族"属性不断淡化等趋势,对现有民族国家体系起着解构作用。在总体上从暴力恐怖走向协商和平。更多非主体民族选择在民主政治制度框架内,运用合法手段与中央政府进行自治权博弈,逐步实现独立目标。但这种渐进式分离运动在性质上仍是消极的,形式的合法性掩盖不了根本意图的非法性。温和的分离主义甚至比恐怖主义更加可怕,它以温柔方式淡化了中央政府对该民族追求独立的警惕心理,利用民主政治制度框架,逐步寻求权力下放并最终导致中央和地方权力分配的不平衡。这一过程相较于通过恐怖形式追求民族独立,更加具有隐蔽性。随着民主化进程在全球不断开展,它需要引起多民族国家的高度警惕。其涉及中央和地方权力分配、民族政策、民主制度设计等问题也应引起学界关注。

三、民族分离主义的教训分析

"近年来,全球多个地区的分离主义运动不断升温。2014 年,苏格兰脱英公投、鼓吹弗拉芒独立的新弗拉芒联盟党在比利时的大选中大获全胜、乌克兰克里米亚公投及西班牙的加泰罗尼亚公投尝试更是引起世界各地的高度关注。这几家公投不但将其自身长期的分离主义运动推到高潮,而且为其他国家的分离运动提供了可借鉴样本。与此同时,这些分离活动不但挑战各宗主国的主权及领土完整,其中诉诸暴力甚至恐怖主义的手段更是威胁到国际安全形势,引发了国际社会的高度重视。"[①]不过,同导致国家解体的民族分离主义的影响力相比,跨国共同体解体的影响力更具国际性。2016 年 6 月 24 日,英国政府公布脱欧公投结果,51.9%的民众投票赞成英国脱离欧盟,欧共体遭遇严重认同危机。英国脱欧公投后,英镑汇率大跌,国际金融秩序混乱,带来一系列政治经济格局变化。之所以如此,是因为"欧共体保留着国家的价值,也保留着分离主义的价值,创造

---

①　史志钦、赖雪仪:《西欧分离主义的发展趋势前瞻》,《学术前沿》,2015 年第 8 期。

了政治资本的新形式,民族主义者能够用它们来支持他们的自治主张"①。21世纪分离主义的教训是多方面的,我们做出以下批评作为总结。

第一,我们严格区分按照历史进程发生在不同地区的分离主义,解释其对民族国家的不同影响。发生于20~21世纪之交的分离主义运动,是前苏联和东欧地区的民族摆脱压迫和剥削寻求民族独立和解放的产物。这种"裂变性的民族主义"②在尚未完成民族矛盾和民族关系调整的国家和地区存在一定历史惯性。因此,它仍然发挥着对民族国家的建构作用,在性质上是积极且正当的。但是,进入21世纪,发生在西欧北美以及亚非拉已经实现民族解放的国家和地区的分离主义则产生了异化。在没有民族压迫等因素下,仅仅出于经济利益考虑,受全球化、宗教复兴、现代通信工具等新因素影响,利用高度自治带来的权力便利和政党组织等实体,一些非主体民族试图谋求独立。这种多民族主权国家内部的分离主义具有破坏主权国家完整和社会稳定的消极作用,成为影响主权国家稳定和发展的障碍,是非理性的和有害的。如同民族主义,分离主义也是一把双刃剑。它可以是寻求民族自由解放、构建新的民族国家的利器,也可以是破坏多民族国家主权,挑战现有多民族国家体系的"破门锤"③。这其中西欧北美等发达的资本主义国家多采取公投等温和的手段,而亚非拉已经实现民族解放的国家和地区则多诉诸暴力手段。就趋势而言,发生在西欧北美等发达的资本主义国家呈现向全球蔓延的势态,是21世纪分离主义的主流。

第二,21世纪的分离主义缺乏在国际法上的法理依据。关于分离主义运动从内部威胁国家边界是否具有正当性的问题,国际社会并未形成共识。一般来说,多民族国家对民族分离均持否定态度。现有民族国家体系仍然是世界划分国家、民族间边界的主流体系。如下主张是站不住脚的:一个共同体一旦主张分离,便享有"一项从事分离的道德权利"(a moral right to secede)④。

21世纪的分离主义打着"民族自决权"和"仅有补救权"的旗号大行分离之事。这两个依据不适合于21世纪分离主义运动。从历史上看,民族自决权提出和最终被确立为国际法的历史发展过程是与20世纪反殖民运动紧密联系在一起的。民族自决权不是一种"绝对的无条件的政治原则或政治权利"⑤。《给予

---

① Janet Laible, *Separatism and Sovereignty in the New Europe : Party Politics and the Meanings of Statehood in a Supranational Context* , New York: Palgrave Macmillan, 2008, p. 3.

② 刘忠民:《关于冷战后世界民族主义的若干认识》,《世界民族》,1999年第4期。

③ 程人乾:《近代以来的世界民族主义》,《历史研究》,1996年第1期。

④ Viva Ona Bartkus, *The Dynamic of Secession* , Cambridge: Cambridge University Press, 1999, p. 4.

⑤ 钱雪梅:《民族自决原则的国际政治限制及其含义》,《民族研究》,2005年第6期。

殖民地国家和人民独立宣言》(1960 年)和《国际法原则宣言》(1970 年)等相关国际法强调,只有在三种情况下可以支持民族自决:殖民主义统治、外国占领和强加的政治统治以及种族主义政权,同时申明支持民族自决并不表示"鼓励现存主权国家内部少数民族的分离独立的要求"①。民族自决权是"受国外奴役和殖民压迫的被压迫民族摆脱殖民统治、建立民族独立国家的权利,也泛指各国人民都有不受外族统治和干涉、自由决定和处理自己事务的权利"②。其概念的核心在于"自决"而非"分离"。为此,布坎南建议对民族自决权应该采取名为"孤立和增加(isolate and proliferate)"的策略进行修正以避免滥用和误解。"孤立"是指一种在唯一补救权利的基础下有限的单边分离的权利,即将单边追求分离的行为认为是民族自决的极端形式,并且与地区自治权利相区别;"增加"则意味着给予地区自治权利协议更多选项③。21 世纪分离主义者无视民族自决权的产生历史背景和运用限制,歪曲其"自决"而非分离的概念核心,单纯将自决权等同于民族无条件拥有的分离权,是对民族自决权的滥用和扭曲。

除了民族自决权,支持分离主义运动的另一个规范理论是"唯一补救权论",即认为不存在一般性民族分离权,只有在出现极端不公正的情况,例如大规模持续性的违反基本人权;不正义地从一个合法主权国家中掠夺领土;多民族国家持续、严重以及无缘无故地违反地方自治权协议等情况下某一民族才具有"补救性分离权"④。21 世纪出现分离主义运动的国家基本属于政治文明、经济发达的国家,不存在对非主体民族的压迫与不公待遇。如果说一定要有权力、分配的不平衡,也是他们基于非主体民族的政策倾斜、利益优待太过了而不是缺失。

因此,21 世纪分离主义不存在正当的法理基础,分离权从来不是一项法律权利。21 世纪分离主义和宗教极端主义、恐怖主义的合流等趋势进一步证明了其非合法性。当今世界绝大多数国家都是多民族国家,众多民族也存在跨国而居的现实。如果通过鼓吹"自决权""人权""民主"等概念,扭曲民族自决权,无条件地用于所有民族,必然导致多民族国家的动荡,危及世界和平与稳定。"一国一族"论者希望每一个民族都建立独立国家,是野蛮的且不可想象的。"民族分裂主义势力在国际社会和相关国家中都不具有合理性与合法性。"⑤我们认为,

① 王英津:《自决权:并非分离主义的挡箭牌》,《福建师范大学学报》,2008 年第 4 期。

② 王家福、刘海年:《中国人权百科全书》,北京:中国大百科全书出版社,1998 年版,第 401 页。

③ Allen Buchanan, *Justice, Legitimacy, and Self-Determination: Moral Foundations for International Law*, Oxford: Oxford University Press, 2007, p. 325.

④ Allen Buchanan, *Justice, Legitimacy, and Self-Determination: Moral Foundations for International Law*, Oxford: Oxford University Press, 2007, pp. 343-344.

⑤ 郝时远:《民族分裂主义与恐怖主义》,《民族研究》,2002 年第 1 期。

在国际法意义上,分离主义缺乏法理的正当性,存在道德真空,难以获得国际社会的普遍支持。

第三,对于极端分离主义或诉诸暴力的分离主义,应该毫不妥协地予以打击。诚然,"民族与民族之间的战争是一个反复呈现的现代性特征。为了民族事业流血牺牲且视死如归的英雄神话对许多民族来说是至关重要的"①。暴力或武力是民族国家起源与成长的必要因素。21 世纪分离主义在宗教全球复兴背景下与恐怖主义走到一起,出现了分离主义、宗教极端主义和恐怖主义三者合流的趋势,推崇极端暴力乃至于滑向恐怖主义深渊的分离主义,已经成为民族或国家灾难的主要根源。国际社会应该重视由民族分离主义引起的恐怖主义活动,无论基于何种理由,恐怖主义就是恐怖主义,应该坚决打击,不容其有藏身之地。

第四,要关注政治因素对分离主义的催化作用。区别于采用恐怖主义形式的分离主义,在欧洲、北美等地发生的分离主义运动存在政治原因:(1)高度自治权力的给予引致分离思想的产生;(2)代表少数民族利益的政党牵头实践分离的想法。诸如,加拿大魁北克地区和英国苏格兰地区的分离主义都存在这两个政治诱因。

向非主体民族聚集的地方分配权力,是当代多民族国家面对民族问题的通用做法。中央政府试图通过政治、经济等方面的高度分权,结合种种优惠政策,实现拉拢非主体民族群众,提高其对民族国家认同感、归属感的目的。然而现实情况是,非主体民族利用特定的制度安排和难得的政治机会进行分离主义运动。这种对高度自治权力的滥用,需要我们重新思考对非主体民族的制度安排。过度权力下放会在意识形态和制度上诱发分离主义,高度民族自治权力代替民族权利剥削(或说民族压迫),将成为催生新分离主义的重要政治力量。随着民主制度在全球范围内的建立以及分权、自治等多民族国家内权力分配观念的普及,这种破坏国家内部团结和稳定的分离主义有可能呈现出蔓延趋势。"民族国家应该量力而行,采取顺应本国国情的民族政策,以维护国家统一和民族团结为最基本前提,地方分权不得威胁中央集权。"②放权应该基于多民族国家内部民族间权力分配的理性选择,而不是为了维持统一局面的政治妥协,或者是某一政党为其执政利益需求而做出的短视许诺。后者在非集权的民主国家、政党政治比较发达的国家更容易发生。考虑到民主政治、政党政治作为国家政治水平的体现,其势必会向他国扩散,而过度分权引致分离主义的浪潮将会越来越多,需要

---

① Shane O'Neill & Keith Breen(eds.), *After the Nation: Critical Reflections on Nationalism and Postnationalism*, p. 122.

② 田德文:《近现代欧洲的分离主义解析》,《学术前沿》,2015 年第 8 期。

给予重视。至于在何种程度上的"放权"可团结非主体民族，何种程度上的"放权"会被分离主义者利用成为分离的基石是一个因国而异的问题，这种团结和分离的边界是中央和非主体民族聚集地反复博弈的结果。西班牙是成功的，利用分权控制了分裂，但英国和加拿大是相对失败的，分权反而招致了分离势力的抬头。这是一场危险的博弈和较量，需要中央政府的智慧。此外，诸如英国、加拿大等民主国家出现了代表非主体民族参与政治生活，在宪法框架和政治结构内牵头实践分离想法的政党。然而，这些政党只是绑架了群众的分离情绪，利用民族创造话题，为的是实现政党自身利益。显然，在分离之后成为新国家唯一执政党是充满诱惑的。

　　第五，温和的分离主义仍然是分离主义，是以分裂民族国家为目的的。恐怖主义固然使得分离主义不具备任何合法性，但温和的分离主义仍不能因为其温和性而获得正当性。温和的分离主义多发生于存在过度权力下放、民主政治发达、民族历史问题并不复杂的发达国家。这些国家的非主体民族会采取全民公投等在该国宪法框架下合法方式进行分离运动。这印证了马特·科沃特（Matt Qvortrup）的说法："当旧有体制无力阻挠分离主义运动时，便会发生涉及分离主义的全民公投。当国际体系的权力平衡正在调整时，涉及分离主义的这些条件已经多半具备。"[1]分离主义一旦启动，便难以停下来。通过全民公投，某个单一民族从原有国家分离出来，实现民族自治和独立，或建立新国家，这已经成为当前全球民族主义的新潮流。1995年的加拿大魁北克地区，2014年的西班牙加泰罗尼亚地区，2015年的英国苏格兰地区，都试图运用全民公投形式脱离原属主权国家。分离主义利用全民公投等温和形式，使得分离主义运动的激进程度趋于和缓，产生了从对抗和冲突向协商和和平的转变，从建立新国家诉求向获得高度自治诉求的转变。但是，尽管全民公决使分离主义显得温和，它仍然是危险的，仍然对民族国家产生解构作用。此外，全民公投不会是一次性的，只要条件成熟，仍然会一再地被利用。分离主义者必然会卷土重来。因此，温和的分离主义尽管在形式上从对抗与冲突转向协商与和平，规避分离主义和民族主义运动运用暴力带来的战乱和动荡，但是它掩盖不了其解构原有民族国家的消极影响。换言之，即使是温和的分离主义，也是丑恶的。分离主义有向全球蔓延的趋势，我们需要警惕分离主义对民族国家产生的解构作用。在非主体民族自治或独立势力与主体主权国家权力的博弈中，既没有无损害的分离，也没有能双赢的分裂。随着全球化、区域一体化、民主化进程的发展，分离主义也在向超民族国家

---

① Matt Qvortrup, *Referendums and Ethnic Conflict*, Pennsylvania: University of Pennsylvania Press, 2014, p.55.

的国际组织蔓延。虽然潜藏或已经发生的分离主义是温和的,但是它仍然会对民族国家主权、区域一体化、跨国联盟起着消解作用。从理论上讲,我们很难判断民族国家的统一和分裂、融合和分离究竟谁优谁劣。不过,在实践上,无论统一还是分裂,无论融合还是分离,都可能引发民族国家内部不同民族之间的冲突、纷争、骚乱甚至战争。分离主义者终将损害国家利益,侵蚀国家主权。站在维护国家利益和国家主权的立场,温和的分离主义在性质上仍然是丑恶的。因此,任何形式的分离主义——包括温和的分离主义,都不是好东西。

最后,假如现代民族国家体系危机将成趋势,假如民族国家主权之下的非主体民族将获得决定自己民族去留的宪法权利,那么,用和平民主方式解决民族自治诉求或民族国家的边界争端就应当受到欢迎。若从解决民族自治或独立问题方法上考虑,诉诸和平的人民公投比诉诸暴力或武力当然要好得多。因此,我们引用莎拉·万博(Sarah Wambaugh)的一段话来结束本章:

"不存在划定国界的……完美办法。问题在于要对不同选项进行筛选,亦即要在各种不完美办法之间做出选择。无论允许主权问题通过征服来解决,还是允许其通过由列强把持的和平会议来解决,后者把决定办法一会儿诉诸战略考虑,一会儿诉诸语言统计,一会儿诉诸历史,一会儿又诉诸地缘或经济标准——这些办法都不如诉诸民主原则更令人满意。因此,可以确定的是,我们不妨把公决视为政治科学工作坊的一个工具。"①

---

① Sarah Wambaugh, *Plebiscites Since the World War: With a Collection of Official Documents*, Washington: Carnegie Endowment for International Peace, 1933, p. ix.

第9章 民粹主义:阻碍共享的社会力量

19世纪60年代,俄国民粹派和美国人民党引发了第一波民粹主义浪潮。从此以后,民粹主义尤如"幽灵"[1]一般,从未缺席世界政治舞台。20世纪50年代,同民族独立运动相呼应,拉美地区兴起了第二波民粹主义浪潮。20世纪90年代以来,欧美出现第三波民粹主义浪潮。丹麦、意大利、荷兰、挪威和澳大利亚等国家的民粹主义右翼政党与主流右翼政党联合执政[2]。多数欧洲国家议会有民粹主义政党代表[3]。在近半个世纪里,在欧洲各国选举和欧盟议会选举中,民粹主义政党获得平均选票从5.1%上升到13.2%,所得席位从3.8%上升到12.8%[4]。近几年,民粹主义在美国大行其道,特朗普问鼎白宫是最好的证明。

民粹主义在不同历史阶段有不同政治表现,其社会基础和政治诉求多有变化。最近的民粹主义往往同民族(国家)主义、民族分离主义、激进政治右派、文化孤立主义相联系,与各国政党政治和选举政治纠缠在一起,尤其对代议民主制度和精英治国理念构成挑战。民粹主义容易被贴上各种政治标签,被视为导致社会动荡和民族国家分裂的社会政治力量。我们很少听到有关它的积极评价,在政治和知识精英主导的政治话语中,情形更是如此。

有鉴于此,我们在本章中试图剖析解读民粹主义的三个要素,探讨第三波民粹主义的产生原因,揭示社会文化因素在其中扮演的决定性角色,评估民粹主义在民主政治中的作用,从"人民力量的回归"高度来评估其在当代政治实践中的地位,评估其对社会共享产生的双重效应。

---

① Ghita Ionescu and Ernest Gellner(eds.), *Populism: Its Meanings and National Characteristics*, London: Weidenfeld and Nicolson, 1969, p. 1.

② Sarah L. De Lange,"New Alliances: Why Mainstream Parties Govern with Radical Right-Wing Populist Parties", in *Political Studies*, 2012, 60(4), pp. 899-918.

③ Cas Mudde, "Europe's Populist Surge: A Long Time in the Making", *Foreign Affairs*, 2016 (95), pp. 25-30.

④ Ronald Inglehart & Pippa Norris, "Trump, Brexit, and the Rise of Populism: Economic Have-Nots and Cultural Backlash", *Harvard University Working Paper Series*, 2016, p. 2.

一、民粹主义的三个要素：人民、精英和民意

正如政治学许多基本概念一样，"民粹主义"没有一个公认的定义。塔格特（Paul Taggart）在《民粹主义》的开头便指出，民粹主义的一个基本特征是其在概念上令人尴尬的"不确定性"[①]。拉克劳（Ernesto Laclau）也指出，定义民粹主义会陷入"寻找定义——对不同国家案例进行研究——案例间细节存在根本性差异——放弃界定"的陷阱之中[②]。这一点在 1969 年艾尼斯（Ghita Lonescu）和盖尔纳（Ernest Gellner）的尝试中得到充分表现。他们联合 43 位民粹主义专家编撰了一本论文集《民粹主义：内涵与民族特征》（*Populism*：*Its meanings and national characteristics*），却没有得到关于民粹主义的普适定义。之所以如此，是因为民粹主义是一个"弱核心的"（thin-centred）主义[③]。它可以被任何主义附着，被任何议题激起。"凡是存在普遍怨恨的地方，都会有民粹主义。"[④]

尽管如此，民粹主义的内涵是明确的。它是关于人民的学说，人民、精英和民意是解读民粹主义的三个核心要素。

1. 人民是民粹主义的首要核心要素。在政治运动史上，民粹主义跨越时间、地域和意识形态分野频频掀起波浪，引发争议，在政党政治和选举政治实践中展示出巨大力量。它在政治倾向上时而激进，时而保守，在不同历史阶段承载着不同使命。但是，民粹主义的一个根本特征是不可动摇的。它就是"人民性"或"草根性"。

民粹主义有一种乌托邦的"人民观"，人民是"一群充满美德并内部同质的人"[⑤]。它将"人民"限定在一个"中心地区"内，这一中心地区在过去是真实存在的，只是在现代政治中容易被人民的敌人无视和掩盖。民粹主义领袖的任务，就是将主权还给人民，为这一中心地区重建"自然秩序"[⑥]。在理念上，民粹主义

① ［英］塔格特：《民粹主义》，袁明旭译，第 1 页。

② Ernesto Laclau, *Politics and Ideology in Marxist Theory*：*Capitalism*，*Fascism*，*Populism*，London：New Left Books，1977，p. 145.

③ 参阅 Cas Mudde, "The Populist Zeitgeist", *Government and Opposition*，2004，39(4)，pp. 541-563.

④ Edward A. Shils, The Torment of Secracy：*The Background and Consgequences of American Security Policies*，Glencoe，IL：Free Press，1956，pp. 100-101.

⑤ ［英］塔格特：《民粹主义》，袁明旭译，第 70 页。

⑥ Daniele Albertazzi and Duncan McDonnell （eds.），*Twenty-First Century Populism*：*The Spectre of Western European Democracy*，New York，NY：Palgrave Macmillan，2007，p. 5.

"把人民看作真理的支柱"①,具有天然的道德优越地位。除了"人民",其他都是腐败的精英和危险的他者。任何行动,只要赋予"人民的名义",就可以大行其道。谁质疑行动的合理性,谁就背离人民。这使得民粹主义容易沦为政治家权力游戏的工具。

尽管对人民的看法很一致,但是,民粹主义对人民与敌人边界的划分却展现出了多样性,并不是单纯地表现为"人民"和"精英"的对抗。这一点在第三波民粹主义浪潮中表现得尤为明显。第一,传统意义上,民粹主义的"人民"是指在国家内部与精英相对抗的群体,他们在政治权力、财富积累和文化水平上都处于劣势地位。人民有别于国家的政治精英、经济精英和文化精英。这种分野的主要诉求是左翼的,要求国家重视人民权利,在利益分配过程中更加注重公平。第二,第二种划分人民和他者的边界在于是否处于社会主流阶层,即所谓的"普通民众"②。这里的人民指社会主流阶层的人民,带有种族差异和文化差异意味,是在普通人民内部进行二次区分,而不是相对于精英的人民,他们处于大体一致的社会经济地位并享有某种相同的文化传统和价值观念。他们代表这个国家的传统形象,比如在美国,信仰基督教的白人男性是代表美国国家形象的典型美国人。这就使得民粹主义会出现反对多元文化的特征,打破传统的政治正确,重新讨论性向、宗教或种族等方面的议题。这里的"他者"在现实中往往处于弱势地位而不是优势地位。第三,人民还可能以民族或国家为单位区别于其他民族或国家,比如所谓"苏格兰人"和"英国人"。它在民粹主义诉求中体现为分离主义或排外主义,在欧洲表现为现在流行的疑欧主义。由此可见,民粹主义已经超越"人民"与"精英"的简单二分,具有不同的政治诉求,但以民众对当权精英的反叛为基本注脚。因此,民粹主义所谓的"人民"是一个"空洞且漂浮的符号"③,依对立面不同表现出不同的内涵。

2.民粹主义以矛盾的态度对待精英统治。民粹主义相似于中国语境下的民本主义,以矛盾态度对待精英,既在总体上反对精英阶层,甚至存在反智主义倾向,又有所选择地追捧个别精英。民粹主义者对当权精英抱有强烈不信任感,认为精英代表人民行使国家权力是一个骗局。掌握权力、财富和知识的政治精英、经济精英和文化精英无法获知民意,无法为民意发声。民粹主义者只相信普通

① 〔俄〕别尔嘉耶夫:《俄罗斯思想》,雷永生、邱守娟译,北京:生活·读书·新知三联书店,1995 年版,第 102 页。

② Cas Mudde & Cristobal Rovira Kaltwasser, *Populism: A Very Short Introduction*, Oxford & New York: Oxford University Press, 2017, p. 9.

③ Ernesto Laclau, "Populism: What's in a Name?", in Fransico Panizza(ed.), *Populism and the Mirror of Democracy*, London & New York: Verso, 2005, p. 38.

民众的道德与智慧,崇尚公民创制、全民公投等直接民主做法,推崇简洁、质朴和有感染力的语言表达方式。民粹主义者排斥精英,甚至存在反智主义倾向,给人以非理性或无修养的印象。但是在实际运作中,民粹主义者偏爱魅力型领袖,推崇个别精英人物,最终沦为精英人物操控民意的工具,沦为"富有魅力的领袖通过赢得无组织追随者直接的非制度化的支持以获取政府权力"[①]的工具。实践的民粹主义同其"人民主权"初衷相背离,比精英主义更偏爱精英。在极端情况下,甚至有损于自由,存在滑向威权和独裁的危险境地。但是,我们也不能以偏概全地认为,民粹主义必定被非掌权精英利用作为获得权力的工具。民粹主义的潜在风险不能掩盖其反抗建制派精英的本意。"民粹主义对它选民的平凡和领导者的卓越的同时的赞美"[②],表现出其对精英统治怀有既爱又恨的矛盾心理。

3. 民粹主义反映人民的意愿或民意。多元民主认为,民意是多元的。与之不同,民粹主义认为,民意可以统一,多元民主和多元民意代表不了统一的民意。民粹主义继承卢梭的"公意(general will)"理论,认为公意代表公共利益而不是个人利益的简单相加。它是可以形成的,并且永远是公正的。人民绝不会被腐蚀,只会被欺骗[③]。民粹主义者自诩代表这种公共利益,是真正的民主信奉者。一旦建制派精英没有反映或遵循民意,他们就开展大众的反叛,重新将民意注入民主政治中。因此,民粹主义不仅强调"主权在民"理念,而且在实践中实现这一理念。民粹主义和直接民主有着天然联系。区别于现代民主政治的主要实践——代议制民主,"民粹主义有时被描述成几乎与直接民主是一回事"[④]。其区分在于权力获得过程:前者倾向于通过制度运作和中间群体获得权力,后者要求更加直接和无保留地获得政治权力。[⑤] 由此引发人们对民粹主义实践陷入直接民主弊端的担忧。

综上所述,民粹主义涉及三个核心概念:人民、精英和民意。精英无视人民的诉求或民意,最终导致人民对精英的反抗。为了考察第三波民粹主义浪潮,对民粹主义概念的把握还需明确其左右翼的分野标准。博比奥((Norberto

---

① Kurt Weyland, "Clarifying a Contested Concept: Populism in the Study of Latin American Politics", *Comparative Politics*, 2001 (34), p. 14.

② [英]塔格特:《民粹主义》,袁明旭译,第138页。

③ [法]卢梭:《社会契约论》,何兆武译,北京:商务印书馆,2005年版,第35页。

④ [英]塔格特:《民粹主义》,袁明旭译,第104页。

⑤ Willian Kornhauser, *The Politics of Mass Society*, Illinois: The Free Press, 1959, p. 131.

Bobbio)对政治光谱作了中左右划分[1]。结合民粹主义实际,我们对民粹主义左
右翼做出如下界定:右翼民粹主义将矛头指向在政治上"受到青睐的"群体如宗
教、种族与性向少数派群体,在价值取向上允许存在社会差异和不平等,并强调
这些差异,与排外主义、种族主义、福利沙文主义等概念息息相关;左翼民粹主义
则怪罪于经济获益者如大企业和寡头,倾向于缩小和消除人为造成的社会差异、
政治差异、经济差异和文化差异,带有社会主义意识形态性质,反对新自由主义、
全球化等一切可能造成贫富差异的因素。

二、民粹主义的诱因:底层的社会焦虑与文化焦虑

追溯第三波民粹主义在西方兴起的原因,"习惯解释"往往强调全球化和经
济衰退等经济原因[2]。20 世纪 90 年代以来,经济全球化加速推进,精英阶层从
中大获其利,但是普通民众没有获得多少好处。以美国为例,美国家庭收入基尼
系数在 2015 年达到 0.048[3]。最富有的 0.1％美国家庭占据 22％的美国财富总
量[4]。所谓"全球化将令所有人获益"的说法只是一个讽刺。全球化的弊端,加
之接二连三的经济危机,造就了衰败的中产阶级和境遇悲惨的蓝领阶层。[5] 民
粹主义正好迎合了他们的诉求。2011 年 9 月美国爆发的"占领华尔街"运动和
民主社会主义者桑德斯在 2016 年美国大选中的抢眼表现,表明全球化和新自由
主义缺陷带来的负面效应,是第三波民粹主义的直接原因。

尽管如此,我们认为,导致第三波民粹主义的主因,是底层的文化焦虑与社
会焦虑。进入 21 世纪,民粹主义主导因素发生了变化,社会文化因素的政治化
而非单纯经济因素造就了此轮民粹主义。[6] 从经济因素到社会文化因素的变

　①　Norberto Bobbio, *Left and Right*: *The Significance of a Political Distinction*, Chicago and London: University of Chicago Press, 1996, p. 65.

　②　Cas Mudde, "Europe's Populist Surge: A Long Time in the Making", *Foreign Affairs*, 2016 (95), pp. 25-30.

　③　The Statistics Portal, "U. S. Household Income Distribution from 1990 to 2015". https://www. statista. com/statistics/374610/gini-index-for-income-distribution-equality-for-us-households/.

　④　Emmanuel Saez & Gabriel Zucman, "Exploding Wealth Inequality in the United States", http://voxeu. org/article/exploding-wealth-inequality-united-states.

　⑤　[德]马丁、[德]舒曼(编):《全球化陷阱:对民主和福利的进攻》,张世鹏等译,北京:中央编译出版社,2001 年版,第 13 页。

　⑥　Daniele Albertazzi Duncan & McDonnell (eds.), *Twenty-First Century Populism*: *The Spectre of Western European Democracy*, New York: Palgrave Macmillan, 2007, p. 219.

化,不仅源于各政党的经济政策选择有限而趋同,而且源于社会文化因素加剧了经济因素造成的焦虑和不安,最终导致社会群体更加深刻的分裂。原本共同抵抗"精英"的"人民"以性向、宗教和种族等社会文化为维度形成新的对立与分野,出现了"人民"与"人民"的对抗。有些民众属于主流和多数裔,与国家社会文化的基本传统价值保持一致,被喻为"国家真正的灵魂"。① 由于先前的长期沉默,当有人为他们发声时,他们在响应和参与上显得分外卖力。这种民粹主义在政治光谱上属于"右翼",与排外主义、民族主义、分离主义、疑欧主义等思潮密切相关。因此,右翼民粹主义是第三波民粹主义主流。这种底层的文化焦虑和社会焦虑,具体表现为对如下议题的关切。

第一,白人身份认同。在欧美国家的选举政治和政党政治中,无论受文化多元论影响还是出于政治正确考虑,对同性恋者、女权主义者、有色人种等少数裔群体利益的维护偏好至少在说辞上受到鼓励。主流政党和社会价值观对少数裔群体的关心带来白人的失落感。信仰基督教的男性白人被要求收敛起他们的优越感,尊重其他少数裔群体的利益。尤其在经济不景气年代,他们自己的日子不好过,却要求去同情他人。右翼民粹主义抓住机会,为这种心理发声。尽管事实远非如此,他们仍然认为"少数裔群体被过分溺爱和赋予有限地位,他们从沉默的、受苦的大多数群体中获得了过多资源"②。结果造成少数群体和多数群体的分裂。民粹主义及其支持者呼吁重视尊重传统价值观念,恢复对主流群体的重视和尊重,建立白人身份认同。一旦"政治正确"不再流行,民粹主义得到中下阶层白人支持,形成前所未有的社会力量,将改变一个国家甚至多个国家的政治走向。2016年特朗普入主白宫充分证明了这一点。

第二,移民危机。移民导致欧美国家白人数量相对下降而其他肤色人种和持有不同信仰的人数不断上升。冲击欧美国家人口结构的移民由两部分组成,一部分是受全球化和欧洲一体化影响形成的移民,另一部分是由于西方国家干预造成的西亚和北非等受到战争困扰而流离失所的国际难民。以美国为例,2015年8月,美国共有4210万移民,占总人口的13.3%,达到105年来的最高点③。这些移民既带来经济问题,加剧中下层劳动者就业困境,又挑战福利国家体系,导致犯罪率不断上升,引发社区治安问题。移民和原居民在宗教信仰、生

---

① [英]塔格特:《民粹主义》,袁明旭译,第125页。

② Yascha Mounk, "Pitchfork Politics: the Populist Threat to Liberal Democracy", *Foreign Affairs*, 2014(93), pp.27-36.

③ Eben Blake, "Immigration In US 2015 Reaches A New Record With Immigrant Population Of 42.1 Million People, Study Find." *International Business Times*, http://www. ibtimes. com / immigration-us-2015-reaches-new-record-immigrant-population-421-million-people-study-2053038.

活习性等文化层面存在冲突。移民加剧了在经济上原本就困顿的中下阶层白人的不满,形成了右翼民粹主义中"种族主义"、"排外主义"与"福利沙文主义"议题。特朗普在竞选期间提出的一个口号是"非法移民必须滚蛋"。他甚至提出针对非法移民的五个具体措施。欧盟也没有比美国宽容到哪里去,对穆斯林的敌意淋漓尽致地体现在头巾问题上。欧洲法院在 2017 年 3 月 14 日判定公司可以禁止信仰伊斯兰的雇员在工作场合佩戴头巾。在此之前,比利时、法国、荷兰、瑞士都先后禁止妇女在公共场所戴头巾。法国总统候选人玛丽娜·勒庞(Marine Le Pen)就因为拒绝佩戴头巾的要求而取消了与黎巴嫩真主党领袖的见面。

第三,恐怖主义威胁。与移民问题紧密相关,二者相互作用加剧社会群体间对立的是西方普通民众对恐怖主义威胁的焦虑。恐怖主义在"9·11"事件之后并没有随着西方国家屡次境外军事打击而得到控制。"伊斯兰国"(IS)等极端恐怖组织仍然是欧美民众头上高悬的利剑,时刻威胁着他们的生命财产安全。西方文明和穆斯林的博弈不仅体现在战争区域的冲突中,而且伴随移民和难民的涌入出现在了欧美国家本土上。自 2015 年初法国查理周刊社出现恐怖袭击之后,比利时、美国、法国、英国等国相继遭受了影响恶劣的恐怖主义袭击。2016年 6 月 12 日在美国佛罗里达州奥兰多发生枪击案,是"9·11"事件后美国本土发生的最严重恐怖袭击事件。当时还是美国总统候选人的特朗普多少有些沾沾自喜地在其推特上发文指出,"我在伊斯兰极端恐怖主义问题上预测准确!但我不需要祝贺,我想要强硬与警惕"①。在这一过程中,特朗普忘记了奥兰多枪手并非移民而是出身在纽约的美国公民。可是没有人计较这一漏洞,因为特朗普准确抓住了美国民众脆弱的安全感和希望发泄怨气的心理。不仅境外穆斯林,而且境内穆斯林及其后裔,甚至与基督教白人所持信仰或肤色不同的人,都可能被视作有发动恐怖主义袭击的威胁。特朗普一上台就颁布"禁穆令",要求未来 90 天内,禁止伊拉克、叙利亚、伊朗、苏丹、索马里、也门和利比亚等七国公民入境美国。和移民危机一样,对恐怖主义威胁的焦虑激发了排外、种族歧视、信仰歧视等议题。

第四,全球化的消极后果与分离主义的暗流涌动。在民粹主义浪潮中,"疑欧主义"(euroscepticism)、"再民族国家化"(renationalization)、"民族主义"(nationalism)、"分离主义"(separatism)体现为在全球化和区域一体化背景下,

---

① The Hollywood Reporters, "Orlando Shooting: Trump Sees Backlash Over 'Congrats' Tweet; Clinton Calls Attack an 'Act of Terror'", http://www.hollywoodreporter.com/news/orlando-shooting-donald-trump-sees-901896.

个人对本国民族认同和国家利益的维护。[①] 民粹主义在层次上超越主权国家内部的群体对立,呈现为对国家和超国家权力(包括联盟和组织)的反抗。20世纪90年代,与民粹主义和全球化一同出现的,是欧洲一体化的加速推进。欧盟诞生,形成了超越国家界限的政治经济高度关联的超国家组织。在这一政治设计中,国家主权部分让渡给超民族国家,国家概念伴随人员、资本、货物的自由流动出现了淡化趋势。但是,欧洲一体化没有给欧盟各国带来相同的发展机会,反而造成了新的民族矛盾和国家利益冲突。在欧洲经济危机背景下,国家自身利益和欧盟利益的冲突日益显著,个别国家开始对欧盟这一制度设计产生怀疑,民族主义意识形态开始回归。2016年英国脱欧公投是疑欧主义思潮的很好证明。脱欧呼声鲜明地表现在中东欧国家左翼民粹主义诉求中。由于存在经济发展水平和语言文化的差异,加之经历了债务危机,欧盟对希腊、西班牙等国采取苛刻的财政紧缩政策,这些国家的普通民众生活水平下降,沦落为欧盟的"二等公民"。对他们而言,与其勒紧裤腰带,痛苦地寻求融入欧共体,不如重拾民族自尊。他们宁愿背弃和欧盟的结盟,也要重新获得对自身身份的认同与自信。2016年圣诞节前夕,在已经超过预算的情况下,希腊总理、激进左派领袖齐普拉斯(Alexis Tsipras)仍然宣布向低收入养老金领取者发放6.17亿欧元节日费,兑现其2015年竞选成功向希腊民众许下的"摆脱屈辱和痛苦"的诺言。齐普拉斯表示,"希腊,通过牺牲自己的人民,帮助欧洲应对移民和金融危机带来的风险。是时候让欧洲认清这个事实了"[②]。在整个欧盟,疑欧甚至脱欧的情绪普遍蔓延,民粹主义政党在2014年欧洲议会选举中的胜利是很好的印证。2014年5月26日,法国地区欧洲议会大选结果出炉,法国右翼民粹主义政党获得了77个席位中的24个。意大利五星运动党(Five Star)获得21%的支持率,英国独立党(UKIP)获得27%,希腊左翼政党Syriza则获得26%。秉持疑欧主义和极端右翼口号的政党在欧洲议会站稳了脚跟,法国总统奥朗德(Francois Hollande)称之为"一个打击,一场地震",英国独立党(UKIP)党魁法拉格(Nigel Farage)则欢呼"欧洲一体化的大势在今晚结束"[③]。

第三波民粹主义的滥觞表明,社会因素和文化因素起着主导作用,政治因素和媒体因素则起着推波助澜的作用。在政治上,代议制民主软弱无力,民主赤字

---

① 张莉(编):《西欧民粹主义制度的幽灵——右翼民粹主义政党研究》,北京:中央编译出版社,2011年版,第224页。

② BBC, "Greece Election: Syriza Leader Tsipras Vows to End Austerity 'Pain'", BBC, http://www.bbc.co.uk/news/world-europe-30978052.

③ BBC, "Eurosceptic 'Earthquake' Rocks EU Elections", http://www.bbc.com/news/av/world-europe-27572312/eurosceptic-earthquake-rocks-eu-elections.

严重。左右翼政党政策趋同,主流政治精英不能有效回应选民诉求,欧洲选民投票率在过去 20 年间下降明显。主流政党将大部分精力花在党派斗争上,政治极化日益严峻,民主制度赖以生存的妥协与共识被"否决政治(vetocracy)"取代。建制派精英漠视公民诉求,热衷"权力游戏",普通民众对政府和政客表示强烈不信任。墨菲(Chantal Mouffe)将此概括为"政治的终结"[①]。全民公投在各国频繁使用,是代议制民主有效性存疑的有力佐证。除了国家层面代议制民主普遍存在的民主困境,在国际层面,由于超国家共同体和跨国组织兴起,主权国家的部分权力被让渡出去,诸如欧盟或 IMF 等超国家力量从政党官员手中获得权力,以处理类似边境控制、货币政策等问题,导致所谓 TINA(There is no alternative)政治的出现。政客们总是宣称他们对欧盟的责任超过了对选民需求的回应。这会造成民众的不满。从这个角度说,民粹主义政党的兴起不是由于其本身有多精明,而是体现了传统建制派精英的无能。

在媒体层面,新媒体发展对民粹主义起到推波助澜的作用,解决了民粹主义思潮的传播问题。互联网、电视、社交媒体的发展,使政治家们的主张可以被迅速传播和讨论,人们可以借此相互交流,形成支持或反对的合意。民粹主义的基础是一群"同质"的人民,媒体的发展给了他们线上讨论、线下开展运动的联合媒介。新媒体也给民粹主义政客提供了宣传自己思想的平台。民粹主义很多话语打破了传统的政治正确,简单直白,具有爆炸性、博人眼球和简单深刻的特征。这一点和媒体对信息的需求不谋而合。"媒体共谋"强调媒体和民粹主义"供需关系"的互惠性。无论是否出自媒体本意,二者相辅相成,一些打破传统政治正确观念的言论得以快速传播。特朗普利用推特(Twitter)等社交媒体传播其思想,甚至在执政后仍然"推特治国"就是例证。

综上所述,第三波民粹主义的原因相对复杂。除了经济、政治和媒体层面的因素,需要引起广泛注意的是此轮民粹主义诱因中"文化冲击"[②]的力量。对少数裔、移民、难民、恐怖主义、欧盟一体化等身份认同和安全议题的态度成了吸引民众、分化选民的新主导因素。民粹主义"中心地带"的分野由此显得更加丰富,不仅表现为左翼对"人民"与"精英"对立的强调,也表现为右翼在"人民"内部的进一步分化。当我们惊呼民粹主义"两极化"并存,特朗普和桑德斯在美国同时流行时,我们需要明白,社会文化问题的政治化和经济因素同时引发了右左翼民

① Chantal Mouffe, "The 'End of Politics' and the Challenge of Right-Wing Populism", Francisco Panizza (ed.), *Populism and the Mirror of Democracy*, London & New York: Verso, 2005, pp. 50-71.

② Ronald Inglehart, & Pippa Norris, "Trump, Brexit, and the Rise of Populism: Economic Have-Nots and Cultural Backlash", *Harvard University Working Paper Series*, 2016.

粹主义。前者的上台表明,主导因素正朝着社会文化因素转向。断定民粹主义是全球化失败者的反抗,不仅把问题简单化了,而且是一种误导。

三、民粹主义的双重效应

区别于以往两次民粹主义浪潮,第三波民粹主义浪潮展现出了诸多新的特征,包括社会基础、决定因素的变化,在不同权力层次都有展现,与其他极端思潮合流,等等。但是,无论如何变化,民粹主义在理论上仍然可以在民主政治概念下得到解读。

第一,第三波民粹主义的社会基础已经有所变化,体现了不同的社会立场和政治价值取向。社会文化因素政治化及"中心地区"多样化使民粹主义呈现出"右"的一面,与"草根"抵抗"精英"的左翼民粹主义相比,其内涵更加丰富。虽然对任何一股政治思潮的性质判断是必要的,但是,非左即右之类的简单政治判断难以囊括民粹主义的内涵。在前两波浪潮中,民粹主义更多表现出"左"的一面,对"中心地带"的划分简单依靠经济因素,形成"草根"和"精英"的对立以及前者对后者的反抗。第三波民粹主义开始出现向"右"转的趋势,不再局限于经济议题,而同种族、性向、宗教等议题联系在一起,在民众之间引发进一步分裂,形成新的"中心政治议题"。[①] 第三波民粹主义存在左翼和右翼同时爆发的现象,且其中右翼势力迅速扩张,影响力并未随着美国大选和英国脱欧等事件的完结而衰退。英国本土 2017 年上半年发生的多次恐怖主义袭击和美国白人至上主义、种族主义等极端右翼力量的兴起,彰显了民粹主义社会基础的变化与价值取向的转变。右翼民粹主义正在以社会阵痛的方式发声,并且其影响力日益彰显。

第二,第三波民粹主义,尤其是右翼民粹主义,展现了社会文化因素而非经济因素对当代政治走向的影响力。欧美国家主流社会对白人身份认同的诉求,对移民和恐怖主义的恐惧,加剧了社会群体间的对立。相互对抗的主体,从单纯的"草根"与"精英",扩展到"多数裔"和"少数裔"。同质的民众在内部进一步分裂为"大部分的主流民众"和"少部分的非主流民众"。由社会文化认同而非经济利益诉求凝聚起来的"人民"内部更小的"共同体"具有更多想象的成分。超越阶级性形成的分野和对立,并没有因理性和客观成分的减少显得柔和或无力。相反,其在情绪上与先前经济困顿带来的不满、焦虑相结合,表现得更加极端,造成的社会裂痕也更加深刻。人们开始忽略同性恋、妇女权利和环保问题,更仇视和

---

① [英]塔格特:《民粹主义》,袁明旭译,第 128 页。

恐惧身边其他肤色人群或其他信仰持有者。正如罗蒂预言的那样:"很可能,美国黑人、棕色人种和同性恋在过去的 40 年里赢得的所有权益将丧失殆尽。拿妇女打趣和蔑视妇女的现象将重新抬头。'黑鬼'和'犹太佬'这两个词将重新出现在工作场所。"①罗蒂没有预见到的是,人们还对伊斯兰教和来自伊斯兰地区的人群充满敌意。社会文化因素比经济因素更多地撒播了仇恨,并造成了社会分裂。

第三,第三波民粹主义并不局限于社会底层,在不同权力层级多有体现,影响到了全部权力层级。在欧洲,"对欧盟的怀疑"使民粹主义超越了民族国家范畴,上升到国家和超国家权力层面。"中心政治议题"不仅在国家内部形成,在民众内部进一步细分,而且在国家权力层面高度凝聚,表现为(民族)国家作为一个整体对超国家权力的质疑。因此,除了意识形态的左右划分,民粹主义也按照其所处权力层级的不同分为三个层次:下层表现为人民之间的对立(比如,反伊斯兰教,反穆斯林)、中层一国之内底层人民对上层精英的反抗(要求缩小贫富差距,公平分配财富)、上层国家和超国家权力之间的分离(比如,疑欧主义要求脱欧)。在第三波浪潮中,经济因素和社会文化因素政治化同时出现,左右翼民粹主义同时勃兴,最终形成了社会群体之间、社会群体和国家、国家和超国家权力等三个层次相互作用和影响的民粹主义。但总体而言,它的基础仍然在社会底层,是一国之内底层人民对上层精英的反抗。

第四,第三波民粹主义浪潮不会在短期内走向衰落。第三波民粹主义浪潮比以往民粹主义浪潮更富有影响力,民粹主义者取得了巨大胜利,甚至成功问鼎国家最高权力,民粹主义政党已经出现和主流政治、政党融合的趋势。这一点在特朗普上台、英国脱欧、匈牙利总理维克托(Viktor Orban)执政六年仍维持较高支持率以及民粹主义政党在欧洲议会大选中的卓越表现等现实政治中得到了印证。虽然奥地利、荷兰、法国的大选已经尘埃落定,民粹主义的冲击令人印象深刻。在未来即将举行大选的德国、意大利等国,民粹主义阴影也远未消散。就算在没有出现强势民粹主义政党的国家,其主流政党也不可避免地开始采用一些民粹主义的说辞,"我们"或"人民"等词语的使用频率在上升。如若不谈出现普遍融合,主流政治体系至少存在受到民粹主义"传染"的可能。而现实是,在欧洲国家中甚少有单一政党可以赢得 1/3 以上大选的投票。② 因此他们或多或少都

①　[美]罗蒂:《筑就我们的国家:20 世纪美国左派思想》,黄宗英译,北京:生活·读书·新知三联书店,2006 年版,第 65-67 页。

②　Cas Mudde,"Europe's Populist Surge: A Long Time in the Making",*Foreign Affairs*,2016 (95),pp. 25-30.

与民粹主义政党进行妥协以争取执政地位,主流政党与民粹主义政党之间存在融合的趋势。我们已经进入"民粹主义的转向——它将会在未来的几十年中显著地影响政策和公众意见"①。

第五,民粹主义与极端思潮关系密切,但不存在滑向法西斯主义或纳粹主义的风险。民粹主义不是孤立的政治思潮。对民粹主义与极端主义关联的警告从20世纪50年代希尔斯(Edward Shils)研究麦卡锡时代就已开始。李普塞特(Seymour M. Lipset)等在解释极端右翼思潮爆发原因时也强调民粹主义可能带来的社会风险。班达认为,"政治激情今天都已到达了历史上前所未有的登峰造极程度"。"这个世纪实质上是政治仇恨合理组织化的世纪。"②他的判断或许有些夸张但不无道理。伴随世界政治经济格局在近年来的深刻变化,类似于民族主义、分离主义、疑欧主义、孤立主义等极端思想在各国时有发生,他们与民粹主义一起,带来普遍怨恨情绪并最终导致不断涌现的、令人惊讶的黑天鹅事件。历史远没有终结。"我们"和"他者"的对立,不同文明的冲突将不会停歇。民粹主义只是21世纪极端思潮的冰山一角。各种兴起的极端主义相互作用,赋予彼此更持久的生命力。我们应密切关注包含民粹主义在内的所有极端政治思潮,对冲突和战争保持高度警惕。但同时,自由、民主、平等仍然是世界政治文明的主流,民粹主义能成气候,也必须在这个主流之中寻求自己的一席之地。法西斯主义或纳粹主义只是在这个主流中偶尔泛起的小股浊流或泡沫,无论如何都成不了主流。2017年8月12日,美国弗吉尼亚州夏洛特维尔市(Charlottesville)爆发以新纳粹和三K党(Ku Klux Klan)等为主的"白人至上主义"(white nationalists)游行,期间发生汽车冲撞抗议者、直升机坠落的混乱。美国社会极力谴责,将此次极右翼势力制造的混乱定性为国内恐怖主义(domestic terrorism)。就连一贯贴上右翼标签,依靠美国白人上台的美国总统特朗普,也在这件事上遵守政治正确,谴责"这是一场恶名昭彰的愤怒、偏执和暴力行为"③。因此,主流社会仍然对自由与正义有正确的把握。断定民粹主义将同法西斯主义和纳粹主义联结起来,并对民粹主义走向怀有忧虑,是没有道理的。民粹主义和法西斯主义在本质上是不同的东西。④

① Yascha Mounk, "Pitchfork Politics: the Populist Threat to Liberal Democracy", *Foreign Affairs*, 2014(93), pp. 27-36.

② [法]班达:《知识分子的背叛》,佘碧平译,上海:上海人民出版社,2005年版,第72-73页。

③ BBC, Charlottesville, "Trump Criticised over Response to Far-Right", http://www.bbc.com/news/world-us-canada-40915569? keepThis=true&TB_iframe=true&height=650&width=850.

④ Sheri Berman, "Populism Is Not Fascism: But It Could Be a Harbinger", *Foreign Affairs*, 2016(95), pp. 39-45.

第六,我们需区别作为政治逻辑和作为实践的民粹主义,民粹主义在本质上是人民力量的回归。在考察第三波民粹主义之后,我们有必要对民粹主义作为一种政治思潮进行性质判别。汉语世界研究者不习惯批评民主,但对崇尚人民价值、主权在民等民主核心观念的民粹主义存在强烈偏见,认为民粹主义与民主政治相背离,具有"非理性"和"反体制性"特点,是"挥之不去的梦魇"①。他们断定民粹主义存在三个危险:(1)"在根本上对……既有政治体制构成威胁,从而滑向威权主义和专制主义";(2)"民粹主义本身不具有建设性,它通常将社会问题的解决单一化、简单化,甚至极端化,而这种解决方式往往具有狭隘的平民主义、极端的民族主义和盲目的排外主义的特点,反而会带来更多的社会问题";(3)"在国家决策中容易走向盲目极端化"②。这些评价等于从根本上否定民粹主义的积极意义。

与之不同,我们认为,民粹主义仍然可以在民主政治框架下得到解读。从本质上而言,民粹主义是人民力量的回归。民粹主义和民主的关系是民粹主义研究的经典话题。二者紧密相关,如影随行③。有学者将民粹主义称为"后民主"④力量、"非自由的民主"⑤或"激进民主"⑥,以表达民粹主义和民主密不可分的关系。在以往研究中,民粹主义和民主关系被比喻成"镜子"⑦、"幽灵"⑧或"必要的恶"⑨。它既可以是民主的同行者,也可以是民主的破坏者⑩。民粹主义对民主影响的悖论源自民主自身的悖论。一个做法是先定义民主,然后思考民粹主义对被限定概念——民主的作用。卡诺芬(Margaret Canovan)、阿伯兹(Koen Abts)和卢门斯(Stefan Rummens)等采用这一研究方法,认为民主具有两面性

① 史志钦、刘力达:《民粹主义的蔓延与欧洲的未来》,《红旗文稿》,2017年第8期。

② 史志钦、刘力达:《民粹主义的蔓延与欧洲的未来》,《红旗文稿》,2017年第8期。

③ Margaret Canovan, "Trust the People! Populism and the Two Faces of Democracy", *Political Studies*, 1999, 47(1), pp. 2-16.

④ Pierre A. Taguieff, "Political Science Confronts Populism: From a Conceptual Mirage to a Real Problem", *Telos*, 1995 (103), pp. 9-43.

⑤ Fareed Zakaria, "The Rise of Illiberal Democracy", *Foreign Affairs*, 1997, 76(6), pp. 22-43.

⑥ Cas Mudde, "The Populist Zeitgeist", *Government and Opposition*, 2004, 39(4), pp. 541-563.

⑦ Francisco Panizza (ed.), *Populism and the Mirror of Democracy*, London & New York: Verso, 2005.

⑧ Benjamin Arditi, "Populism as a Spectre of Democracy: A Response to Canovan", *Political Studies*, 2004, 52(1), pp. 135-143.

⑨ Michael Kazin, "Trump and American Populism: Old Whine, New Bottles", *Foreign Affairs*, 2016 (95), pp. 17-24.

⑩ Benjamin Arditi, "Populism as a Spectre of Democracy: A Response to Canovan", *Political Studies*, 2004, 52(1), pp. 135-143.

或存在悖论：一面是务实的和救赎性的，另一面是自由的和民主的。前者强调制度的重要性、注重法律和保护个人权利，后者崇尚人民主权和政治参与的重要性，二者相辅相成，不断进行博弈和协商①。民粹主义存在于二者张力之中，是对民主两个基石中民主的／救赎的部分的补充。当救赎力量太弱时，民粹主义就会兴起，对实用部分进行警示和修正。民粹主义是"对代议制民主缺乏参与的批判"，是"增加代议制民主的参与性的制度机制"②，是"代议制政治的宽容性的考验标准"③。如果民粹主义存在对代议制民主矫枉过正的危险，民粹主义政党在现实运作中也会因为选举制度的存在而"自我毁灭"或"主动消失"。正如达尔所言，"民粹主义理论不是一个经验体系。关于现实世界，它没有告诉我们任何东西。从中我们无法预期任何行为"④。因此，民粹主义政党提出的简单、不切实际和短视的口号和方案，一旦其上台执政，就会显得尴尬和捉襟见肘。当民众发现民粹主义政党除了带来仇恨和割裂却没有解决实际问题才能时，他们就会在下一次选举中将民粹主义政党及其政治家赶下台。这"也许是民主最好的一面：它允许国家从他们的错误中恢复过来"⑤。因此，民粹主义是民主的补充。人们对民粹主义的误解，源于将其作为一种具体政治运动。正如没有人会批判"民主"作为一种主权在民的政治逻辑，但是会质疑民主在现实中的运用（无论是代议制民主还是直接民主），民粹主义作为一个核心思想强调主权在民、人民至上的政治逻辑本身无可指摘。

综上所述，重视人民及其利益，是现代政治文明的根基。无视人民利益，背离人民意愿，将背离现代政治文明的基本价值。只要存在代议制政治框架下的民主赤字、精英傲慢与知识阶层冷漠，就会出现以民粹主义为标志的人民力量的回归。民粹主义将主流政党忽视的议题提到政治台面上讨论，表现了人民对西方"普世价值"的疑虑，让政治家听到了人民的"痛苦呼喊"。建制派精英越远离民众，这种呼声就越强而有力。尽管它存在天然的道德缺陷，但是民粹主义对西方民主政治制度的敲打将不会停歇。我们应当审慎地欢迎而不是简单地拒斥这股力量在世界各地的涌动。当然，作为一股充满自我矛盾的社会思潮，在对待社

---

① Chantal Mouffe, *The Democratic Paradox*, London：Verso, 2000, p. 2.

② ［英］塔格特：《民粹主义》，袁明旭译，第140页。

③ ［英］塔格特：《民粹主义》，袁明旭译，第154页。

④ Robert A. Dahl, *A Preface to Democratic Theory*, Expanded Edition, Chicago & London, The University of Chicago Press, 2006, p. 43.

⑤ Sheri Berman, "Populism Is Not Fascism：But It Could Be a Harbinger", *Foreign Affairs*, 2016 (95), pp. 39-45.

会共享问题上,总是包含既想包容又想拒斥的双重性。其倡导者既怀疑代表他人利益的权力,又渴望代表自己利益的权力,既渴望分享更多的社会机会,又排斥其他族群分享同样的社会机会。因此,它多少同分离主义和激进主义等社会思潮掺杂在一起。民粹主义表达着底层民众的渴望,他们渴望分享权力,分享社会发展的机会、财富和成就。他们不愿意自己被这个时代所淘汰,所抛弃。

第10章　资本、权力和社会责任

　　资本和权力有着明晰的边界。商品、服务、机会、收入和财富是资本创造的主要成果,它们主要由自由市场来生产和提供。政府则提供公共物品和公共服务,满足所有社会成员不能从自由市场获得的基本需要。借助于各种生产资料和生产手段,包括人力资本,在自由市场中,商品、服务、机会、收入和财富要通过人财物的合理组合才能被不断地创造和提供。资本的首要目的在于,借助于各种生产手段,由市场来合理有效地配置生产要素,创造更多的商品、服务和财富,满足消费者的需要。权力的主要目的在于,维护社会秩序,实现社会基本公平,提供社会基本公共物品,为人民生产、生活和学习提供安全、和平、和谐和富于活力的社会环境。因此,资本和权力有着明确的社会分工,承担着不同的社会责任。

　　2016年3月4日下午,习近平总书记在看望全国政协十二届四次会议的民建、工商联委员时把中国新型政商关系概括为"亲""清"二字,向中国政界和商界提出了既要相互尊重,又要各尽其职,共同为建设自由、民主、文明、富强的社会主义国家而努力奋斗的要求。一方面,他期望民营企业家既要"积极主动同各级党委和政府及部门多沟通多交流,讲真话,说实情,建诤言,满腔热情支持地方发展",又要"洁身自好、走正道,做到遵纪守法办企业、光明正大搞经营"。另一方面,他要求中国政府官员"坦荡真诚同民营企业接触交往,特别是在民营企业遇到困难和问题情况下更要积极作为、靠前服务,对非公有制经济人士多关心、多谈心、多引导,帮助解决实际困难";他要求政府官员"同民营企业家的关系清白、纯洁,不能有贪心私心,不能以权谋私,不能搞权钱交易"①,把权力的行使转化为实实在在的服务。"亲清论"清晰标出了中国公务员尤其是领导干部与民营企业家交往或共处的界线,既是说给中国企业家听的,更是对中国公务员尤其是领导干部的提醒,是具有丰富政治、法律和道德内涵的真知灼见。

　　显然地,权力和资本既可以是实现社会分享的主要手段,也可以是阻碍社会分享的主要力量。顶层权力一般与巨额资本相结合,基层权力一般与小额资本相纠缠。权力和资本是影响社会发展的两股重要力量,两者往往纠缠在一起,难

---

　　①　习近平:《在全国政协民间工商界别委员联组会上的讲话》,《人民日报》,2016年3月5日。

舍难分,一旦跨越边界,容易产生腐败和丑恶。正确处理权力与资本的关系是世界难题,"亲清论"令人耳目一新。在本章中,我们将从四个层面解读"亲清论"。第一,权力和资本关系通则之探讨;第二,权力和资本关系的批判;第三,"亲清论"对权力和资本关系的重构;第四,"亲清论"的社会意义。

一、权力和资本关系通则

传统马克思主义观点认为,社会化大生产以劳动分工为前提,促使生产资料生产者与所有者分离,社会分化为拥有生产资料的少数人和提供劳动力的多数人,劳动者丧失了生产资料与生活资料来源,被称为无产阶级,不得不以出卖劳动力为生,生产资源掌握者即资产阶级或资本家不直接参与社会生产,靠无偿占有劳动者的剩余价值实现财富的增值,资本扩大化的背后是对无产阶级的残酷剥削,资本家通过延长劳动时间、压低劳动者工资、缩减劳动者福利等方式霸占劳动者创造的剩余价值。"资本来到世间,从头到尾,每个毛孔都滴着血和肮脏的东西。"[①]

在中国历史上,"资本家"("商人""生意人")长期以来是一个贬义词,所谓"无奸不商""囤货居奇""唯利是图",资本家浑身上下充满着"铜臭味"。然而,社会是由不同阶级和阶层构成的共同体,既包括拥有权力的少数统治者和没有权力的广大被统治者,也包括拥有财富的资本家和以出卖劳动力为生的广大普通民众。在现代社会里,权力和资本是稀缺资源,它们被掌握在少数人手中,并往往与既得利益集团捆绑在一起。利益集团追求自身利益和维护既得利益。权力既得利益者与资本利益既得者时常面临着权力与资本的双重诱惑,双方容易达成内部交易,资本扩大化能增强权力的影响力,权力的影响力反过来又促进资本的最大化。权力集团和资本集团不可避免地要打交道,相较分散的普通社会群体更容易达成共识。因此,权力既得利益者与资本利益既得者倾向于强强联合。这样的"资源优势互补"将本应服务于人民的权力异化为了榨取剩余价值的工具。因此,中国传统文化贬损"生意人",马克思主义批判资本和资本家并非无中生有。同时,马克思主义对权力的批判也入木三分,深刻而尖锐。

基于对资本腐败性和丑恶性的认识,在新中国成立后的相当长时期,权力和资本的关系处于紧张状态,代表资本一方的各种私有经济成为社会主义改造的对象;权力处于主导地位,资本成为消极被动的被革命和被改造的对象。在社会

① ［德］马克思:《资本论》(第 1 卷),北京:人民出版社,1975 年版,第 829 页。

主义革命和改造的年代,权力和资本的界线非常清晰,两者的关系是一种"清而不亲"的关系。为了压制甚至要消灭市场与资本,计划经济时期的社会管理一味突出政府与公权的作用,资本被简单归结为丑恶事物,是旧制度的遗存,不允许私有资本或民间资本的存在,更谈不上发展。

改革开放以后,我国市场活力逐渐复苏,资本开始活跃,市场在资源配置中的基础作用得到确立。十八届三中全会进一步明确了市场在资源配置中的决定性作用。然而,资本的放活并没有与公权规范相匹配。经济改革先行,政治改革滞后,全能政府的管理模式被移植到经济管理体制中,为权钱交易留下生存空间。民营企业家掌握资本,政府控制行政审批权和监管权。地方政府的政绩依赖于地方企业的发展,企业发展又依赖于政府行政权的审批与监控。部分行政官员利用转型期体制漏洞,既从政,又经商,变相将国有财产转为私人财产;一些官员弃政从商,但仍然保留原有政界裙带关系,为自己谋取福利;部分商人在攒足资本优势后,开始寻求政治地位或政治代理人,贿赂官员、买官现象出现。权力寻租空间被激活,长时间未得到有效清理,部分政商利益被固定化。久而久之,公权腐败问题成为国家治理的顽疾。权力和资本的关系从市场经济时代的"清而不亲"转向"亲而不清"。

无论是"清而不亲",还是"亲而不清",都不是权力和资本的正常关系。如果说前者明确地划定了权力和资本的界线,全面拒斥和清算资本,害怕资本对权力的侵蚀;那么后者则大胆地模糊权力和资本的界线,全面跨越权力和资本的边界,以实现权力和资本的"双赢"。在今天,权力和资本面临"亲而不清"难题,是一些地方政府和公共部门存在"坍塌式腐败"①的主要原因。

十八大以来,反腐败成为全面深化改革的第一声号角,清理权力和资本关系或政商关系成为近几年反腐败的核心内容。这是一块硬骨头。只有彻底斩断既得利益者在公权与资本之间搭建的"互惠"链接,形成反腐败威慑力,其他改革措施才能得到深入贯彻。伴随着全面改革的深入发展,在十八届三中全会上,习近平总书记指出,我国政府与市场的关系发生了微妙变化,市场在资源配置中起决

---

① "一查就一帮,一动就塌方"是对坍塌式腐败的形象描述。2015 年 3 月 6 日,山西省省长王儒林在全国人大山西代表团全体会议上表示,山西腐败的严重程度有三个特征:一是量大,面广;二是集体坍塌;三是严峻复杂,贪腐数额巨大。坍塌式腐败主要有四个原因:党不管党;没有从严治吏导致权力失控;党员干部没有拧紧总开关,发生道德塌方;没有从严查处,养痈成患。吏治腐败是核心性腐败,"系统性、塌方式"腐败的主要问题是吏治问题。山西腐败窝案串案的发生,表明当地的政治生态和从政环境出了问题。数据显示,2015 年 9 月以来,山西查处违纪党员干部 7367 人,特别严重的有 1622 人,移送司法机关 388 人,移送司法机关的人数比 1—8 月月均增加超过 300%(新华社,2015 年 3 月 6 日)。

定性作用,同时要更好发挥政府的作用。① 市场定位的转变表明,我国政商的
"亲""清"力度同时在加强。在对原有的权力与资本不正当交易进行清理后,一
方面,国家不断加强公务员素质建设,将反腐败作为一项长期工程,用制度与廉
政作风建设使公权与资本的划分固定化、常态化;另一方面,政府开始尊重、重
视、促进资本作用的发挥,政府与企业的关系不再是垂直的金字塔权力结构,而
是扁平化的网络治理模式,企业成为独立的治理主体,可以同政府进行沟通、交
流和对话。

二、权力和资本的关系及其批判

权力和资本具有相似的双重属性,既能改善人民生活质量,促进社会进步发
展,也会带来社会问题,导致不良后果。当权力和资本超越各自边界进行合谋
时,容易产生腐败。

当前,在举国反腐败和廉政高压之下,一些领导干部胆子变小了,不敢积极
主动地与企业家交往,存在庸官懒政现象。部分官员在其位而不谋其政,不愿
做、不想做、不敢做和不作为,打着政策托词,只做表面文章,实则推卸职责,凡事
走形式,不愿干实事。一些领导干部在岗却不在状态,"混"字当头,以前是"门难
进、脸难看、事难办",如今是"门好进、脸好看、就是不办事";②另有一些领导干
部只做简单的、易于把控的事情,避重就轻,将职责范围内的事情推责给企业;还
有部分官员能躲就躲,不见企业,使得企业发展的一些合法程序和事情办理也成
为了难题。庸官懒政的主要原因是公务员自身懈怠、缺乏外界的束缚,在公权与
资本之间存在着"谁都能管又谁都不愿意管"的责任空白地带,一些政府官员为
了谋求物质利益不愿做没有私利的事情。③ 一方面公共机构工作权责界定不清
而行政自由裁量权过大,导致事无所管、利竞插足、责相推诿、功竞相争。另一方
面,高压反腐挤压了公权与资本的利润生成空间,增加了政府官员的责任成本。
在社会转型背景下,部分官员干部自身陷入迷茫,惧怕承担责任风险,求稳心态
强于发展心态,宁可不做,也不愿冒风险。

从经济上讲,资本可以带来剩余价值,扩大就业机会,创造新的财富,是国民
财富的主要载体。自由市场是由资本支撑起来的。在自由市场中,人、财、物只

---

① 习近平:《中共中央关于全面深化改革若干重大问题的决定》,《人民日报》,2013 年 11 月 16 日。
② 邵景均:《坚决整治为官不为、懒政怠政》,《中国行政管理》,2015 年第 4 期。
③ 张国清:《惩治懒惰者:中国政治改革将迈出重要一步》,《人民论坛》,2015 年第 15 期,第 29 页。

是资本的构成要素,或者都可以兑换为资本。资本遵循利益最大化的逻辑,寻求自身的不断扩张。拥有资本的企业家以追逐利润为首要目标。从资本角度来看,公权只是为自由市场的有效开展提供制度保障,领导干部的所有工作只是资本实现自身目标的工具或手段。资本和公权各行其职,却达成不同的目标。公权是不能用来交易的,但它一旦成为资本猎取的目标,往往成为资本的竞购对象。公权寻租一旦完成,腐败便隐秘或公开地发生。

在社会主义条件下,公权不只是为资本服务的,其目标必须超越私利,超越资本的目标。公共性是公权的本质属性和内在规定。按照契约论观点,为了避免自然状态下最大的恶,人民让渡自己部分的权利,在私权领域之外形成了公权。"法官和其他官员公道而一致地实施各项制度。也就是说,类似案件类似处理,相关的类似和差异由现有规范来认定。权威部门一贯遵守并恰当解释制度规定的正确规则。"①公权既管制与规范私权,也为人民服务,服务私权,以实现人民共同福祉为宗旨。"人类为之奋斗的一切,都同他们的利益有关。"②资本是私权,在某些特定的场合也是公权的核心利益要素。资本和权力都是社会稀缺资源。权力和资本占有者对各自拥有的稀缺资源形成无形的控制力和影响力,建构起关于权力和资本及其相互关系的一整套话语体系。他们相互需求,互通有无,容易形成关系紧密的利益共同体。

换句话说,资本是潜在的权力。公权则是公开的权力。当它们相互利用、相互勾结而不受约束时,就必定走向腐败。在良性社会环境中,公权对资本的引导和管制是为了避免"权力资本化"或"资本权力化"的悲剧。因为公权是对社会整体利益进行的权威性分配,它超越了私利,立足于公共利益,它要实现的不仅仅是个人资本的增长,而且是社会公平正义的弘扬和整体社会福祉的提升。正如习总书记在《之江新语》之《要干事,更要干净》中强调的那样,领导干部手中握着权力,权力用得好可以用来干大事,为人民谋利;用得不好就会被污水沾染,有时不知不觉就会陷入"温水效应"之中。

资本的确有邪恶的一面。然而,资本并非一无是处,并且没有资本将一事无成。"应该牢记的是,这里所说的资本,不仅是工厂和机器,而且是知识和文化,以及技术和技能,它们使正义的制度和自由的公平价值成为可能。"③资本的确有恶的一面,但并非一无是处。早在 18 世纪初,荷兰经济学家孟德维尔在《蜜蜂

---

① John Rawls, *A Theory of Justice*, Revised Edition, p.51.
② [德]马克思、[德]恩格斯:《马克思恩格斯全集》(第 1 卷),北京:人民出版社,1956 年版,第 82 页。
③ John Rawls, *A Theory of Justice*, Revised Edition, p.256.

的寓言,或个人劣行即公共利益》中就已经清晰阐述了个人利益和公共利益的关系。在差不多同一时期,休谟的《人性论》和斯密的《国富论》也明确指出了资本对促进人类文明进步的积极作用,认为个人利益最大化是增进社会公平正义的有效途径,资本积累是创造财富的重要举措。资本既有令人讨厌的一面,又有充满温情的一面。它毕竟客观上促进了国民财富的增长,提高了广大人民的物质生活水平和文化生活水平。

从积极角度看,以保护私有产权为核心的近代资本主义生产关系和社会化大生产的出现开启了人类文明的新进程。资本追逐催生了近代工业化和现代科技革命。现代社会的每一次进步无不伴随着资本最大化的客观诉求。资本的开发潜力刺激了人性的贪欲,激发了个人寻求自身福祉的动力。按照自由主义者对资本、财富、收入、机会等的认识,没有一种公平比多劳多得更加公平,勤劳的人理所当然地应当得到与他们付出相匹配的报酬,而懒汉过着贫困潦倒的生活也符合正义的逻辑。因此,在休谟和斯密等苏格兰启蒙运动者看来,为得到最大化的个人资本,以经济人假设为基点、遵循多劳多得分配逻辑的资本,会促使个人在寻求经济效益最大化过程中尽可能地展示自己的才能与创造力,最终增加社会总资本,整体上推动社会的进步与发展。"我们从经济理论得知,在定义竞争性市场经济的标准假设下,收入和财富将以有效率的方式进行分配;我们还知道,在任一时期产生特定的有效率分配,取决于各种资源的初始分布和各种资产的初次分配,也就是说,既取决于各种天赋才干和能力的初始分布,又取决于收入和财富的初次分配。"①也就是说,资本既是对个人努力的犒劳和奖赏,也是个人追求的目标与动力。无可否认,资本在推动社会进步乃至整个人类文明进程中发挥了重要作用。市场竞争归根到底是资本竞争或企业家竞争。市场还是要让资本或企业家说了算。因此,广大公务员尤其是领导干部要尊重企业家的创业精神,肯定他们创造的经济和社会价值。

从消极角度看,资本扩张也给社会发展带来了巨大阵痛。这是内在于资本的社会疾病,从资本诞生那一刻起就根植于人类社会发展的骨髓之中。贫富差距、无序竞争、权钱交易、负外部效益等都是这种疾病的表征。虽然资本最大化满足了勤劳人应得的正义,却忽视了代际不平等,富人孩子可以富二代、富三代世袭下去,而穷人的孩子从落地那刻起就已丧失机会平等,平民阶层流向精英阶层的空间变得越来越狭窄。出身低微的穷孩子,即使再勤奋也难以弥补先辈因贫弱欠下的"债务"。替唯利是图资本家作辩护的一种说法是,他们具有节俭、谨慎和冒险的精神。"他们偏好投资赋予的权力,而不热衷于直接消费的享乐。正

---

① John Rawls, *A Theory of Justice*, Revised Edition, p. 62.

是财富分配的不平等,使得资本的迅速积累和每个人一般生活水平或多或少的稳步提高成为可能。"①资本过度追逐利润,淡漠了人际关系和道德正义。当经济危机爆发时,资本家宁可将牛奶倒进河里,也不愿意将其用来救助灾民。因为资本的追逐不以道德或公德而以利益为逻辑起点。当利益最大化成为企业生存发展的唯一逻辑时,危害就产生了。资本轻易地跨过了私人领域界线,渗透到公共领域,寻求公权与资本的结合,导致权钱交易、权色交易、权力寻租、权力腐败等问题。因此,经济学视角或理性人假设无法破解权力寻租问题。我们需要一种专门的制度设计来预防公权和资本走得太近,导致政商"亲而不清"。

从政治上讲,政商关系本质上是公权与资本的关系。公权或权力,是一事物作用于另一事物而促使其不得不采取某种行为或不作为的影响力,其本质是一种强制力或影响力;公权是公共机构主体作用于客体的强制影响力。公权有刚性的、不打折、不妥协的一面,有不可因人而异、一视同仁的一面,体现在具体的法律、法规和公共政策之中。正如洛克阐明的那样,"政府所有的一切权力,都是为社会谋幸福,因而不应该是专断的和凭一时的高兴的,而是应该根据既定的公布的法律来行使"②。"政治社会始终保留着一种最高权力,以保卫自己不受任何团体、即使是他们的立法者的攻击和谋算。"③但是,公权要依靠公共机构、政府官员的具体行动才能实现,难免有主观的、个人的因素介入,尤其在涉及国家或地方发展的重大决策上,决策者的决断会直接影响到相关行业、地区的实际利益或发展前景。嗅觉灵敏的企业家会从国家和政府的重大决策中寻求自己的机会。因此,公权躲不开资本的包围,公务员尤其是手中握有权力的政府官员躲避不了企业家的追逐,关键在于要正确处理两者的关系。

资本是逐利的,权力则是倾向于腐败的,它们皆源于人性的无限贪欲。一旦人的欲望不受规制和约束,资本和权力就成为满足人性之贪欲的手段。"如果个体唯利是图是一条心理学法则,那么(依照效用原则的定义)个体就不可能拥有一种有效的正义感。理想立法者能做的最佳事情是,设计某些社会安排,以便从自我利益或团体利益的动机出发,说服公民们以极大化总福利的方式行动。在这个观念中,所导致的利益确认是真正人为的:它取决于理性的诀窍,个体遵从一套制度,仅仅把它当作实现各自利益的手段。"④

如上所述,资本不是生来正义或邪恶的。它犹如河水,既能灌溉农田,造福

---

① John Rawls, *A Theory of Justice*, Revised Edition, p. 264.

② 洛克:《政府论》(下篇),叶启芳、翟菊农译,北京:商务印书馆,2013 年版,第 86 页。

③ 洛克:《政府论》(下篇),叶启芳、翟菊农译,第 187 页。

④ John Rawls, *A Theory of Justice*, Revised Edition, p. 399.

社会,也会泛滥成灾,毒害生灵。关键是要筑坝固堤,合理引流。也正因如此,资本需要接受规范与约束。规范和约束资本的主体是拥有公权的政府及其公务人员。根据社会契约、主权在民的观点,公权属于人民,但所有人民参政并不符合现实情况,甚至会酿成乌合之众、暴民政治悲剧。遵循间接民主与代议制的逻辑,人民将公权委托给公共机构,公共机构再赋予雇员(公务员)行使公权,公务员成为施行公权的职业主体。企业家或普通民众是公权的监督者,他们从自身立场或利益出发评价公权的正当性、合法性或合理性。然而,企业家借助于雄厚资本,更容易对公权产生影响。公权与(私有)资本更容易形成合谋。一旦资本和权力成功联合起来,原来的监督关系便会消失,代之以互相利用关系。如此剧情在中国政界和商界反复上演,造成政商关系"亲而不清"和"清而不亲"。要么牺牲国家利益和人民利益,要么庸官懒政和无所作为,政商关系成为一笔糊涂账。因此,正如公权要监管资本一样,公权更要接受普通民众的监督。

三、资本与权力关系的重构

处理政商关系或公权与资本的关系是一个历史难题,也是一个世界难题。习近平同志一下子看清了这个难题的根本,尝试扭转公权与资本关系的演变轨迹,重构政商关系或公权和资本的关系。习近平早在《之江新语》之《对腐败多发领域要加强防范》中就指出,腐败问题在一些经济工作部门屡屡发生,对此我们要注重探索特点,寻求规律,切实加强腐败多发领域和重要部位、关键岗位的廉政工作,要进一步完善制度,强化监督,努力把反腐倡廉工作做得更加扎实有效。在"亲清论"得到中国政界和商界全面消化之后,政商关系便不再是零和博弈。虽然前者从属于私人领域、以经济效益最大化为其宗旨,而后者属于公共领域范畴、立足于公共利益,但两者可以在达成共同的发展理念下实现双赢。"亲清论"要求不同主体正确处理好政商关系、政企关系、政治生态与企业廉洁文化的关系。公权主体要在掌舵的同时做好服务,担负起公共政策制定者、市场秩序维护者、宏观管理把控者、外部效益消除者及收入差距再分配者等角色,为企业发展和良性竞争提供必要的制度环境,为企业家做大做活经济提供良好的发展空间。企业在寻求自身效益最大化同时要积极承担社会责任,与政府形成良性互动。这是新兴政商关系的客观诉求、也是国家领导人的希冀,更是国家治理能力与治理体系现代化建设必须攻克的难题。

公权与资本既存在相互协助的联合,又存在不可逾越的界线。资本和公权是最有效的两种资源配置手段,但是,单纯依靠其中任意一种资源配置方式都是不可取的。一方面,资本过度追求私利,曾为资本主义经济危机种下恶果;另一方面,福利国家和行政国家的失败是公权强势的惨痛教训。公权与资本混搭的资源配置方式是现代国家治理的优先选择。但是,两者的关系不是一笔糊涂账。"亲清论"为平衡两种资源配置方式指明了方向。公权与资本的"亲",就是要相互尊重、相互信任、相互合作、具有命运共同意识与共建共享理念。一方面,领导干部和企业家之间不要"背对背",领导干部要亲商、富商、安商;另一方面,企业家要信任政府,积极与政府沟通,承担企业发展的社会责任。公权与资本的"清",就是要划清界限,拒绝领导干部与企业家的"勾肩搭背",君子之交淡如水,相忘于江湖。

从法律上讲,公平正义是法律的基本准绳。它提供了资本合法化、合理化、有效性的依据。"公平正义观所对应的正义感,比其他正义观所灌输的平行情感要更加强烈一些。首先,按照契约论的观点,为了自己的利益,我们会更加强烈地无条件关心他人和制度。包含在正义原则中的约束条款,保证每个人都拥有平等的自由权;并且,它们向我们保证,我们的利益,不会为了某个较大的利益而被忽视或被践踏;它们还向我们保证,即使为了整个社会的利益,我们的利益也不会被忽视或被践踏。"①然而,权力资本化或资本权力化极大地破坏了社会的公平正义,践踏了法律的尊严。一些领导干部借助公权为个人、家庭或其他利益相关人员谋取权益;一些个人或群体为了维护既定利益或谋取更多利润,利用资本优势谋取政治福利,以实现资本的保值和增值。这些行为要么采用打擦边球形式,要么隐晦地越过规则,更有甚者置法律不顾,公然违反法律。程序正义一旦遭到破坏,实体正义就很难顺利实现,依附于行政的司法力量在对抗权力腐败问题上通常会显得苍白无力。因此,"亲清论"在法律上向政界和商界都提出了明确的要求。

从政治上看,公权与资本是公私两种不同领域的力量对比。公权存在着积极说与消极说,积极的公权是依据法律规定、以公共利益为导向、由特定公权主体行使、对国家事务和社会公共事务进行管理的权力,它旨在维护社会秩序、增进社会福祉、弘扬公平正义、实现善治。消极的公权说以马克思主义权力学说为代表,认为公权是一个阶级镇压另一个阶级的工具。公权同资本一样,也是一把双刃剑,既有好的一面,也有邪恶的一面,两者具有相似性。但资本是私人领域的产物,以实现自我扩张和利润最大化为目标,过度追求利润或利益会带来灾难性恶果。通常,公权是控制和合理分配资本的力量,但在一些场合公权与资本却进行了"联姻",公共政策被资本绑架,为不正当的资本扩大化披上合法外衣,造

---

① John Rawls, *A Theory of Justice*, Revised Edition, pp. 436-437.

成公共政策的无效或低效。公权成为资本追逐利润的帮凶,模糊公私界线,产生官商勾结的扭曲政商关系,严重恶化政治生态。

从道德上看,"亲清论"也对政商两界提出了要求。企业家往往是一群不甘平庸、具有勃勃野心的有志人士。正如马云所说,他们拼的是真本事,拼的是睡地板,拼的是勤奋,拼的是不断改变自己,拥抱变化。然而,在政商博弈中,他们却处于弱势地位,有时甚至会成为牺牲品。一些民营企业在发展过程最需要扶持的时候却得不到政府的帮助,只能自生自灭,最后眼睁睁地看着自己的抱负和理想破灭。而在利益丰厚的资本地带,各公权部门竞相插足,有些干部逾越了道德底线,思想堕落,沉浸在权力资本化中,带坏了公共部门风气。"亲清论"呼吁干净、纯洁、公正的政商关系,弘扬正义的社会风气,帮扶有志之士实现理想,同时收紧领导干部的紧箍咒,倡导廉政作风建设。

建构"亲清"的政商关系,关键在于弄清楚公权与资本什么时候该"亲",什么时候该"清"。在当前,我国一些地区地方保护主义盛行,一些地方政府为保护本土企业发展,给它们注入大量财政资金,优先扶持其发展,或通过出台土政策、制定区域行业壁垒等行政干预手段,排斥外地企业进入。地方政府作为地方利益的代言人,理所应当代表地方企业的发展诉求,但不能忽视中央乃至全国整体利益的大局。地方与中央的发展是一盘棋,地方政府不仅要顾及地方自身和地方企业的利益,还要顾及全国的利益。邓小平很早以前就明确了"亲"的标准,即是否有利于发展社会主义社会的生产力,是否有利于增强社会主义国家的综合国力,是否有利于提高人民的生活水平。也就是说,公权要保护的是代表先进生产力、代表中华民族优秀文化、代表创新发展方向的资本,而不是落后的、已经不适应社会发展甚至阻碍转型、发展与创新的企业。地方政府在扶持本地企业发展时,要尊重市场在资源配置中的决定性作用,并在此基础上弄清楚哪些企业该"亲",以确保扶持的企业能够自我生存与自我发展。

为了保持"清淡如水"的政商关系,在公权与资本之间一定要保持适度的间距,"谈恋爱"但不"结婚",否则容易造成权力或资本的异化。公权与资本的纠缠曾滋生出"亲而不清"或"清而不亲"两种畸形状态,产生了权力寻租和庸官懒政两种权力异化现象。"清而不亲"和"亲而不清"与"市场失灵"和"政府失败"两种形态对应。以政府的不作为或最小政府为代表的"清而不亲"放纵了资本的任性与自由发挥,建构了公权与资本的鸿沟,容易产生无序竞争、垄断经营、负外部效益等弊病;而强化政府干预与管制、混淆公共与私人界限、以全面干预或全能政府为典型的"亲而不清",又容易产生权力异化、政府内部性、公共机构效率低下及政策失效或低效等问题。公权与资本本质上并不是冲突的,在法治和制度的框架下,两者可以有机地契合。制度或规则是平衡公权与资本的桥梁,它内在规定了公权与资本结合的属性和基本要求,明确了两者何时该"亲""清"。但制度或规则不仅仅是法律意义上的规定,还包括公、私部门所有原则性及道德意义上的规定,包括行业道德等。近些年来,为规范公权与资本的关系,党和国家领导人做了大量的工作,其中最引人注目的是制度反腐。十八大以来,为清理公权与资本同流合污行为,我国加大了自上而下的反腐打击力度,坚持"老虎""苍蝇"一起打,倡导将权力关进制度的笼子里,放在阳光下进行杀菌。用制度去规范和监督公权与资本的运作是中国特色政商关系的一大尝试。因此,无论是政界还是商界,都要有规则意识,不踩红线、不触高压、懂规矩,讲原则,有界限。也只有坚守住规则和原则,才能确保官商各安其位、各负其责、各得其所。

把握官商之间的尺度和温度的关键是以制度为根本、以法治为关键、以发展为目标、以素质建设为支撑、以监督为保障。政商间的亲清关系要在"清"的基础上"亲"。因为只有在划清界线、各司其责的基础上的"亲"才是健康版的。"亲清论"对建构新型政商关系提出了几点要求:第一,制度是亲清关系的根本,政商关系的剪不断、理还乱归根结底是制度不健全的结果,因为权责不清,才会相互推诿;因为制度的缺位,才让政商间的舌战欲罢不休;因为行政自由裁量权过大,才给官员的庸官懒政托词提供了契机;因为追责制度及激励措施的不完善,让政府官员失去了动力;因为监督机制与惩罚制度的缺位,滋生了公权腐败等行为。如果说制度是一张电网,那么当下的电力还不足,仍有一些空白领域等待着铺展。在制度建构中,法治建设是关键。它规定了政商的基本的界限和最低的道德准则。将长期积累的政商治理有益经验固定下来,合法化、制度化,并以法治精神重塑政商关系是"亲清论"的内在要求和必然选择。第二,亲清关系要以发展为目标。政界和商界都拥有一个共同的目标,就是寻求发展。重构政商关系,一切都是为了发展,政府只有激活企业的积极性和创造潜力,才能创造更大的国民财富,惠及人民。公权对资本的规范和管理不是为了压制资本的扩张,而是要实现公权与资本的双赢,最大限度地增进社会的福祉。不仅如此,亲清关系还要以加强政商两界的自身素质建设为支撑。习近平总书记指出,"贪如火,不遏则燎原;欲如水,不遏则滔天。一个人能否廉洁自律,最大的诱惑是自己,最难战胜的敌人也是自己。一个人战胜不了自己,制度设计得再缜密,也会法令滋彰,盗贼多有"[①]。企业家是推动经济发展的主体,其本质是创新,创新的主动力来自企业家精神,成功的创新取决于企业家的素质,而腐败问题的解决归根到底在公务员自我素质的提升。第三,亲清关系要以监督为保障。这既包括对政府的监督,也

---

① 2014年5月8日,习近平同志在同中央办公厅各单位班子成员和干部职工代表座谈时指出,干部领导要"吾日三省吾身",要做以三严:严于修身,严于用权,严于律己。

包括对企业发展的监督。政党监督、司法监督、政府监督、媒体监督、公民监督、网络监督、自我监督等都是亲清关系监督的重要手段。

四、走向透明的权力与资本关系

习近平提出的"亲清论"重新审视了社会主义制度下的政商关系,权力与资本关系在社会主义制度的优越性中获得了新的诠释。社会主义制度下资本的增长主要依赖社会必要劳动时间的缩短和科学技术的提升,它尊重人的主体性,强调人是"社会人",注重激发人的创造力,力求在按劳分配兼顾社会公平正义的逻辑下,缩小贫富差距、增加机会平等。企业不再以营利作为唯一的目标,而是让员工与社会都分享到企业资本扩大化的福利;企业家也不再是"奸商",而是具有企业家精神和社会责任感的社会精英。社会主义制度下的权力与资本关系始终以人民利益为导向,在相对自由的框架下运作,资本受制于权力,服从权力的监督和管理,同时反作用于权力,促进权力的深化改革。中国新兴政商关系尊重资本带来价值的合法性、尊重商人的开拓进取精神、认可制度范围内的财富追逐,同时牢牢把握权力的"公共性"特质,将人民本位作为权力的出发点和最终归宿,权为民所用、利为民所谋、情为民所系。社会主义资本的发展获得了社会舆论的支撑,社会主义权力的规范运作受到社会的监督,"亲清论"坚决杜绝人民的根本利益被权力或资本的优势所绑架。

在社会主义条件下,政府和市场、权力和资本将长期并存,它们都是促进中国社会主义建设和发展的重要力量。"亲清论"站在当前中国社会主义发展的新高度,重构政商关系,超越以往讨论上述关系容易陷入的"清而不亲"或"亲而不清"的悖论,表明在社会主义条件下,政府和市场能够较好地发挥各自的作用。十八届三中全会明确界定了我国政府与市场的关系是:市场在资源配置中起决定作用和更好地发挥政府的作用。也就是要充分激活资本在市场中的创造力与活力,同时加强公权对资本的合理引导和规范。深入领会"亲清论"的精神实质,理清权力与资本的关系具有重要的社会意义。

"亲清论"有利于克服权力和资本的异化。无论是公权还是资本,从本质上来讲都是达成某一目标的手段或工具。工具理性自身没有价值偏好,它们天生只以实现特定的目标为使命,然而一旦涉及具有价值偏好的目标或以具有主观判断的人为载体时,工具自身也具有了价值理性。公共性与私人性是驱动公权与资本运作的内在动力,而两者的对立和冲突是权力和资本异化的主要根源,两者的矛盾是避不开的客观实事,公权行使主体(公务员)自身就具有公共性与私人性双重属性。当公权的运作以私人性为载体并与资本进行合谋时,公权异化或资本异化就出现了。"亲清论"对"亲""清"界限的划分,就是要做到公私分明,把公权拉回公共领域,强化公共人(公务员、政府官员)的公共性,以事实为依据、以法律为准绳,秉公执法、秉公办事,全心全意为人民服务。

"亲清论"有利于克服庸官懒政现象。庸官懒政是权力异化的怪胎,其危害不亚于腐败,它耽误了企业发展的黄金时期,积压了企业发展资金,增加了企业的沉没资本,致使企业资本效用无法正常发挥;它淡化了政府官员的服务意识,使之安于现状、纪律松弛、办事拖沓、推诿扯皮,导致政策执行效率不高、执行信心不足,甚至为公权腐败提供生长的温床,严重损害了政府的公信力。"治理之道,莫要于安民。安民之道,在于察其疾苦。"[①]为官不谋其政,官位设置就失去了它原本的价值和意义。"亲清论"要求坚决查处庸官懒政的消极行为,杜绝政商之间的"背对背"现象,提高政府人员工作效能,转变干部作风,实现公共部门与企业在相敬如宾、各尽职责的基础上共谋发展。这既是对党员的纪律要求,也是对政府官员的政策要求与道德要求。

理清资本与权力的关系有利于发挥资本的最大效益。资本需要公权进行规范和引导,但管理过死会降低资本应有的效益。资本是市场经济中的活跃因素,自由的资本追逐是利润生成的重要原则之一。然而公权对资本干预过多,容易造成资本对公权的过度依赖,一些企业发展正需要资金支持时,行政审批程序过多、手续复杂、时间过长,致使资金审批下来已经错过了企业发展的黄金时段或已经造成了消极的后果。社会主义的市场经济的资本是经过改造的,并不是一味追求利润的最大化,而是具有政策、法律、纪律以及道德上的要求。资本不仅要追求利益、利润,而且必须承担社会责任,对良序社会建设起积极作用。"亲清论"既尊重资本发展的内在要求,也对资本扩大化做了原则规定:公权为资本的投资和发展创造良好的外在条件、提供资本再投资的良性环境,而资本的扩大化最终要回馈社会,服务于人民生活质量与生活水准的提高。

"亲清论"有利于克服经济人假设的局限,实现社会的公平正义。罗尔斯认为,"一个社会,当它不仅旨在推进它的成员的利益,而且也有效地受着一种公开正义观调节时,它就是良序(well-ordered)的社会"[②]。良序社会是追求正义的社会、是稳定而体面的社会、是目光向下的社会、是友善而宽容的社会,其人民具有强烈的正义感。一个良序的社会超越了经济人假设的私利导向,具有利他主义特性。道德底线是一个良序社会的最低要求,它要求其成员具备基本的道德

---

① 张居正:《答福建巡抚耿楚侗》。
② [美]罗尔斯:《正义论》(修订版),何怀宏、何包钢、廖申白译,第4页。(引文略有改动)

良知,领导干部要有官德,企业家要坚守自己的职业道德操守。公务员和商人不仅是理性的经济人,更是具有道德良知和价值判断的社会人。社会人具有心理和社会的归属需要,它超越了生理需求,以促进整体社会发展为己任,积极主动地承担自己的社会职责。"亲清论"就是要克服经济人假设的局限,呼吁公务员和商人向社会人的回归。

市场、资本既要重视社会契约,又要有一定的社会价值追求。社会契约是全社会都应该遵守的行为规范或条例,它是全社会成员尤其是契约人之间在私人契约的行为中达成的合意的、互相信任的行为。私人契约如果能有效地运行,那么它必然与作为非正式制度的社会资本意义上的社会契约合意。[①] 市场与资本在社会契约的框架下有效运行,社会契约的引入增强了经济契约主体之间的信任度与规范化。然而,社会主义的市场与资本并不满足于社会契约的简单顺从或契合,而是具有更高的价值追求。从社会属性看,在当前的社会背景下,企业的内部利益相关者与外部利益相关者的最终目标是一致的,他们的关系是一种基于共同利益的协作伙伴关系。[②] 公权与资本追求的目标可以是一致的,因为两者都具有社会性。公权致力于公共性和公平性,资本立足于效益性,公平性与有效性是可以相容的,市场与资本在追求个体利润的最大化的同时,也在追求社会效益的最大化。

总而言之,政商关系不是"一笔糊涂账"。无论商界,还是政界,谁要把它做成"一笔糊涂账",那么他或她迟早要付出前功尽弃或得不偿失的代价。不可否认,在发展社会主义市场经济条件下,商品交换原则必然会渗透到党内生活中来,这是不以人的意志为转移的,社会上各种各样的诱惑缠绕着党员、干部,"温水煮青蛙"现象就会产生,一些人不知不觉就被人家请君入瓮了。[③] 但不管是落马的"老虎",还是折翅的"苍蝇",大多牵涉到不良官商关系。这说明,当权和钱"混"在一起,当官和商"粘"在一起,就会像炸药接上雷管,迟早爆炸。[④] "亲清论"是习近平政商治理思想的升华,它重构了我国新型的政商关系,明确要求官商交往要有道,鱼和熊掌不可兼得,当干部就不要想着发财,想发财就不要当干

①　王杰:《私人契约、社会契约和契约公共品的提供》,《南京社会科学》,2008 年第 3 期,第 31 页。

②　参阅隋敏:《企业社会资本研究》,青岛:中国海洋大学,2012 年。

③　习近平:《在河南省兰考县常委班子专题民主生活会上的讲话》,新华社,2014 年 5 月 9 日。

④　习近平:《在十八届中央纪律检查委员会第二次全体会议上的重要讲话》,新华社,2013 年 1 月 22 日。

部。① 为官就要像出家人念经一样,天天念我们是人民的勤务员。② 要像孙悟空给唐僧画一个圈防止妖怪进来一样,要给自己画一个圈,防止一念之差、一时糊涂、一穴溃堤。③ 要不断净化自己的圈子,做到君子之交淡如水。政界和商界既要"搭线",也要明确"红线",更要建构"防线"、守住为官为商的"底线"。既不要背对背,也不能勾肩搭背,而是各就各位、各司其职、充分信任、顺畅沟通、相互监督和共谋发展。"亲清论"尤其对公权执行者提出了较高要求。我们最后以罗尔斯的一段话作为结束语:

"不公正的做法是,法官和其他执法者,要么未能运用适当的规则,要么未能正确解释适当的规则。在这方面更具启发意义的是,与其列举贿赂和腐败等严重违法行为,或滥用法律系统惩治政敌,还不如考虑由成见和偏心带来的微妙扭曲,因为在司法程序中,后面这些做法实在地歧视某些群体。"④

---

① 习近平:《在中央办公厅各单位班子成员和干部职工代表座谈上的讲话》,新华社,2014 年 5 月 8 日。

② 习近平:《参加十二届全国人大一次会议江苏代表团审议时的讲话》,新华社,2013 年 3 月 8 日。

③ 习近平:《在中央办公厅各单位班子成员和干部职工代表座谈上的讲话》,新华社,2014 年 5 月 8 日。

④ John Rawls, *A Theory of Justice*, Revised Edition, pp. 206-207.

第三编　愿　景

第11章 中国学者看民族国家

面对全球化时代,我们提出一种跨越国界的共享理念。在讨论这种跨越国界的共享理念之前,我们先讨论当前国内学术界关于民族国家的相关见解。当然,跨越国界不等于放弃原来的国家主权理论或民族国家体系,但是的确会对那种理论和体系构成冲击。面对如此冲击,积极应对比盲目无视肯定要好一些。

进入21世纪,世界局势并不太平,民族国家间的国际争端时有发生,区域冲突依然存在,一些地区还有激化趋势。随着中国的和平崛起,中国也面临同其国家发展和民族建设有关的重大理论和实践问题。中国学者有关民族国家的见解体现了中国学术界对全球化和民族国家等重大议题的看法,对中国作为一个民族国家的未来走向有着重要影响。

有鉴于此,我们将在本章中考察中国学者眼中的民族国家理论。我们将考察他们是如何看待国家、民族国家、民族主义、分离主义、国家主义、全球化、战争与和平、国家主权的让渡与维护等问题的,并给出自己的评价性见解。

一、国家和民族国家观念概述

国家是一个"复杂且多标准的概念"①。一般而言,国家是为了维护其自身安全和利益,在给定疆域之内运行的刚性结构和组织力量,是一套既有联系又相和谐的有机制度。一方面,人民普遍承认国家的结构、组织、制度、功能和力量,形成有别于私人领域的公共领域。另一方面,人民生活于其中,繁衍子孙后代,追求自己的财富、利益、幸福和价值。虽然存在着国家权力无法抵达的领域,但是国家对私人领域有着重要影响。当然,国家的结构、组织、制度、功能和力量不是均衡发展的,存在着此消彼长的关系。第一,国家拥有主权,在给定领土之内垄断着对暴力的合法使用,能够鉴别社会成员,对他们进行身份确认或监控,在其领土之上控制着人财物的流动。第二,国家是一种价值建制,有明确的意识形

---

① Patrick Dunleavy, "State", in *A Companion to Contemporary Political Philosophy*, Robert Goodin, Philip Pettit and Thomas Pogge (eds.), Malden, MA: Blackwell Publishing, 2007, p.793.

态或道德主张,以推进社会成员的共同利益或共同意志,各社会团体或社会力量承认其合法性。第三,国家"拥有指令性官僚资源,以便征集税收,在给定优势交易成本之内,有效处理政府事务,通过法律工具来规制社会活动,通过宪法来规制政府活动"①。第四,政党和政府是国家及其权力的合法代表或代理机关,在国家主权范围之内行使公权,认真对待人民的权利和利益,接受人民和社会力量的监督。

斯金纳在谈到近代国家(state)理论的起源时写道:"正是霍布斯,第一次以近代理论家抽象而直截了当的语调,系统又无所忌讳地阐述了国家概念。"②霍布斯没有区分国家(state)和民族国家(nation state),而今日的学者通常会做出如此区分。比如韩水法最近指出:"一般的国家的规定是可能的……而一般的民族国家的定义则看起来要困难得多……国家是一般的,而民族国家是特殊的。因此,迄今为止,人们提出了许多民族国家的定义,但它们看起来都难以普遍地适用于每一个民族国家,某一个民族国家总会拥有这种或那种其他民族国家所无的独特性。"③按此说法,国家可以大体相似,民族国家却各不相同。这等于把国家和民族国家对立起来,至少强调两者的差异。但在我们看来,国家和民族国家并无实质差异。世上重要民族国家大多有过帝国时期。民族国家同资本主义、殖民主义、民族主义和帝国主义等一起发展起来。当今所谓的国家主要指民族国家,民族国家不具有比国家更多或更少的组织、结构、特性和功能。民族国家的差异看似重大而显著,但不是实质性差异。研究者过分关注民族国家间的差异,将忽视对现代民族国家之共同本质的揭示。

近代意义上的民族国家发端于欧洲,以1648年《威斯特伐利亚和约》的签订为标志,产生了欧洲近代民族国家观念。从此以后,具有世界意义的民族国家体系逐渐形成,民族国家成为近代国家的基本形态。从18世纪开始,在抵制殖民主义、资本主义和帝国主义过程中,争取独立自主的民族成长为民族国家,产生了以民族国家主权与世界秩序为核心内容的民族国家理论。到了20世纪,世界范围的民族解放运动强化了民族国家体系。民族国家是人类社会无法逾越的历史阶段,是基于民族认同和国家认同的主权国家。一般而言,民族国家脱胎于文化意义的传统国家,是相对于前资本主义社会的教权国家、诸侯国家和封建专制国家而言的建立在新兴的、统一的、以国家为标识和认同核心的民族基础上的主

---

① Patrick Dunleavy, "State", in *A Companion to Contemporary Political Philosophy*, p. 793.

② Quentin Skinner, "State", in *Political Innovation and Conceptual Change*, Terence Ball, James Farr & Russell L. Hanson (eds.), New York: Cambridge University Press, 1989, p. 126.

③ 韩水法:《现代民族—国家结构与中国民族—国家的现代形成》,《天津社会科学》,2016年第5期。

权国家。民族学研究者多从民族角度出发,侧重于研究民族与国家的关系。民族国家在不断调适民族与国家的关系中逐渐建立起来,是基于民族对国家认同的,以民族性、自主性、独立性、人民性、中央集权性为特征的主权国家。"现代民族国家是在超越以文化、民族、宗教等原生性纽带联结局限基础之上,通过地域领土、中央权威和政治法律规范的统一等次生性政治联系纽带,实现了包容众多族类共同体的历史建构。"①民族国家是国际关系的行为主体,当今世界是一个由不同民族国家组成的世界,民族国家是最主要的国家组织形式。它们既是国际政治生活的聚焦中心,也是全球化的实际参与者,深刻地影响着全球化的实际进程。

今天的人类社会正面临如下重大的政治难题:民族国家是否趋于衰落?民族国家应当如何建设?国家主权应当如何维护?国家主权能否让渡?帝国、国家和民族及其关系将如何演进?诸如此类问题是国际学界讨论热点。中国政治学界积极响应,深入探讨民族国家、民族主义、分离主义、国家主义、全球化、战争与和平、国家主权的让渡与维护等问题。中国政治学者对它们的回应不仅具有重要学术价值,而且具有重大实践意义,会影响到中国的国家发展和民族建设的战略决策。因此,考察和评估当前中国民族国家理论,指出后民族国家体系的可能性及相应策略,是一项值得做的工作。

二、影响民族国家的三股力量

自从民族国家诞生以来,除了部族(种族)、阶级、政党、政府、社会力量、利益集团等力量以外,民族主义、分离主义和国家主义既是三种重要的民族与国家学说,又是影响民族国家构建及运行的三股主要力量。国内学者围绕这三种学说及其影响力的研究取得了很多学术成果。

1. 民族主义。民族国家多有一段以民族主义为武器,抵御外来入侵,获得独立主权,在确定的和得到承认的领土范围内取得主权的历史。民族主义是近代以来在民族形成、发展和变化过程中,伴随民族国家产生,建立在民族特殊共同体基础之上的,含有对本民族的认同、归属和忠诚的情感意识。民族主义是现

---

① 韩水法:《现代民族—国家结构与中国民族—国家的现代形成》,《天津社会科学》,2016 年第 5 期。

代性的产物,曾经被当作"自由和民主的基础"①,在不同历史阶段具有不同的形态和内容。国内学术界对民族主义的评价褒贬不一,主要有三种见解。它们分别是:

(1)民族主义之积极说。研究者对民族主义持肯定态度,认为民族主义的积极作用大于消极作用。他们从民族国家的起源考察,认为民族主义在民族国家形成和发展过程中发挥了不可替代的作用。"从历史走来的民族主义是一个个共同体在争取生存和发展斗争中成长起来的自我意识。"②民族主义不是贬义词,是"我们民族对外来压力与民族危机的本能反抗"③。民族主义会伴随全球化进程而加强,扮演着具有时代特征的意识形态角色,"民族主义是因全球化而起,逆全球化而动的世界性思潮"④。房宁提倡复兴民族主义,在当代思想界突破被西方现代性笼罩的困境,从中华民族实际出发,塑造健康积极的、不同于西方的新型民族主义话语。朱伦等人也表示,民族主义的合理性不在于其"一国一族"的形式,"而在于反对帝国主义、反对殖民主义、反对封建主义和建立人人平等的公民社会的实质……少数人拿民族主义古典理论为据搞分离主义,没有合理性"⑤。

(2)民族主义之消极说。相对于民族主义之积极说,有学者考察由民族主义带来的全球范围内极端的非理性行为而否定民族主义,表示"民族主义的本质是非理性的"⑥。"民族主义是一种激情支配的心理状态,是一种激发大众爱憎、造就大众理想的信念。"⑦民族主义以强调领土和主权——即民族国家——的重要性为核心,从文化心理范畴转移到政治范畴,通过对本民族文化历史传统完备性的强调,抵制外族的文化、经济、政治、军事等势力的入侵和影响。"由于民族主义往往追求建立、维持或强化民族国家,必须以外部敌人的想象来强化内部的团结,因而事实上的民族主义几乎都难以达到这一要求。"⑧照此解释,民族主义已经成为阻挡全球化进程主要是抵制以英美等西方资本主义国家全球霸权的主要力量,它往往拒绝现代文明,拒绝民族国家的交流合作,把本民族或本国的经济、

---

① Shane O'Neill and Keith Breen (eds.), *After the Nation: Critical Reflections on Nationalism and Post-nationalism*, p. 1.

② 房宁、王炳权:《民族主义何以可能》,《科学社会主义》,2007 年第 2 期。

③ 房宁:《民族主义不该是贬义词》,《记者观察》,2009 年第 5 期。

④ 西隐:《房宁:中国发展需要民族主义》,《晚霞》,2009 年第 5 期。

⑤ 朱伦、郝时远、常士閟、彭萍萍:《热话题与冷思考——关于"国族—国家"建构与民族政治发展理论的对话》,《当代世界与社会主义》,2013 年第 5 期。

⑥ 潘亚玲:《爱国主义与民族主义辨析》,《欧洲研究》,2006 年第 4 期。

⑦ 潘亚玲:《爱国主义与民族主义辨析》,《欧洲研究》,2006 年第 4 期。

⑧ 潘亚玲:《爱国主义与民族主义辨析》,《欧洲研究》,2006 年第 4 期。

政治等落后归结于资本主义势力侵略或侵蚀的结果。

(3)民族主义之双重性说。相对于积极说和消极说,较多研究者承认,民族主义具有复杂性,更倾向于辩证地看待民族主义问题。民族主义具有双重性。他们既肯定民族主义的积极作用,又承认民族主义的消极作用。一方面,民族主义在早期为西方近代世俗国家的形成奠定合法性基础,为确立以民族国家为主体的国际政治格局打下基础,尤其是为亚非拉广大地区各族人民反抗殖民统治作出了突出贡献。另一方面,民族主义的消极性主要表现为,随着其逐渐演变,它最终成为极具排外性和破坏性的狭隘民族主义。民族主义内含于主权国家的逻辑之中,具有凝聚国内力量、推动共同体认同的作用,但是,民族主义一定程度上会压制个体化民主主义诉求,两者的交互作用有可能成为撕裂国内政治团结或亲和性的主要力量。杨光斌认为,"民族主义则有可能借助民主主义的威力,加紧追求自身的权力和利益其至发起行动,从而对国家的统一与稳定产生更加严重的威胁"[1]。刘中民和赵爱鸿分析了民族主义对近现代国际格局产生的双重作用,断定"民族主义的建构和解构作用自近代以来影响了国家的聚散离合,使得民族国家在统一与分裂两种走势中嬗变……民族主义对国家的建构和解构作用,充分展示了民族主义的'双刃剑'功效"[2]。还有学者从资产阶级意识形态两面性入手,认为民族主义属于资产阶级思想体系:"迄今为止,国家层面的民族主义,固然在反对霸权主义,维护主权独立、民族经济和传统文化方面都有积极作用,但是它毕竟属于资产阶级思想体系并为资产阶级服务,而资产阶级毕竟是剥削阶级,即使民族资产阶级也仍然有两面性。"[3]

从前面不同学者对民族主义的评价可知,民族主义是一种复杂的社会、政治、文化和意识形态现象,在历史上曾经发挥过多重作用和影响,其积极性、消极性都是真实存在的。然而,正如郝时远指出那样:"对民族主义、民族国家认识上的缺失和回避,造成了我国民族理论界的视野局限","在多样中求统一、在差异中求和谐是中国构建国家民族和解决民族问题的基本理念。"[4]民族主义应该追求包容的统一性,而不是"抽象的统一性"和"排异的统一性",后两者都是追求"同质化"的倾向[5]。要区别理性的民族主义和非理性的民族主义:"如果没有民

① 杨光斌、杨洪晓:《民主主义、民族主义与现代国家建设》,《行政科学论坛》,2014 年第 4 期。

② 刘中民、赵爱鸿:《论民族主义对国际格局的影响》,《宁夏社会科学》,2005 年第 1 期。

③ 钟哲民:《培育民族精神是搞民族主义吗》,《中华魂》,2007 年第 2 期。

④ 朱伦、郝时远、常士闍、彭萍萍:《热话题与冷思考——关于"国族—国家"建构与民族政治发展理论的对话》,《当代世界与社会主义》,2013 年第 5 期。

⑤ 朱伦、郝时远、常士闍、彭萍萍:《热话题与冷思考——关于"国族—国家"建构与民族政治发展理论的对话》,《当代世界与社会主义》,2013 年第 5 期。

族主义,也就没有民族凝聚力","中国人的民族主义如果导向自强自重,仍有积极作用;而任凭排外式的民族主义非理性的膨胀,把一切问题都发泄到外国身上,逃避自己的责任,也有害于自己的健康发展"[1]。民族主义的双重性表明,深入研究民族主义,促进其积极因素,遏制其消极因素,处理不同层面的民族主义仍然是一项任重道远的学术工作,更是一项迫切的政治任务。

2. 分离主义。由于民族国家大多是多民族国家而非单一民族国家,在同一个民族国家的形成、融合、发展和变迁过程中,已经融为一体的属于同一个主权国家的不同民族在历史上往往有过冲突、战争甚至严重的种族迫害或种族灭绝。因此,被压迫的、处于相对边缘地位的民族往往会有一种分裂、分离的倾向,分离主义便如影随形,伴随于民族国家成长的各个阶段。在民族国家话语体系下,研究者尚未对"分离主义"与"民族分离主义"作明确区分,只是简单指出"民族分离主义是多民族国家分离主义的主要表现形式"[2]。分离主义往往与民族主义、民族自决、民族认同相联系。在"分离主义"概念下,学者们侧重于研究"民族分离主义"。国内学界讨论的分离主义通常指民族分离主义。为了简便起见,我们在此讨论的分离主义主要指民族分离主义。

民族分离主义是指某一民族拒绝承认原有民族国家的主权权威,同原来民族国家的国家认同相向而行,试图脱离原属多民族国家而建立自己独立的民族国家的思潮和运动。一方面,在 20 世纪,分离主义运动与世界范围的反资本主义、反殖民主义、反帝国主义的民族解放运动紧密联系在一起。冷战结束之后,随着华约解体和苏联崩溃,原来属于东欧社会主义阵营的民族纷纷独立,对当代世界和民族国家构建产生了深刻影响。另一方面,在不同民族文化和宗教传统影响之下的敏感地区,尤其是在中东、北非、中亚等地区,极端民族主义、极端民族认同和对民族自决权的滥用是诱发民族分离主义的主因。民族分离主义是要求民族边界与国家边界完全一致的民族主义理念的特殊表现。"没有民族,没有民族认同,就不可能有民族分离主义。"[3]民族认同是分离主义者开展民族分离政治行动的前提。张友国表示,民族认同是引发民族分离主义的重要因素,民族认同的极端化容易演化成民族分离主义。[4] 张永红则从民族自决原则和民族结构上剖析民族分离主义的原因,认为民族分离主义的产生与民族自决原则和民族结构的非均衡性密切相关:"当代民族分离主义的出现几乎都无一例外地与两

---

① 资中筠:《持久和平任重道远》,《世界经济与政治》,2005 年第 8 期。
② 雷勇:《分离主义的发生学分析》,《社会科学战线》,2014 年第 11 期。
③ 雷勇:《分离主义的发生学分析》,《社会科学战线》,2014 年第 11 期。
④ 张友国:《亚文化、民族认同与民族分离主义》,《西南大学学报》,2007 年第 4 期。

个因素有关,即民族国家建构中民族结构上的非均衡性和文化上的非均质性,以及民族自决权原则。"①

在当今世界局势下,民族分离主义不会有美好的前景。在以独立完整的民族国家及其主权为主体的当今世界秩序中,从民族自治向民族分离过渡存在着两大障碍:一个是法理障碍,另一个是价值观障碍。首先,在法理上,原来属于同一民族国家的民族的分离权,即一个民族摆脱原有民族国家而寻求独立国家主权的权利,尚未被国际法承认,相关国际法律文件明确表示不支持民族分离行为:"长期以来国际社会对各国维护主权统一的行为持以支持的态度……国际社会一般不会承认分离的事实,联合国也不会接受新独立的政治实体为正式成员国。"②即使存在以"民主"和"公投"为旗号的迷惑性分离主义新动向,但是,国际社会不会从法理上支持如此分离或分裂行动。其次,在价值观上,民族分离主义在现代世界体系下,违背了时代趋势和价值,存在着重重困难和阻力:"民族分离主义对国家边界和国家政治权威的挑战,既包括对既有国家的瓦解,也包括对既有地缘政治格局的改变,这就把自己置于了既有国际体系的对立面,因而必然地遭遇到来自国家和国际社会两个方面的反对。"即使分离主义暂时取得成功,最终仍会遭遇溃败:"历史证明,民族分离很难实现分离主义者预先向民众描述的美好前景,独立后的局势也很难像他们想象的那么尽如人意。"③

3. 国家主义。国家主义产生于欧洲,在中华民族面临存亡危机之时输入中国,是一种具有激进主义和保守主义双重特性的民族国家观念。它居于全球主义和民族主义之间,在国际关系上强调国家的独立自由和主权完整,反对其他国家对本国内政的干涉,在处理国内民族事务上,对同一民族国家之内的少数民族采取强硬措施,抑制可能的民族分离主义倾向。有些学者将国家主义置于"以人为本"的对立面,认为它是一种"以国家权力为核心,以国家利益为价值基础,主张个人和社会处于从属地位的一种普遍存在于社会意识形态领域内的观念体系"④。也有学者从国家主义和法治关系分析,认为国家主义是从属于集体主义、在本质上与自由主义相对的政治观念,与法治存在互益和背反关系,"法治建构依赖国家的积极作为,但法治的限权性色彩又挑战来自国家主义扩张权力的合法性"⑤。还有学者从国际层面分析,认为国家主义是全球治理的核心制度,

---

① 张永红:《"民族分离主义"辨析》,《理论月刊》,2011 年第 7 期。

② 王英津:《有关"分离权"问题的法理分析》,《世界经济与政治》,2011 年第 12 期。

③ 王建娥:《民族分离主义的解读与治理——多民族国家化解民族矛盾、解决分离困窘的一个思路》,《民族研究》,2010 年第 2 期。

④ 史娜:《从国家主义到以人为本》,《前沿》,2010 年第 2 期。

⑤ 于浩:《共和国法治建构中的国家主义立场》,《法制与社会发展》,2014 年第 5 期。

是"强调国家在国内社会中的最高权力观和在国际社会中的中心主义原则"。[1]
国家主义和全球主义既对立又统一,"国家主义是全球主义产生的基础,而全球
主义是国家主义的有益补充,同时两者又存在着对抗和矛盾,全球主义的发展削
弱了国家主义的主体地位"[2]。

4. 三股力量的相互联系。从前面综述可知,国内学者对民族主义、分离主
义和国家主义的研究主要以民族主义为轴心展开,对民族主义和分离主义、民族
主义和国家主义多有比较研究。但是几乎没有国内学者深入研究过分离主义和
国家主义的关系。他们大多回避了一个重要方面,即国家主义可能是诱发分离
主义的原因。

(1)分离主义和民族主义的关系。国内学者关于分离主义和民族主义关系
的见解,我们可以概括为以下四点。第一,从分离主义发生学分析,民族问题激
发了民族主义,民族主义又引发了分离主义。"民族问题常常是引发多民族国家
分离主义的重要原因,世界上大多数分离主义都跟民族问题有关,从某种意义上
说,民族分离主义是多民族国家分离主义的主要表现形式。"[3]"种种民族主义分
离运动,则常常始于争取群体自由的允诺,终结于摧毁个体自由的结局。"[4]第
二,民族主义经常同分离主义纠缠在一起。不过,民族主义不能等同于分离主
义。"民族主义最初是作为一种统一性的、建构性的力量登上历史舞台的,但在
现代国家奋力打造强大稳固的'现代政治民族'的今天,民族主义却几乎蜕化为
分离主义的同义语。"[5]第三,从民族主义蜕变为分离主义的病根是,基于个体主
义的民族主义诉求为分离主义提供了理论支撑点。民族分离主义是民族主义的
特殊形式。"民族分离主义是民族主义的一种……它是由于冷战后这一特殊时
代,民族主义中的自决、分离和独立功能凸显而得名。"[6]"民族分离主义是特定
的民族将其政治诉求与脱离现有政治共同体相联系的一种民族主义的特殊形
式。"[7]当民族主义把攻击矛头指向民族国家主权的权威、独立和完整的时候,它
就滑向了分离主义。第四,民族主义至少有两种形式。一种民族主义承认民族
国家主权的权威、独立和完整,虽然强调本民族的特殊性,但是不否认在原有民

① 林爽:《国家主义、地区主义和全球主义关系与东亚一体化》,《黑龙江社会科学》,2007 年第 1 期。
② 林爽:《国家主义、地区主义和全球主义关系与东亚一体化》,《黑龙江社会科学》,2007 年第 1 期。
③ 雷勇:《分离主义的发生学分析》,《社会科学战线》,2014 年第 11 期。
④ 肖雪慧:《关于民族主义的理论新视野——读帕尔塔·查吉特〈民族主义思想与殖民地世界〉》,
《社会科学论坛》,2008 年第 6 期。
⑤ 熊文驰:《民族主义、民族国家与正当性问题》,《国际观察》,2011 年第 3 期。
⑥ 李乐:《从民族、民族主义概念解析民族分离主义》,《黑龙江民族丛刊》,2008 年第 4 期。
⑦ 张永红:《"民族分离主义"辨析》,《理论月刊》,2011 年第 7 期。

族国家框架之内争取民族权利和利益。另一种民族主义质疑民族国家主权的权威、独立和完整,在强调本民族的特殊性的同时,否认原有民族国家框架,试图摆脱原来的民族国家框架的束缚,以寻求建立独立的新民族国家为目标。这后一种民族主义就是民族分离主义或分离主义。显然,分离主义是影响民族国家内部民族团结和社会稳定的重要消极力量,也是影响世界秩序和区域和平的重要消极力量。民族分离主义主要局限于一定区域,但它往往同世界恐怖主义联系密切。它容易被世界恐怖主义利用,成为破坏世界和平和安全的帮凶。

（2）国家主义与民族主义的关系。英文术语 nationalism 既可以译为"民族主义",也可以译为"国家主义"。二者具有语义模糊性,严格区分二者有一定难度。在中文语境下,要从历史研究的逻辑出发,明确揭示二者差别。"国家主义是近代中国在民族主义架构中的政治运作。"[1]在中国现代政治思想史上,民族主义和国家主义有着模糊的边界,国家主义表现为激进的民族主义,民族主义也落实为新型民族国家的建立和认同。现代中国思想史上的国家主义由民族主义发展而来,是民族主义的极端形式,明显受到欧洲大陆主要是德国国家主义思潮的影响,具有强烈的政治色彩。许纪霖表示,民族主义强调民族抽象的集体意识,国家主义强调具体制度运行的国家主导。[2] 郑大华等人则通过对国家主义民族自决的论述,发现"国家主义"接近于"公民民族主义"（civic nationalism）:"国家主义是被用来指称民族主义在 19 世纪以来的表现形态,仍在民族主义的范畴之内。"[3]于浩则认为民族主义强调民族国家崛起,而国家主义强调国家的核心位置。[4] 我们认为,在现代中国政治思想史上,国家主义和民族主义是中国从传统的文化国家向现代民族国家转型过程中必然借鉴并发挥作用的两股政治思潮,其侧重点各不相同,一个以文化民族即中华民族的根本利益和福祉为本位,另一个以现代民族国家即人民的政治国家为本位,都试图让中华民族能够在急剧变化的世界秩序中站稳脚跟,并谋求民族复兴和国家富强。因此,两者都是中华民族建立现代民族国家的理论武器,不能简单地评价说一个是好的,另一个则是不好的,或简单地做出非此即彼的选择。当然,对其各自局限性也要有充分认识和评估。

（3）国家主义与分离主义的关系。在民族国家之内的民族关系中,国家主义

---

① 暨爱民:《"反抗"与"建设"的政治正当:再度进入国家主义论域》,《吉首大学学报》,2007 年第 4 期。

② 许纪霖:《当代中国的启蒙与反启蒙》,北京:社会科学文献出版社,2011 年版,第 236-237 页。

③ 郑大华、曾科:《国家主义与民族主义:国家主义派对"一战"后民族自决思潮的回应》,《学术研究》,2013 年第 9 期。

④ 于浩:《共和国法治建构中的国家主义立场》,《法制与社会发展》,2014 年第 5 期。

和分离主义往往是不兼容的两股力量。国家主义对分离主义构成主要压制力量,也是激发分离主义的重要因素。在积极角度讲,国家主义像民族主义一样,保持了民族国家的领土统一和主权完整,清除了国内各种民族分离和分裂势力。从消极角度讲,国家主义会激化民族国家内部民族之间的矛盾,一些主要民族会对其他弱小民族产生排挤倾向,压制它们的生存空间和发展机会。当一个民族感到自己受到其他民族的排挤和压迫的时候,当它们在文化上无法取得对同一个民族国家的认同时,在那样的民族国家内部便会滋生分离主义的势力。分离主义不一定是一个民族在同一个民族国家内部受到排挤或压迫的结果,国家主义不一定造成分离主义,民族主义同样可以导致分离主义,其他原因也会导致分离主义。但是,国家主义和分离主义显然是互不兼容的。

三、全球化对民族国家的挑战

全球化,主要是经济、金融、商品市场的全球化,是影响民族国家的第四股力量。"在 20 世纪末,全球化成为公众和学界争论的万能口头禅。政府官员把他们国家的经济不景气归罪于全球化泛滥,商业领袖用准备迎接全球化来为自己公司业绩下滑找借口,环境学家哀叹无节制全球化造成的破坏性后果,土著民族保护者则指责不间断全球化正在导致弱小文化的消失。"[1]全球化主要是一股域外力量。进入 21 世纪,几乎所有的民族国家都面临着全球化的挑战。在如此挑战面前,有的民族国家正在崛起,有的民族国家正在衰落。大国或强国往往有一定优势,弱小民族国家将继续被边缘化。全球化尤其对弱小民族国家造成了巨大冲击。

国内学者对全球化与民族国家的关系主要有以下几种解释:

1. 解构—建构说。周平认为,"全球化不仅是变动性力量,也是解构性力量,还是构建性力量"[2]。作为解构力量,"在全球化加速推进过程中,形成了有别于传统民族迁徙的特殊的民族变迁过程,导致迁出国原有民族人群的解构";作为建构力量,"全球化导致民族意识在民族成员流动中迅速增强,从而建构起不同于早先与民族国家结合在一起的民族群体"[3],形成实质性利益共同体。全

---

① Frank J. Lechner and John Boli (eds.), *The Globalization Reader*, Malden, MA: Blackwell Publishing, 2000, p. 1.
② 周平:《全球化时代的民族与国家》,《学术探索》,2013 年第 10 期。
③ 周平:《全球化时代的民族与国家》,《学术探索》,2013 年第 10 期。

球化深刻地影响着民族国家的塑造。王希恩表示："全球化的今天仍需要,甚至更需要建立在文化和亲缘基础上的社会认同,而民族国家就正是这种认同所需要的最高政治形式。"①全球化无法摧毁国家与民族结合的地域基础和经济基础,"在新的国家继续以'民族'的面貌出现的同时,原有的国家似乎都更加重视自身的民族性"②。全球化的消解作用则在于,"由于新的国家形态与民族的自然分离和既有国家内部民族性多元化趋势的蔓延,未来国家的民族属性将最终被消解"③,全球化对国家民族属性同时具有支撑作用和消解作用。这与周平的见解异曲同工。

2. 对立统一说。有学者认为:"不仅要认识到全球化对民族国家驾驭本国经济发展的能力、维护国家主权保障国家安全的力量、主导本国文化发展的技巧等方面提出的严峻挑战,也要认识到全球化为民族国家的产生与发展提供的机遇,全球化不仅孕育和产生了民族国家,还为民族国家发展经济提供物质条件和技术基础,加强了民族国家之间的协调与合作。"④全球化对民族国家具有经济、政治、文化等挑战,"全球化背景下民族国家面临的最大挑战来自经济领域……全球化对民族国家政治的挑战主要表现为其对民族国家主权的挑战"⑤。在文化方面主要表现为全球化带来的文化帝国主义导致民族国家的文化认同危机。"随着全球化进程的日益加快,各种文化之间的交流也越来越频繁,再加上文化帝国主义者在全球范围内强行推行其强势文化,导致原来的民族国家文化不再是纯粹的,增加了民族国家文化认同的难度。"⑥相应地,全球化为民族国家提供了实现自身利益最大化的经济工具,增强了国家主权意识,也增强了民族国家的文化认同感。

3. 相互作用说。全球化与民族国家存在着作用与反作用的互动关系。国际政治与国内政治存在互动关系,全球化是每个民族国家主动参与的结果。胡为雄认为,"全球性治理和超国家治理的组织都是由各个国家积极参与的结果"⑦。民族国家与全球化有着直接关联,"民族国家是全球化浪潮的产物,它既

---

① 王希恩:《全球化中的民族过程》,北京:社会科学文献出版社,2009 年版,第 118 页;第 120 页;第 125 页。

② 王希恩:《全球化中的民族过程》,第 118 页;第 120 页;第 125 页。

③ 王希恩:《全球化中的民族过程》,第 118 页;第 120 页;第 125 页。

④ 向卫平:《全球化与民族国家》,《重庆社会主义学院学报》,2007 年第 2 期。

⑤ 陈凤芝:《论全球化背景下民族国家面临的挑战与机遇》,《社会科学家》,2010 年第 7 期。

⑥ 陈凤芝:《论全球化背景下民族国家面临的挑战与机遇》,《社会科学家》,2010 年第 7 期。

⑦ 胡为雄:《民族国家与全球化》,《北京行政学院学报》,2004 年第 4 期。

是全球化浪潮的推动者,又是全球化浪潮的抗拒者"①。民族国家是全球化进程的最重要推动者,"在全球化进程中,民族国家的作用不是在减弱而是在增强,不是在阻止发展而是在推动进步"②。"民族国家是经济全球化最主要的推动者和参与者,在很大程度上民族国家的发展过程也是全球化的推进过程,民族国家是全球化发展的关键推动力量。""民族国家从来没有像现在这样在全球化中具有决定性的作用。"③

此外,西方学者关于民族国家在全球化浪潮中是否过时或走向终结的争论,也引起了国内学者的关注。国内学界普遍承认,全球化对民族国家主权造成了冲击,但它尚未构成民族国家趋于终结或趋于消亡的威胁。不少学者对民族国家终结论或过时论提出批评,认为所论者忽视民族国家对全球化的巨大反作用,只从全球化对民族国家构成的负面影响做出民族国家行将终结的论断过于草率而不合时宜。于春阳表示,"'民族国家终结论'的持有者低估了民族国家的生存空间与适应能力,他们只注意到全球化对民族国家构成的负面影响,却没有看到民族国家对全球化的反作用。"④虽然全球化给民族国家造成挑战,但并未动摇其存在根基。从全球治理的基础来看,"全球治理以国家主权为基础,它的出现并不意味着民族国家的终结"⑤。王卓君和何华玲认为,民族国家的生存最终取决于民族国家自身而不会因全球化浪潮而终结:"全球化对民族国家认同的挑战,只有伴之以民族国家内部国家治理的失败,才会真正引发解构民族国家的实质后果。"⑥门洪华则从民族国家消亡的条件分析,认为民族国家的作用在全球化时代不仅没有削弱反而有所增强,"长远观之,全球治理的核心制度仍然是民族国家,民族国家消亡的条件远未成熟,主权观念也不会在可预见的将来过时"⑦。艾四林等人认为:"虽然民族国家对本国公民承担着特殊的义务,但是在解决诸如经济不平等等许多全球性问题的时候,民族国家也可以发挥积极的、不

---

① 门洪华:《国家主义、地区主义与全球主义——兼论中国大战略的谋划》,《开放导报》,2005年第3期。

② 于春洋:《全球化时代何以"反对民族国家"——对"民族国家终结论"、"世界政府"与"全球治理"等观点的析评》,《社会科学研究》,2015年第2期。

③ 于春洋:《全球化时代何以"反对民族国家"——对"民族国家终结论"、"世界政府"与"全球治理"等观点的析评》,《社会科学研究》,2015年第2期。

④ 于春洋:《全球化时代何以"反对民族国家"——对"民族国家终结论"、"世界政府"与"全球治理"等观点的析评》,《社会科学研究》,2015年第2期。

⑤ 于春洋:《全球化时代何以"反对民族国家"——对"民族国家终结论"、"世界政府"与"全球治理"等观点的析评》,《社会科学研究》,2015年第2期。

⑥ 王卓君、何华玲:《全球化时代的国家认同:危机与重构》,《中国社会科学》,2013年第9期。

⑦ 门洪华:《国家主义、地区主义与全球主义——兼论中国大战略的谋划》,《开放导报》,2005年第3期。

可替代的作用。"①在全球正义视野下考察,实现全球正义不一定排斥民族国家,拒斥民族国家并不意味着全球正义的真正实现。"那种认为民族国家已经过时的观点,既没有太多理论上的支持,在现实世界中也找不到什么依据。"②

四、民族国家主权的建设、维护和让渡

民族国家建立以后,民族国家建设问题随之出现。民族国家应当如何处理因民族主义、分离主义和国家主义等带来的不稳定因素? 如何应对全球化浪潮对民族国家的主权冲击? 这些问题成为建设和发展民族国家的重要议题。因此,如何建设和发展民族国家是一个现实政治问题,主要涉及民族国家的内务建设和涉外建设两个方面。在内务建设方面,表现为处理国家内部各民族之间以及民族与国家之间的关系;在涉外建设方面,主要表现为处理民族国家间的关系,核心是在全球化趋势下国家主权的维护问题。

1. 民族国家内部建设的"多元一体论"。关于民族国家的内部建设,一些学者主张以促进民族建设来发展民族国家。周平表示,民族国家是建立在民族认同基础上的主权国家,民族国家之民族建设的根本任务在于,通过一套制度安排,实现和保障民族对国家的认同。③ 民族与国家的构建、兴盛和民族国家世界体系的形成有着不可分割的联系。他将中华民族定义为"国族",主张提升国族认同,构建包涵各个民族群体文化的中华民族文化,加强族际之间的互动,提升国族的整体性,以国族建设促进我国民族国家的建设。④ 王希恩肯定民族建设对民族国家构建的重要性,表示"'民族建设'(nation-building)在中文中或被译为'民族构建''民族国家构建''民族统一构设'等"⑤。他反对民族同质化,认为民族国家构建不应以民族同质化为民族建设的目标。他强调民族国家建设要"多元一体",是追求复合型多元一体结构的过程。他认为"多元一体论"对中华民族结构做出了正确描述,具有普适性前景⑥,表示"尊重多样性,在保留'多元'

---

① 艾四林、曲伟杰:《民族国家是否已经过时——对全球正义的一种批判性考察》,《清华大学学报》,2012 年第 2 期。
② 艾四林、曲伟杰:《民族国家是否已经过时——对全球正义的一种批判性考察》,《清华大学学报》,2012 年第 2 期。
③ 周平:《民族国家与国族建设》,《政治学研究》,2010 年第 3 期。
④ 周平:《论中华民族建设》,《思想战线》,2011 年第 5 期。
⑤ 王希恩:《论"民族建设"》,《中国社会科学院研究生院学报》,2004 年第 3 期。
⑥ 王希恩:《从多元文化主义到多元一体主义的思考》,《世界民族》,2013 年第 5 期。

的前提下打造'一体化'才是合乎规律的追求。在民族国家建设问题上,复合型的多元一体结构是对同质化的超越,也是对民族主义错误思想的矫正"①。

2. 民族主义对民族国家建构的作用。民族主义是在民族国家构建中发挥着一定作用的意识形态或理念。不少学者对民族主义和民族国家构建的关系开展研究。在承认民族主义具有两面性的基础上,一些学者坚持不放弃民族主义对民族国家的建构作用。比如,王文奇认为:"民族主义被现代国家视为国家统治的合法性来源","民族主义是现代性的政治共同体意识与行动,民族主义构建了民族,以民族为根基,推动了民族国家的创建"②。另有学者主张理性对待民族主义对民族国家的建构作用。比如,张淑娟表示,要认识到国家建构本身的复杂性,承认民族主义始终伴随着民族国家,民族国家建构中对民族主义情绪的利用和渲染不可忽视,但是"民族主义运动本身不能完全承担起国家建设的全部历史任务,民族国家的特征的完善需要在经济的发展和社会的进步中逐步获得"③。刘中民也表示"民族主义以其强大的多样化的历史功能实现了民族国家增生……裂变性的民族主义仍有一定的历史惯性"④,民族主义既可以肢解国家,也可以建设国家,因此要正确处理具有历史惯性的民族主义。暨爱民则指出,民族主义需要有一个具体而非抽象的现代民族国家作为归宿:"如果民族主义最终不能落实到民族国家的建构上,不能给民族的主体提供从物质到精神的安顿,那么民族主义将会失去它应有的号召力而让自身的存在变得毫无意义。"⑤不可否认的是,中国历史的、社会的和政治的复杂性为其民族建设带来了困难。

3. 民族国家主权的维护和让渡。从民族国家的涉外建设来看,主要表现为在全球化冲击下对国家主权的维护以及民族国家间的国际关系处理。虽然学者们对全球化与民族国家的关系有不同理解,但他们普遍承认,全球化的最显著影响是对民族国家主权的冲击。俞可平表示,"全球化对政治价值、政治行为、政治结构、政治权力和政治过程的深刻影响,集中地体现为它对基于国家主权之上的民族国家构成了严峻的挑战"⑥。主权作为民族国家最核心利益面临巨大考验。

---

① 王希恩:《中国近代以来的三种民族国家设想》,《西北师大学报》(社会科学版),2014年第1期。

② 王文奇:《民族主义与民族国家建构析论》,《史学集刊》,2011年第3期。

③ 张淑娟:《关于民族国家的几点思考》,《广西民族研究》,2009年第4期。

④ 刘中民:《试析冷战后世界民族主义的成因与影响——国际关系和民族国家建构层面的双重思考》,《宁夏社会科学》,2005年第4期。

⑤ 暨爱民:《"反抗"与"建设"的政治正当:再度进入国家主义论阈》,《吉首大学学报》,2007年第4期。

⑥ 俞可平:《论全球化与国家主权》,《马克思主义与现实》,2004年第1期。

全球化引发了学术界和国际社会对民族国家主权观的争论。主权让渡是民族国家应对主权遭受冲击的措施之一,学术界对其褒贬不一。那么,主权让渡是积极措施,还是无奈妥协? 它是否具有普适性? 国内学术界对这些问题有三种回答。

(1)反对主权让渡具有普适性。超国家的国际组织欧共体的诞生曾经被视为民族国家主权让渡的经典案例。但是有学者认为,主权让渡的实践在欧洲不容乐观,不能作为解决全球化带来的民族国家重新认识主权和解决民族问题的解药。他们对欧洲民族国家主权让渡的做法是否适用于其他大陆的民族国家持怀疑态度。有学者表示,"超国家的分权碎片究竟是主权国家遭民族僭越的结果还是全球化浪潮中一体化过程里出现的表象,这是一个……悬而未决的问题","主权让渡的行为模式在实际中却很少实践于民族国家冲突的解决之中……主权让渡再造的是世界的和平地区与冲突地区的对抗"[①]。

(2)支持有限的主权让渡。大多数国内学者认为,国家主权在全球化背景下并非不可分割和不可让渡。在全球化进程中,国家主权已不再具有绝对排他性,让渡部分国家主权是必然趋势。俞可平认为:"国家主权出现了一定程度的让渡和共享,从另一个角度看却也是国家主权的延伸。"[②]梁凯昕表示,有限让渡部分主权是国家在全球化背景下主权行使的新方式:"全球化与国家主权的互动促生了一种主权行使的新方式,即自主有限让渡部分主权,以求得全球化背景下的生存和发展,从而以另一种方式实现了全球化挑战下的国家主权。"[③]从博弈论角度来看,部分让渡主权是国家间通过谈判和协商进行的,往往对涉事国有利,国家主权让渡表现为对国家主权的部分让渡,而且,国家有收回让渡的权力。主权让渡是涉事各主权国家通过谈判协商方式主动进行的,不是放弃主权,而是审时度势的理性选择。通过让渡国家主权,实现主权公享,是共享全球化成果的方式。"让渡部分国家主权是历史发展的必然,对国家主权不会造成损害和削弱。国家主权的让渡已经成为全球化和地区合作进程的一种趋势。主权让渡并不意味着主权的丧失,而是各国对主权的分享。"[④]全球化为主权让渡提供了现实可能性,"国家利益与区域利益和全球利益的契合为主权让渡提供了空间,主权所有权与主权行使权的分离为国家主权让渡提供了运作上的方便,内政与外交的一致性奠定了主权让渡的基础,国际关系民主化也为主权让渡提供了有利的外

①　谈颖:《关于全球化时代下民族国家与主权让渡问题的思考》,《改革与开放》,2010 年第 14 期。
②　俞可平:《论全球化与国家主权》,《马克思主义与现实》,2004 年第 1 期。
③　梁凯昕:《全球化背景下的国家主权让渡》,《特区经济》,2008 年第 8 期。
④　高凛:《全球化进程中国家主权让渡的现实分析》,《山西师大学报》,2005 年第 3 期。

部环境因素"①。

(3)主权让渡存在的现实困难。多数学者对主权让渡的研究重点都聚焦于其合理性和可行性,对主权让渡存在的现实困难却关注较少,仅有少数学者对主权让渡存在的困难进行了研究。这容易造成人们对主权让渡的片面理解。刘凯和陈志认为,国际关系的现实是,民族国家不愿意让渡主权。"因为不论是从主权让渡的外部环境——国际体系、国际机制、国际利益来看,还是从主权让渡的内部基础——国家理性、国家实力、国家利益来看,都存在着诸多使民族国家不愿让渡主权的问题和困难,不仅发展中国家如此,发达国家亦然。"②在全球化时代,主权让渡是一个长远趋势,但是民族国家不会轻易选择主权让渡。

综上所述,国内学术界对主权让渡存在不同评价。全球化对传统的民族国家主权构成了挑战,但是并未导致国家主权的终结。民族国家在参与经济全球化的过程中更加注重对国家主权的保护。"全球化的发展和全球'公民社会'的兴起,只是要求打破民族国家独享主权的格局,问题的关键不是否定或者削弱国家主权,而是如何在制度层面对民族国家主权的制度进行重构。"③"经济全球化并未造就'没有国界的世界',各国依然牢牢把握着国家主权。国家主权变化的实质仅仅是部分主权权力的交换与让渡。"④解决国家主权争端的唯一正确方向是积极迎接全球化对主权的挑战。维护国家主权的根本途径则是提高国家的国际竞争力,积极参与国际经济秩序的重构。

五、民族国家体系的局限性及其克服

先有个别的民族国家,后有由它们组成的民族国家体系,但是不存在标准的或模范的民族国家。全球化导致世界范围的人口流动成为可能,对公民的民族国家认同产生了重要影响,造成了民族国家的认同危机。为了重建民族国家认同,既要保持民族国家认同的普遍性,又要坚持各民族国家文化的平等相处,以民族主义旗帜反对文化霸权。在全球化浪潮中,要构建民族国家与民主国家相对均衡的现代国家。"民族国家的构建是一个过程,它是历史与逻辑的统一,既

---

① 董宁博、刘凯、杨斐:《试析全球化时代国家主权让渡的现实可能性》,《国际关系学院学报》,2010年第2期。

② 刘凯、陈志:《全球化时代制约国家主权让渡的困难和问题分析》,《理论与改革》,2007年第3期。

③ 赵可金:《全球公民社会与民族国家》,上海:上海三联书店,2008年版,第241页。

④ 徐蓝:《经济全球化与民族国家的主权保护》,《世界历史》,2007年第2期。

是历史的发展过程,同时也是根据人的理性建构的过程。"①

民族国家认同危机部分产生于现代民族国家体系的局限性。现代民族国家体系的局限性在主权与人权之争中得到了充分暴露,西方主要国家打着"人权高于主权"的旗号,任意践踏联合国宪章,侵犯国际关系准则,肆意干涉别国内政,颠覆其他国家的政府,把自己的价值观和政治制度强加于别国,不尊重其他国家的主权独立和领土完整,激化敏感地区的民族矛盾和区域冲突,给世界局部地区造成了混乱和动荡。令人遗憾的是,我们还没有找到一个可以取代现代民族国家体系的更好国际体系。因此,研究者大多在承认现代民族国家体系前提下开展相关专题研究。

1. 战争与和平。战争与和平是国际关系探讨的主题之一。在传统国家向民族国家转型过程中,在民族国家体系推向全世界的过程中,战争与和平总是交织在一起。在以民族国家为主体的近现代历史上,和平是暂时的。民族国家虽不总是诉诸战争,但总是面临战争的危险。战争的阴影时隐时显,潜在的战争因素一直存在着,民族国家间的冲突一直没有停止过。民族国家本身具有暴力本性,在民族主义民族国家语境下,战争的冲突并未消除。因此,民族国家间既充满竞争,也存在合作。竞争的极端形式是冲突甚至战争,合作的良好结果是和平友好。国际竞争不仅有政治、法律、经济、军事、科技等刚性力量的交量,而且有文化艺术、意识形态、价值观念等软实力的互动,后者是民族国家基本价值的体现,在国际竞争与合作中扮演着重要角色。国内学者多从国际政治角度分析当代战争与民族国家的关系,主要有两条研究路径:一是从国际关系的法理学层面审视民族国家间战争的合法性;二是从政治伦理学层面审视战争之于国家主权和人权的合理性。

(1)法理层面。研究者从国际法出发研究国际关系,从全球治理视角审视国际战争的合法性,认为关于国际战争合法性的评价始终是一个具有挑战性的难题。当今民族国家体系的不稳定性和过渡性特征,使国家战争背负"人权"和"主权"纷争。② 世界大国也是导致战争和霸权政治的重要原因。有学者认为,因国家间实力悬殊,存在大国背离主权的可能性,但国际法迄今为止仍应继续坚持主权平等,主权平等是国际法的基础。③

(2)政治伦理层面。从政治伦理视角研究国际战争的学者主张,要做好平衡国家主权和人权的关系,既要尊重主权,又要保护人权,在两者之间寻求平衡点。

---

① 徐勇:《"回归国家"与现代国家的建构》,《东南学术》,2006 年第 4 期。

② 朱同银:《全球治理视角下的国际战争合法性》,《国际观察》,2012 年第 5 期。

③ 蔡从燕:《国际法上的大国问题》,《法学研究》,2012 年第 6 期。

何怀宏认为,现今社会处于后冷战时代,需要调用政治的道德理性看待世界的战争与和平形势,战争要受到政治和道德的控制。"战争必须受到政治的控制,而政治也须受到道德的某种限制。如果说政治对战争的控制主要是一种发自'明智'意识的、对目标的控制;道德对政治的限制则主要是一种发自'顾及'原则、对手段的限制。"①战争造成人权灾难,"维护主权变成了践踏人权的旗号,保护人权变成了干涉内政的利器"②。因此,人权的发展依赖于主权国家自身而非依赖他国干涉,必须在国家平等的基础上构建人权的国际化。信羿等人提出"国内人权"与"国际人权"观念,认为战争将国内人权引向国际领域,人权保障需提到国际合作的道路上来,无论是"人权高于主权"还是"主权高于人权",其最终目的是为了实现在主权条件下对人权的更好维护。③ 还有学者从战争伦理角度认为,人类社会应从较低阶的民族国家政治伦理转向高阶的世界政治伦理。"其所关注的重心是人类社会的整体利益,它要求各个主权国家要超越国际关系,进入世界总体之中。"④

2. 文化软实力。文化软实力是民族国家实力的重要组成部分。国内学者对在民族国家语境下的文化软实力未有深入研究,只有少数学者对文化软实力在民族语境下做了相关探究,目前尚处于零碎研究阶段。

(1)少数民族文化与国家软实力的关系。少数民族作为民族国家的非主体民族,其重要性不容忽视。有学者从边疆与民族维度考查国家文化软实力问题,认为在民族国家体系中,各民族文化的存在和发展要置于多元民族国家叙事之中,现代民族国家体系是文化软实力问题得以提出的重要基点,在民族国家语境下,为所有民族提供人类文明进步的空间是提升国家文化软实力的根本目的。⑤

(2)文化软实力与民族文化复兴的关系。文化软实力与民族文化复兴有着内在逻辑关系。何志鹏指出,"任何一种文化的发展与繁荣和其所属的民族国家的崛起相伴而生、相随而行,成为这个民族国家兴起过程中的软实力。""繁荣的文化为民族国家的发展提供精神动力、理论支持和经济利益、社会缓冲。"⑥申红心认为,文化复兴是民族复兴的题中之义,文化软实力成为衡量民族复兴的时代化表达,也是民族复兴进入新阶段的必然要求。⑦ 罗运璇则研究了国家软实力

---

① 何怀宏:《战争、政治与道德——国际关系伦理思考之二》,《世界经济与政治》,2005 年第 1 期。
② 谭吉华:《国际关系的伦理审视》,《伦理学研究》,2007 年第 1 期。
③ 信羿、巴和燕:《国际战争下人权保障问题研究》,《法制与社会》,2014 年第 16 期。
④ 靳凤林:《国际战争与和平视阈中的和谐世界伦理》,《道德与文明》,2010 年第 1 期。
⑤ 马翀炜:《从边疆民族理解国家文化软实力》,《西北师大学报》(社会科学版),2015 年第 1 期。
⑥ 何志鹏:《文化创新与民族复兴》,《江西社会科学》,2012 年第 3 期。
⑦ 申红心:《论民族复兴与文化软实力的内在逻辑关系》,《人民论坛》,2015 年第 14 期。

中的民族自觉意识,认为民族自觉意识是构成现代民族国家软实力的重要因素。民族是民族文化的主体,民族文化对民族政治样式和状态的影响是根深蒂固的。中国作为民族国家,需要构建具有认同性、发展性的民族自觉意识和文化价值观,通过国际合作进一步寻求民族国家间合作的价值理念。[①]

还有学者从文化传播角度指出,"民族可能成为指引媒介软实力发展的重要文化感受,也可能成为民族国家之间软实力竞争的危险陷阱。"[②]因此,基于对民族主义政治功能的揭示,要防止民族国家通过媒介强化自身软实力蕴含的强烈民族主义情绪及其背后隐藏的"文化霸权"。当西方国家讨论文化软实力时,要警惕其所谓的文化软实力所承载的西方主流文化优越论。

六、必要的批评

在前面各部分中,我们呈现了当前中国政治学者在民族国家问题上的主要见解。接下来,我们将对这些见解做出必要的批评,并就相关议题提出自己的主张。

我们认为,民族国家及其体系是历史的产物。每个民族国家都在发展中面临各自的建设任务。作为民族国家体系的物理基础,民族国家的边界也是历史的产物。民族国家既是安德森所谓的"想象的共同体",是各种社会文化习惯和价值观念组成的建构性实体,是生活于其疆土之上的人民根据自己的语言、宗教、习俗和其他文化传统造就的经历漫长历史逐渐积淀而成的观念共同体,又是由相邻的民族文化不断交流、交往和融合而形成的现实性实体,是一定的民族、国家和国际政治事件的产物。它"是完全人为造成的,确切地说,是体系造就的,是由始于西欧的一套政治经济体系造就的"[③]。同西欧各国人民的民族国家认同意识相比,中国人民对中华民族作为民族国家的自觉意识和认同相对较晚,是经历 19 世纪 40 年代以来多次抵制资本主义、殖民主义和帝国主义列强的侵略战争之后才逐渐被唤起的。中国与周边国家的边界也是在近代以来多次重大国际战争和边界冲突之后才逐渐确立起来的。"中国现代民族国家最终通过革命的手段奠立了它的基本观念、原则和结构。辛亥革命造就了中华民国,这是一个

---

① 罗运璇:《试论国家软实力中的民族意识问题》,《贵州民族研究》,2005 年第 1 期。
② 梅琼林等:《媒介、民族国家与软实力的悖论》,《学习与探索》,2010 年第 1 期。
③ Simon Stander, *Why War：Capitalism and the Nation-State*, New York and London：Bloomsbury Academic，2014，p. 69.

在原则上采用共和国体制的民主国家——亦正是现代民族国家普遍采取的国家形式。它同时宣告了一种全新的民族国家的族类认同,这就是中华民族。"①中华民族的文化复兴必定以维护现有国家疆域和主权为前提。尽管中国在近代化过程中一次次被动确认与周边民族国家之间的边界,中国人民不是现代民族国家体系的破坏者,但是他们肯定会密切关注现代民族国家体系的演进和变化。

20世纪90年代以来,一些西方学者认为,现代民族国家体系日渐过时。他们开始探讨后民族国家体系的可能性。大前研一表示,民族国家正在走向终结,宣称"传统民族国家已经变得不自然,甚至不可能"②。我们正在步入一个全球剧场,它"具有很多变革世界意义,有的已在像中国、芬兰、爱尔兰等国家产生实际效果。全球经济忽视国界,纵使国界没有被废除,它们也会导致扭曲。传统中央民族国家是引发冲突的另一个根源"③。他主张用地区国家(region state)取代民族国家(nation state)。与此相反,更多学者仍然坚信民族国家的生存能力。比如,菲利浦·施密特表示:"有人一再地且基于多种理由预言,民族国家已经死亡。不过,如此断言是(很)不成熟的。尽管国家的政策乏力,政出多门,同快速经济相依存,其地位颇受挑战,已丧失统一行动能力,无力声索主权,甚至无意解决正在困扰其公民或臣民的问题,但是,国家仍然僵而不死。同其他政治实体相比,它仍然花着更多金钱,造成更大伤害,奖惩更多的人,引发更多关切与忠诚。"④

那么,在全球化加速推进影响之下,民族国家将何去何从呢?这将是民族国家研究者关注的重心。作为本章结论,我们得出以下总结。

第一,通过梳理国内学者民族国家理论,我们发现,与国外民族国家理论相比,国内学术界对民族国家研究在不断深入,在民族国家定义、来源、演化路径,现代民族国家的建设与主权维护等领域都取得了丰硕成果,形成了具有中国特色的民族国家理论。他们对民族主义、分离主义、国家主义、民族国家建构和民族建设的创造性研究对中国民族国家建设具有重要指导价值。

---

① 韩水法:《现代民族—国家结构与中国民族—国家的现代形成》,《天津社会科学》,2016年第5期。

② Kenichi Ohmae, *The End of the Nation State:The Rise of Regional Economies*, London:Harper Collins Publisher, 1995, p. 5.

③ Kenichi Ohmae, *Next Global Stage:the Challenges and Opportunities in Our Borderless World*, New Jersey:Wharton School Publishing, 2005, p. xxv.

④ Philippe C. Schmitter, "If the Nation-State were to Wither Away in Europe, What Might Replace It?", in *The Future of the Nation-State:Essays on Cultural Pluralism and Political Integration*, Sverker Gustavsson and Leif Lewin(eds.), London and New York:Routledge, 1996, p. 118.

　　第二,中国学者有关民族国家理论研究存在着明显不足,对中国作为一个正在崛起的强国在当今民族国家体系中扮演的可能角色的预见性分析或论证有限。从我们前面对中国学者有关民族国家理论成果所作的分析和总结来看,虽然中国学者提出"多元一体"之类的民族国家建构见解,但是,这些见解并不具有引领作为民族国家之中国通向未来的指导价值,因为它们只是对作为民族国家之中国的民族关系历史或现状的描述。就整体而言,中国学者对中国作为民族国家如何走出现代化的历史局限,对其未来国家组织形式的可能创造性建构,仍然缺乏想象力。相比之下,韩水法的见解值得重视:"中国民族国家的现代转型对世界政治、经济、文明和军事力量的格局、秩序和平衡产生影响和挑战,乃是势所必然的事情。"①

　　第三,所谓"天下大势,分久必合,合久必分"。就民族国家发展趋势而言,既存在由分离主义导致的民族国家被分解的倾向,也存在民族国家因解体而重组的倾向,比如 1991 年华沙条约组织解体之后诞生了很多新民族国家,还存在突破民族国家局限,形成新的跨越民族国家主权的超国组织,比如欧共体这样的跨国家实体。正如韩水法所言:"今天,在整个世界的范围内,民族国家及其观念在逐渐受到消解的同时,民族国家也在以不同的方式重新构造。因此,一些新的形成方式渐趋流行。多民族的国家融合成一个更高的民族,比如,20 世纪 60 年代之后人们提倡美国民族。迄今为止,欧盟似乎为人们树立了一个颇有成效的榜样,它体现了民族国家形成的最新样式,即一方面,既有的民族国家分裂成更小的单位,另一方面,这些更小的民族国家又加入同一个更大的国家联盟。"②至于具体民族国家的分解或融合,两种趋势都是存在的。在如此双重趋势之下,我们须对民族国家、国家主权、国际关系等做出新解读。

　　从理论上讲,我们很难判断民族国家的统一和分裂、融合和分离究竟谁优谁劣。不过,在实践上,无论统一还是分裂,无论融合还是分离,都可能引发民族国家内部不同民族之间的冲突、纷争、骚乱甚至战争,也就是近代以来所谓的内战。在民族国家的主权疆域之内由民族纷争而引发的内战,不同于由阶级革命或种族解放运动引发的内战,既可能导致民族国家的重新融合或统一,也可能导致民族国家的分裂,甚至导致民族国家的崩溃。近年来,一些有民族分离争议的民族国家把全民公投作为解决如此争议的手段,是以和平和民主方式解决民族和民族国家难题的可贵尝试,值得认真对待和研究。

　　第四,帝国是民族国家的特殊形式。约瑟夫·科尔曼最近指出:"在人类历

---

①　韩水法:《现代民族—国家结构与中国民族—国家的现代形成》,《天津社会科学》,2016 年第 5 期。
②　韩水法:《现代民族—国家结构与中国民族—国家的现代形成》,《天津社会科学》,2016 年第 5 期。

史上,尽管政府组织形式千差万别,但大体可以分为三类:帝国、国家和民族。"①
"假如最近的欧共体经验——以及在其之前的美国经验——有何样本(模范)价
值,那么它就是,建设军事和商业大'帝国'似乎是那些地区自由、稳定和进步的
前提。"②

在中国政治意识形态语境中,"帝国"和"帝国主义"都是贬义词,意味着强大
国家对其他国家进行军事、经济和文化侵略或征服。近代以来的世界历史证明,
帝国是一直存在的,并且严重影响着人类社会文明的进程。帝国一般会有附属
国或附庸国,形成跨越国家边界和国家主权的势力范围。它们往往无视国际法
准则,干预别国内政,把帝国意志强加于附属国及周边国家。帝国总是与霸权相
联结,总是意味着侵略、掠夺、兼并和战争。帝国总是想要称霸世界的,至少想要
称霸世界的某些地区。帝国的存在仍然是当前国际世界的最大不稳定因素。任
何国家发展或强盛到一定程度,皆有可能蜕变为帝国。它们会对其他民族国家
构成严重威胁。在人类历史上,几乎所有的强国或帝国都不是和平崛起的,帝国
的强盛多以损害或侵略其他民族国家的独立主权和领土完整为代价。一个国家
如何能够做到强大而不称霸,不成为帝国而构成对其他国家或民族的欺凌或侵
害? 这是一个重要的政治学课题,值得关注帝国、国家和民族等专题的中国政治
学家认真对待。然而,当代中国学者对帝国的研究是一个薄弱环节,尤其对帝
国、国家和民族的关系重视不够。

第五,我们赞同俞可平的如下见解:"民族国家在可见的将来不仅不可能消
失,而且仍将发挥不可替代的重要作用,而国家主权仍将是民族国家的基础和最
为重要的政治权力。"③但是,我们必须看到,全球化、虚拟社会和共享经济正在
改变人们对国家、民族国家、国家主权的理解。全球化主要指经济全球化或资本
主义金融和商品市场全球化,产生了像 WTO 那样的多国合作制度,"既侵蚀国
家经济和政治主权,又损害国家认同"④。"虽然像民族国家这样的结构继续扮
演着社会治理的重要角色,但是它们的影响力正受到诸如跨国联合体之类其他

---

① Josep M. Colomer, *Great Empires, Small Nations: the Uncertain Future of the Sovereign State*, London and New York: Routledge, 2007, p. 1.

② Josep M. Colomer, *Great Empires, Small Nations: the Uncertain Future of the Sovereign State*, p. 101.

③ 俞可平:《论全球化与国家主权》,《马克思主义与现实》,2004 年第 1 期。

④ Shane O'Neill and Keith Breen (eds.), *After the Nation: Critical Reflections on Nationalism and Post-nationalism*, p. 3.

实体的挑战。"①一方面,像欧共体这样的跨国联合体正在解构原来的民族国家体系;另一方面,世界公民时代正在到来,但是民族国家完成全球治理的任务和手段仍然有限。韩水法很好阐明了中国在其中扮演的角色:"中国现代民族国家的转型还处于发展过程之中,其最终的完成不是中国作为单一民族国家的构建,而是某种新的国际关系和世界体系的形成。"②

随着网络时代的到来,巨型跨国企业产生越来越显著的跨越国家的世界性影响,原来基于民族国家领土疆域的就业、教育、医疗、福利、休闲、政治、公民参与等公民权利正在通过虚拟网络的相关实践来实现,民族国家的物理边界变得日益模糊,与之相应的民族国家主权和安全也变得不确定起来。西方有学者明确表示,在全球化和虚拟网络的共同影响下,人民的民族意识和国家认同将变得更加模糊,基于国家主权的国家核心利益的重要性将受到挑战,民族能够实现没有国家的自治,"民族不必为了实现自治而成为国家"③,应当允许摆脱国家主权的民族存在,像克里米亚摆脱乌克兰加入俄罗斯这样的尝试应当给予鼓励。但是,在法理上,是否允许一个民族通过全民公决、自愿等程序,摆脱原来的民族国家,取得独立,或加入另一个民族国家? 在国家主权下的民族在充分自治条件之下应当如何建设和发展? 这是一些日益重要的问题。国内这些方面的研究成果非常有限,相关对策研究显得非常迫切。

总而言之,21 世纪仍将是帝国、国家和民族并存的世纪。虽然民族国家体系面临重大挑战,但它仍然处于主导地位。当然,我们也要为跨(后)民族国家体系时代的到来做好准备,中国要作好做一个后民族国家的准备。我们至少要开展相关理论研究,而不是简单怀疑或否定那样的趋势。

---

①　Enrico Ferro, Yogesh K. Dwivedi, J. R. Gilgarcia, Michael D. Williams (eds.), *Handbook of Research on Overcoming Digital Divides: Constructing an Equitable and Competitive Information Society*, Hershey, PA: Information Science Reference (IGI Global), 2010, p. 2.

②　韩水法:《现代民族—国家结构与中国民族—国家的现代形成》,《天津社会科学》,2016 年第 5 期。

③　Michael Keating, *Plurinational Democracy: Stateless Nations in a Post-Sovereignty Era*, Oxford and New York: Oxford University Press, 2001, p. vi.

第 12 章　分配正义在中国

正义有两个基本维度,一个是政治正义,另一个是分配正义。政治正义探索基本政治法律制度的设计与安排,处理公共权力和公民权利的设置、限定、约束和调节等问题。分配正义探索社会基本资源的创造、配置、分配、分享等问题。"人们是否均等地分享社会基本资源?"是分配正义的核心议题。就此而言,中国正面临严峻的分配正义挑战。在就业、教育、医疗、养老、保障等领域,如何公平地保障公民的基本权利和利益,均等地分配社会资源,实现分配正义,已经成为迫切的中国社会问题。

2014 年 10 月 20—23 日,中国共产党第十八届中央委员会第四次全体会议在北京举行,通过了《中共中央关于全面推进依法治国若干重大问题的决定》并发布了公报,其中有关保障公民权利和体现社会公平的一段话给人留下深刻印象:"加强重点领域立法,加快完善体现权利公平、机会公平、规则公平的法律制度,保障公民人身权、财产权、基本政治权利等各项权利不受侵犯,保障公民经济、文化、社会等各方面权利得到落实。"①这个权威阐述为我国从法律制度上保障公民权利和体现社会公平指明了方向。

所得和应得的关系问题是重要的政治、法律、经济和社会问题,通过阐述一种社会应得理论来探讨分配正义,是本章的主题。人的所得未必就是应得,只有正当的合法的所得才是应得。无论在政治、经济还是社会领域,人类总体上是不平等的。社会公平是对那些不平等的修正。分配正义是在社会经济领域对人们基本关系的调节。在经历了近代启蒙之后,至少在思想层面上,每个社会成员平等地享有基于平等的社会和政治身份的基本权利和自由,这样的观念在民主而自由的社会里已经深入人心。罗尔斯把它表述为两个正义原则:"第一个正义原则:人人拥有平等的权利,享有最广泛的基本自由,那种自由兼容于其他人皆享有的类似自由。第二个正义原则:社会和经济不平等将这样安排,于是,(1)它们应当被合理地期待为有益于每一个人;(2)它们附设到的职位和岗位向所有人开放。"②在两个正义原则中,人们容易对第一个正义原则达成共识,亦即每个人在

---

① 《中国共产党第十八届中央委员会第四次全体会议公报》,新华社,2014 年 10 月 23 日。

② John Rawls, *A Theory of Justice*, Cambridge, MA: Harvard University Press, 1971, p. 60.

政治和法律上平等地享有平等的基本权利和自由。相比之下,第二个正义原则涉及人们基本的社会经济利益的调整,如何调整才体现社会的分配正义,在人类思想史上引起了持久纷争。同时,在作为第一个正义原则的自由原则和作为第二个正义原则的平等原则谁先谁后的价值排序上,哲学家们也存在着重大的分歧。绝大多数自由主义者对自由原则先于平等原则深信不疑。但是,英国马克思主义左派政治哲学家柯亨表示,“自由要给平等让路,因为正义要求平等,而正义优先于所有其他政治价值”[①]。分配正义主要涉及罗尔斯正义理论的第二个正义原则。

然而,在现实世界中,政治、社会和经济不平等是人们真切感受到的客观而真实的不平等。法国经济学家托马斯·皮凯蒂(Thomas Piketty)最近证实,从长期来看,无论在世界层面,还是在民族国家层面,资本回报率总是高于经济增长率,社会贫富两极分化是常态。通过对 20 多个主要发达资本主义国家有关经济社会发展数据的统计和分析,皮凯蒂发现,人类社会的“长期经济增长率不超过 $1\%\sim1.5\%$。而资本平均回报率将达到 $4\%\sim5\%$。因此,在 21 世纪资本平均回报率大于长期经济增长率将是常态”[②]。皮凯蒂用公式“$R>G$”来表示这个根本不等式。“R 表示资本的平均年回报率,包括利润、分红、利息、房租和其他资本收入,表示为其总值的百分比;G 表示经济增长率,即收入或产出的年增长率。”[③]皮凯蒂认为,因为基于 $R>G$ 不等式的社会不平等是一种常态,所以,人们期望的社会正义便无从谈起。它表明,在有关经济和社会平等问题上,理想和现实存在着尖锐的矛盾。其引申结论是,如果不存在来自外部的积极干预,比如社会改革、国内革命、内战或国际战争,那么由 $R>G$ 不等式导致的结果是,富裕国家将变得更加富裕,富裕地区将变得更加富裕,富裕阶层将变得更加富裕,富裕家庭将变得更加富裕。其反过来是,就总体上而言,贫穷国家将继续贫穷,贫穷地区将继续贫穷,贫穷阶层将继续贫穷,贫穷家庭将继续贫穷。这个不等式使得相信只要通过资本主义自由市场自我调节就能实现社会资源有效分配的自由市场经济支持者大失所望,也为国家主导社会资源再分配提供了有力理论支持。

我们在本章中将探讨中国社会发展中面临的分配正义挑战及其解决办法。它由三部分组成。(1)提出问题:中国社会发展对分配正义的挑战。我们将列举中国官方公布的全国居民收入基尼系数、教育部即将实施的 19 个重点城市免试

---

① G. A. Cohen, "Are Freedom and Equality Compatible?", *Contemporary Political Philosophy an Anthology*, Second Edition, ed. by Robert Goodin and Phillip Pettit, Malden, MA and Oxford, UK: Blackwell Publishing, 2006, pp. 416-23; p. 416.

② Thomas Piketty, *Capital in the Twenty-First Century*, p. 572.

③ Thomas Piketty, *Capital in the Twenty-First Century*, p. 25.

就近入学的基础教育政策、中国高等教育面临的困难和我国农村自然村落数目在近10多年的巨大变化，以表明我们需要一种兼顾改善人民生活质量和促进社会公平的公共利益分配理论的客观理由。(2)研究综述，介绍和评估当前主要分配正义理论。除了批评罗尔斯初始权益理论和诺齐克私有产权理论以外，我们试图评价涉及公民所有权、资源平等、天赋应得、可行能力等观念的当代权利理论，寻求把它们综合到同一理论的可能性。(3)分配正义的中国解决方案。我们将提出一种兼顾社会成员所有权的社会应得理论，探讨这个理论涉及的财产权、平等权利、机会均等、收入分配和人的尊严的条件等内容。我们主张，中国下一步改革的重心是，在全面维护每个社会成员私有产权尤其是私有财产权的前提下，把向每个社会成员提供均等的社会应得作为各级政府工作的重点，缩小我国全国居民收入的基尼系数，改进涉及人民根本利益的公共政策，更有针对性地开展政府工作和公共服务。

一、中国正面临分配正义的挑战

中国正面临分配正义的挑战。中国现代化、城市化和城镇化，中国农村自然村落数目变化、中国居民收入基尼系数的官方统计数据和国内重点城市义务教育改革等相关报道呈现了这种挑战的严峻性。

第一，中国现代化始于19世纪40年代，20世纪初进入快速推进阶段，后因国内革命、抗日战争和内战而中断。1949年新中国成立以后，尤其是中共十一届三中全会以来，现代化成为中国社会经济发展基本战略，建设一个现代文明国家成为全党和全国人民的共识。一方面，"我们干四个现代化，人们都说好，但有些人脑子里的四化同我们脑子里的四化不同。我们脑子里的四化是社会主义的四化。他们只讲四化，不讲社会主义。这就忘记了事物的本质，也就离开了中国的发展道路。这样，关系就大了。在这个问题上我们不能让步。"[1]另一方面，"现在的世界是开放的世界。中国在西方国家产业革命以后变得落后了，一个重要的原因就是闭关自守。建国以后，人家封锁我们，在某种程度上也还是闭关自守，这给我们带来了一些困难。三十几年的经验教训告诉我们，关起门来搞建设是不行的，发展不起来的"[2]。现代化提升为一种国家意志，是中国改革开放和现代科技革命双重引擎的结果。

---

① 邓小平：《邓小平文选》，第3卷，北京：人民出版社，1993年版，第204页。
② 邓小平：《邓小平文选》，第3卷，第64页。

现代化意味着工业化,导致大规模社会化生产方式的形成,进而导致传统产业的衰落和新兴产业的崛起。美国政治学家威伦斯基给工业化下的定义是:"有效开发现代能源工具的日益增长和广泛应用,新能源的不断开发,高度专业化、专门化、职业化,统一的货币交换体系,复杂的组织、机械化、都市化,资本的广泛使用,经常性的技术变革,理性的资本核算,工人阶级的出现,可以合理预期的政治秩序,人员自动流动、个人主义和工作伦理。"[①]现代科技革命是现代化的强大引擎,各个国家呈现出不同的现代化发展水平。研究者根据不同指数对各个国家的现代化水平进行比较和评估。2014 年 4 月 24 日,中国科学院中国现代化研究中心发布《中国现代化报告 2013——城市现代化报告》,数据显示,2010 年中国综合现代化指数在世界 131 个国家中排名第 70 位,比 2000 年提高了 9 位。[②] 然而,它是借助于权力和资本合谋在不断重新配置公共资源下导致严重行业分化和利益分化的过程,是权力和资本的盛宴,期间参杂各种利益集团和压力集团对国家重大决策的影响。中国现代化与中国改革开放同步进行,牵涉到中国社会的各阶级和阶层利益,也影响着我们重点探讨的各社会成员的社会应得问题。

第二,城市化、城镇化与我国自然村的衰败和没落。根据上面的报告显示,中国城市现代化水平为世界初等发达水平,处于发展中国家的中间位置。中国科学院中国现代化研究中心何传启主任表示:根据调查报告,"2008 年中国综合城市现代化指数为 45,排世界 131 个国家的第 79 位,低于世界平均水平和中等收入国家平均水平。……2012 年中国城市化率,比英国、德国和比利时大约落后 100 多年,比美国和法国大约落后 80 多年,比日本、瑞典、意大利和西班牙落后约 60 年,比芬兰、俄罗斯和墨西哥约落后 50 年,比巴西和波兰约落后 40 多年,比韩国落后约 35 年"[③]。

中国城市现代化和城镇化导致了中国自然村的衰败和没落。这主要表现为两个方面。一是快速城市化给城市社会带来的风险。二是城市化和城镇化对农村产生的深远影响。就第一方面来说,中国快速城市化始于改革开放之年的 1979 年。有学者总结出其有六个特点:城市化速度明显加快,城市人口规模巨大,城市结构不均衡,城市化质量不高,城市化溢出正效应不明显,城市化的动力

---

① Harold Wilensky, *Rich Democracies*, *Political Economy*, *Public Policy*, *and Performance*, Berkeley, CA: University of California Press, 2002, pp. 3-4.

② 中国科学院中国现代化研究中心:《中国现代化报告 2013——城市现代化报告》,2014 年 4 月 24 日。

③ 中国科学院中国现代化研究中心:《中国现代化报告 2013——城市现代化报告》,2014 年 4 月 24 日。

机制存在偏差;继而提出中国城市化有八大风险:基础设施风险,人口结构风险,公共卫生风险,利益冲突风险,能源资源风险,环境污染风险,价值观冲突风险,城乡分化风险。其中特别提到,"中国城乡差距是最显著、最重要的社会差距,对于中国社会的运行和发展影响深远。中国的城市化不可能也不应该是全面消灭农村的过程。……即使中国城市化率达到80%,进城农民都成为真正的市民,由于中国人口基数很大,按照目前的总人数估算,也还依然有超过2亿的人是农村居民,这个数超过很多国家的总人口,是不能忽略的"①。虽然很多研究者对农村和农民有着同情的认识,但是他们把农村和农民当作城市化的障碍或包袱,他们关注的重心是城市,是快速城市化导致的城市风险。他们对于快速城市化对中国农村的消极影响仍然评估不足。

就第二方面来说,2013年12月23日中央农村工作会议召开,会议要求积极稳妥扎实地推进城镇化,到2020年,要解决约1亿进城常住的农业转移人口落户城镇、约1亿人口在中西部地区的城镇化问题。有学者表示:"传统农村的消亡与城市空间的扩张是一枚硬币的两面。从1949年到2011年,我国城市数量增长了近7倍,城市人口增长了6.7倍。与此同时,城市作为容纳人口的容器,其空间也不断扩张,1984年我国城市建成区面积为8842平方公里,2010年城市建成区面积为41768.4平方公里,增长率为372%。城市的不断膨胀意味着农村的不断萎缩,到2020年,中国还将有1.5亿人口从农村转移到城市,如果按城市建设标准100平方米/人计算,还将有15000平方公里的非城市地区纳入城市区域。由此可见,随着中国城市化进程的不断深入,农村区域不断缩小是大势所趋。"②一方面,"作为一个拥有悠久农耕文明史的国家,我国广袤的国土上遍布着众多形态各异、风情各具、历史悠久的传统村落。传统村落是在长期的农耕文明传承过程中逐步形成的,凝结着历史的记忆,反映着文明的进步。传统村落不仅具有历史文化传承等方面的功能,而且对于推进农业现代化进程、推进生态文明建设等具有重要价值"③。另一方面,城镇化也加速了我国自然村的消失。据民政部统计,2002年至2012年,我国自然村由360万个锐减至270万个,10年间减少了90万个自然村,其中包含大量传统村落。④据记者2012年10月对江西省安义县三个"空心村"实地调查,11个自然村平均居住不到8人,其

---

① 洪大用、张斐勇:《快速城市化与城市社会风险的应对》,《学习与探索》,2013年第2期,第37页。
② 刘新静:《传统农村在城市化进程中必然消失》,《文汇报》,2012年12月10日第10版。
③ 仇保兴:《深刻认识传统村落的功能》,《人民日报》,2011年11月29日07版。
④ 《文汇报》编者按:《城市化进程加快,农村会在城市化过程中消失吗?》,《文汇报》,2012年12月10日第10版。

至出现了"一个人的村庄"①。据记者在 2013 年 11 月 22 日实地调查,甘肃省正宁县"榆树坪自然村分两个小组。上世纪 90 年代,一组大概有 30 多户 150 多口人,如今只剩 5 户 10 个老人;二组大概有 20 多户,现在已经没人了"。松树坪行政村"全村在册 300 多户 1200 多口人,实际上常年在家的只有 140 多户 300 多人,且多为老人"。正宁县民政局官员表示,该县"在 10 年内将至少有 20 到 30 个村落衰落甚至消失"②。

　　随着中国城市化和城镇化的加速推进,越来越多的村民走进城市或城镇,成为市民或社区居民。紧挨着核心城市的农村已成为城市的一部分;而远离核心城市的偏远乡村,要么人去楼空,成为"空壳村",要么只留下年老体衰一代和幼年无知一代,有体力和智力的年轻一代或中壮年一代大多要么进城打工,要么完全融入城市,成为体面的社区市民。在缺乏人力、智力、财力和物力的情形下,中国的自然村总体而言正在迅速走向没落。更有学者表示:"不论计划经济还是市场经济,小农经济的耕地农业已经一去不复返。"③

　　面对传统村落日趋没落衰败的情形,一些地方政府开始认识到传统村落的文化、社会和经济价值。比如,2012 年以来,浙江省组织开展了历史文化村落普查工作,摸清了全省 971 个历史文化村落的现状。浙江省从 2013 年开始拿出专项保护资金,分别给予首批 43 个历史文化重点古村落 500 万元至 700 万元,217 个一般村落 30 万元至 50 万元左右的资金扶持,用于古建筑修复、村内古道修复与改造等建设项目的补助,力争到 2015 年,全省历史文化古村落得到基本修复和保护,部分历史文化村落将培育成为与现代文明有机结合的美丽乡村。④ 从相关报道来看,虽然浙江省政府开始重视对自然村落的保护,但其保护范围和力度非常有限,扭转不了自然村日益没落的总体趋势。

　　第三,我国全国居民收入居高不下的基尼系数。如图 12-1 所示,据国家统计局公布的调查统计数据,"中国全国居民收入的基尼系数,2003 年是 0.479,2004 年是 0.473,2005 年 0.485,2006 年 0.487,2007 年 0.484,2008 年 0.491。然后逐步回落,2009 年 0.490,2010 年 0.481,2011 年 0.477,2012 年 0.474"⑤。

① 冯志刚:《过去 10 年每天消失 80 自然村》,《都市快报》,2012 年 10 月 28 日。
② 贾莉丽:《正在消失的村庄》,《民主与法制时报》,2014 年 1 月 6 日。
③ 任继周:《中国草地农业系统与耕地农业系统的历史嬗替》,《中国农史》,2013 年第 1 期,第 8 页。
④ 刘慧、项晓辉、严红枫:《浙江抢救正在消失的古村落》,《光明日报》,2013 年 5 月 7 日。
⑤ 《中国官方首次公布 2003 至 2012 年基尼系数》,中国新闻网,2013 年 1 月 18 日(http://finance.chinanews.com/cj/2013/01-18/4500444.shtml)。

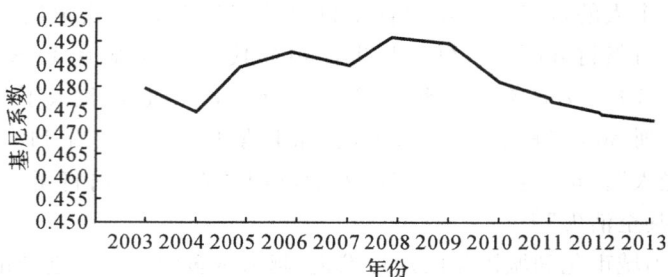

图 12-1　2003—2013 年中国全国国民收入基尼系数

资料来源："中国官方首次公布 2003 至 2012 年基尼系数"，中国新闻网，2013 年 1 月 18 日；"2013 年全国基尼系数为 0.473 达到近十年最低"，新华社，2014 年 1 月 20 日。

"2013 年全国基尼系数为 0.473"[①]。这表明，在这十年里我国居民收入差距，在 2008 年达到峰值之后，虽然有所缓和，但仍居高不下。另据由西南财经大学与人民银行金融研究所联合开展的一项调查显示，2010 年"中国家庭总资产均值为 121 万元，城市家庭总资产均值为 247.6 万元，农村家庭总资产均值为 35.8 万元"[②]。2010 年中国全国居民收入基尼系数已超过当年平均的 0.44 世界基尼系数，处于高风险水平。毕竟，政治平等无法取代社会和经济的不平等，也无法消除社会和经济的不平等。假如社会和经济不平等是不合理的，那么我们就要设法消除那些不平等。在社会和经济领域，人和人之间存在着重大差别，尽管其尖锐程度由于某些社会制度安排而得到缓和，但是这些差别无法根本消除。至于如何缓和人们在社会和经济领域的重大差别，则是政府和社会需要认真对待的问题。

　　第四，我国重点大城市就近免试入学的基础教育政策。2014 年 2 月 17 日，教育部印发通知，要求北京等 19 个重点大城市的义务教育在 2015 年实行免试就近入学政策。"到 2015 年，19 个大城市所有县（市、区）实行划片就近入学政策，100％的小学划片就近入学；90％以上的初中实现划片入学；每所划片入学的初中 90％以上生源由就近入学方式确定。到 2017 年，19 个大城市 95％以上的初中实现划片入学；每所划片入学的初中 95％以上的生源由就近入学方式确定。"[③]表面看来，那个通知要求指定的重点城市实施义务教育就近入学政策，所

---

① 《2013 年全国基尼系数为 0.473 达到近十年最低》，新华社，2014 年 1 月 20 日（http://www.js.xinhuanet.com/2014-01/20/c_119045665.htm）。

② 甘犁、尹志超、贾男、徐舒、马双：《中国家庭资产状况及房产需求分析》，《金融研究》，2013 年第 4 期第 13 页。

③ 王璐、李佳、王斌：《本市明年拟取消小升初推优》，《京华时报》，2014 年 2 月 18 日。

有适龄求学者几乎都将获得就近入学的机会。但是,那样的机会是建立在受教育者及其父母拥有所在学区的房产所有权基础上的。一个人只有拥有确定的学区房产所有权,才能享有相应的就近入学权利。原本是一项全国性义务教育改革措施,却衍生出疯狂的"拼房子"现象。

教育部的通知并没有有效抑制择校之风,它只是改变了人们的择校手段。以北京为例,由于人们都想争取重点中小学的入学机会,导致周边学区房价格持续上涨。"没有最贵,只有更贵:300 万元买一个不足 10 平方米的'蜗居',买了不为住,只为名校学位。"[①]一方面,由于学区房产所有权的稀缺性,人们的受教育权受到了限制。另一方面,"北京的教育资源分配还不太均衡,甚至一些示范中学与普通中学的差距非常大,这就造成了家长有非常强烈的择校意愿。……即便实行就近入学,择校之风也依然存在。"[②]重点中小学学区房价格居高不下现象的背后是公民享有社会经济权益的严重不均等。尽管每个人在政治上享有平等的基本自由和权利,但在社会和经济领域,存在社会成员在工作岗位和社会地位、收入和财富方面的重大差距。就近入学政策等于默认了社会以私有财富亦即学区房产权配置基础教育资源的现实。

第五,高等教育资源的地区不均衡愈演愈烈,国家最优秀的高等教育资源主要集中在北京、上海、西安、武汉、南京、杭州、广州等极少数核心城市。据华东师范大学社会调查中心发布的最新《中国大学录取分数线排行榜》(2014 年版),在中国大学录取分数最高前 20 名高校中,北京有 9 所,上海有 5 所,天津有 2 所,杭州、南京、合肥、西安各 1 所。[③] 优质高校资源过分集中,是导致高考移民的主要原因。正在推进的高校招生改革,在扩大高校招生自主权的同时,正在进一步剥夺广大偏远地区,尤其是偏远乡村求学者的机会。像浙江省近年开始推动的三位一体自主招生办法,虽然受到考生和家长的欢迎,但是这些办法执行中存在的地区歧视和城乡区别对待做法,只会加重高校入学申请人在接受高等教育权方面的不平等,不能不引起我们的忧虑。

此外,在公民医疗保健和社会福利方面,同样存在着看得见的不平等,不同行业之间存在着显著的收入差距。从前面列举的数据可知,城市有城市的烦恼,乡村有乡村的不幸。实际上,地区发展不均衡、城乡差别和居民收入差距等是所有现代国家在社会发展过程中面临的共同问题。然而,当人们讨论一个国家是

---

① 乌梦达、孔祥鑫:《疯狂学区房透视:北京实验二小学区房每平近 30 万》,中国新闻网,2014 年 4 月 9 日(http://www.chinanews.com/edu/2014/04-09/6043124.shtml)。

② 王璐、李佳、王斌:《本市明年拟取消小升初推优》,《京华时报》,2014 年 2 月 18 日。

③ 邝春伟:《中国大学录取分数排行榜(2014 年版)》,华东师范大学社会调查中心,2014 年 6 月 16 日。

否繁荣、其居民生活品质是否良好时,如果他们用"国民生产总值"(GNP)作为衡量指数,那么那样的指数可能掩盖现实社会——无论在政治领域,还是在社会和经济领域——的实际不平等。同样,如果他们用"国内生产总值"(GDP)增长率作为衡量某一国家经济和社会发展速度的重要指数,那么那样的指数可能掩盖该国人民的经济社会差距或贫富分化现实。在世界范围里,尤其在发展中国家,地区发展不均衡、城乡差别和居民收入差距等是社会不平等的具体体现。

社会公平仍然是一个悬而未决的难题。有学者为此问道:"当我们探问世界上某个国家或地区是否繁荣、居民的生活质量之类问题的时候……我们如何来评价,我们需要获取哪些信息?什么标准与人类的'兴旺'真正相关? ……仅仅知道既定数量的民众有多少钱[像人均国民生产总值(GNP)这样的标准,仍然被广泛地用作衡量生活质量的一种尺度]是远远不够的。我们至少还需要问,这些资源如何分配,以及它们能为民众生活的改善做些什么。"①

二、主要分配正义理论及其评估

皮凯蒂认为:"财富分配问题太过重要,不应当只留给经济学家、社会学家、历史学家和哲学家去研究。"②贫富差距和社会不平等是人们凭直觉就能感知的社会现象。社会科学家的任务在于,设法找到有效办法,尽可能消除地区发展不均衡,缩小城乡差别和居民收入差距。

有关中国经济和社会发展的几项重要数据同皮凯蒂在主要西方国家经济和社会发展史上搜集到的大数据是一致的。如图12-2所示,根据皮凯蒂统计,1790—2030年,各代继承遗产占社会总资源的份额在8%～25%之间波动,但长期维持在20%以上,维持在20%以下的原因是社会动荡、革命或战争。③它表明,在经济和社会发展过程中,无论发达国家,还是发展中国家,都遵循着相同的规律,亦即经济和社会发展导致贫富分化、经济社会不平等逐渐加剧的规律。皮凯蒂把它表述为:"被继承财富的增长快于产出和收入的增长。……资本增长远快于整个经济增长。"④从长期来看,经济平均增长率永远赶不上资本回报率,个人劳动收入的增长速度永远赶不上由资本积累产生的财富增长速度。我们只有

① [印度]森、[美]努斯鲍姆(主编):《生活质量》,龚群、聂敏里、王文东、肖美、唐震煊译,北京:社会科学文献出版社,2007年版,第1页。
② Thomas Piketty, *Capital in the Twenty-First Century*, p. 2.
③ Thomas Piketty, *Capital in the Twenty-First Century*, p. 405.
④ Thomas Piketty, *Capital in the Twenty-First Century*, p. 26.

先有勇气承认存在着这样一个规律,才能设法创造条件,控制贫富分化,调节财富和收入差距,缓和经济和社会不平等加剧的趋势。

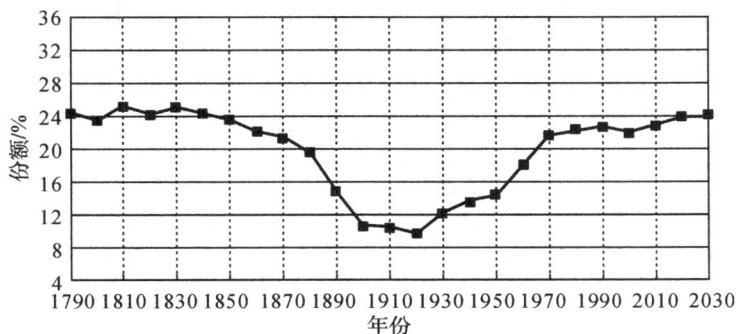

图 12-2 1790—2030 年出生各世代继承的遗产在总资源中占据的份额

资料来源：Thomas Piketty, *Capital in the Twenty-First Century*, Cambridge, MA: The Belknap Press of Harvard Universty Press, 2014, p. 405.

皮凯蒂表示,资本回报率总是高于世界产量增长率,"虽然其间隙在 20 世纪有所缩小,但在 21 世纪会再一次扩大"[1]。如图 12-3 所示,面对悬殊的财富和收入差距以及其他社会不平等现象,学者们提出了不同的解读路径或解决策略,比如,罗尔斯提出了初始权益理论,诺齐克提出了私有产权理论,森和努斯鲍姆提出了可行能力理论,德沃金则提出了资源平等理论,等等。这些理论往往是相互冲突的,但它们对我们解决中国面临的分配正义问题具有借鉴意义。

针对社会和经济不平等,罗尔斯给出的解决方案是,在同等条件下,社会基本资源配置和分配应当向最少受惠者倾斜,要寻求最少受惠者利益的最大化。这就是著名的差别原则。[2] 罗尔斯的核心主张是,除了借助于宪法和法律制度,在政治上保障每一个人平等地享有基本权利和自由以外,为了消除社会和经济不平等,还必须建设一套公平正义的社会制度和经济制度。萨缪尔·弗雷曼把它解读为:"很多人会偷偷地从不正义制度中中饱私囊。这不足为怪。但它无损于以下断言:正义是讲道理的理性公民的共同利益所在。"[3]罗尔斯承认其在阐述初始权益理论过程中,省略了许多复杂的限制条件,只从总体上考察初始权益指数,而没有考虑那些指数的设置可能造成的对公民权益的侵害,没有考虑那些指数的设置并没有真正消除人际能力差异。像霍布斯一样,罗尔斯把置于无知

---

[1] Thomas Piketty, *Capital in the Twenty-First Century*, p. 355.

[2] John Rawls, *A Theory of Justice*, Revised Edition, p. 226.

[3] Samuel Freeman, *Rawls*, p. 499n. 11.

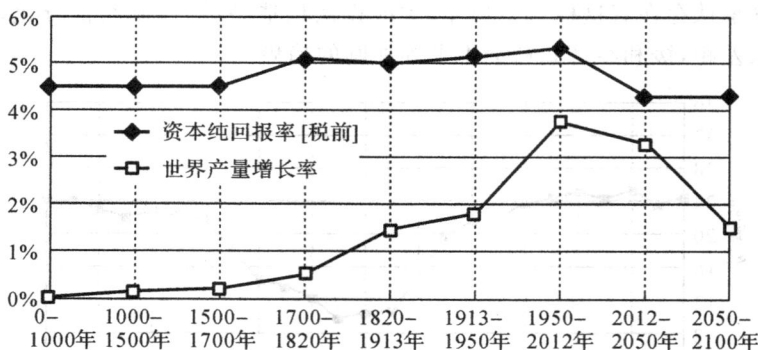

图 12-3 从古代到 2100 年，世界水平的资本回报率和产量增长率
资料来源：Thomas Piketty, *Capital in the Twenty-First Century*, Cambridge, MA：The Belknap Press of Harvard University Press, 2014, p.354.

之幕后且处于初始位置上的所有博弈者都设想为理性的能力相当的人，没有考虑初始权益指数在具体落实过程中会存在最少受惠者之中的残障群体。他只关注他们的道德能力，而忽视了他们的社会实践的行动能力。

诺齐克提出了针锋相对的主张："个人拥有权利，有些事情是任何人和任何群体都对他们做不得的。"[①]其论证的思路是，人的出身、禀赋、背景和运气是应得权利，具有不可让渡性。假如一个人拥有一片土地，那么他便拥有该土地的物产。同理，假如一个人拥有出身、禀赋、背景和运气，那么他便拥有由出身、禀赋、背景和运气带来的应得权利。这是一个直观公理。差别原则恰好违反了这个公理。诺齐克表示："我们用所有权的应得正义观来质疑罗尔斯理论，加深我们对另一种深刻而优美的分配正义观的理解。我认为，我们还深刻质疑了罗尔斯理论的一些不足。"[②]

森和努斯鲍姆则在具体操作层面上质疑罗尔斯初始权益理论的可行性，指出初始权益指数作为弱势群体衡量指数的不确定性。森和努斯鲍姆认为，在同等条件下，具有正常行动能力的公民和在行动能力上不健全的残障公民之间，纵使享有相同的初始权益，却具有重大的生活质量差别。这本来是生活常识。罗尔斯忽略了这个生活常识，被森和努斯鲍姆抓住了把柄。由于个体的身体差异和能力差异，初始权益指数不能说明一个人的真实自由和实际行动能力境况。迈克尔曼、内格尔、舒瓦兹等人也提出了类似批评。初始权益理论的确存在不

---

① Robert Nozick, *Anarchy, State and Utopia*, p. ix.
② Robert Nozick, *Anarchy, State and Utopia*, p. 230.

足,但不像森认为的那样存在根本性错误。

罗尔斯考虑了森和努斯鲍姆的批评却没有接受其修正建议。罗尔斯承认《正义论》第一版存在两大软肋,一是有关自由优先性的见解,二是有关初始权益的见解,并在修订版中作了修正。有意思的是,他在该书修订版序言中提到并接受哈特的批评,却没有提到诺齐克等人对其初始权益见解的批评。这表明罗尔斯对后一个批评持保留态度,他把订正重点放在谁应当拥有初始权益的问题上,而不是初始权益是什么的问题上。尽管他后来在其他著作中进一步深化了那个概念,但对其拥有者的资格设定作了修订:"初始权益现在被规定为作为享有自由而平等公民地位的人以及作为常态的充分合作的社会成员的人终生需要的东西。"①罗尔斯表示,初始权益指数可用于为了达成政治正义目标而开展的人际比较,把它们视为不论其个人偏好和欲望为何的任何一个公民都渴望得到的东西。②

我们认为,罗尔斯、诺齐克、森和努斯鲍姆等人围绕初始权益、所有权、资源平等、可行能力等术语展开的争论,实质上是在个人自然应得和社会应得之间如何达成社会公平的争论。个人自然应得,柯亨称之为"私有产权论题"(self-ownership thesis)③,是诺齐克最为看重的东西,可以解释为任何一个人拥有的未经社会强制调整的原始应得或天赋权利;个人的社会应得相当于经过社会强制调整的为每个理性人分享的社会资源和社会价值。罗尔斯表示,两个正义原则维护和调节着任何一个人的自然应得和社会应得。相反,诺齐克担心,差别原则不仅会损害个人的社会应得,而且会损害个人的自然应得。用柯亨的话来说:"诺齐克认为,人们不仅拥有自我,而且会成为潜在地无限不平等的世界资源总量的至上所有者,他们能把那些资源作为恰当实践自己或他人自我所有的个人力量来集中利用。"④比如,诺齐克反对国家为了改善穷人的医疗条件而向富人征税,认为它是对富人权利的侵犯。诺齐克采取的策略等于对罗尔斯和柯亨等人担心的社会不平等什么也没有做。

初始权益规定了任何一个公民对国家、政府和社会持有的合理期望,并没有赋予公民对国家抱有过分期望。初始权益是差别原则调节的对象。"差别原则适用的不平等是公民在其一生中对初始权益期望的差别。在良序社会里,在所有公民皆平等享有的基本权利、自由和公平机会都得到保证的社会里,最不利者

---

① John Rawls, *A Theory of Justice*, Revised Edition, p. xiii.
② John Rawls, *A Theory of Justice*, Revised Edition, p. xiii.
③ G. A. Cohen, "Are Freedom and Equality Compatible?" p. 416.
④ G. A. Cohen, "Are Freedom and Equality Compatible?" p. 417.

是指拥有最低期望收入的阶层。"①罗尔斯甚至打算把"闲暇时间和摆脱身体痛苦的某些精神状态"也收录于社会初始权益清单之中。② 这与佩蒂特的想法不谋而合。佩蒂特认为,无支配自由(freedom as non-domination)具有初始权益的地位,是每一个人都必需的:"每一个这样的人都有理由希望享有无支配的自由;一旦缺乏这种自由,他们将沦为受制于策略和屈居于从属地位的人,这样的人不能指望被作为人来恰当对待。同它与消除不确定性之间的关联一样,无支配自由与摆脱策略和从属之间的关联表明它具有初始权益的地位。"③

依照差别原则,并非所有的社会产品都可以依照正义原则来进行分配,只有社会的初始权益才是分配正义和差别原则的适用对象。尽管罗尔斯没有明确指出谁是初始权益的提供者,但它们一般是国家、政府以及非政府组织,并且主要是国家和政府。每个人应该根据自己的能力承担不同的社会责任。问题在于,针对社会分工和社会不平等,国家、政府和社会在分配正义时是否应该给予补偿,怎样补偿由社会分工、社会不平等带来的不公平现象。国家作为社会初始权益的赋予者和调节者,应承担起弥补社会不公平的责任。罗尔斯表示,为了平等地分配初始权益,国家应该倾向于优先照顾出身、禀赋、背景等处于劣势的人。效法哈撒尼,罗尔斯使用"初始位置"作为社会契约的起点,假定在该状态下社会成员被无知之幕遮蔽,缔结契约的每一个人对自己在社会中的地位、能力、禀赋、运气一无所知。罗尔斯甚至抛弃了私有产权假说,相信在如此条件下人们会一致选择最大化最弱者利益的初始权益分配方式。按照罗尔斯的公平正义原则,这一选择既是平等的,也是正义的。因此,在政治领域,人的初始权益的分配应当遵循平等原则。

无法否认的是,不仅人的自然初始权益,而且人的社会初始权益,在漫长的人类文明历史里曾经只为少数人所享用。在等级制和特权制之下,社会是分裂的,只有拥有特殊身份的阶级和阶层才有权享受国家提供的初始权益。从社会发展来看,直到近代自由民主国家产生以后,社会初始权益的享有者应为全体公民的理念才被普遍认可。现在,在现代民主社会里人们形成的共识是,每一个人都平等地拥有基本的自由和权利,这种权利和自由是任何个人或者团体以任何理由都不能剥夺的。尽管罗尔斯断定,"每个人都拥有一种基于正义的不可侵犯性,这种不可侵犯性即使以整个社会的福利之名也不能逾越。因此,正义否认为

① John Rawls, *Justice as Fairness*: *A Restatement*, Cambridge, MA: Harvard University Press, 2001, p. 59.

② John Rawls, *Political Liberalism*, pp. 181-182.

③ Philip Pettit, *Republicanism*: *A Theory of Freedom and Government*, Oxford and New York: Oxford University Press, 1997, pp. 91-92.

了一些人分享更大利益而剥夺另一些人的自由是正当的。……在一个正义的社会里，平等的公民享有的各种自由是确定不移的，由正义所保障的权利决不受制于政治的交易或社会利益的权衡。"①如果社会初始权益不为所有的人所分享，那么，那些被排除在外的人会认为"自己受到了不公正待遇"②。鉴于每个人在无知之幕之下都存在着无限的风险规避倾向，最大化最小选择是实现那种规避的唯一心理动机，而每个人试图获得的首先是社会初始权益。

诺齐克和罗尔斯的最大分歧在于，在社会和经济领域，初始权益的分配是否应当向社会中的处境最糟糕者看齐。罗尔斯做了肯定回答，诺齐克则做了否定回答。诺齐克认为，差别原则剥夺了个人因出身、禀赋、背景和运气而获得的好处。他主张"最弱小的国家"（minimal state），任何更加强势的国家都无法得到证明。"最弱小的国家就是能够得到证明的最强势国家。任何一个更加强势的国家都侵害了人民的权利。"③他表示"我发展了一种不要求任何强势国家的正义理论（应得理论），并用以剖析和批判向往强势国家的其他分配正义理论，我尤其剖析和批判了最近成为显学的罗尔斯分配正义理论"④。差别原则无视个人所有权，从一开始就难以成立。假如任由分配正义原则持续进行下去，那么无限的风险规避会导致依照差别原则进行初始权益分配的无限循环，最终导致个人应得荡然无存，不可能存在真正的正义和公平。

罗尔斯的回应是："差别原则强调补偿原则所提出的一些考虑。这是有关不应得的不平等要求补偿的原则；由于出身和禀赋的不平等是不应得的，这些不平等就多少应给予某种补偿。"⑤因此，初始权益不能仅仅根据经济效率和社会福利来评价和取舍，而应该以改善最不利者的长远期望来进行分配。正如弗雷曼概括的那样，"处境较好者享有的不平等以及给他们带来的进一步经济收益会损害处境较糟者。正是基于这一点，任何进一步收益都将给处境较糟者带来不利，最佳分配将在差别原则之下得到实现"⑥。

罗尔斯特别区分了初始权益和社会福利。《正义论》经常被描述为是对福利国家的重要哲学证明。比如，哈佛法学院的弗兰克·迈克尔曼认为，罗尔斯讨论初始权益，就是讨论"宪法福利权"⑦，认定罗尔斯主张把人的自尊建立在最低社

---

① ［美］罗尔斯：《正义论》（修订版），何怀宏、何包钢、廖申白译，第 3 页。
② ［美］罗尔斯：《正义论》（修订版），何怀宏、何包钢、廖申白译，第 66 页。
③ Robert Nozick, *Anarchy, State and Utopia*, p. 149.
④ Robert Nozick, *Anarchy, State and Utopia*, p. xi.
⑤ ［美］罗尔斯：《正义论》（修订版），何怀宏、何包钢、廖申白译，第 77 页。
⑥ Samuel Freeman, *Rawls*, p. 223.
⑦ Norman Daniels（ed.）, *Reading Rawls*, p. 320.

会保障的基础上。迈克尔曼认为,如下主张远不令人信服:用差别原则来调节人的基本福利或宪法福利权,将增进人的自尊。① 其实,罗尔斯的正义理论同福利国家的基本政策并不一致。正如弗雷曼指出那样,罗尔斯反对被现代福利国家所调和的资本主义,认为福利国家资本主义存在着三个制度缺陷。第一,"福利国家资本主义的社会最低保障不适应于差别原则的要求,难以维持较少受惠者基本自由的公平价值"②。虽然资本主义福利国家提供了社会最低保障,但它不承认调节社会经济不平等的对等性原则。由于财产所有权的过分集中,"经济和很多政治生活掌控在了一小撮人手中"③。福利国家的福利是从上而下的滴入,只是在社会竞争、社会分工以后对较少受惠者维持基本生存的救助。相反,罗尔斯主张的每一个人享有的初始权益是自下而上的均等溢出。它不是社会福利,不是资本主义福利国家意义上的福利。它是一种调整,一种主要向社会底层倾斜的政策。④ 第二,福利国家资本主义"没有努力限制财富不平等,没有努力限制经济势力,后者不利于政治自由的公平价值"⑤。由于福利国家资本主义未对财富差距做出限制,使得在经济上占优势的人利用手中的经济资源影响公共政策,达到政治优势,导致较少受惠者政治自由的公平价值大打折扣。第三,"由于财富的集中和极度不平等,绝大多数公民缺乏有效的政治影响力,由于缺乏公平均等机会,绝大多数公民无法行使有效的权力,缺乏在社会经济生活中有权威的岗位"⑥。财富差距直接影响政治权力的有效行使,福利国家的均等机会大多流于形式,提供的职位事实上只对禀赋、出身、社会地位占优势的人开放,其实是一种功利主义导向。

三、在中国实践分配正义

用单一理论解读中国面临的诸多重大问题是天真的想法。但是,既然社会应得理论是针对中国遇到的一些重要问题提出来的,我们希望对我们正在进行的改革提些对策建议。我把这些建议归结为对以下问题的回答:假如人们拥有

---

① Frank I. Michelman, "Constitutional Welfare Rights and A Theory of Justice," in Norman Daniels (ed.), *Reading Rawls*, pp. 319-347; p. 341.

② Samuel Freeman, *Rawls*, p. 224.

③ Samuel Freeman, *Rawls*, p. 224.

④ Samuel Freeman, *Rawls*, p. 224.

⑤ Samuel Freeman, *Rawls*, p. 225.

⑥ Samuel Freeman, *Rawls*, p. 225.

均等地接受教育机会这样的社会应得是普惠的,社会应得不应当依附于像房产所有权这样的私有产权或私有财产权,那么我们应当去改变的是什么? 假如均等地接受义务教育是公民的社会应得,那么国家、政府和社会应当为他们享有那样的社会应得创造哪些条件? 如何评估一些地方政府正在推行的美丽乡村建设,它们是政府对长期忽视农业、农村、农民权利和利益的觉醒,是以城市建设为中心的社会发展之后对落后农村的反哺,是国家、政府和社会对长期欠下的农业、农村和农民巨额政治、经济、社会和文化债务的偿还,还是国家、政府和社会剥夺农村的又一次机会? 这些问题可以归结为一个更一般的问题:社会公平的基础是什么,是个人的所有权,还是其他的政治、社会和经济条件? 简言之,下一步改革,我们能够期待什么?

第一,社会不平等几乎渗透到了所有领域,社会等级和社会分化仍然无处不在。在资本主义条件下,日益加剧的贫富分化是必然现象。皮凯蒂给出了资本财富积累和工薪收入积累之间的不同发展轨迹,表示"世袭资本主义"导致日益严重的贫富分化。在当今世界,资本回报率一直高于经济增长是常态。新技术同样让机器更容易代替人工。这会让资本吞食更大份额的国民收入,进而增加资本回报。随着自动化进入新一轮爆发过程,财富集中和不平等可能会达到前所未有的高度。"投资教育、知识和非污染技术,当然会刺激增长。但是,其中没有一项措施将把年增长率提升到 4％～5％。历史证明,只有处于更先进经济的国家——比如二战之后三十年间的欧洲、中国或今日正在崛起的其他国家——能够达到这样的增长率。对于那些处于世界技术边缘的国家来说——因此在终极意义上对于整个地球来说——人们只能相信,无论采取什么经济政策,长期增长率将不会超过 1％～1.5％。"[1]同样地,在四十多年改革开放中,中国经济增长一直保持在较高水平,但是它仍然面临社会不平等和贫富分化难题。

如图 12-4 所示,中国经济增长率的减缓趋势十分明显,高速增长率是不可持续的。但是,基于中国改革开放前面四十多年的经验,中国人民仍然希望其财富收入保持高速增长。社会应得理论正是基于对资本或财富回报率和国民经济增长率或国民收入增长率之间的差距而提出的修正理论[2]。

第二,社会应得源于特殊的政治、经济和社会制度设置,那些制度规定并保障社会成员的基本权利和初始权益。社会应得的经济来源主要通过国税来解决。从图 12-5 可知,自从 1981 年以来,中国居民工资收入占 GDP 的比率呈现下降趋势,工资增长率低于 GDP 增长率。有研究者表示,"上世纪 90 年代以来,

---

[1]　Thomas Piketty, *Capital in the Twenty-First Century*, p.572.

[2]　张国清:《分配正义和社会应得》,《中国社会科学》,2015 年第 5 期。

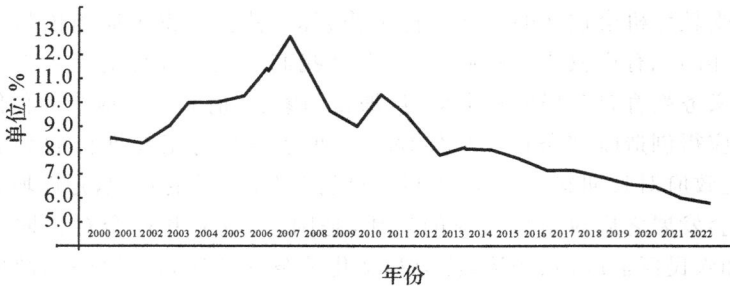

图 12-4　2000 年以来中国经济增长率及未来预测

数据来源：刘世锦主编：《中国经济增长十年展望（2013—2022）》，中信出版社，2013 年。

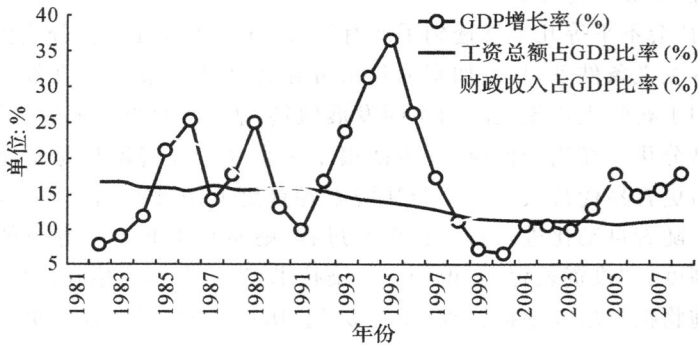

图 12-5　国家财政收主增长、GDP 增长与居民工资增长对比情况趋势

资料来源：WTO，中国国际期货 2009 年 1 月 23 日。

劳动收入占比逐年下滑，到 2007 年达到最低点 39.7％，虽然自 2008 年以来，该指数略有回升，但也没有超过 45％。与世界其他国家相比，我国的劳动收入占比处于较低水平。与此相对应的则是资本回报占 GDP 比重的逐渐攀升，两者的一降一升表明目前我国的国民收入初次分配呈现出'强资本、弱劳动'的特征，与我国要素禀赋结构相悖"[1]。

另外，如图 12-6 所示，同日本、美国等发达国家相比，中国劳动者报酬 GDP 占比处于低位。有学者表示："改善收入分配格局，仅是政府在二次收入分配环节上增加对低收入群体的补贴还远远不够；还需要政府立足于(1)消除行政垄断、建立公平竞争市场环境；(2)推动土地、汇率、能源等要素价格的市场化改革；(3)适度控制政府投资；在初次收入分配环节调节劳动与资本之间的分配。"[2]根

---

[1]　杨昕：《我国 GDP 中劳动报酬份额的下降》，上海社会科学院，博士论文，2013 年版，第 2 页。

[2]　中国 CF 四十人金融论坛：《收入分配结构失衡：成因与对策》，《CF40 研究周报》，第 42 期，2010 年 4 月。

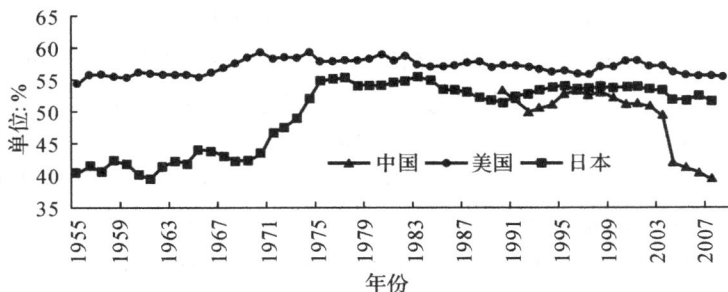

图 12-6　中、美、日三国劳动者报酬占比 GDP(1955—2007)

资料来源:中国 CF 四十人金融论坛:《收入分配结构失衡:成因与对策》,《CF40 研究周报》第 42 期,2010 年 2 月。

据皮凯蒂的研究,从长期来看,由于资本或财富的年平均回报率维持在 4%～5%,而个人收入的年平均增长率只有 1%～1.5%,"R＞G 不等式只是一个糟糕的记忆"[①]。向资本或财富所有人每年征收 1%～2% 财富增值税是合理的。皮凯蒂由此提出"全球资本赋税"(a global tax on capital)概念:"资本税是每年向全球财富征收的累进税。"[②]"资本税是对 R＞G 不等式的最恰当回应。"[③]

　　第三,现代化过程是一个价值重估过程,也是一个生活方式的再造过程。中国改革开放的直接后果是,以东部核心城市为中心的区域经济带的形成,吸引大批农村人口向城市迁移,造成农村人口枯竭,导致 2004 年开始的东部地区"民工荒",也导致自然乡村的衰落。经济学家往往只考虑如何让中国经济发展具有可持续性,他们担心"在'民工荒'的背景下,农村是否依然能为工业化和服务业的大力发展提供源源不断的廉价劳动力,也严重影响着中国未来的经济发展道路"[④],而很少考虑由于农村劳动人口向城市源源不断的持续几十年的转移,在城乡二元结构之下,广大乡村的致命性衰退。虽然有学者看到以下情形:"由于多方面因素的限制,中国地区发展不均衡,东部地区的工业化进程远远高于中部和西部地区。伴随工业化的继续发展,东部地区的劳动力供给必然无法满足其需要,劳动力短缺将逐步从东部地区扩散到西部地区。……在当前的制度和生产技术背景下,全国性的劳动力短缺已经出现。"[⑤]但是他们没有关注比城市劳

　　① 　Thomas Piketty, *Capital in the Twenty-First Century*, p.531.

　　② 　Thomas Piketty, *Capital in the Twenty-First Century*, p.517.

　　③ 　Thomas Piketty, *Capital in the Twenty-First Century*, p.532.

　　④ 　张晓波、杨进、王生林:《中国经济到了刘易斯黑白点了吗?——来自贫困地区的数据》,《浙江大学学报(人文社会科学版)》,2010 年第 1 期,第 55 页。

　　⑤ 　张晓波、杨进、王生林:《中国经济到了刘易斯黑白点了吗?——来自贫困地区的数据》,第 70 页。

动力短缺问题更严重的农村整体衰退问题。在乡村生活方式及其社会和文化价值得到全面评估之前，如果单纯从经济发展水平来评价农村、农业和农民，那么中国部分地方政府开展援助农村的"美丽乡村"建设，不能从根本上扭转这个趋势。为此，我们需要把农村问题看作一个价值问题，把乡村生活当作具有持久价值的人类生活方式的基本类型之一来看待，至少可以同城市生活方式并列的价值或重要性，站在这样的高度来看待农村问题，我们才能提出解决乡村衰落的合理对策，社会应得理论则可以为那个对策提供必要的理论支持。

第四，认真地对待人民的权利，认真地对待每一位公民的权利，全面地保护人民的私有财产权。保护私有财产是对改革开放成就的最大肯定。尊重人民的权利，就是尊重人民创造财富的能力和成果，就是尊重人民在劳动中创造的财产和财富。中国下一步改革的前提是，在最大程度上保护人民在改革开放中创造的巨大财富，继续激发人民的创造力。不同的主体，尤其是人民拥有完整的财产所有权。在法律制度框架之下不同主体通过协商自主地完成私有产权的交易和变更。任何一方不得强制要求另一方变更财产所有权的性质和关系，除非法律许可那种强制。所有权是人民的基本个人应得。全面地保护人民的所有权，就是在最大程度上保护了我国改革开放的成就。认清这一点，或者在这一点上达成共识，对中国下一步改革至关重要。

第五，中国各级政府的重要任务不是把目标老盯着人民的私有财富，而是把重心转向为所有社会成员均等地提供社会应得。我们呈现了社会应得理论的一般框架。在这一尝试过程中，诺齐克的自然应得理论一直是一个重要参照系。个人的自然应得和公民的社会应得的确存在着张力，分别处于对立的两端，但两者是可以互补的。这也彰显了推崇个人权利至上的自由至上主义视角和提倡社会合作的平等自由主义视角看待社会公正问题的不同路径选择及其后果。同诺齐克的"最弱小的国家"和罗尔斯的"更加强势的国家"概念相比，我们主张一种"适度强势的国家"概念。像努斯鲍姆说的那样，"照顾儿童、老人和身体或心智残障者，是任何一个社会都必须做的工作的一部分，在绝大多数社会里，它是重大不义的根源。在设计基本制度结构的过程中，尤其是在其初始权益理论中，任何一个正义理论从一开始就必须考虑这个问题"①。社会应得理论能够很好地解决森和努斯鲍姆提出的发展可行能力问题，因为它让人们更加关注社会公平的起点，提供更加完备的社会经济制度。

第六，社会应得理论提出了一种超越个人权利尤其是财产所有权局限的社会平等观。现代社会是一系列社会、政治、文化变革的结果。现代化既与城市

---

① Martha C. Nussbaum, *Frontiers of Justice*, p.127.

化、城镇化齐头并进,也与社会管理方式的民主化、多元化、均等化相伴而行。社会应得理论试图实现所有个体在社会上的平等。社会和经济不平等在什么情况下才被允许,国家和政府在实现社会平等和经济平等中应当扮演什么角色,需要社会科学家尤其是政治学家和公共政策的制定者给予认真研究。提供合格的社会初始权益应当成为国家、政府和其他社会组织的核心任务。

第七,社会应得理论将为当前的中国教育改革提供理论指导。就公平教育机会和权利问题而言,基于房产所有权的均等教育机会只是一种形式主义均等教育机会,是不合理的。其结果导致人们为争夺入学资格而频繁交易中小学学区房产权,导致其价格持续上涨。"上海海防邨小户型 2008 年单价不到 2 万元,2013 年卖出了 10 万元以上的天价。"[1]学区房产权频繁交易,只是为了换取学生的入学资格,却令学区所在中小学不堪重负。据报道,2014 年 4 月 15 日静安区教育局出台 2014 年义务教育阶段学校招生入学工作新政。首次规定从今年开始,"该区每户地址五年内只享有一次同校对口入学机会,并要求各公办小学从今年开始建立对口入学新生数据库。"[2]我们认为,新政没有从根本上解决由房产所有权决定入学资格的状况。要改变那种不合理性,必须尽可能均等地配置和分配基础教育资源,消除个别学区优质教育资源过于集中,而大多数学区几乎没有优质教育资源的状况。"要想真正破解择校难题,实现就近入学,首先要在促进教育均衡方面下功夫。"[3]可喜的是,2014 年 4 月 23 日,教育部、国家发展改革委、财政部、审计署、国家新闻出版广电总局五部门联合出台《关于 2014 年规范教育收费治理教育乱收费工作的实施意见》,强调要坚决查处"以钱择校、以分择生、以权入学"等违规行为,杜绝在学生入学方面的各种违法行为,把受教育权作为社会应得来认真对待,严禁人们通过非法买卖、钱权交易等手段危害公民公平而均等地接受教育的社会应得权利。[4]

第八,农村问题仍然是影响中国下一步改革和发展的全局性问题。现在一些地方政府正在开展美丽乡村建设。我们要对美丽乡村建设进行理念定位。我们认为,美丽乡村建设是一种政府行为,其理念定位直接关系到相关公共政策的设计与执行,最终影响到政策效果和目标达成。

美丽乡村建设有一个基本的历史背景,就是中国改革开放 40 多年,我们的基本思路是以牺牲农业发展工业,以牺牲农村发展城市。中国发展是以牺牲农

---

① 刘田:《迷幻学区房:倒手轻松月赚百万》,《第一财经日报》,2013 年 10 月 26 日。

② 梅柯、柳九邦:《遏制学区房倒卖,上海静安规定每户五年内只有一次机会》,《第一财经日报》,2014 年 4 月 16 日(http://www.yicai.com/news/2014/04/3711314.html)。

③ 王璐、李佳、王斌:《本市明年拟取消小升初推优》,《京华时报》,2014 年 2 月 18 日。

④ 张晓鸽:《教育部严查以钱择校以权入学》,《京华时报》,2014 年 4 月 24 日第 006 版。

村为基础的。土地属于农村,土地属于农民,中国发展以农民丧失土地为代价。40多年来,农村建设严重滞后。在整个发展过程中,政府在公共服务和基础建设方面在农村投入太少、关注太少,导致农村各项资源都很短缺,缺钱、缺人才、缺资源、缺机会。所以,现实中的农村相对而言还是处在贫困、落后、欠发达的状态。总体而言还没有达到美丽的状态,美丽是梦想中的。现在城市发展了,就应当对农村补偿,更应当对农村反哺。因此,美丽乡村建设不是支援,而是国家偿还欠农村和农民的巨债。

认识到这一点,更要明确农村是现代化的根基。中国发展的根在农村,而非城市。农村安,则城市安!农村幸福,则全国人民幸福。农村与城市之间非相邻关系,而是根基关系。农村是家,是城里人的老家。反哺农村是城市社会发展之后应有的姿态。国家要取得均衡发展,就要使农村保持应有的健康和完美。因此,美丽乡村建设的首要目标是恢复农村的基本功能,主要是保持农村生活健全和健康的功能,谈不上富有,但要有适合人们居住生活的基本功能。

第九,人的尊严过去是,现在仍然是一个严肃的社会问题。如何摆脱贫困更是人类社会尤其是发展中国家面临的重大社会问题。对社会应得的讨论有助于为提升人的尊严创造更好的社会条件。中国政府一直关注居民收入差距悬殊问题,中国共产党十八届三中全会公报明确表示要采取多种途径解决这个问题,为维护国家安全确保人民安居乐业创造条件:"创新社会治理,必须着眼于维护最广大人民根本利益,最大限度增加和谐因素,增强社会发展活力,提高社会治理水平,维护国家安全,确保人民安居乐业、社会安定有序。"[①]为了实现这些目标,我们须扬弃基于完全所有权的公民资格理论和实践,建立不完全所有权之下的社会应得理论,并开展相应社会实践。

综上所述,公民平等地享有社会应得是实现社会公平的重要途径。社会应得理论沿着马克思开创的唯物历史主义道路,吸收罗尔斯的初始权益理论,借鉴皮凯蒂实证经济学的最新成果,试图为平等限制自由找到一条可靠道路,它有赖于一套公正而完备的政治、社会和经济制度的建立和有效运行。保障每个公民的社会应得,不是作为长远的目标来追求,而是作为国家基本制度和公共政策的基本要求来设计和安排。我们引用《道德经》第七十七章作为本章结束语:"天之道其犹张弓与。高者抑之,下者举之。有余者损之,不足者补之。天之道,损有余而补不足。人之道,则不然,损不足以奉有余。孰能有余以奉天下?唯有道者。是以圣人为而不恃,功成而不处。其不欲见贤邪!"

---

① 《中国共产党十八届三中全会公报》,新华社,2013年11月12日。

第 13 章 欧盟的社会共享

共享不仅是一种发展理念,而且是一种价值理念。拥有共同价值或可分享的价值观是共享的前提。一方面,"共享经济"深化了人们对共享的理解,也引发了人们对共享价值的思考。作为"达成经济成功的新方式"[1],共享价值成为共享经济的核心。另一方面,经济全球化浪潮正在把人类社会作为一个统一的共同体来对待。在经济全球化和共享经济的双重影响下,人类正在迈向全球共享时代,越来越多的人开始以作为世界公民的身份来学习、工作和生活。这对维护全球经济、政治和文化秩序提出了新要求。罗尔斯、博格、贝茨等哲学家于是提出全球正义理念,试图从学理上回应那样的要求。他们尝试建构某种能够实践全球正义的世界刚性制度,探讨在全球范围内实践正义、分享正义的可能性。

虽然我们经常听到关于欧盟即将解体的报道或预言,虽然英国成功脱离欧盟,但是在国际层面上,欧盟是共享全球化经济的最好实践者,也是共享发展理念的先行者。它寻求一种基于共同价值的全球正义,共享发展理念是那种正义观的内核。各成员国认同超越国家的共同价值或超国同盟价值,使欧盟得以建立;他们寻求基于共同价值的全球正义,使欧盟变得强大。从共享价值和共享发展角度来考察欧盟对全球正义的追求,会给我们理解共享发展理念提供一个超越国家的国际版本。有鉴于此,我们将探讨欧盟在实现共享发展方面所做出的实际努力。

一、全球化、全球正义与共享价值

所谓共享价值,"是存在于人类社会中,群体或群体之间、组织之间、群体或组织与社会之间达成共识的,具有规范制约和行动导进作用的判断准则"[2]。在内容上,"是由共享的道德价值、共享的文化价值、共享的物质价值、共享的政治

---

[1] Michael E. Porter & Mark R. Kramer, "Creating Shared Value", *Harvard Business Review*, 2011, 89 (1/2), pp. 62-77.

[2] 任亮:《社会共享价值断裂与社会失范行为》,《理论探讨》,2007 年第 5 期。

价值等构成"①。共享价值其本身隐含地设置了不同的价值主体对于价值的多维偏好,并且涵盖了经济价值、社会价值和环境价值等多方面。因此,共享价值需要突破和超越传统意义上的经济价值,而将其拓展到包括经济价值、社会价值和环境价值在内的综合价值。作为划时代社会转变的一种巨大力量,共享已经不再局限于经济领域,也不仅仅是企业等各大经济组织所追求的"共享价值下的竞争与合作"的经营范式,而已经扩展到政治、社会等各领域,如马德里俱乐部提出的"共享社会",由此激发的对共享空间(shared space)和共享未来(shared future)的探讨已经外化为共享价值的表达。

随着共享经济引领的共享时代的兴起,生活在全球化浪潮中的人们已不再满足于经济全球化趋势下带来的经济共享,而追求超越经济共享范畴的资源共享、经济共享、科技共享、知识共享、信息共享等。人类正在迈向全球共享时代。这对维护全球秩序提出了更大挑战。人类正生活在全球化的世界。但是,正如赫尔德(David Held)所揭示的:"全球化虽然提高了全球市场对资源的配置效率,导致了全球财富总量的急剧增加,但是,全球化的利益与负担却没有平等地在世界各地的人们之间分配和共享。"②因此,我们需要反思的是,当前的全球秩序是否经得住正义的拷问? 共享价值是否也可以作为衡量全球正义的新尺度?

"正义被视为政治思想的首要概念。自柏拉图和亚里士多德时代以来,政治思想家们一直认为'美好'社会就是'正义'的社会。"③罗尔斯指出,"正义的首要主体是社会的基本结构,更准确地说,是这样一些主要社会制度,它们既用来分配基本权利和义务,也决定着来自社会合作的优势分工"④。然而,正义理念不只限于主权国家的框架内,全球正义突破了主权国家边界的限制,是扩展到各国乃至关乎每一个个体、为每一个个体所共享的理念。全球正义是在全球范围内人们对正义的共享,它区别于自由市场意义上的初次分配,而属于分配正义的范畴,因此,它不仅仅局限于对全球资本的分配,也包括在全球范围内对各国基本权利义务的分配,全球秩序的设计和主要的经济和社会安排,正如谭(Kok-Chor Tan)指出那样:"对正义的完整解释必须要包括正义的两个方面——政治的正义和经济的正义。"⑤

共享价值是对多元化趋势的一种有效回应,有着无限的发展前景与潜力。

① 任亮:《社会共享价值断裂与社会失范行为》,《理论探讨》,2007年第5期。
② [英]米勒:《民族责任与全球正义》,杨通进、李广博译,重庆:重庆出版社,2014年版,第2页。
③ [英]海伍德:《政治学核心概念》,吴勇译,北京:中国人民大学出版社,2014年版,第88页。
④ John Rawls, *A Theory of Justice*, Revised Edition, p.7.
⑤ [美]谭:《没有国界的正义:世界主义、民族主义与爱国主义》,杨通进译,重庆:重庆出版社,2014年版,第4页。

共享价值由两个部分构成："(非)正式组织的共享价值和社会共享价值。"①全球正义则是共享价值在正式组织层面的倡导、制约或激励所形成的行动准则。因此，在关于全球正义的制度上，共享价值应被纳入考虑范畴。并且也应将其作为全球范围内各跨国组织行为的价值尺度，符合共享价值的，应加以推行，并在制度上保障已经成功开展的共享实践，以保障人们对共享价值的持续追求的动力，使得共享正义和推动全球正义的实践能够成为一种自觉行为。

　　全球正义理论事关人类共同体的命运。全球正义及其实现的可能性一直是众多学者争论的对象，却鲜有人从共享价值切入作深入研究。以共享价值来阐释全球正义，将为全球正义提供新的研究视角和理论支撑。我们认为，作为一种价值理念，全球正义观是可共享的。全球正义是人类共同价值的体现。

　　第一，全球正义作为一种价值观念，不应只是为西方国家或自由主义者所享有的价值观念，而应该是为全球人民所共享的价值观念。罗尔斯在《万民法》中提供了一种超越国家边界的道德观。博格(Thomas Pogge)指出"这种道德观不运用于跨国的制度安排，而是运用于自由社会和礼治社会的对外政策"②。罗尔斯的国际正义观很明显是自由主义的，而难以得到跨文化的接受。我们不得不承认，文化差异对于全球正义理解的影响是不可忽视的。因此，在全球化趋势下，要树立一种跨文化的对话，保持对于文化理智的开放性。对于全球正义的理解，应该将其作为一种全球范围内能够共享的价值观，超越文化的差异，树立对于全球正义跨文化的理解。

　　第二，全球正义作为一种善好(权益)的观念，应在全球范围内被广泛共享并合理地为世界人民所接受，从而唤起人们在全球范围内对于各国人民的相互关切和道德热情。人们的道德热情建立在共享同一文化的共同体内，但人们的道德关切并非是固定不变、永不扩展的。我们所有人都共享着对于什么是道德、什么是善好(权益)以及什么是正义的理解。如每个人都应该得到尊重，也应该尊重他人；富者有义务帮助贫困者，对绝对贫穷者应该有共同关怀；当出现全球性问题时，有必要诉诸全球的解决方案等。只有建立在对于什么是善好(权益)的共同理解上，全球正义才能够被每个道德共同体的成员认可和接受。

　　第三，在制度层面上，人类需要在全球范围内共享一些规范的基本准则，全球正义作为人类在全球范围内的共享的规范基础，需要且有必要存在。"霍布斯将正义原则和更为宽泛的道德法则解释为一套规则与行为规范，这套规则与规

①　任亮：《社会共享价值断裂与社会失范行为》，《理论探讨》，2007 年第 5 期。
②　[美]博格：《康德、罗尔斯与全球正义》，刘莘、徐向东译，上海：上海译文出版社，2010 年版，第 525 页。

范能够服务于每个人的利益,其前提是每个人都要遵守它们。"①只有在每个人共享全球正义观基础之上,才能真正受其规范性影响,突破不公正、不合理的国际政治和经济秩序安排。

第四,全球正义制度设计与共享的必要性。"全球正义理论将不仅关注单个国家的特定行为与外交政策,在更重要和更基本意义上,它还要关注这些国家相互交往的背景性的全球制度安排。"②全球正义是关乎全球制度的设计和安排,每一个生活在全球化中的人都应该共享由全球正义制度带来的合理化秩序并接受制度上的约束。戴维·米勒指出,全球正义的提出方式是社会正义通常被提出的方式:"何种制度安排将能够使权利、机会和资源等在全球范围得到公平的分配。"③因此,"我们应当把广义的制度视为全球正义的首要主体,因为正是制度首先决定了人们在全球范围的生活机会"④。在全球化浪潮下,民族国家之间需要为了相互利益而合作,但对于成本和收益的分配在很大程度上被相对更有谈判力度和谈判权力的方面决定,导致民族国家之间的合作趋向不平等;此外,移民、难民以及地区贫困问题等一系列全球化的现状,更是强化了用正义进路来解决全球化过程中的问题的迫切性。

"共享的制度安排这一事实使得正义的考量成为必要。"⑤虽然共享的制度安排本身并不是正义的必要条件,但随着共享社会、共享社会合作体系的发展,正义制度的设计和考量成为了必要。从根本上说,全球正义是在正义理念的指导下,创建必要的全球制度。在制度的设计和制定下,人们享有的自由和权利能够得到平等的保护,所有人能够得到平等的关切。虽然全球正义是对全球制度的创建,但这并不需要依赖于世界政府或是世界国家的存在,"从终极的意义上讲,它是一种关于我们应如何对待他人的规范要求,并不一定要与世界国家和全球公民的理念联系起来"⑥。全球正义在制度层面表现为共建共享的过程。所谓共建,是指全球化时代中的民族国家参与的群体共建,即参与到有关全球正义制度的建设和制定中;共享则是指参与到全球正义制度建设的国家和人民有权共享正义的全球秩序。正如博格指出那样:不共享同一种综合道德的各国人民和文化可以共同支撑具有稳定性的政治制度。⑦虽然道德文化因为国别、地域、

---

① [美]内格尔:《全球正义问题》,赵永刚译,《吉首大学学报》,2010年第6期。
② [美]谭:《没有界限的正义:世界主义、民族主义与爱国主义》,杨通进译,第23页。
③ [英]米勒:《民族责任与全球正义》,杨通进、李广博译,第9页。
④ [英]米勒:《民族责任与全球正义》,杨通进、李广博译,第9页。
⑤ [美]谭:《没有国界的正义:世界主义、民族主义与爱国主义》,杨通进译,第34页。
⑥ [美]谭:《没有国界的正义:世界主义、民族主义与爱国主义》,杨通进译,第5页。
⑦ [美]博格:《康德、罗尔斯与全球正义》,刘莘、徐向东译,第2页。

民族的关系无法达到真正共享，但这并不影响在全球范围内创立全球能够共同遵守的、稳定性的政治制度。

共享要求兼顾效率与公平，全球正义的实现需要秉承这一原则，在共享利益的过程中要共担责任。全球正义本质上是一种分配正义，"它要求国际共同体在全球层面对财富和资源进行再分配"[①]。但全球的分配正义并不是对特定数量资源的分配，而是关乎全球规则的选择和制定问题，"这些规则规制着财产、合作和交换行为，因而也就决定着生产和分配"[②]。在实现全球分配正义的过程中，效率与公平的合理限度则是其主要考量的内容，在全球经济快速化发展的今天，效率先行已成常态，但是，全球正义所关注的"不是现在的分配是否公平地对待了某个特定国家的公民，而是现行的分配是否公正地对待了所有人"[③]。当全球范围内的效率与公平得到统筹，共享的根基才能得以夯实。

第五，全球正义的互惠性体现共享价值。共享基于责任共担。各国为全球正义担负的共同责任，合理扩展到全球范围。每个国家、人民都为全球制度正义担负集体性职责。享有权利与履行责任义务相辅相成。每个人享有全球正义秩序的权利，具有维护和促进全球正义的责任。"按照功利主义正义观的看法，全球正义只有在互利存在时才有可能，而若从这个角度看全球正义，并不能产生出一种稳定、一致的行动和政策，全球正义能否持续，在于它是基于规范原则、权利和责任的。"[④]罗尔斯认为，正义要满足对等原则，对待性是正义固有的特性。正义的对等性介于利己和利他之间。"如果所有的人以一种纯粹策略性的或博弈论的方式总是采取对自己有利的或对群体有利的行动，那么政治合作和社会合作就会迅速地崩溃。"[⑤]差别原则表达了互惠观念："如果较有利者得到的越多，那么较不利者得到的越少，反之亦然。因此，依照自然赋予我们的约定，要想实现利益和谐的理想，并满足互惠标准，我们就应该停留在贡献为正值的区域。"[⑥]当扩展到国际法时，罗尔斯指出："互惠准则之应用于万民法，正与其应用于'宪政'体制的正义原则全然相同。此一适当尊重的合理意识，情愿符合于其他合理的人民，乃是因正当理由而满足现状的人民观念之根本要素。它既相容于这些

①　何包钢：《三种全球正义观：地方正义观对全球正义理论的批评》，载《全球正义与文明对话》，许纪霖编，南京：江苏人民出版社，2004 年版，第 78 页。

②　[英]米勒：《反对全球平等主义》，载《全球正义》，徐向东编，杭州：浙江大学出版社，2011 年版，第 221 页。

③　[英]米勒：《民族责任与全球正义》，杨通进，李广博译，重庆：重庆出版社，2014 年版，第 12 页。

④　何包钢：《三种全球正义观：地方正义观对全球正义理论的批评》，第 73 页。

⑤　[美]罗尔斯：《作为公平的正义——正义新论》，姚大志译，上海：上海三联书店，2002 年版，第 205 页。

⑥　John Rawls, *A Theory of Justice*, Revised Edition, p. 90.

人民间的长期合作,也相容于相互接受和坚持万民法。"①万民法原则必须满足互惠准则:"因为这种准则既能得到作为公民的公民之恪守,也能得到作为人民的人民之恪守。"②

因此,全球正义是一种互惠正义。"全球正义的最低要求就是提倡与保护民族—国家的相互利益。"③基于共享和合作利益之上的互惠正义能够维持对他者的适当理解。全球世界应该被视为一个完整的、能够共享的互利合作的社会系统,民族国家不是自足和封闭的单元:"边界变得越来越是可渗透的,相互影响成了常态……全球体系满足了罗尔斯关于一个共享的互利合作体系的条件。"④罗伯特·古丁指出,"在有关国际关系的习惯看法中,民族国家被概念化为一种正在进行互惠活动的社会"⑤。也如戴维·米勒指出的,"全球化趋势有目共睹,大多数人的身份认同还是和国家性社群之间联系紧密,大多数重要的政治决策还是在民族国家层面上形成的,国家或多或少地仍然是一种互惠企划"⑥。虽然国家边界变得模糊,但是这仍然意味着存在一种互帮互助的特殊关系。

全球正义是一种超越国界的正义,是对人类命运的共担与共享。民族—国家边界的伦理地位问题是研究全球正义主题时必须要面临的一个基本问题。何包钢指出,"大部分全球正义理论只是局限于民族—国家的正义理论推广到全球体系。在这种推广过程中,民族—国家框架仍然限制了人们真正应有的全球思维"⑦。共享价值要求突破对于边界的设置。在全球化进程下,民族国家的政治空间、社会空间发生了极大的变化,这使得新的政治共同体、新政治术语和概念,如全球公民、全球"公民社会"、世界公民共同体、人类命运共同体、超国家关系、国际共同体、"超民族普世价值"在理念层次上成为可能。

正义作为制度性的道德分析,应该将其延伸到高于国家的超疆域的全球空间中去,但是"出现超疆域的全球空间,这并不意味着以往的民族国家已经消亡"⑧。因此,无论是超国家关系还是超疆域的全球空间,都不能取消民族国家的重要性。国家边界的模糊不代表国家边界的消失,博格指出,边界应该存在且应当保持现状,即具有它们目前所具有的制度意义。确实,国家边界已经不再能

---

① [美]罗尔斯:《万民法》,张晓辉、李仁良等译,长春:吉林人民出版社,2003年版,第38页。
② [美]罗尔斯:《万民法》,张晓辉、李仁良等译,第44页。
③ 何包钢:《三种全球正义观:地方正义观对全球正义理论的批评》,第72页。
④ [美]谭:《没有国界的正义:世界主义、民族主义与爱国主义》,杨通进译,第61页。
⑤ [美]古丁:《对于同胞,特殊之处何在?》,载《全球正义》,徐向东编,第278页。
⑥ [英]米勒:《反对全球平等主义》,第222页。
⑦ 何包钢:《三种全球正义观:地方正义观对全球正义理论的批评》,第82页。
⑧ 徐贲:《通往尊严的公共生活:全球正义和公民认同》,北京:新星出版社,2010年版,第11页。

够视为社会合作的外部限度,但这并不意味着国家社会的存在应当是多余的或全球在经济政治等方面应当完全一体化。

全球正义是一项关乎人类自身的共同事业。生活在管制国际关系和协调回应全球危机及威胁的有效的具有全球性权威的国际组织下,是在全球化趋势下人们所共享的一种必然性,共享命运在全球化中也将成为一个必然发展趋势,人类最终将共享一个命运共同体。全球正义要求人们突破民族共同体而走向人类命运共同体。2013 年 3 月,习近平在莫斯科国际关系学院发表重要演讲指出,人类生活在同一个地球村里,生活在历史和现实交汇的同一个时空里,越来越成为你中有我、我中有你的命运共同体。在 2017 年 3 月 23 日,联合国人权理事会第 34 次会议明确表示要"构建人类命运共同体",这也是作为中国理念的"人类命运共同体"首次载入人权理事会决议。在一个相对而言没有阻隔和距离,超越国界的全球化时代,人们的社会生活将越来越不以国家为中心,人类社会关系也不再局限于以国界为单位,因此,在国际关系中,每个人都应纳入人类命运共同体的考虑范畴,这不仅是作为对个人自尊的保护,更是对个体作为人类命运共同体其中一员的肯定。

第六,共享不是平均主义,全球正义也不是平等主义。当代共享不是平均主义,也不是过度自由化市场;它不是对公有财产的平均分配,也不是对经济发展成果平均分配的过程。它基于某种程度的不平等在价值层面对于平等的强调而仅非物质层面,如经济富裕程度不同,个人能力有差别,处于不同社会阶层的人能够享有平等的机会和共同发展的权利。共享是对效率与公平关系的调节与平衡,但并不意味着绝对的平等。

全球正义的前提和实现过程——全球正义观的共享,全球制度的设计与共享,以及人类命运共享、作为互惠性正义的共享,责任的共担都不意味着全球正义是一种平等主义,因为价值观、制度设计、命运、互惠性的利益以及责任都难以作为平等分配的对象。博格指出,"一种合理的全球正义观必须敏感于各个国家之间的社会和经济不平等"[①]。全球不平等是全球正义的一个重要方面,但全球正义并不只意味着全球平等。正义主要与秩序有关而不是与平等有关,平等可以作为正义的理由被赋予价值,但并不能直接成为正义的理由甚至取代正义。全球正义是对普遍正义秩序的构建,平等只是作为秩序的一个组成方面而非全部。作为反对全球平等主义的代表人物戴维·米勒认为,在全球范围内,跨国来比较平等缺乏共同的文化理解,全球平等并不是对全球正义的最好阐释:"全球正义是有关于有差异的世界的正义,这不仅是因为,消除各民族之间的差异是不

---

① 　[美]博格:《平等主义的万民法》,载《全球正义》,徐向东编,第 342 页。

现实的或需要施以高度的强制,而且因为,人们都很看重依据自己的规则和自己的文化信念来生活。"①全球正义允许全球范围内存在合理的不平等,正如共享承认不平等存在的必要性。但依然以缩小差距、实现公平为目标。国际合作所要求的不是博爱,而是政治社群之间的相互尊重:"这些政治社群承认彼此之间的差异,但是也意识到它们需要在许多政策领域保持合作。这种合作的前提并非平等,而是不存在严重的不正义。"②

总体而言,全球正义扩大了共享范围,共享价值推动着全球正义。大卫·休谟指出:"几个不同的社会为了相互的便利和好处而处于某种密切交往的状态,那么,正义的边界也会随即扩展,以便与人们宽广的视野以及他们相互联系的密度相适应。"③为了未来发展前景的共享,正义将伴随着全球经济的发展拓宽边界:"经济全球化必须伴之以规范的全球化。由于全球市场已经变得没有国界界限,因此,正义也必须变得没有国家界限。"④全球正义的制度建构无论是地域上的还是在对象上,都扩大了共享的范围。当对共享价值的追求纳入对全球制度的考量时,我们离全球正义又更近了一步。

二、欧盟的社会共享

全球正义,是在全球范围内施行正义,这将是人类未来的发展方向,整个人类是实现全球正义的共同体。就目前来看,全球正义虽尚未实现,由于全球化带来的全球性问题在某种程度上超越了民族国家的调控能力,部分维护正义的重任就落到跨国家组织的身上。哈贝马斯表示:"全球化的经济超出民族国家的调控能力迫使人们去寻找替代方案——如把迄今民族国家所承担的社会福利国家职能转让给跨国性的机构。"⑤奥尼尔(Onora O'neill)认为,多种非政府角色(non-state actor)都是合适的全球正义维护者,但前提条件是只有在法治健全的国家,它们才会发挥作用,反之不尽然。⑥

---

① [英]米勒:《民族责任与全球正义》,杨通进、李广博译,第20页。
② [英]米勒:《民族责任与全球正义》,杨通进、李广博译,第229页。
③ [美]谭:《没有国界的正义:世界主义、民族主义与爱国主义》,杨通进译,第33页。
④ [美]谭:《没有国界的正义:世界主义、民族主义与爱国主义》,杨通进译,第33页。
⑤ [德]哈贝马斯:《超越民族国家?——论经济全球化的后果问题》,《马克思主义与现实》,柴方国译,1999年第5期。
⑥ 参阅 Onora O'neill, "Agents of Justice", Anderw Kuper(ed.), *Global Responsibilities: Who Must Deliver on Human Rights?* New York: Routledge Taylor & Francis Group, 2005, pp. 47-50.

　　地区性联合和联盟是实现全球正义的中间环节和过渡阶段。欧盟作为区域性共同体,演绎着主权国家向超国家联盟发展的历史进程,作为推动全球正义的一个地域性试验,代表着人类正在向推动全球正义所努力。可以说,在全球正义的实现进程中,欧盟是目前人类实现得较为成功的、为全球正义奠定一定基础的实践典范。

　　现代意义上的欧洲一体化始于第二次世界大战之后。二战后,世界局势趋于多极化,而经过战火洗礼的欧洲更是百废待兴。随着发达国家与发展中国家差距的日益扩大,发展中国家寻求公平正义的国际政治经济新秩序,而欧洲一体化则是欧洲国家在一定的地域范围内寻求的有效联合,它的初衷是通过地区性的联合来应对苏联东欧集团的军事威胁,寻求在地域范围内的安全感。1993 年以《马斯赫里特条约》签订为标志的欧洲联盟的正式成立则是欧洲积极推进一体化进程中的重要的阶段性成就,自此欧盟成为欧洲一体化的主角。欧盟的建立已经超越了欧洲一体化初期单一的经济联盟,从经济贸易上的利益共享扩展到了经济政治利益等多方面的共享,如同时发展共同外交和安全政策,并加强司法及内政事务上的合作,实现了从经济实体向经济政治实体的过渡。

　　欧盟对全球正义的推进。康德在《永久和平论》中表达了和平与正义的观点,就国家间正义关系,康德提出两种方案:一种是建立自由国家的联盟:"这种自由国家联盟在康德看来是那种国家共同体的消极的替代品,因此比起那个最高理想来,它是有其现实的可行性的。"[1]一种是"鉴于国际关系的现实而采取的折衷,但依然是建立在一个相当理想的基础之上的,这就是每一个国家都是通过社会契约以公民权利为基础和原则的自由国家"[2]。从欧盟的实践中,我们看到了康德方案的底稿,正如韩水法教授所指出的,"欧盟的实践,在一个社会——历史和宗教基本同质的地区证明了康德方案的巨大现实意义……至于整个世界的正义,无论是就现实世界而言,还是就一种虽属展望却以充分现实因素为根据设计的理想而言,康德方案依然面临着不可克服的障碍。"[3]

　　不可否认,欧盟致力于创造具有自身合法性的超越国家主权的区域正义秩序。欧盟为超国家组织发挥地区性正义做了最好的阐释,从单一的经济一体化组织走向包括政治、外交、防务等多方面联合的国家联合体,成为当今世界维护

---

①　韩水法:《权利的公共性与世界正义——世界公民注意与万民法的比较研究》,《中国社会科学》,2005 年第 1 期。

②　韩水法:《权利的公共性与世界正义——世界公民注意与万民法的比较研究》,《中国社会科学》,2005 年第 1 期。

③　韩水法:《权利的公共性与世界正义——世界公民注意与万民法的比较研究》,《中国社会科学》,2005 年第 1 期。

世界和平、推动全球正义发展的不可忽视的一支力量。

"欧盟所阐释的极简主义的、形式主义的、积极的正义观念,这些概念表明,为了所有的意图和目的,正义是欧盟的法治规则。"①当涉及"正义"时,欧盟的文件广泛暗示了关于正义的相关概念。如《欧盟基本权利宪章》对法治有正当程序规定,同时强调对人民尊严、自由平等和团结的维护。

现行的《欧洲联盟条约》和《欧洲联盟运转条约》都确立了建立"自由、安全和正义的区域"的总体目标。主要包括促进成员国的团结,预防和打击种族主义和排外行为,《里斯本条约》则具体确定了欧盟机构在"自由、安全和正义的区域"内各自权能。此外,欧盟近年来在私法方面的努力更是促进了人权保障和社会正义。"社会正义在私法中的地位正在逐渐被欧盟各国所认可,欧洲私法正在经历着由形式正义向实质正义的转变。基本权利原则与社会正义将成为未来欧盟私法发展的主要方向。"②其中,保护弱势群体成为欧盟各成员国共享的一种价值理念,主要体现在欧洲私法制定上,1997 年制定的《阿姆斯特丹条约》在一定范围内赋予欧共体采取协调或统一各国成员国际私法措施的权力,在欧洲国际私法统一化进程中实现了重大突破。2007 年《欧盟民法共同参照框架:临时性版本》和 2008 年修改草案将"正义"列为欧洲私法的核心目标之一,以保护弱者为指令的社会正义体现了欧盟各国对正义的追求。

相比于其他的跨国家组织,欧盟的独特性在于,它既非主权国家也不是一般意义上的国际组织,它作为一种共同体,已经超越一般国际组织的一体化程度,具有很多超国家因素。关于欧盟,已有很多学者从其内部的权力配置、政策过程、多层治理结构和治理模式,以及部分法学家从欧洲联盟的各种条款纳入对于全球正义的过程研究。我们发现,欧盟的建立和成功实践不仅基于共同体之间的正义,也建立在对于共享价值的广泛理解之上。欧盟有着共享价值观的前提,共同体之间的共享价值推动着一体化进程。正如有学者指出的,"欧盟不是回到早期创造国家的进程和政策。相反,它是一个由共享价值与目标、由共同的决策风格所集中在一起的成员国和超国家的制度网"③。欧盟作为地区正义的组织,在推动全球正义的过程中,无不体现着共享的价值。

首先,欧盟的成立和发展过程,无论从共享的主体还是共享的对象上看,共

---

①　Alex Prichard, "Justice and EU Foreign Policy", *Journal of Contemporary European Studies*, 2013, 21(3), pp. 413-429.

②　Alex Prichard, "Justice and EU Foreign Policy", *Journal of Contemporary European Studies*, 2013, 21(3), pp. 413-429.

③　Simon Hix, "The Study of the European Union Ⅱ: the 'New Governance' Agenda and Its Rival", *Journal of European Public Policy*, 1998, 5(1), pp. 38-65.

享的范围都在不断扩大。从共享的对象上看,欧洲一体化的过程是经济利益共享向政治、经济、社会领域共享扩张的过程。从共享的主体成员数量来看,欧洲一体化主要有五次扩大,尤其是 1995 年欧盟进行了大规模的东扩,为目前的欧盟成员构成奠定了基调。从原先的以法、德为首的 6 国成员发展到 28 个成员国。

　　从欧洲共同体诞生、成长并发展强大的过程中,不断有新的成员国加入,这不仅是欧洲各国对于经济政治利益的追求,更是对于地区和平正义、共享合作的向往。欧盟成员国的扩大不仅是欧盟国在数量上的攀升,也是政治与安全、经济与社会、正义与欧洲认同价值在地域上共享范围的扩大。同时,共享在地域范围上的扩大也随之带动了共享对象的扩大。经济全球化所带来的不仅是经济利益上的共享,而是在经济、政治、社会、文化价值上的多方面的共享。哈贝马斯评论道:"像欧盟这种雄心勃勃的计划所带来的合作利益更大,因为随着这类洲级体制的创立,不仅会形成能够减少汇率动荡风险的统一货币区,还会形成拥有等级极限的、更大的政治共同体。"①

　　其次,从欧盟的性质来看,超国家因素构成了主权共享和权威共享的模式。根据新功能主义理论,"超国家"是指通过"政治外溢"的机制使越来越多的国家主权扩展到超国家权威机构而被成员国共享,尽管这种超国家权威的机构形式是不确定的。② 随着全球化的深入展开,并且在区域经济一体化的客观趋势下,国家之间发生着广泛而紧密的关联,主权让渡是审时度势下的理性选择,"国家主权出现了一定程度的让渡和共享,从另一个角度看却也是国家主权的延伸"③。从博弈论角度来看,部分让渡主权是国家间通过谈判进行的,往往对涉事国有利,国家主权让渡表现为对国家主权的部分让渡,而且,国家有收回让渡的权力。主权让渡是涉事各主权国家通过谈判协商方式主动进行的,不是对主权的放弃。通过让渡国家主权,实现主权共享,是共享全球化成果的方式。

　　欧盟的建立是基于欧洲各国在文化上相似而共有的价值观,如民主、法制、正义、加强社会团结和融合等,在欧洲联盟的整合下形成了一种欧洲认同,以及在政治和经济利益上的趋同性。但是,让渡部分主权是欧盟共享利益的前提。"欧洲一体化机制在性质上可以简单地归结为:它是国家和超国家规则和机制的独一无二的结合。"④欧盟的超国家职能需要成员国做出实质性的主权转让和共

---

　　① ［德］哈贝马斯:《超越民族国家?——论经济全球化的后果问题》,《马克思主义与现实》,柴方国译,1999 年第 5 期。

　　② 张庆麟:《析欧洲货币联盟的超国家性质》,《武大国际法评论》,2006 年第 2 期。

　　③ 俞可平:《论全球化与国家主权》,《马克思主义与现实》,2004 年第 1 期。

　　④ 张庆麟:《析欧洲货币联盟的超国家性质》,《武大国际法评论》,2006 年第 2 期。

享,即在原本属于各国专享的主权中提炼出部分内容将其转变为国家之间或共同体内共享。欧盟在组织结构上形成了欧洲共同体、共同体外交、民政与司法合作三根支柱。因此,经济上,欧盟实行共同的关税同盟和共同的农业政策,发行统一的货币;政治上,实行共同的对外政策,建立负责外交与安全事务的高级代表;法律上,成立欧洲法院,颁布欧盟法律。欧盟的主权让渡针对于所有成员国,各成员国将部分主权让渡于欧盟,欧盟将各成员国让渡的主权以共同政策的形式返回给成员国,因此,各国虽然放弃了部分主权,但也享受到了其他成员国放弃主权所带来的利益。因此,主权共享并不意味着国家主权的丧失或转移,而是国家主权的权威扩展到超国家权威机构,成员国之间共享主权。

"辅助性原则"是欧盟框架内处理欧盟、各成员国以及成员国国内地区和地方政府等多层次行为体之间权能配置的基本原则,是共同体具体行动的准则。它有效地保障了欧盟与各成员国权力的合理配置,也是对各成员国让渡主权与合理共享主权的保护,具体规定于《欧洲联盟条约》第五条:共同体应在条约及其目标授予的权限范围内采取行动。在非专属权能领域,本共同体应根据辅助性原则,只有当成员国没有充分能力完成拟议中的行动目标,而出于拟议中的行动的规模和效果的原因,本共同体能更好地完成时,才由本共同体采取行动。共同体的行动不应超过实现条约目标所必需的范围。

从欧盟的社会政策来看,共同体社会政策超越国际协调的范畴,但共同体行动的"辅助性原则"使其社会政策不可能向替代成员国社会政策的方向发展。这表明了"欧盟在非专属领域中充当辅助性角色",辅助性原则"实际上是要为划定共同体的行动范围设立一种标准,而不是简单地对共同体的行动范围进行限制"[①]。这是欧盟区别于传统联邦或不向传统联邦发展的原因。

此外,从欧盟的治理模式看,不仅是主权共享的过程,也是一个权威共享的过程。但是权威的来源并不仅仅局限于欧盟成员国的政府,而是呈现出上下互动的特征,"欧洲一体化是一个政体创建的过程,在这一过程中,权威和政策制定的影响被多层政府分享——次国家的、国家和超国家的"[②]。

欧洲联盟公民赋予了欧盟各国人民以共同体成员身份,是共同体范围内对各成员公民的成员资格和身份的认同,是对主权国家公民的一种补充,实现了共同体内部的公民身份共享。"一种共享空间的存在,是维护作为重要而活跃的共同体之民族的必要条件。"[③]当前人们的共享空间已从国内向国际范围拓展,而

---

① 田德文:《论欧洲联盟的社会政策》,《欧洲》,2000年第4期。

② 刘文秀、王曙申:《欧洲联盟多层治理的理论与实践》,《中国人民大学学报》,2005年第4期。

③ 〔美〕谭:《没有国界的正义:世界主义、民族主义与爱国主义》,杨通进译,第61页。

集体身份对于在全球范围内的共同协商具有一定的意义。金里卡指出,如果拥有足够的理解和承诺,并共享足够的共同价值,才能完成只有集体身份才能完成的工作。因此,要促进全球正义,完成全球正义的制度制定,需要首先培养一种集体身份,以此来充分理解我们所处的情形、正视我们所面临的共同问题,以及共享的价值。① 我们往往有这样的误解,认为只有在共享的道德共同体内——封闭的世界中才能拥有某种共同的归属感,就如沃尔泽所指出的,在民族国家内,民族是历史的共同体,它身上体现出了共同的历史、语言、文化和生活方式,因而构成一个有生命力的道德共同体;但全球化社会并没有体现出这些共享的共同理想,因而(不像民族)不是一个道德共同体。② 但是,民族身份在一定程度上"是一种公开共享的身份认同"③。查尔斯·琼斯(Charles Jones)提出,在关于民族身份与正义的关系问题上,正义应当超越民族和公民的身份。"我们应当对每个人负有正义的义务,不论他们的民族身份如何。"④科克-肖·谭也指出,民族身份并不是社会正义的唯一基础,全球正义的道德世界不应该终止于我们的民族边界。因此,他提出,可以尝试去培养某种类型的共同民族身份:"要想使全球道德共同体成为现实,我们就必须在全球层面确认并培养不同形态的个人亲和力(而非那种基于共享民族身份的亲和力)。"⑤民族边界在道德上并非是不可穿透的,也并非永久性地固定了人们道德关切的最大范围。因此,在民族共同体外,这种考量仍然具有一定的基础和依据:"培养共享的情感与亲和力方面所取得的成就可以用来作为推动人们追求全球正义的基础。"⑥

《欧洲联盟条约》建构了一种崭新的公民权形式——欧洲联盟公民权。这也是欧盟条约最大的制度创新。《欧洲联盟条约》的共同条款第 8 条规定:"拥有一国成员国国籍的每个人员,为联盟的公民。联盟公民应享有本条约赋予的权利和遵守本条约规定的权利和遵守本条约规定的义务。"⑦此外,具体规定:"联盟公民有权在各成员国的领土内自由迁徙和居住。"(第 8A 条)⑧"在非国籍所属的一成员国中居住的联盟公民,应有权按照该国国民享有的相同条件,在居住国的

---

① ［新］布洛克:《全球正义:世界主义的视角》,王珀、丁祎译,重庆:重庆出版社,2014 年版,第 94 页。

② ［美］谭:《没有国界的正义:世界主义、民族主义与爱国主义》,杨通进译,第 118 页。

③ ［美］谭:《没有国界的正义:世界主义、民族主义与爱国主义》,杨通进译,第 106 页。

④ ［加］琼斯:《全球正义:捍卫世界主义》,王丽丽译,重庆:重庆出版社,2014 年版,第 200 页。

⑤ ［美］谭:《没有国界的正义:世界主义、民族主义与爱国主义》,杨通进译,第 120 页。

⑥ ［美］谭:《没有国界的正义:世界主义、民族主义与爱国主义》,杨通进译,第 120 页。

⑦ 《欧洲共同体条约集》,戴炳然译,上海:复旦大学出版社,1993 年版,第 391 页。

⑧ 《欧洲共同体条约集》,戴炳然译,第 391 页。

市政选举中参加投票和作为候选人"（第 8B 条）。① "联盟公民应有权得到任何成员国的外交或领事机构的保护,其条件应相同于该国给予本国国民的条件"（第 8C 条）。② "联盟公民有权向欧洲议会请愿"（第 8D 条）。③

每一个人都是包括在全球正义进程之下的个体,共享的成员身份能够为人们之间的相互关切提供基础。公民权并非只是民族国家的专利,跨国的公民权的实现已经不再是难以实现的政治理想。欧盟的公民权形成了一种超国家的公民权模式。欧盟法中的权利与义务不仅直接适用于成员国政府,而且直接适用于欧盟公民。欧洲共同体在成立之初就为欧盟的社会及其公民的承诺定下了基调:改善欧盟公民的生活和工作条件,促进就业和机会平等,实行最低的社会保护。④ 所以,在欧洲,"人们越来越把欧洲法院或欧盟看作比国家更高、更能保障个人法权的权威,在对待原住居民权利和难民权利时尤其如此。正因为如此,普遍人权相对于国家公民权利的更高权威也就更加突出了"⑤。

共享一种公民身份或成员身份,提升了人民对于共同体的归属感。欧盟的合法性并不是建立在单一的欧洲民族认同基础之上,而是建立在多元化公民权的基础之上,欧盟公民权的确立是对欧盟成员国的公民权的多样性统一,它是对共同体政治框架的建构而不是对具体权利和义务的实质性内容的界定。欧委会认为:"通过增强公民的参与,欧盟公民权是欧洲一体化进程合法性的源泉,同时也是在公民之中建立欧洲联盟的归属感和真正的欧洲认同的基本要素。"⑥

欧盟超国家的共享协定和责任共担模式,体现了共享价值下的效率与公平的统一。在面对全球典型的公共问题——气候问题时,欧盟将"负担共享原则"作为气候政策的核心。从 1997 年的"负担共享协定"到 2009 年的"努力共享决定"见证了欧盟超国家的共享协作和责任共担模式。所谓负担共享,即欧盟将温室气体减排任务在各成员国之间根据成员的不同排放份额和经济发展水平等情况进行分配,不同的成员国承担不同的任务。⑦ 环境问题涉及人类的生存与发展,欧盟在气候问题上形成的负担共享政策是将人类视为命运共同体的典型实践,也是迄今为止国际上极少数较为成功的国际负担共享体系的例证。共享协

---

① 《欧洲共同体条约集》,戴炳然译,第 392 页。

② 《欧洲共同体条约集》,戴炳然译,第 392 页

③ 《欧洲共同体条约集》,戴炳然译,第 392 页。

④ 周弘:《第三条道路与欧洲联盟的社会模式》,《欧洲》,2000 年第 5 期。

⑤ 徐贲:《通往尊严的公共生活:全球正义和公民认同》,第 101 页。

⑥ Third Report from the Commissionon the Citizenship of the Union, COM (2001) 506 final, 07. 09.

⑦ 李慧明:《从"负担共享"到"努力共享":欧盟气候治理中的负担共享政策及其启示》,《学术论坛》,2011 年第 4 期。

作和责任共担既解决了欧盟内部成员国之间的差异性,又实现了共同体内部的凝聚和团结,促进欧盟共同政策与共同立场的形成。

　　欧盟不仅致力于共同体内部的自身发展,还关注区域发展的差异,协助共同体之外的周边地区促进发展。共享发展不仅是共享价值的要求,也是全球正义的应有之义。在关于区域的发展政策上,欧盟十分关注各国之间以及区域之间的发展不平衡,在《罗马条约》的前言中提到:"通过缩小存在于各地区间的差别和降低较贫困地区的落后程度,加强各国经济的一致性和保证它们的协调发展。"①欧洲一体化进程中本身就包含着要缩小地区差异、协调地区发展的使命。欧盟东扩后,国家之间的区域发展差异愈发明显,欧盟区域范围的扩大使得利益协调平衡的难度加大。《2007—2013 年欧盟结构政策》提出欧盟在继续援助落后地区的同时,将努力提高其他地区的区域竞争力,并加大区域合作的力度。②关于消除全球范围内的某些国家的贫困落后状态,使得它们有机会加入国际市场的运作并从中获得利益,实现利益的共享,国际社会在这方面的正义和援助主要体现在联合国层面,此外则是欧盟层面。1975 年,欧洲经济共同体与非洲、加勒比海和太平洋地区 46 个发展中国家签订了《欧洲经济共同体——非洲、加勒比和太平洋(国家)洛美协定》,从欧共体成立之初的贸易与援助的合作框架走向了实际的操作与实践。2000 年欧洲联盟 15 国与非洲、加勒比海和太平洋地区国家集团(非加集团)签订的《科托努协定》(《非加太地区国家与欧共体及其成员国伙伴关系协定》)主要内容包括了欧盟向非加太国家提供经济援助,及时消除贫困和防止地区冲突,促进非加太地区融入世界经济。从《洛美协定》到《科托努协定》,欧盟能够本着团结、互助、共享的精神推动区域的发展。

三、走向跨越国界的社会共享

　　共享价值是对全球正义的再解释。全球正义不仅是一种道德理想构建,是一种为人类共享的正义理念,是人类共建共享的一种制度构想。一套完整的全球正义理论要超越国家、地域的界限,扩大到全球范围,并且提供一套国际范围内共享的政治和经济制度的标准。而欧盟作为全球正义的地域性试验,更是将全球正义所蕴含的共享价值阐释得淋漓尽致。

　　实践证明,正义在全球范围内的实现动力与阻力并存。联合国是目前全球

---

① 《欧洲共同体条约集》,戴炳然译,第 65 页。
② 何志鹏:《欧洲联盟体制内的发展权》,《当代法学》,2007 年第 1 期。

正义的最主要实践主体,它不仅从理论上保证了各主权国家享有的平等权利,同时也为国际层面的正义制度的建设提供了有益的经验。以及近年来,中国所实行的"一带一路"建设所秉承的共商、共享、共建原则和利益和命运共享,责任共担的战略目标也充分体现了在共享价值理念下我国致力于局部地区正义的推进。

　　全球化的事实强化了用正义进路来解决全球不平等、移民问题、难民问题、贫困问题以及宗教极端势力等全球问题,但这些问题的持续存在以及问题的不断演变和新形式的出现,警示人们全球秩序亟待得到修正,全球正义正在面临着严峻的挑战。近年来爆发的难民潮使得欧洲国家的应对力不从心;移民的街头抗议在欧洲已经成为一种普遍现象。尤其近年来在西方国家内部出现的明显的右翼化和民粹主义倾向,成为了人类命运共同体的一大威胁。法国、荷兰、奥地利等国都出现了势力强劲的右翼民粹主义政党。右翼民粹主义在欧洲的逐渐蔓延对欧洲的一体化进程造成严峻挑战,尤其伴随着难民危机、欧债危机等的冲击,人们的不安全感也由此加剧。但可喜的是,2017年的荷兰大选并未受到英国脱欧和特朗普赢得美国大选的影响,预期中的极右翼民主主义势力并未得势。荷兰首相马克·吕特表示,大选结果标志着"荷兰已叫停民粹主义"。这从另一个侧面表明,社会最终将走向对正义的回归,对右翼民粹主义的谨慎是对全球正义价值的坚持。

　　共享时代的到来对于全球正义而言,不仅是一种推动力,也带了来更大的挑战。随着全球正义进程的逐渐推进和依托于互联网技术的第三次工业革命的兴起,共享主体和共享范围不断扩大,正如杰里米·里夫金所言,"正如互联网将全人类连接到一个分散、合作式的虚拟空间一样,第三次工业革命将人类连接到一个与其平行的泛大陆政治空间之中。"[①]由此造成的区域发展差异更应获得关注;在主权共享方面,国家主权与超国家主权之间的矛盾是全球正义在共享价值指导下所面临的主要问题,两者关系是否能够得到有效制衡将直接影响正义在超国家范围内的实现;在公民身份与公民权利共享方面,以欧盟为例,双重公民身份的局面对民族国家和超国家共同体带来了诸多挑战。典型的民族国家的公民身份与作为超民族国家的公民身份相区别,前者局限于民族国家内部,认为具备一国的国籍才能享有该国相应的公民权利并承担相应的义务,民族国家是公民政治和社会权利、身份认同的唯一来源,也是公民身份的保护者和最终依托;后者则突破了国籍的限制,为作为自然人和法人的成员在超国家、超地域层面上的战略互动提供了可能。但超国家的公民身份和公民权利是否只是纯粹的装饰

---

① ［美］里夫金:《第三次工业革命》,张体伟、孙豫宁译,第170页。

性和符号性的制度？公民的权利和身份认同的发展是否平衡？公民对民族国家的忠诚和归属感是否会因为超民族国家的公民身份而有所削弱？双重公民身份最终将竞争还是多层共处？对于民族国家和超国家共同体而言，这些都将成为考验。在全球正义话语层面，就目前而言是有限的，尚未被全球人民所共享。正义理论在推广的过程中，西方正义理论具有霸权地位，如何包钢所指出，"许多全球正义的争论是西方正义理论内部的正义……这种浓厚的西方话语与现实中至关重大的全球/地方正义的问题相关不大"[①]。全球正义应为全球人民共享，要避免被西方话语绑架。全球正义是全球人民的正义而不是西方社会的正义，不能将个人以及非西方国家排除在全球正义的对话之外。此外，信任是共享的前提，没有信任的共享无法得到延伸。只有当互信关系有效建立，共享行为才会产生。无论是欧盟所带来的共享范围的扩大，还是超国家因素所构成的主权共享和权威共享模式，抑或是在共同体内部的欧盟公民的共享成员身份，都是在各成员国之间和人民之间的彼此信任中逐渐形成，正义在全球范围内的普遍实现一定程度上需要世界各国和人民之间的信任共享。中国将如何应对，将是下一章的主题。

随着像欧盟这样的超国共同体或超国联盟渐成潮流，现代民族国家体系终将被抛弃。总体而言，民族国家将趋于衰落。所有民族国家只有融入更大的超国共同体之中，才能为自己创造更美好的将来。随着人类命运共同体的形成，国际共享成为处理人类重大事务的可行选择。全球正义是"现实的乌托邦"[②]。"它描绘了一个可成就的世界。"[③]"社会理想最显著的作用，是描绘一个目标，使得政治变迁获得一种导向。"[④]人类社会正在有意识地向全球正义的方向发展。中国将如何应对，将是下一章的主题。

---

① 何包钢：《三种全球正义观：地方正义观对全球正义理论的批评》，第 82 页。
② ［美］罗尔斯：《万民法》，张晓辉、李仁良等译，第 5 页。
③ ［美］罗尔斯：《万民法》，张晓辉、李仁良等译，第 5 页。
④ ［美］贝茨：《正义和国际关系》，第 205 页。

第 14 章　超国共同体：
中国对全球化的可能回应

　　前不久，韩水法教授发表了一篇讨论现代民族国家的长文《现代民族—国家结构与中国民族国家的现代形成》，为我们讨论中国作为民族国家的历史与现状、现代民族国家体系发展趋势和"后民族国家"之"超国共同体"时代的可能性提供了契机。韩水法的论文主要涉及了两大论题：(1)现代民族国家的结构。韩水法批评了西方主流见解，"民族—国家是现代的产物"[①]。它意味着从传统文化国家向现代民族国家演变，有一个本质性突变或连续性断裂。他探讨了现代民族国家在结构方面的共同特征。(2)中国作为民族国家的特殊性。也就是说，作为民族国家，中国是早熟的；然而，作为现代民族国家，中国是晚成的。韩水法认为，以安德森、霍布斯鲍姆和孔飞力为代表的西方学者提出的主流理论难以解释中国现代民族国家之形成的独特性，"这些主流理论的若干重要而一般性判断并不适用于中国的社会和历史"[②]。于是，韩水法提出了自己的解释理论。他先阐述了一种有关现代民族国家结构的理论，再用那个理论对中国作为现代民族国家的形成做出历史梳理和学理解读。因此，其前半部分是有关现代民族国家结构的理论建构，后半部分将那个理论应用于研究中国作为民族国家形成的历史及其现代演变过程。论文的重点是中国作为民族国家的古代和现代形式及其独特价值。他对作为整体的现代民族国家的未来趋势有所提示，但未作全面展开。

　　韩水法在论文中没有明确回答以下问题：民族国家是否将走向终结？超民族国家或者不以特定民族为主体的地区国家（去掉民族属性的国家）是否即将形成？摒弃现代民族国家体系之后的超民族国家政治共同体或"超国共同体"是否将成为世界主流？它们归结为一个总问题便是，"民族国家的未来将如何演进？"这正是本章试图探讨的主题。相应地，中国是否应当放弃现代民族国家体系，主

---

　　① 韩水法：《现代民族—国家结构与中国民族—国家的现代形成》，《天津社会科学》，2016 年第 5 期。

　　② 韩水法：《现代民族—国家结构与中国民族—国家的现代形成》，《天津社会科学》，2016 年第 5 期。

动重返"超国共同体"创始地位。这些是有待考察的极其重要的政治学和国际政治问题。已有国外学者作了专门探讨,但国内涉足者寥寥无几。

有鉴于此,我们将先评论韩水法等人有关现代民族国家和中国作为现代民族国家之形成的见解,接着讨论影响现代民族国家体系的多重因素,最后讨论中国为何应当为迎接"后民族国家"的"超国共同体"时代的到来做好准备。

一、中国作为"民族国家"和作为"超国共同体"

民族国家先是一个实在,或是一些实在关系,然后是凝聚在这个实在周围的或者联结着这些关系的价值或价值观。民族国家既是传统的共同体,又是想象的共同体;它不仅是沿袭的共同体,而且是演进中的共同体。民族国家是不断突破传统之沿袭的、缓慢演进或变革的想象的共同体,是通过政治与法律等强制手段来实现和体现主权权威的权力体系。民族国家的构成要素既是历史的,又是现实的,具有政治和法律的强制力。韩水法提到的民族国家赖以生存的"共同的聚居地、语言、资籍、主观认同、人伦规范、历史与记忆、宗教与信仰、种族等等"[①]在具体民族国家中无不具有明确的政治和法律地位,甚至有着明确的排他性。

中国早就具备民族国家的基本构成要素。所以,韩水法反对用西方学者的民族国家理论来解释、评判或改造中国这样的特殊民族国家,明确表示要呈现一种中国学者的民族国家理论,从而"获得有关民族国家和民族国家主义的内在一致的一般观点和理论"[②]。韩水法明确表示,关于民族国家,存在东方和西方两个解释系统。他把西方学者主张的民族国家理论视为一种适合于西方民族国家的地方性知识。如果中国学者采用这样的理论来解释中国作为民族国家遇到的困难,那么他们只能得出一些削足适履的结论。

韩水法在引介安德森和霍布斯鲍姆的民族国家学说之后,尝试提出自己的民族国家学说,进而解说中国现代民族国家意识的形成。他承认西方学者的现代民族国家学说在解释西方民族国家的形成和意识方面的有效性,认为中国作为民族国家有着特殊性,这种特殊性超出西方民族国家学说的解释力。

我们认为,西方民族国家学说具有普遍的解释力,适用于解释过去,但不一

---

① 韩水法:《现代民族—国家结构与中国民族—国家的现代形成》,《天津社会科学》,2016 年第 5 期。

② 韩水法:《现代民族—国家结构与中国民族—国家的现代形成》,《天津社会科学》,2016 年第 5 期。

定适合于解释将来。中国是特殊的,美国也是特殊的,中国和美国构成现代民族国家体系中的两个极端范例。中国是有着悠久历史的文明古国。美国是基于一种价值理念建立起来的。作为近代意义上的国家,美国及其国民没有强烈的民族意识。在讨论现代民族国家的形成学说中,存在着三种基本假说,分别是契约论、冲突论、演进论。资本主义生产方式和全球市场是民族国家形成的重要条件。战争对民族国家形成起着决定性作用。欧洲民族国家的形成正是基于如上条件。相比之下,中国作为一个民族国家,正在从适应西方首先创造的现代民族国家体系中摆脱出来,从追随西方民族国家现代文明,转向重新找回作为现代民族国家的文化自信、制度自信和理论自信,试图引领世界,实践重构后现代民族国家体系之抱负。

为了改变原有族际秩序或世界秩序,战争是现代西方民族国家的常用手段。中国不想以战争方式改变国内族际关系或国外国际关系。但是,中国不仅想要改变自己,而且想要改变世界。国内各民族文化的共同尊重和共同发展,对少数民族各项权利的尊重,尤其是对其文化权利的尊重和保护,成为国家政治法律制度的基本原则。中国也试图在国际政治中扮演核心角色,改变原来的世界秩序,把世界国际关系引向有利于自身国际战略发展意图上来。那么,中国必然要面对现代民族国家体系,必须对这个体系提出挑战。这个体系实际上一直在发生深刻的变革。中国试图以和平和发展为手段来改变现有世界秩序和现代国家民族体系。这已经超越以欧美为中心的现代民族国家体系的建构进路。

我们赞同韩水法的如下见解:"中国之成为现代民族国家的道路不是构成性的而是转型性的,即从传统的民族—国家演进为现代民族—国家。……中国现代民族—国家的转型也是欧洲、美洲以及亚洲现代民族国家形成的大潮流中一个环节。"[①]韩水法在中国作为现代民族国家形成问题上表达了与安德森、霍布斯鲍姆、孔飞力等西方学者不同的见解。我们把它概括为以下几点:(1)作为民族国家,中国"早熟而晚成";(2)作为现代民族国家,中国"由传统转型而来";(3)作为现代民族国家,中国的道路"不是构成性的而是转型性的";(4)作为现代民族国家,中国在其形成过程中多次遭受其他民族国家的欺压入侵、战争征服和割地赔款等,这是现代民族国家形成和发展的常态,带有普遍性,而非只有中国才遭遇的特别不幸;(5)鉴于它"不是构成性的而是转型性的",中国走向现代民族国家的道路,虽然也有过激进革命,但实际上不宜采取欧美民族国家那样的突变激进方式,而宜采取缓慢渐进方式;(6)作为现代民族国家,中国的道路选择有自

① 韩水法:《现代民族—国家结构与中国民族—国家的现代形成》,《天津社会科学》,2016年第5期。

身特色,但仍然摆脱不掉现代民族国家形成的世界"大潮流",只是其中"一个环节",而非例外。这些见解匠心独具,而寓意深远。

我们最看重韩水法在论文结尾有关民族国家未来走向的预测:"除了欧盟,可以想象的事情是,既有的各种各样的自由贸易区之中的若干大约也就奠定了未来某些超民族—国家联盟的雏形。但是,在这个过程中,原来统一的民族—国家分裂为更小的民族—国家但却又加入同一个超民族—国家的共同体这样的现象依然会出现。但是,无论如何,作为一个大势所趋的潮流,现代民族—国家的未来发展就是走向超民族—国家的政治共同体。就这一点而论,中国现代民族—国家转型完成的一个标志大概就是造就和参加这样一种超民族—国家的联盟,当然,距此目标依然还有很长的道路要走。"①

由于受篇幅限制,韩水法没有充分展开有关民族国家之未来的见解。沿着他的思路,我们解读出以下几点:(1)民族国家即将走向终结,超民族国家即将形成,并且摒弃现代民族国家体系之后的超民族国家政治共同体将成为世界主流。(2)欧盟是超民族国家政治共同体的先行者,跨国的区域经济和贸易合作是纽带,跨国区域自由贸易区的形成将为产生超民族国家奠定基础。(3)有些民族国家会解体,化解为更小的民族国家或民族政治共同体,在解体的同时又会融入更大的超民族国家联合体之中,因此,民族国家既有分离,也有融合。(4)将来国际政治的新主体将是超民族国家的政治共同体。(5)中国作为民族国家将面临一次重要选择,就是"造就和参加这样一种超民族—国家的联盟"②。(6)超民族国家政治共同体的形成是一个漫长的过程。

我们总体上赞成韩水法有关中国作为民族国家之特殊性的论断,赞成他对现代民族国家之未来的展望。韩水法同时提到了"超民族—国家的政治共同体"和"超民族—国家的联盟"。它们对应的英文术语是"the political community of transnation states"和"the alliance of transnation states"。这将是超越现代民族国家体系的两种主要超民族—国家组织形式。但它们不同于以往的"国际联盟"(International Union 或 the League of Nations)。不过,我们更喜爱用"超国共同体"(the transnation communities)这个术语来表示将来可能存在的超国组织实体。

但是,韩水法没有提到的一点是,中国不仅是早熟的民族国家,而且是早熟

---

① 韩水法:《现代民族—国家结构与中国民族—国家的现代形成》,《天津社会科学》,2016 年第 5 期。

② 韩水法:《现代民族—国家结构与中国民族—国家的现代形成》,《天津社会科学》,2016 年第 5 期。

的"超民族—国家的政治共同体",亦即"超国共同体"。中国是人类历史上"超国共同体"最早创始者之一。中国作为"超国共同体"或"超国联盟"的历史不会晚于中国作为民族国家的历史。而且,"超国共同体"是在中国历史上反复出现的一种超越民族国家的政治组织形式。我们认为,这一点对于我们理解中华民族在历史上既作为一个"民族国家"又作为一个"超国共同体"的特殊性是至关重要的。"超国共同体"在历史上大多起着对原有"民族国家"的分解和重构作用。中华民族经历了多次重大的分化和融合、分裂和统一的过程。今天的中国仍然留有其作为历史上"超国共同体"的痕迹,只是人们大多把它们纳入"民族国家"概念之下来分析罢了。因此,单纯考查中国作为民族国家是早熟而晚成的尝试,将曲解中国作为"超国共同体"是早熟的历史事实,并且会大大地忽视中国作为"超国共同体"极其丰富的历史、理论和实践成就,及经验教训。韩水法只是指出不套用西方学者提出的民族国家形成理论来分析中国民族国家的现代形成,却仍然在"民族国家"结构上做文章,虽然揭示了中国民族国家是早熟的特征,却忽视了在历史上中国作为民族国家和作为"超国共同体"是交替存在的,有时甚至是并存的这一更加重要的特征。

当然,与韩水法不同,我们没有局限于中国作为一个民族国家来研究现代民族国家体系及其趋势,而是把现代民族国家体系作为一个动态的变化着的整体来考察其演变轨迹和未来走向,并且把"超国共同体"作为一个核心变量来考察民族国家体系包括任何一个具体民族国家的兴衰。当我们用这样的视角来考察中国的时候,中国不仅呈现了作为"民族国家"的编年史,而且呈现了作为"超国共同体"的编年史。因此,中国人民,作为现代民族国家的人民,只有以全球视野来观察,且置于现代民族国家体系之中,才能清楚识别自己的独特价值,洞察自己应当追求的目标。我们认为,中国作为具有古老文明和悠久历史的民族国家,必须进行双重变革,一是从传统到现代的变革,二是从现代到后现代的变革。完成第一个变革,中国只是适应以西方民族国家体系为中心的现代化或工业化过程;完成第二个变革,中国才能突破欧洲中心论的现代民族国家体系,重新焕发中华民族作为具有悠久历史和灿烂文化的伟大民族的荣光。因此,中国现代民族国家的形成,既是一个从传统到现代的转型过程,更是一个从现代到后现代的再造过程。前者是以沿袭和适应为主的过程,是追赶西方现代民族国家的过程,这个过程中国走得很艰难,数次因为外族入侵、内战与革命而中断;后者是突破和创造的过程,是超越西方现代民族国家体系的过程。前者是后者的前提和准备,后者是对前者的突破和超越。中国现在正处于第一个过程的后半段,但还没有进入第二个过程。在进行如此努力过程中,中国必须牢记自己具有的双重特性,即,中国既是早熟的民族国家,又是早熟的超国共同体。

　　在国内族际关系上，中国必须在政治上成为一个正常的成熟的现代民族国家，以法律形式明确族际关系，明确规定全国人民，不分种族、肤色和性别，人人皆享有平等的政治、法律、社会和文化权利。在国际关系上，中国必须适应国际化和全球化，并在此过程中不断主动承担国际责任。中国必须超越民族国家发展的第一个阶段，扭转只顾文明而忽视文化、只顾效率而忽视正义的倾向，走出一条不同于西方现代民族国家之通行道路的新路。

　　在处理国际事务和周边地区邻国关系上，要确立和平能够更好地改变世界和改善国际关系的信念。我们认为，最为关键的一条是，作为正在崛起的大国，中国必须放弃由西方中心论建立起来的"强国必霸"国际关系习惯，做到不轻言战争，不以武力对周边地区和国家相威胁，而以和平、合作和发展的方式改变现有世界秩序，改变以欧美为中心的现代民族国家体系，最终实现引领世界的目的。

二、导致民族国家体系衰落的因素

　　近代民族国家发端于欧洲。1648 年，欧洲诸国签订的《威斯特伐利亚和约》，改变了欧洲政治力量对比，创立了以国际会议解决国际争端的先例，确立了国家主权平等原则。从此以后，具有世界意义的民族国家体系逐渐形成，民族国家成为近代国家的基本形态。一般而言，民族国家是人类文明发展到资本主义阶段的产物。人民主权观念的产生和传播、私有财富的实际形成和强大、超越单一君主国家主权的世界性自由市场的形成（人财物的自由流动），普遍适用于不同民族国家的近代"宪政"和法律制度的建立与发展，近代代议政府的创制，都与近代民族国家体系的建立相呼应。此外，近代资产阶级革命和民族战争发挥了决定性作用。正如韩水法指出那样，"现代民族—国家形成的国内主要途径就是革命，因而包括国内战争和其他武力手段，而其国际的途径就是国家或国家集团之间的战争和其他形式的实力较量"[①]。

　　进入 21 世纪，全球化、跨国企业、跨国共同体、国家主权之下的地区自治、民族分离主义、宗教极端势力、国际恐怖主义是影响现代民族国家体系之演变，并可能导致其衰落的主要力量。它们对现代民族国家体系既有解构作用，也有重构作用，既会导致一些原有民族国家的解体，又会导致另一些新民族国家的形

---

　　① 韩水法：《现代民族—国家结构与中国民族—国家的现代形成》，《天津社会科学》，2016 年第 5 期。

成,且有可能产生像欧盟那样的超民族国家共同体。尤其是在全球化挑战面前,除了个别霸权国家,几乎所有民族国家都只能是区域性国家,面临作为区域性国家的国家治理问题。于是,民族国家以加入区域联盟开展区域合作为主题的区域治理是迎接全球化挑战的主要策略。我们可以看到,如下因素对现代民族国家具有重大影响。

1. 全球化。全球化主要指经济、贸易和金融全球化,以及通过人财物自由流动而形成的市场全球化。其中,经济全球化居于核心位置。全球化对民族国家体系产生了深远影响。西方学者就全球化对民族国家的影响至少提出了三种主张:"第一种与'民族国家'及其是否即将消亡还是会长期存在有关,第二种聚焦于'民族认同'的转化和可能产生的碎片化,而第三种则集中于'民族主义'意识形态是否会衰弱和被取代的可能。"①围绕第一种主张的争论最为激烈。全球化不仅影响世界经济,而且影响到世界政治、文化和社会生活。民族国家仍然是处理国际和国内事务的主要实体,全球化对现有民族国家体系产生了多重影响。

首先,全球化削弱民族国家的国家治理能力。经济全球化形成了面向全球客户的世界性市场,导致一些国家放弃了许多传统权力。随着国家边境日益开放,为了求学、工作、投资、旅行或移居,国与国之间的居民流动性大大增强。缺乏民族国家认同意识的世界性公民队伍不断扩大,国民对国家忠诚程度、对国家义务承担程度大幅下降。许多民族国家在全球化浪潮冲击下越来越无力维持、控制和处理国内事务。受西方鼓吹的民主和人权思想影响,一些民族国家尝试摆脱专制制度,却陷入持续不断的党派纷争和国内局势动荡之中。在外部国际势力介入、影响或干预之下,一些民族国家陷入持续内战。很多民族国家正面临治理能力危机,产生了一些社会环境恶化、政治局势极不稳定的"失败的国家"。它们通常由强转弱,"是中央政府处于实质崩溃状态的国家,或是在某些名为独立国家的某些区域内部,其武装冲突宛如痼疾般无法根绝"②。由于国运衰退、民生凋零,它们往往成为贫困、艾滋病、毒品、恐怖主义等世界性难题的温床。治理这些难题超出正处于危难之中的民族国家自身的能力。由此形成恶性循环,不仅影响国内政治、经济和社会稳定,而且影响国际局势。结果,局部民族国家的治理能力灾难漫延为国际问题。"这个世界似乎越来越需要以超国家的解决方案来解决超国家或跨民族的难题。"③

其次,全球化挑战民族国家主权权威。国家政治发达与国家合法性不是一

---

① [英]史密斯:《民族主义:理论、意识形态、历史》,叶江译,第128页。

② [英]霍布斯鲍姆:《霍布斯鲍姆看21世纪》,吴莉君译,北京:中信出版社,2010年版,第73页。

③ [英]霍布斯鲍姆:《霍布斯鲍姆看21世纪》,吴莉君译,第40页。

回事。国家可以在合法性之外进行统治并获得国家特征。但是，国家的主权权威及其合法性既要获得国际社会承认，也要获得国内公民认同。全球化对国家主权权威构成挑战，尤其对国家经济独立主权构成挑战。国家主权权威深受其治理能力和发展能力影响。"在主权国家原则中被普遍化了的国家的独立性，从一开始就与国际化的经济体系处于紧张状态。"[①]经济全球化导致一些国家的经济状况越来越依赖于国际市场的需求水平和国际资源的供求状况。一些国家的经济增长长期停滞甚至出现滑坡，公民因此质疑国家的治理能力和发展能力。

21 世纪的世界是不确定的世界。国家的主权权威也受到地缘政治的影响。一方面，随着全球化的推进，民族国家面临越来越严峻的挑战。一些民族国家在国际政治和经济舞台上的作用无足轻重，其地位变得多余。它们被跨国组织或全球组织乃至城市国家所取代，或逐渐走向消亡。另一方面，全球化与传统地缘政治并存，中国、印度等亚洲新兴国家崛起，美国和欧共体的国际影响力有所削弱。美国霸主地位受到挑战，破坏了现有国际政治秩序与平衡，原有国际政治秩序面临合法性危机。"全球化进程的加速使西方面临双重挑战：试图影响未来的世界，但缺乏持续掌控全球的能力；同时又要学习和其他国家分享全球的权力。"[②]

2. 跨国联盟。像欧盟这样超越民族国家的政治共同体的形成，直接导致民族国家重要性的减低。民族国家在全球时代遭受挑战。民族国家的未来问题，引起西方学者广泛争论。在他们中间，有的主张民族国家消亡论或终结论；有的认为民族国家将在全球时代持续存在；有的认为，无法对全球时代民族国家的未来作简单预测。

随着跨国联盟的建立，国家主权已日落西山，民族国家已名存实亡。跨国联盟扮演着原来由民族国家扮演的角色。民族国家丧失了其核心属性——主权。它们在全球资本或境外资本压迫下被迫放弃主权。虽然它们残留一定势力，阻碍国际新秩序的建立，但这只是黎明前的黑暗。"全球化帝国的建立是大势所趋。"[③]"民族国家已经失去了作为全球经济有价值参与单位的角色地位"，"成为管理经济事务的过渡性组织……随着民族国家管理经济事务的组织权力的发

---

①　[德]考夫曼：《社会福利国家面临的挑战》，王学东译，北京：商务印书馆，2004 年版，第 98 页。

②　[法]达努奇：《世界是不确定的：全球化时代的地缘政治》，吴波龙译，北京：社会科学文献出版社，2009 年版，第 123 页。

③　[美]阿若诺威兹：《逝去的范式：反思国家理论》，李中译，长春：吉林人民出版社，2008 年版，第 8 页。

展,它将成为无法逃避的恶性循环的牺牲品。"①它们在全球经济中将变成微不足道的参与者。全球资本市场的运作削弱了民族国家控制汇率或保护货币的能力。世界范围的商品、服务和供应商很难准确与某个国家联系起来。"许多国家的政府领导都经常重申'捍卫主权';然而,主权已经不再在其本来的意义上得到捍卫。"②跨国联盟实现不了对民族国家利益的全面保护,相反,具体民族国家的国民利益更容易受到国外力量的冲击。

3. 民族主义或民族分离主义。与全球化和跨国联盟相向而行的一股势力是民族主义或民族分离主义。"全球时代是不同民族、不同文化共同体的新的艰难的时代。民族分化意味着比以往任何时候都要付出更多,意味着在解决问题的同时也制造着问题。"③民族统一与民族分离是全球化的一体两面,民族国家持续存在,但是其重要性将有所下降。与全球化进程在某种程度上得到了长足的推进而民族国家逐渐消亡这一较为极端与武断的观点相反,霍尔顿认为,民族国家并未处于衰落之中,更无法为全球化所倾覆。"全球资本流动大都不可以杂乱无章地进行,仍然需要国家职能发挥作用……民族主义的复活意味着,作为一种形式且得到民众支持的民族国家会有一个美好的未来。"④民族国家在权力分配过程中能够做到其他机构难以做到的事情,作为国际机构和次国家机构的活动枢纽,民族国家为国际交往活动提供合法性支持,民族国家依然是国际机构和国际规则实体的关键性代表,甚至从某种意义上说,没有任何别的机构能够取代民族国家的地位。

从表面上看,在经济全球化冲击下,民族国家的国力、凝聚力、自主权、经济功能等有所衰退。但是,民族国家的政治、经济、军事等功能是被夸大了的。史密斯认为,"民族国家不仅远远没有陷入衰落的危险,而且正在变得更为中央集权、更为协调和更为强大……通过其监视的、规制的和科层的控制,民族的国家比现代时期历史上的任何时候都更能直接地、持续地和广泛地干预各种事务"⑤。

全球化带来大众消费的国际市场,人们消费的产品、消费行为、生活观念等都在稀释民族情感和民族文化。不过,许多民族国家精英警惕"文化帝国主义",

---

① [美]赫尔德、[美]罗西瑙:《国将不国——西方著名学者论全球化与国家主权》,俞可平译,南昌:江西人民出版社,2004年版,第183-188页。

② [美]赫尔德、[美]罗西瑙:《国将不国——西方著名学者论全球化与国家主权》,俞可平译,第165页。

③ [英]吉登斯:《全球时代的民族国家》,郭忠华编,南京:江苏人民出版社,2010年。第11页。

④ [澳]霍尔顿:《全球化与民族国家》,倪峰译,北京:世界知识出版社,2006年版,第158页。

⑤ [英]史密斯:《民族主义:理论、意识形态、历史》,叶江译,第131页。

更加注重培育自己的民族文化习惯和信仰。面对多元国际文化,国家有意识强调自身民族文化的独特性。就此而言,"文化的民族主义能够与消费全球主义共存,甚至依靠后者提供养分来支持"①。民族文化是特定的、有历史渊源的和意味深长的。当全球化风险与不稳定性因素活跃时,民族文化对秩序和稳定的吸引力就愈大。"世界上始终存在着的是各种文化、各种不同历史的生活方式和人类品位、感情和活动的各种表达,而不是单一的文化。"②在世界范围里同时存在两个趋势:(1)创造共同的大众文化、共同的媒体,使社会更为均质和更好控制。(2)追求地域化,要求振兴个人文化和个人语言。"两种趋势并驾齐驱,遍布全球。美国创造了全球文化,但它也创造了对全球文化的抗拒。"③因此,"全球时代已经来临,民族国家却并没有消失,而且将来也不可能消失。"④尽管存在民族分离运动,不少民族企图从现有国家分离出去,但是,现代民族国家体系并未解体。因为希望分离的民族,最终仍然希望建立自己的民族国家。

4. 地方主义运动。全球化还伴随民族自决等地方主义运动。民族自决是联合国宪章和众多国际协定的原则。国际争端乃至危机的协调都强调这一原则。每个民族国家对民族成员资格有不同构想。出于民族认同感,一些社会成员期望自己所属的民族能够获得民族自决权,甚至成为独立民族国家,在联合国中得到承认。

地方主义运动是全球化的结果。全球经济发展、大众消费、文化传播等削弱了国家权力。全球化也唤醒地方本土意识,促进地方主义的兴起。"全球化为地方自治和新型地方主义创造了需求,地方身份认同开始变得备受关注,并赋予大城市以前所未有的力量。……在全球化时代,许多影响进入到国家层面之下,要么对地方发生直接的影响,要么对本土或者城市发生直接的影响。"⑤一些有着分离倾向的民族多少涉及地方利益,它们不希望被现有民族国家的利益分配方式所牵制,希望通过民族自治或民族独立来谋求自身民族利益的最大化。

5. 跨国企业。"在全球领域里,全球的、民族的、地区的、地方的以及个人的要素错综复杂地相互渗透。"⑥跨国企业与全球化并存,共同对民族国家产生多重影响。一些学者提出民族国家转型理论,分析全球时代民族国家的性质与角

①　[英]史密斯:《民族主义:理论、意识形态、历史》,叶江译,第 139 页。
②　[英]史密斯:《民族主义:理论、意识形态、历史》,叶江译,第 140 页。
③　[美]乔姆斯基:《世界秩序的秘密:乔姆斯基论美国》,季广茂译,南京:译林出版社,2015 年版,第 289 页。
④　[英]吉登斯:《全球时代的民族国家》,郭忠华编,第 13 页。
⑤　[英]吉登斯:《全球时代的民族国家》,郭忠华编,第 9 页。
⑥　[澳]霍尔顿:《全球化与民族国家》,倪峰译,第 162 页。

色,认为民族国家将持续存在,但其角色、功能等受全球化影响而发生改变。在全球化影响下,跨国企业的壮大严重限制政府对国内经济的控制能力,军事武力也不再垄断在国家及其代理人手中,公民对国家的正当性产生质疑。这些变化使全球时代的民族国家与过去的民族国家不可同日而语。

经济全球化导致国家与市场的关系发生变化。国家"不太具有民族主义情绪,允许乃至鼓励多种认同的衍生……私人组织在治理进程中发挥更大作用,而且政府职能越来越倾向于围绕促进个人发展和消费而展开……欧盟就是后现代国家的雏形。"①不过,国家在构建新的安全秩序、推动现代化过程中仍然发挥重要作用。全球市场经济需要稳定的国内和国际环境。只有国家能保障法治与秩序。

跨国企业的发展导致一些民族国家国力发生变化,国际权力格局也随之发生变化。中国、印度等发展中国家的国力明显提升,有的国家的国力逐渐衰弱。但是,国家不是全球化的牺牲品,而是其"助推器"②。跨国企业和全球化催生了一些强国,也导致了一些弱国。"国家建构的艺术将成为国家力量的关键要素,其重要程度不逊于动用传统的军事力量来维护世界秩序的能力。"③福山重视国家能力建构,认为当代国际政治第一要务是,改善弱国治理能力、增进弱国民主合法化,强化弱国自我维持制度。

此外,国际恐怖主义、地区文明传统的差异和冲突,帝国主义和霸权主义势力的存在,如此等等,都对现代民族国家体系产生着不可忽视的破坏性影响,有的甚至直接导致了个别民族国家的分裂或瓦解。

三、迎接"超国共同体"时代的到来

当今世界仍不太平。局部国际战争时有发生,某些区域的跨国或国内族际冲突、宗教教派冲突连绵不绝。"基地"组织、"塔利班"和"伊斯兰国"等国际恐怖组织的恐怖活动严重威胁人类文明与安全。像欧盟这样跨越民族国家边界的超国共同体已经产生,且有渐成潮流之势。全球化、跨国企业、地方势力、民族分离主义等对现代民族国家体系构成多重挑战。现代民族国家在主权权威、完整和

---

① [英]海伍德:《全球政治学》,白云真译,第118页。

② [美]赫尔德、[美]罗西瑙:《国将不国——西方著名学者论全球化与国家主权》,俞可平译,南昌:江西人民出版社,2004年版,第112页。

③ [美]福山:《国家建构:21世纪的国家治理与世界秩序》,黄胜强等译,北京:中国社会科学出版社,2007年版,第116页。

统一等方面遭遇危机。针对纷乱复杂和瞬息万变的局势，我们既要回顾现代民族国家的历史，又要直面现代民族国家正在遭遇的困难，更要评估现代民族国家可能没落的趋势。

从前面讨论可知，国家主权和民族国家一样，是近代产物。随着近代民族国家的建立和国际社会对国家边界的重视，产生了国家主权概念。1648 年《威斯特伐利亚条约》签订，现代民族国家体系初具规模，拥有主权的民族国家成为国际关系的主体。"国家主权意味着对领土和人民的完全控制；主权必须是绝对的，所有人民必须屈从于国家权威。"①民族国家及其主权在国际社会中占据着不可撼动的主导地位。随着全球时代到来，绝对的国家主权观念受到挑战。国家角色和功能发生了变化，国家主权的性质也发生了改变。"超国共同体"将取代民族国家，成为国际关系的主体。

第一，旧国家主权观念受到质疑，新国家主权观念渐成气候。一般认为，主权是神圣的、不可让渡的，干预别国主权必定引发国际社会争议甚至谴责。由于民族国家在全球化趋势中改变了自身形式，原来的主权概念变得越来越有争议。全球时代的主权观念与 18 世纪以来的传统主权观念有明显区别。前者认为，主权是最高的、绝对的、不可让渡的，是排除任何干预的绝对权力。但它不足以解释当前复杂的国际关系。

全球时代是网络信息技术高度发达的时代，也是组织形式、权力形式多元时代。每个民族国家越来越受到联合国、WTO 等世界国际组织或跨国组织的影响。一些重要国际组织超越国家主权而活跃于世界舞台。许多问题突破国家范围成为全球问题。解决它们超出单一国家能力，需要国际合作。全球气候变暖问题、环境问题、生态问题、能源问题、饥饿和贫困问题、打击国际恐怖主义问题等是典型。"民族国家越来越成为世界多层治理系统的一部分，民族国家不再有清晰的地理划分和主权划分。"②传统主权观念在全球时代中将被多元、多层的新主权观念所取代。

按照全球时代的国家主权观念，主权可以交易，也可以让渡。"主权可以让渡，国家将权力交由超国机构形式，但权力并不是定量的。主权可以分割和让渡，但是正当国家割让权力时，它们也获得了新角色。"③当代国际关系实践显示，绝对主权概念和绝对领土主权原则已经受到明显质疑、侵蚀和修正。全球时

---

① ［英］莫迪默、［英］法恩（编）：《人民·民族·国家——族性与民族主义的含义》，刘泓、黄海慧译，北京：中央民族大学出版社，2009 年版，第 148 页。

② ［英］吉登斯：《全球时代的民族国家》，郭忠华译，第 15 页。

③ ［美］赫尔德、［美］罗西瑙：《国将不国——西方著名学者论全球化与国家主权》，俞可平译，第 219 页。

代,民族国家需要有新的宪法和原则框架,以满足调和绝对国家主权同其他绝对国家主权的联合,国家与其他国际组织联合、国家统一与分离的要求。罗伯茨认为,若要有效解决主权难题,对领土状况和国家主权的理解就要有更多弹性。"一些地区和民族需要非完全主权的特殊地位,今天仍然有用,并将继续适用于整个 21 世纪。"①诸如地区自治、国际管理、联合主权、国家之内的联邦和邦联,由不同实体组成的联邦等,都是有助于实现非完全主权的可能形式。因此,主权观念迫切需要修正。"修正后的主权概念将为领土和非领土共同体安排不同的国际地位,将会引发关于争议地区的实际领土安排的新想法以及有关边界、民族国家、国籍和联合形式的一系列新概念。而且,它有助于在国家和人民中形成新形式的联盟。"②

其次,"民族国家"正在成为一个过时的概念,全球化正在造就"后民族国家"(post-nation state)时代。所谓"后民族国家",是表示对一个国家具有的民族属性、民族特殊性、民族文化传统等在政治、法律、经济等制度设计和安排中没有给予特别关照或考虑的国家,实际上就是去掉特殊民族属性或"国族"的国家。在"后民族国家"里,任何一个公民的民族属性都只具有生物学意义,而不具有特别的政治含义甚至文化含义。作为群体或族群的"民族性"及其文化传统也不再具有普遍价值。用罗蒂的话说:"我们应该停止使用'种族'(race)和'种姓等级'(caste)之类的概念,停止根据遗传血统来划分人类共同体。……假如完全根据其行为,而不是部分参照其祖先,来判断作为伴侣、雇员或官员的人们的适应性,这将是一个更美好的世界。"③这将是一个由"后民族国家"的"超国共同体"组成的世界。在那样的世界里,"民族国家"的"民族"或"民族性"将不再是我们讨论的核心政治话题。如此新世界构想,不仅会改变人们对民族国家过去的理解,而且将影响人们对民族国家未来的预判。

现代民族国家形成的重要标志是,族际人民政治地位在国家宪法或法律体系中得到明确规定,并体现在具体政治和法律实践中。凡是存在民族不平等或民族压迫的国家,都是平等的政治法律制度没有充分建立和全面实施的国家,是国民基本权利和利益没有得到有效保障的国家。就像君主对子民进行等级划分一样,国家主权者对民族进行等级划分。至于把国外居民作为一等公民对待,在制度上或政策上贬低本国居民的政治法律地位,这不仅是崇洋媚外的表现,而且

---

① 〔英〕莫迪默、〔英〕法恩(编):《人民·民族·国家——族性与民族主义的含义》,刘泓、黄海慧译,第 132 页。

② 〔英〕莫迪默、〔英〕法恩(编):《人民·民族·国家——族性与民族主义的含义》,刘泓、黄海慧译,第 149 页。

③ 〔美〕罗蒂:《文化政治哲学》,张国清译,北京:北京大学出版社,2011 年版,第 3-4 页。

是丧失国家主权的明证,应当予以痛斥。

自从现代民族国家体系建立以来,民族国家一直处于演进之中。由于全球化的推进与影响,一些民族国家,无论在国内各民族关系中,还是在国外各国际关系中,都面临需要协调和调整的问题。比如,近几年韩国、日本、菲律宾、美国等国家由于国内政府换届,造成国际关系必要调整,甚至影响到国内种族关系或民族关系的调整。但是,这些调整不足以改变这些国家作为现代民族国家的性质。一些民族国家国力有所减弱。随着"超国共同体"渐成趋势,在国际舞台上日益具有影响力,现代民族国家体系逐渐衰落。不结盟的、封闭的民族国家已经不适应全球时代的要求。

第三,"区域国家"、"地区国家"、"跨国联盟"和"超国共同体"等不仅作为新概念进入学术研究领域,而且作为新的政治实体进入现实世界。随着全球时代的到来,民族国家主权的重要性必定受到挑战。原来主要民族国家必须在民族、民族国家、跨国联盟、超国共同体等重要政治议题上寻求学理突破,形成多国或跨国合作模式,抛弃"民族国家"概念,在"区域国家"和"超国共同体"框架下有更多作为。

我们认为,在现代民族国家体系中,民族的重要性在下降,国民的重要性在提升。国民基本价值的建构或塑造,而不是民族特色价值的保留或发扬,成为国民教育的核心内容。国家基本制度的建构和解释,应当撇开民族议题,不允许因为人与人之间的民族出身差异而人为造成国民之间的社会地位差异或政治不平等。反对民族问题国际化,除非发生内战,国际力量不得干预具体民族国家的内部事务包括民族事务。但也反对激化族裔之间的矛盾和冲突,不应当替因为历史原因而延续下来的或实际存在的种族隔阂或族群冲突提供法外支持。

全球化没有给世界上所有民族国家以平等的权力、机会和尊严。全球化有明确的国际标准,它是以西方主要发达资本主义国家的国际关系准则如自由市场领域的 WTO 规则、政治和法律制度领域的民主规则和人权原则、文化领域的言论自由与开放原则等为标准的。不同国家进入现代民族国家体系的时间有先后,现代化发展水平有高低,现代文明程度有差异,总是会有一些民族国家处于被改造和被批评的行列,个别发达民族国家便把自己的价值、标准和发展模式强加于其他民族国家,并把它们标榜为"普世价值",要求其他所有民族国家都按照它们的价值、标准和发展模式去完成现代化改造。这就是全球化背后存在的西方化趋势。全球化本来应当是让世界显得更加丰富多彩的,更加富有生机的,充满多样性的,但是,我们的确看到了,全球化过程中,不同意识形态和价值观念的竞争和交量。这是我们在探讨全球化同现代民族国家体系的关系时必须考虑的一种情形。正如全球化不一定对保护人民权利和利益起促进作用一样,全球化不一定对民族平等起促进作用。

发达民族国家往往代表先进的文明,但不一定代表先进文化。"民族国家"是西方霸权强加于世界的一个政治概念。在现代民族国家体系中,一直存在着从强大到弱小的等级体系。所谓的世界秩序就是以西方列强为中心建立起来的。二战后的苏联和改革开放后的中国,试图打破这个世界秩序。现代民族国家体系必须给予突破,中国应当成为突破那个体系的决定性力量。超越民族国家的超国共同体正在形成,虽然像欧盟这样的跨国联盟正在面临困难,但是,超国共同体将成为突破民族国家局限性的最重要力量。中国实施"一带一路"建设正是对自身长期维持的"民族国家"理论和"不结盟"国际关系策略的修正。

第四,"后主权"、"后民族国家"或"超国共同体"时代有可能来临。作为超民族国家和后民族国家的后果,一方面是原来民族国家中民族属性的特殊价值的降低,另一方面是原来民族国家中国家主权的至上价值的降低。民族国家持续存在并不代表着要死守僵化的国家主权观念。把主权视为最高的、绝对的、不可让渡的、排除和反对任何干预或干涉的独善其身的权力,这样一种传统的主权观念已然无法适应全球时代中的复杂形势,"后主权"将是全球化发展的一个可能趋势。在"后主权"时代,国家主权将变得更加灵活、更加务实,主权将可以谈判、交易或让渡。随着民族国家加入或组成"超国共同体",国家主权的至上性和完备性将大大下降。国家对居于其上的人财物的控制能力也将大大下降,居民的国家认同和民族认同也将大大下降。国家强制力的减低,意味着人的自由的增强。这无疑是人类的重要进步,是人类文明的重要成就。在"后主权"、"后民族国家"或"超国共同体"时代,我们将更加接近当年马克思所设想的"自由人的联合体"社会。

第五,中国应当主动抛弃"现代民族国家体系",延续曾经有过的"超国共同体"的辉煌历史,迎接全球化背影下的"超国共同体"时代。在历史上,中国不仅是早熟的民族国家,而且是早熟的"超国共同体"。这种"超国共同体"在先秦就已经存在,并反复出现于不同时期的中国历史上。作为早熟的民族国家,中国在历史上不同朝代经常以"超国共同体"形式存在,处理同周边地区、附属国的关系。由于在近代化和工业化过程中,以欧洲为中心的现代民族国家体系强行推向中国,迫使中国依照西方民族国家体系规则来重建自己的国家,完成从传统民族国家向现代民族国家的转型。本来,在如何构建、发展和维持"超国共同体"上,中国比世界上任何国家都有更多的历史经验。只是在西方民族国家体系话语主导之下,进入人们视野的中国历史著作几乎找不到作为"超国共同体"中国的踪影。韩水法对此也鲜有提及。这不能不说是一大遗憾。随着现代民族国家体系的行将过时,中国应当抛弃西方自从鸦片战争以来逐渐强加于自己的现代民族国家体系,重新回到历史上有过的"超国共同体"传统中,主动寻求同周边地区和国家建立"超国共同体"或"超国联盟"。

第六,先有"超国共同体",后有"人类命运共同体"。我们生活在全球时代,我们是全球时代的公民。全球化打破了旧世界,也正在重构新世界。随着像欧盟这样的"超国共同体"或"超国联盟"渐成潮流,现代民族国家体系终将被抛弃。总体而言,民族国家将趋于衰落。所有民族国家只有融入更大的"超国共同体"之中,才能为自己创造更美好的将来。随着人类命运共同体的形成,国际共享成为处理人类重大事务的可行选择。忽视或拒绝加入"超国共同体"的任何一个现代民族国家都将孤掌难鸣。就此而言,最大的遗憾是,很多国内国际关系研究者从来没有认真对待过中国作为"超国共同体"的历史,也没有认真研究过中国重新成为"超国共同体"成员的实际可能性。他们一直担心的是,"超国共同体"是某些有着不良图谋的西方国家的国际关系战略,对中国有百害而无一益。

综上所述,人类将以更高形式返回到中华民族比较熟悉的以"超国共同体"作为世界主要政治主体的发展轨道上来。中国将面临在日趋衰落的现代民族国家体系和即将开启新途的"超国共同体"体系之间做出抉择。我们的建议是,中国应当重温"超国共同体"历史,重启"超国共同体"战略。否则,中国将错过又一个时代。假如"超国共同体"时代真的来临,中国要有所准备。最后,我们引用罗尔斯的一个忠告作为本章的结束语:

"我们有一种做人做事温文尔雅、文明得体的天赋义务,就是不把社会安排的差错作为不服从它们的准备非常充分的借口,也不能利用规则中不可避免的漏洞来增进我们的利益。这种文明义务规定了对制度缺陷的应有接受和对利用制度缺陷的一定约束。如果不承认这一义务,那么相互信任和信赖就可能难以为继。"①

---

① John Rawls, *A Theory of Justice*, Revised Edition, p. 312.

第15章 全球安全危机及其克服：
构建人类安全共同体

　　近几年来，国际社会正在面临严重安全危机。新冠肺炎疫情仍然在世界范围大流行。大国博弈加剧世界局势的动荡，中东、中亚和南海成为国际军事力量角逐的敏感地区。在新冷战思维下，美国和俄国先后退出《中导条约》，意欲发展新核武威慑。恐怖主义呈现全球扩散趋势。美国为首的西方主要强国以传统安全观为理论指导，利用反恐战争实行霸权主义，趁机削弱假想的战略竞争对手。国际社会必须在安全观上完成新旧更替，以"互信、互利、平等、协作"新安全观为行动指南，解决安全困境，削除战略互疑，回应针对人类和平、合作与发展的严峻威胁，重建全球反恐合作机制，终结恐怖主义危害，构建人类安全共同体。

　　为了应对国际社会的安全困境，当代国际关系学三大流派提出均势、威慑、集体安全、民主和平、相互依赖等解决策略。西方主要国家受限于传统安全观，在国际反恐合作中始终不忘利用恐怖主义势力来打击战略竞争对手，在反恐战争中采取单边主义和双重标准，使得国际反恐合作难以有效展开。传统安全观及其相应安全策略暴露出自身的局限性。国际社会必须完成安全观的新旧更替，根治恐怖主义威胁，维护世界长期和平、稳定与发展，构建人类安全共同体。

　　有鉴于此，本章的主题是一种新安全观。笔者将分析比较传统安全观解决国际安全困境的局限，指出当下国际社会面临的四种主要安全危机，剖析新安全观下安全共同体的形成和运行机制，最后提出构建人类安全共同体的步骤措施。

一、传统安全观及其局限性

　　国际关系学者一般认为，国家间关系的实质类似于霍布斯的自然状态，由于各国之上不存在一个具有足够合法性与权威性的机构来调节国家间的冲突，国际社会实际上处于一种无政府状态。虽然国际社会较长时期处于一定的国际体系之中，但是这样的国际体系的本质只是意味着主要国际力量之间在一定时期的相对均衡，在力量对比发生变化时这种均衡就会被打破。布尔（Hedley Bull）

306

表示，现代国家体系是一个无政府社会（anarchy society）。[①] 国家间处于赫兹（John H. Herz）所谓的安全两难之中。任何一方为了保证安全而增强实力的举措会被其他各方视为威胁，迫使它方同样加强实力，从而反过来使自己更加不安全。用杰维斯（Robert Jervis）的话来说，一个国家提升安全的努力会导致"安全竞赛的螺旋"[②]。国际关系理论大多肇始于国际安全困境的思索，当代三大主流国际关系理论基于国际社会无政府状态的假定建立了各自的理论体系，对国家间的安全困境给出了各自的解决方案。

现实主义理论认为，虽然国际社会存在国际法，但国际法是一种弱法。在一般情况下，国际法对主权国家的政府只构成一种建议。国家可以根据自身情况选择执行或者不执行，国际法对国家不具有根本强制力。因此，在国际无政府状态下，自身利益受到损害的国家不能完全指望求助于国际法，而只能选择自助。历史上，国家为了维护自身利益和破解生存所面临的安全困境，不得不求助于一系列解决方案。现实主义理论基于悲观人性假定，提出威慑、遏制、集体安全、均势、霸权、稳定与结盟等策略。自由主义理论则持有乐观的人性态度，认为国家之间通过经济合作，提高相互依存度，可以消除双方的安全困境，提出民主和平、相互依赖、国际制度合作等办法。建构主义理论承认国际社会存在无政府状态，但不认为这种状态是绝对不变的，认为国际社会的无政府状态是国家造就的。建构主义尤其重视文化、社会观念的重要作用，认为国家可以将国家间关系塑造为康德式朋友关系、洛克式竞争伙伴关系、霍布斯式敌对关系。三大流派理论针对安全困境的解决方案互有特色，但也都遇到了许多批评。

各大国出于生存的安全本能，遏制潜在竞争对手的发展，以免后者成为自己未来的真正威胁。加迪斯（John L. Gaddis）认为，存在两种遏制战略，一是对称性遏制，二是非对称性遏制。前者是对对方的挑衅行为在同一时间、地点和同样的层级做出的回应，这样可以避免危机事态升级。后者则是根据自身优势对抗对方的弱点，这样有可能使危机事态升级。[③] 当遏制战略未能奏效，潜在竞争对手的实力已经明显壮大之后，国家可能采取威慑战略，使对手不敢轻易破坏现状，打破势力均衡。但是，遏制和威慑战略最终难免失败，结果可能是"不仅威胁战略失败、双方敌意增强，而且冲突发展的方式和程度完全偏离了最初的利益冲

① Hedley Bull, *The Anarchical Society: A Study of Order in World Politics*, 2002, New York: Palgrave Macmillan, pp. 248-251.

② Robert Jervis, *Perception and Misperception in International Politics*, Princeton, NJ: Princeton University Press, 1976, pp. 65-66.

③ John L. Gaddis, "Containment: Its Past and Future," *International Security*, 1981(4): pp. 74-102.

突。敌对姿态不是威慑敌人,而是制造了敌人"①。遏制和威慑反而带来更大的敌意,使各方陷入更深的安全困境之中,认为只有加速发展、壮大自身实力才能打破困境。潜力较强的对手往往会不惧对方的遏制和威慑,在对方的遏制和威慑中反而会变得更加强大。

当国家无法独自维持安全时,就会采用集体安全的方式来消除威胁。集体安全行动常常由一个实力强大的国家发起或主导,带动其他国家参与。集体安全的问题在于,由于意识形态等因素的影响,国际社会难以就陷入冲突各方的侵略者界定达成一致。而且,开展集体安全行动的不同国家,在国家实力上往往是严重不对称的。弱小国家希望通过集体安全来保障自身免遭外来威胁。大国和强国通常是集体安全行动的主要实施者。各方的付出与收益是不对等的。一方面,弱小国家可以不必有任何付出便轻易获得制衡霸权成功的收益,常有搭便车获得足够利益的侥幸心理。另一方面,由于集体安全行动发起之前需要有足够时间进行局势评估,在没有实施集体安全行动时,弱小国家利益可能已经被忽略或牺牲。参与行动的不同国家,有着不同的实力和角色,难以消除彼此猜忌和怀疑。这一困境在安全合作中如影随形,从合作开始就已埋下分裂的隐患。集体安全对霸权的制衡行动可能遭遇失败。各参与国对行动前景有着不同预期,对行动利弊有着不同判断。同一阵营的伙伴和盟友可能随时转变自身立场。

集体安全旨在预防潜在安全威胁,安全联盟则是各国明确预知现实威胁,仅凭自身实力无法与之抗衡,只能以结盟形式相互支持。"当一个国家或者联盟显示出具有特别的威胁性时,其他国家就会结成联盟来降低自身的脆弱性。"②结盟通常意味着将会出现两个实力强大联盟之间的对抗。这本身就是对国际和平的威胁,其他国家不得不选边站队,追随其中一方,难以逃脱被两大同盟及盟主当成工具或棋子的命运。③ 一旦同盟对抗外部威胁的任务完成之后,同盟内部可能出现新矛盾,形成针锋相对的新同盟。

威慑、遏制、集体安全和结盟,最终目的是在不同势力集团之间维持力量均势,使其不被打破。"仇恨和敌意的平衡可以是一种稳定的均衡;每一方都可能认为,任何可行的改变都会导致更加糟糕的后果。"④由体系结构造成的国家间

---

① [美]杰维斯:《国际政治中的知觉与错误知觉》,秦亚青译,北京:世界知识出版社,2003年版,第86页。

② Stephen M. Walt, *The Origins of Alliance*, Ithaca: Cornell University Press, 1990, p. 263.

③ Randall L. Schweller, "New Realist Research on Alliances: Refining, not Refuting, Waltz's Balancing Proposition," *American Political Science Review*, (Dec 1997), p. 929.

④ John Rawls, *A Theory of Justice*, Revised Edition, p. 104.

安全困境是永远存在的。"要克服结构的巨大影响，只有改变结构。"①这些模式最终只能解决问题于一时，而不能解决问题于永远。它们只是在一定时期内压制竞争对手的实力，遏制对方发展，使其对自身不构成足够强大的威胁，各方在现状基础上保持势力相对均衡，却无法从根源上彻底解决人类面临的安全困境。"假如一个均衡是稳定的，那么每当偏离均衡时，比如由外部干扰引起的偏离，系统内部的力量就会发挥作用。这些力量往往会使系统回复到均衡状态。……相比之下，当一个偏离均衡的运动在系统内蓄积力量，从而导致更大变化时，一个均衡便是不稳定的。"②均衡游戏迟早打破现状，届时所有努力都前功尽弃，功亏一篑。

当国际社会的权力格局由一个超强国家和众多实力与其明显不相称的国家所组成时，就形成了霸权体系。霸权体系是单极体系。其他国家的实力与霸权国难以匹敌，霸权国在体系内鲜逢对手。有学者认为，二战后美国在经济、军事、科技和地缘政治上都获得相对于其他国家的压倒性优势。美国创设的安全机制限制大国之间的安全竞赛，因此美国主导的国际体系呈现出一个"稳定的单极世界"③。然而，这一结论与事实相悖。霸权体系看似相对稳定，却注定不会长久运行。"霸权系统的均衡状态并不是完全静止状态。"④

霸权体系一旦形成，霸权国家就强调维护所谓的"基于规则的国际秩序"（rules based international order）⑤。比如，现任美国国务卿布林肯（Antony Blinken）最近表示，"我国政府致力于以外交手段促进美国的利益，加强以规则为基础的国际秩序"⑥。霸权体系看似破解了安全困境，没有明显的战略竞争对手，但它没有从根源上解决安全困境。霸权战略旨在防止国际体系出现一个强大的"邪恶国家"打破国际体系现状。霸权国通过实施这一战略，将国际体系资源过度集中在自己手里，压制其他国家发展，最终自己很可能成为一个"邪恶国

① ［美］华尔兹：《国际政治理论》，信强译，上海：上海人民出版社，2008 年版，第 117 页。

② John Rawls, *A Theory of Justice*, Revised Edition, p. 400.

③ William C. Wohlforth, "The Stability of a Unipolar World", *International Security*, (Summer 1999), pp. 7-8. 有关"单极稳定论"的内容另见 G. John Likenberry & Michael Mastanduno & William C. Wohlforth, *International Relations Theory and the Consequences of Unipolarity*, Cambridge and New York: Cambridge University Press, 2011.

④ 秦亚清：《霸权体系与国际冲突》，上海：上海人民出版社，1999 年版，第 113 页。

⑤ Kong Jun, "So-called rules-based international order preached by US officials totally nonsense", *China Daily Online*, 2019-12-13.

⑥ https://www. state. gov/secretary-antony-j-blinken-national-security-advisor-jake-sullivan-chinese-director-of-the-office-of-the-central-commission-for-foreign-affairs-yang-jiechi-and-chinese-state-councilor-wang-yi-at-th/.

家"。霸权体系受到康德拉季耶夫周期等国际体系发展规律的影响,无法长期维持。在大国争霸中,原霸权国尽力维护霸权体系,势必耗尽国内资源,霸权地位最终必然衰落。在国力的此消彼长中,原霸权国与新生的潜在霸权国生产无法调和的矛盾。"霸权国会塑造权力平衡以防止在地区范围内出现具有压倒性实力的大国。"① 当霸权国无法成功化解来自崛起国的压力时,霸权体系就会发生权力转移。霸权体系的衰退会伴随着霸权国与其他国家之间的严重军事冲突,并产生新的霸权体系。因此,霸权体系没有从根源上解决人类面临的安全困境。

康德、熊彼特、威尔逊和罗尔斯等认为,民主国家不如专制国家好战。② 民主国家之间较少发生战争,民主国家更有利于国际和平。罗尔斯表示,"自 1800年以来,稳固确立的自由社会还未曾互相交过战"③。多伊奇则进一步提出,美国、欧洲和日本之间已经形成一个"和平岛"④ 和多元的安全体。然而,我们认为,影响国家间关系的根本因素是国际体系固有的安全困境而不是国家政体模式的异同。二战之后,民主国家之间维持了较长时间的和平。这是因为:第一,国际体系发生了根本变化,由此前几百年主要欧洲强国围绕欧洲霸权之争而困守于欧洲内部争雄以及争夺殖民地,转化为美苏之间的全球性国际体系之争,欧美之间原来的体系性困境已经不复存在。"欧洲国家的地区安全次体系被超级大国的全球竞争所掩盖了。"⑤ 第二,"民主制国家"的主要战略对手由此前的内部一争高下变为合力对抗苏联及其社会主义联盟。二战后的主要国际矛盾演变为北约与华约之争。民主制国家需要携手合作,内部纠纷得到淡化处理。第三,民主制国家之间仍然存在利益冲突,只是冲突形式发生变化,从军事冲突变成经济摩擦。由于同美国实力差距悬殊,各国不会与其发生显著军事对抗。各国与美国虽有利益纠纷,但仍然保持紧密合作战略模式。这正是霸权体系下弱小国家的"追随"(bandwagon)战略。"民主和平论"模式下的各民主国家仍然会遵从霸权体系下的行为演变模式,一旦主导国剪除体系内的非民主国家,或者主导国的国家实力开始衰退,主导国与其他民主国家的矛盾会上升为体系内的主要矛盾,民主国家之间的霸权争夺战将再次上演。"民主和平论"者没有正确认识到,

---

① Evan Braden Montgomery, In *the Hegemon's Shadow*: *Leading States and the Rise of Regional Powers*, 2016, p. 11.

② Randall L. Schweller, "Domestic Structure and Preventive War: Are Democracies More Pacific?" *World Politics*, 1992(2), p. 238.

③ [美]罗尔斯:《万民法》,张晓辉等译,长春:吉林人民出版社,2001 年版,第 55 页。

④ Karl Deutch, et al, *Political Community and the North Atlantic Area*, Princeton, NJ: Princeton University Press, 1957.

⑤ [英]布赞:《人、国家与恐惧:后冷战时代的国际安全研究议程》,闫健、李剑译,北京:中央编译出版社,2009 年版,第 189 页。

各方之间之所以没有战争，是因为没有处于此前的体系性安全困境之中。如果民主制国家再次处于同样的体系性困境之中，各方必然再起波澜。此外，"民主和平论"必然发展为"民主扩展论"，向非民主国家强制推行民主制度，打着自由民主正义的旗号，最终用武力对非民主国进行政权更迭，推行"新干涉主义"和"新帝国主义"，无视其他国家根据自身文化和国情独立选择政体的现实。因此，"民主和平论"同样无法根除人类的安全困境。

根据二战后国际社会经济政治发展的全球化趋势，多伊奇、基欧汉和奈等学者提出了权力与相互依赖理论。他们认为，随着国家间的经济依存度越来越高，要想解除这种依赖关系，必须付出高昂代价。因此，国家间的相互依赖关系有利于国际和平。然而，国家间的相互依赖可能是极不对称的。首先，欧、美、日等发达国家之间拥有高度的经济和贸易依存度，可以利用比较优势从发展中国家进口原材料和出口工业产品。[①] 发展中国家除了初级原材料并没有其他可以用于交换的工业产品。双方之间的产品交换是严重不对称的。其次，国家间存在产品技术不对称。霸权国垄断产品研发技术，并对向发展中国家的技术输出实行产品年限和代差限制，科学技术的垄断源于对国际人才的集聚和垄断，这又源自于霸权国在霸权体系下的主导优势获得的特殊地位。再次，霸权国利用自己的体系优势对同一阵营的竞争对手进行全面压制。美国逼迫日本签下"广场协议"，美国利用《反海外腐败法》恶意打击战略竞争对手法国阿尔斯通，是这方面的一个范例。

因此，断定实现经济相互依赖就可以实现和平，这是没有看到相互依赖的本质是霸权主导国运用经济柔性手段使其他国家更紧密依附于自己。相互依赖"是手段而非目的"，使得"其他国家为了维持两国的贸易不得不做任何事情"[②]。随从国在经济上严重依赖霸权国，在政治上对霸权国唯命是从。这实际上是用经济手段完成政治上难以完成的任务。当双方都认识到自己不能无限度地依赖于对方，或者经济手段无法达成目标时，双方就可能会急剧脱钩，相互依赖也就变成一个神话。"我们被民主化、全球化和相互依赖所迷惑，认为这些发展让我们所生活的世界变得截然不同。但是它们并没有阻止过去所发生的灾难性战争，未来也不能指望它们。"[③]

单纯依靠国际制度同样无法消除国际安全困境。正如国家法律首先是统治

①　Richard Rosecrance and Arthur Stein，"Interdependence：Myth or Reality?"，*World Politics*，(1973，26)，p.4.

②　宋国友：《中美经济相互依赖及其战略限度》，《现代国际关系》，2007 年第 5 期，第 59-62 页。

③　［美］卡根：《美国缔造的世界》，刘若楠译，北京：社会科学文献出版社，2013 年版，第 95 页。

者的阶级意志一样,国际制度主要由霸权国运行,随着霸权国实力的消长而兴衰。"国际制度仅仅是世界大国权力分配的一个反应,它们基于大国自私的计算,对国家行为也没有独立的影响。"①民主和平理论、权力相互依赖理论和制度主义理论的共同缺陷是,没有认识到国际制度、相互依赖、民主和平都是基于霸权体系之下霸权国所创设的附属工具,这些工具都服务于维护霸权国的霸权体系。它们实现的是霸权国的利益,维持的也是短暂和平。一旦条件发生变化,这些表面工具都会烟消云散。它们如同大国博弈的棋子,任后者摆布。在和平文明表象下,双方摆棋布阵,使出浑身招数,在经济、科技、文化等领域展开较量。当这些手段无法解决双方分歧和矛盾时,较量就会重新回到军事领域。

建构主义理论认为,国家间关系是可以建构的,可以根据自身需要将双方关系塑造为朋友关系、竞争伙伴关系和对手关系。建构主义理论看到社会心理文化在国际关系中的重要作用,但它也有很多缺陷。第一,建构主义过于重视人的主观作用,忽视客观物质条件的重要性。第二,建构主义没有认识到国家的主观建构不是万能的,国家间存在顽固的消极的文化历史记忆。在国际关系中常常会出现的问题是,一方的主动、善意不能换来对方的友善,天生怀有敌意的国家可能无论怎样都建构不成伙伴关系。第三,双方关系的塑造必须站在对方立场上正确分析对方的好恶,而不能以己方立场主观武断地进行片面分析,否则可能会是"己之所欲,彼之所恶,己之所弃,彼之所求"。

二、全球安全危机及其表现

当今世界充满着高度不确定性。全球安全正面临前所未有的危机,并有加剧的风险,主要表现在:(1)世界范围新冠肺炎疫情的持续扩张;(2)大国博弈加剧世界局势的动荡;(3)新冷战思维下西方主要国家正在谋求发展新核武威慑企图;(4)恐怖主义呈现向全球扩散的趋势,国际社会安全面临的严重威胁。

1. 世界范围内新冠肺炎疫情的持续扩张。根据 WHO 网站提供的数据,自从 2020 年初新冠肺炎疫情暴发以来,截至 2021 年 9 月 7 日,全球新增新冠肺炎确诊病例累计报告 217021468 例,累计死亡 4510227 例。世界卫生组织无法有效组织全球性高效防疫。在人类遭遇前所未有的疫情大流行和死亡大威胁面前,各国各行其是,表现出典型的无政府状态下的自救模式,为保自身安全无所

---

① John J. Mearsheimer, "The False Promise of International Institutions," *International Security*, Volume 19, Number 3, Winter 1994/95, p. 7.

不用其极:英国和瑞典放弃防疫,搞群体免疫;美国在疫情面前本应负起道义责任,但它再次显示出自认为"优越种族"的霸凌主义倾向,不顾一切地抢夺他国防疫物资。由于国情和民情各异,各国在疫情防控中的表现迥异。欧美国家在中国疫情发生开始先是批评嘲讽中国武汉等地的社区封闭管理没有人权,在中国抗击疫情取得世界罕有的成就时,又认为报道不真实,背后有所掩盖。当疫情传播到欧美各国时,当地人民不但不愿佩戴口罩,而且还动辄聚会玩乐、示威游行,将抗击疫情当作儿戏。中国与西方国家人民和政府面对疫情的不同表现深刻反映了各国的国力差距。

在欧美国家围绕着病毒冠名、病毒源头等问题争论不休,无法拿出有效的应对方案抗击疫情之时,中国既在国内团结高效地打赢了抗击疫情攻坚战,又积极主动地与各国分享病毒数据和疫情信息,向 127 个国家、4 个国际组织提供防疫物资援助,履行自己的国际义务和责任。由于欧美国家社会和政府防范疫情不当,新冠病毒疫情在西方各国日益加剧。美国已经丧失对疫情的控制,美国政府甚至表示要放弃疫情控制。欧洲各国则正面临疫情二次暴发的风险。

新冠肺炎疫情深刻地证明,人类处于一个紧密相连的命运共同体之中,任何国家都躲避不了疫情的影响。任何国家都无力单独应对这场全球公共卫生危机。疫情防控和根治不是保护好自己就万事大吉。只要还有其他国家仍然处于疫情当中,国际社会就无法置身事外。面对全球肆虐的新冠病毒,人类有史无前例的紧迫性去建立一个抗击疫情的卫生健康共同体,搭建一个共享疫情信息、疫苗研发合作的平台。

2. 大国博弈加剧世界局势的动荡。2017 年出台的《美国国家安全战略报告》明确把大国之间的战略竞争视为对美国国家安全的首要威胁。特朗普上台后,美国不断对伊朗实施极限施压,加大制裁力度,对伊朗石油出口进行制裁。2019 年,美国将伊朗伊斯兰革命卫队认定为"恐怖组织"。2020 年初,美国利用无人机发射导弹空袭伊朗革命卫队圣城旅指挥官苏莱曼尼。这标志着大国在中东以及全球热点地区的博弈进入白热化阶段。为了压制中国的发展势头,美国提出印太战略,试图利用印度制衡中国。它还纠集中国周边各国组建"亚洲版北约",并妄图吸收日本形成"六眼联盟"。高加索地区的阿塞拜疆、亚美尼亚发生地缘政治冲突,亚、阿战争的爆发实际上是美、俄、土等国家利益在此汇聚胶着的结果。在美国等西方国家煽动之下,俄罗斯最近发生了反对普京的多地大规模游行。美国正不断收缩对自己的假想敌中国、俄罗斯、伊朗等国的包围。由于美国国力衰退,特朗普政府推行孤立主义国际政策,原有的国际体系和国际格局正在被重塑。拜登政府沿袭其前任的孤立主义国际政策。国际力量风起云涌,过去在美国一手主导的国际政治体系和国际格局的强力压制下蓄积蛰伏的不同地区的地缘政治力量,此时开始借机希望改变困局,敏感地带的武力冲突增加和摩擦频率上升。印巴之间和中印之间的摩擦加深,美国提高对台军售规模。特别值得关注的是,2021 年 6 月 6 日,美国议员团特意窜访台湾,军机降落在台北松山机场,这是 40 年来美国军机首次主动"访台"。台海危机正在日益加剧。美国不断派出航空母舰,游弋南海,制造南海紧张局势,遏制中国发展的意图日益明显。中东、中亚、亚太成为大国军事博弈主要地区,世界军事局势存在日益紧张趋势。尽管特朗普竞选连任失败,民主党候选人拜登入主白宫,但是,美国与主要战略竞争对手的紧张关系并没有缓和的趋势。

3. 冷战思维死灰复燃,西方主要国家谋求新核武威慑。二战后全球范围内虽然偶有区域性的热战爆发,但是没有再发生大规模的全球性战争。国际体系维持加迪斯(John Lewis Gaddis)所谓较长周期的"长和平"。美苏相互确保摧毁战略的核威慑构成一种相对的"战略稳定性"[①]。20 世纪 90 年代初,东西方冷战随着苏联和东欧社会主义阵营的解体而终结,中国实施全面改革开放,主动融入现代民主与自由社会,人类社会进入一个相对和平与发展时期。以中国为代表的社会主义国际力量和以美国为代表的当代资本主义国家,在意识形态等领域的冲突与斗争相对温和,中、美、俄等大国关系也相对稳定。然而,2017 年,特朗普上台后,美国国家安全战略急剧转向。美国系列举措逐步打破"战略稳定"。一方面,美俄双方回到核武竞赛轨道,严重威胁人类和平。2018 年,特朗普政府退出伊核协议,意欲发展低当量核武器,投入巨资升级美国核武库。2018 年 10 月 20 日,美方指责俄方 4 年来多次违反条约规定,以此为由拟退出《中导条约》。2019 年 2 月 2 日起,美方暂停履行《中导条约》相关义务,正式启动为期 180 天的退约进程。同日,俄罗斯总统普京宣布,俄罗斯暂停履行《中导条约》义务,以回应美国相同的举措。2019 年 3 月 4 日,普京签署停止履行《中导条约》法令。2019 年 8 月 2 日,《中导条约》正式失效。美军将在亚太地区部署更多中程导弹。英国也一直在游说美国国会支持升级核弹头,认为这是确保北约作为一个核联盟之未来的关键。美国 2018 年 2 月出台的《核态势评估报告》表示,美国新核武器战略将扩大核武器使用范围,其中的使用条件甚至包括美国受到最严重的网络攻击。美国军控协会强调,这将意味着"自从 1972 年以来首次不再有对美国核武器的法律约束力和有效限制"[②]。国际社会为削减核武器和防止核扩

---

① 李彬、胡高辰:《美国视阈中的中国核威慑有效性》,《外交评论》,2018 年第 5 期,第 24 页。

② "Arms Control Association, INF Treaty Crisis: Background and Next Steps," *ISSUE BRIEFS*, Volume 11, Issue 4, February 1, 2019 https://www.armscontrol.org/issue-briefs/2019-02/inf-treaty-crisis-background-next-steps

散以及彻底摧毁核武器而做出的努力将付诸东流,最终引发新一轮核军备竞赛。[1]

4. 恐怖主义呈现向全球扩散趋势,国际社会安全面临严重威胁。现代文明社会在组织形式、军事技术、工业技术、交通工具等方面对国际恐怖主义形成了碾压性优势,但是后者仍然可以用渐进渗透的方式,以难民身份等多种形式进入全球各国,逐渐主导这些国家的内外政策。"恐怖主义已经演化成为了一种特殊的全球化势力,恐怖组织利用跨国网络进行运作,从地球的某一个遥远角落控制着地球另一端的暴力行为。"[2]恐怖主义的全球扩散主要表现为,在组织形式上恐怖组织运用更加多样广泛的方式、策略,采取人口"圣战"、难民身份掩护、迁徙圣战等多种方式进入各国国内,从内部发动本土恐怖主义袭击来给各国造成沉重打击。国际社会不仅要在境外反恐战场上面对面地与恐怖分子作战,还要在国内各个领域、环节与恐怖主义作斗争。此外,国际恐怖主义还运用现代高科技手段以及网络传媒等方式加速传播自己的意识形态。"从贫困和高度伊斯兰化的腹地到欧洲和美国的大范围的穆斯林移民,使得各种潜在的应募者、同情者和金融与政治支持者出现。"[3]外国雇佣战士广泛介入从波斯尼亚到菲律宾的世界各地的冲突之中,使得圣战变得更加全球化。[4] 以英、法、德为代表的欧洲各国多年来为了补充劳动力不断从中东、北非各国吸收移民并引进难民,使得本国人口比例大幅伊斯兰化,已经接近了不可逆的节点。这些国家今后将会面临越来越严重的族群冲突和意识形态冲突。西方文明正在面临衰落的风险。[5]

恐怖主义对现代文明社会构成严峻挑战。例如,2013 年 4 月 15 日,美国波士顿科普里广场发生恐怖主义袭击事件,造成 3 人死亡,183 人受伤。2016 年12 月 19 日,德国柏林发生恐怖主义袭击事件,造成 12 人死亡,50 人受伤。2017年 6 月 3 日,英国伦敦桥发生恐怖主义袭击事件,造成 8 人死亡,48 人受伤。2020 年 10 月 29 日,法国尼斯圣母大教堂发生恐怖主义袭击事件,造成 1 人死亡数人受伤。2020 年 11 月 2 日,奥地利首都维也纳发生恐怖袭击事件,造成 7

---

[1] "The Trump Administration and Nuclear Weapons," *Strategic Comments*, No. 4(2019), pp. 7-9.

[2] [美]基欧汉:《局部全球化世界中的自由主义、权力与治理》,门洪华译,北京:北京大学出版社,2004 年版,第 310 页。

[3] Hillel Frisch, Efraim Inbar, *Radical Islam and International Security: Challenges and Responses*, New York and London: Routledge, 2008, p. 2.

[4] Thomas Hegghammer, "The Rise of Muslim Foreign Fighters Islam and the Globalization of Jihad", *International Security*, No. 3 (2010), pp. 53-94.

[5] Glenn Thrush & Julie Hirschfeld Davis, "Trump, in Poland, Asks if West Has the 'Will to Survive'," July 6, 2017. https://www.nytimes.com/2017/07/06/world/europe/donald-trump-poland-speech.html.

人死亡，多人受伤。"因为'反恐战争'是开放式的，没有指明对手，没有明确目标，所以很难知道战争何时结束，何时才能宣告胜利。"[①]人类必须团结一致共同应对恐怖主义威胁。建立国际反对恐怖主义合作的人类安全共同体任重而道远。

综上所述，当今人类既面临领土争端、边界纠纷、暴力冲突、武器与军控、战争与和平等传统安全问题，又面临恐怖主义、气候变化、环境保护、人类健康、失败国家治理、能源危机、生态危机等非传统安全问题。传统安全观无法解决人类安全困境。[②]

三、关于人类安全共同体之构想

马克思主义有着与西方安全理论不同的人类安全观。马克思和恩格斯把战争与阶级、私有制和剥削联系起来，认为战争是私有制出现以后的产物，人类只有消除私有制和剥削，才能消除战争的根源。除了原始社会之外，至今一切人类社会的历史，都是阶级斗争的历史。到了20世纪初，列宁认为，帝国主义是资本主义发展的最高阶段。资本主义国家运用自己雄厚的经济、政治、科技和金融实力，实现生产和资本的高度集中和垄断，将发展中国家变为自己的原材料来源地和商品输出地，并用武力使之受尽奴役、压迫和剥削。当代西方马克思主义者沃勒斯坦认为，当代国际社会在空间范围上表现为中心、半边缘和边缘三个层次结构，中心地带的发达资本主义国家通过对边缘地带国家的支配来实现永久繁荣。处于边缘地带的弱小发展中国家只能依附于发达国家而任人宰割。新安全观是马克思主义安全观的最新发展。中国政府和中国学界是这种新安全观的主要倡导者和积极推动者。

改革开放以来，中国政府主张不同制度的国家可以和平共处。一方面，中国充分利用和平与发展的时代机遇，不断发展自己和壮大自己。另一方面，中国不走别国老路，主张和平崛起但不谋求世界霸权，在"互信、互利、平等、协作"的新安全观基础上构建人类安全共同体，应对全球安全危机。

1. 新安全观的提出。中国政府和中国学界经过长期实践摸索和理论探讨，

---

① Alex J. Bellamy, *Fighting Terror: Ethical Dilemmas*, London and New York: Zed Press, 2008, p.128.
② 余潇枫：《中国非传统安全研究报告（2012—2013）》，北京：社会科学文献出版社，2013年版，第11页。

提出了与传统安全理论不同的新安全观。新中国成立之后不久,中国政府提出"平等互利、和平共处"①的外交原则。20世纪70年代末,中国开始推行社会主义制度改革和对外开放政策,与美国等西方发达国家建立正常外交关系,开展经济贸易和文化交流。20世纪80年代末,中俄关系也得到改善。邓小平同志表示和平与发展是当今世界主流,他提出"韬光养晦、有所作为"②的外交思想。进入新世纪之后,中国更加积极主动地与西方发达国家合作。2002年11月8日,江泽民同志提出中国外交政策的宗旨是"维护世界和平,促进共同发展"③。2009年9月23日,胡锦涛同志在联合国大会提出"互信、互利、平等、协作"的安全观④。2014年5月21日,习近平同志提出"共同、综合、合作、可持续"的亚洲安全观,表示要"创新安全理念,搭建地区安全和合作新构架,努力走出一条共建、共享、共赢的亚洲安全之路"⑤。进入新时代之后,根据世界形势的最新变化,中国政府和中国学界倡导的安全观是,以人类社会存在制度多样和文化传统及价值多元为基本前提,以人类处于同一地球,构成一荣俱荣、一损俱损的命运共同体为基本预设,以人类共享和平、安全、合作与发展成果为基本主张,以人类共同体长期实现安全和和平为基本目标,注重每一个人的生命保护和全体人类的合作共赢。⑥

上海合作组织是中国实施新安全观及其外交理念的典范。上海合作组织成立最初旨在打击"三股势力"和加强边境地区互信。随着时间的推移,上海合作组织各国之间不断加深在经贸、能源、科技、教育、文化和卫生等领域的合作。上海合作组织在维护地区安全稳定、推动地区问题解决、国际关系民主化和全球治理等许多方面都发挥了非常重要的作用。在2019年6月的上合组织成员国元首理事会第十九次会议上,习近平呼吁各国携手构建更加紧密的上海合作组织命运共同体。⑦ 上海合作组织的发展历程表明,不同文明之间可以互利互信,携

①　徐坚:《论和平共处五项原则的理论与实践》,《国际问题研究》,2005年第1期,第14页。

②　王缉思:《中国的国际定位问题与"韬光养晦、有所作为"的战略思想》,《国际问题研究》,2011年第2期,第6页。

③　陈承红:《维护世界和平促进共同发展——江泽民对邓小平国际战略思想的丰富与发展》,《新乡师范高等专科学校学报》,2004年第3期,第4页。

④　张朔:《胡锦涛首次出席联大一般性辩论推动建设和谐世界》,https://www. chinanews.com/gn/news/2009/09-24/1882717.shtml.

⑤　王希、贾远琨:《习近平:应积极倡导共同、综合、合作、可持续的亚洲安全观》,http://www.xinhuanet.com//world/2014-05/21/c_1110792359.htm.

⑥　张蕴岭:《新安全观与新安全体系构建》,北京:社会科学文献出版社,2015年版,第101页。

⑦　曾向红:《上海合作组织命运共同体:一项研究议题》,《世界经济与政治》,2020年第1期,第104页。

手前进。同时,它巧妙破解了长期困扰西方战略学家的"安全困境"难题。这本身就是一个重要成就。

因此,新安全观是中国外交理念对马克思主义安全观以及人类共同体理念的继承和创新,摒弃了传统安全观的利益冲突视角,基于全球人类未来发展的共同命运,提倡携手合作互利共赢,消除各方猜忌,实现共同发展。

2. 构建人类安全共同体。人类只有携手合作、紧密团结,构建安全共同体,才能解决共同面临的错综复杂的安全威胁。安全共同体意指一组高度一体化的人群,"他们的一体化已经达到在一个区域内形成了一种'共同体'意识,并形成了正式的和非正式的制度和惯例,这些广泛而强有力的制度和惯例就是要长期保证其区域内人们对和平变革的可靠期望"[①]。"他们确信共同体成员之间不会诉诸战争,而是通过其他方式来解决他们之间的争端。"[②]基于共享的身份、价值和意义,并有多边直接互动和长期互惠利益的群体最终就有可能形成紧密的安全共同体。阿德勒(Emanuel Adler)和巴涅特(Michael Barnett)用三个层级的组织架构描述了安全共同体的形成过程:第一层级是促发性条件,包括技术、人口、经济与环境的变化、对社会现实的新解释以及外来的威胁。第二层级是权力、知识、交往、组织和社会学习等因素。第三层级是通过第二层级的多重因素的发展随之而来的相互信任和集体身份的认同。满足三个层级条件,安全共同体最终形成。[③] 三个层级条件从发展过程来看也可以称为初始阶段、上升阶段和成熟阶段。共同体成员共同面临的威胁和灾难性事件都可能促成安全共同体的建立。[④]

安全共同体的形成,在一定程度上解决了群体内部的安全困境。安全共同体明确各方的共同利益,形成更加紧密的关系纽带。安全共同体成为群体成员之上的秩序提供方,解决各方相互之间的内在疑虑,使共同体成员得以安心共同应对外部问题。安全共同体具有"超国家主义"特征。"安全共同体在发展到成熟阶段时会出现'超国家主义'或'后主权体系'的特征,此时它能够容纳共同的国家制度以及超国家和跨国制度,并需要一整套介于一个主权国家和一个地区

---

① [加]阿查亚:《建构安全共同体:东盟与地区秩序》,王正毅译,上海:上海人民出版社,2004年版,第22页。

② Karl W. Deutsch, *Political Community at the International Level: Problems of Definitions and Measurement*, New York: Doubleday & Company, 1954, p.33.

③ [以]阿德勒、[美]巴涅特:《安全共同体》,北京:世界知识出版社,2015年版,第38页。

④ [加]阿查亚:《建构安全共同体:东盟与地区秩序》,王正毅译,上海:上海人民出版社,2004年版,第29-30页。

的集权化的政府之间的规则。"①

阿德勒和巴涅特认为,安全共同体可有两种模式:合并模式和多元模式。②合并模式多是在外部强烈压力下由各方成员通过官方政府机构有组织的运作而形成。多元模式则是形成前后都始终保持自愿松散的运作机制。安全共同体有两种形成方式,一种是基于共同面对的外部强大的急剧压力而迅速形成,一种是基于长期交往合作而自然形成。这也分别对应了阿德勒和巴涅特的合并模式和多元模式。外界因素的急剧压力往往是促发共同体迅速形成的一个有利因素。"国家与非国家行为体都可以促进安全共同体的形成",安全共同体也有可能"从基于共同安全威胁的军事联盟演化而来"③。从安全共同体形成的驱动主体来看,它包括自上而下的以官方为主导的带动模式和自下而上的以民众之间交往为主导的影响模式。两者都起着重要的作用,官方主导的模式可带来强烈的效果,但是如果没有民众之间的长期交往而产生的民间心理情感基础为辅助依托,自上而下的官方模式效果难免打折扣。

命运共同体的演化可能会历经价值共同体、安全共同体、利益共同体和情感共同体等不同阶段。④ 情感共同体是命运共同体形成的必要阶段,也是命运共同体发展到成熟时期的一个标志。它往往是自然而然形成的,没有明显的标志,是成员之间人民在心理上的情感纽带。在外部强烈压力和内部交往机制长期塑造之下,当安全共同体发展到一定的成熟阶段时,原有的国家之间的明确身份界限以及边界壁垒可能变得模糊而消失,成员之间为了更高集体使命和共同命运目标而奋斗的责任感越来越强烈。成员不再用战争方式解决内部分歧。长期交往合作形成的相互信任和对集体身份的认同,尤其是在突发性外部威胁促发下形成的各方之间基于解决外部威胁而形成的长期合作关系,在威胁解除之后,这种伙伴关系有可能保持并继续加深。西方国际关系理论当中著名的"永恒利益论"不能通用,中华文化以桃报李式"交往—回馈"机制自有道理。国家和个人行为在国际关系中的交往动机并不完全基于利益视角,往往伴随情感机制。从上海合作组织、中国与周边部分国家关系来看,国家间关系已经普遍具备安全共同

---

① ［加］阿查亚:《建构安全共同体:东盟与地区秩序》,王正毅译,第 47 页。

② Emanuel Adler & Michael Barnett, "Security Communities in Theoretical Perspective," in Emanuel Adler and Michael Barnett, ed. , *Security Communities* , Cambridge: Cambridge University Press, 1998, pp. 5-6.

③ Simon Koschut, "Regional order and peaceful change: Security communities as a via media in international relations theory," *Cooperation and Conflict* , No. 4(2014), p. 520.

④ 曾向红:《上海合作组织命运共同体:一项研究议题》,《世界经济与政治》,2020 年第 1 期,第 115 页。

体形成所需要的前期基础。

因此,面对复杂的安全问题,需要超越传统安全观的零和博弈视角,从人类整体利益出发,协调解决人类面临的普遍问题。① 基于既往一贯的"平等互利、和平共处"的外交原则,中国与区域国家之间建立的命运共同体应该会遵循多元模式的发展方式,不针对外部第三方势力,在共同体内部也会保持互尊、互信、共同发展、携手前进的主基调。

四、构建人类安全共同体的基本步骤

"安全的本质是平衡。"②构建人类安全共同体,从理念到实践需要一个过程。构建一个全球安全的人类命运共同体,在现实性上尚不具有可行性,但是这不妨碍我们在理论上进行必要探讨。人类安全共同体具有超国家性质,具有一种"世界政府"的特质。然而,"在一个由国家组成的、没有多少凝聚力的国际社会里,所有要建立世界政府的努力,只会以一种混乱局面告终。世界政府的美好前景,只能是一张准备世界内战的请帖"③。"国家从来就没有承认建立世界政府的必要性。政府之间甚至无法就相互承认对方的生存权利和放弃使用武力解决争端的权利而达成协议,它们几乎根本不可能同意把自己的安全和其他重要的利益托付给一个世界权威来照管。"④我们很难设想一个全球性的"帝国体系或者等级体系会被建立起来,即使这样一个体系建立起来,它也是短命的"⑤。全球层面的人类安全共同体尚难以建立,唯一可行性选择路径只能是从地区和区域性层面着手,待时机和条件成熟再发展带动其他国家逐渐加入。巴里·布赞将地区安全体系称为"安全复合体",认为"首要的安全需求彼此联结在一起以至于其国家安全不能被孤立地加以审视"⑥。这是人类的不幸命运。我们必需一股力量来扭转这一趋势。

中国是扭转这一趋势的主要力量。在美国逐步开始采取单边主义、孤立主

---

① 高清海、余潇枫:《"类哲学"与人的现代化》,《中国社会科学》,1999 年第 1 期,第 75 页;余潇枫、陈佳:《核正义理论与"人类核安全命运共同体"》,《世界经济与政治》,2018 年第 4 期,第 71 页。

② 黄昭宇、王卓宇:《新安全观的建构及其要义》,《和平与发展》,2015 年第 6 期,第 76 页。

③ 〔美〕华尔兹:《国际政治理论》,信强译,上海:上海人民出版社,2008 年版,第 118 页。

④ Hedley Bull, *The Anarchical Society: A Study of Order in World Politics*, 2002, New York: Palgrave Macmillan, pp. 252-253.

⑤ 〔英〕布尔:《无政府社会:世界政治秩序研究》,北京:北京大学出版社,2007 年版,第 212 页。

⑥ 〔英〕布赞:《人、国家与恐惧:后冷战时代的国际安全研究议程》,闫健、李剑译,北京:中央编译出版社,2009 年版,第 192 页。

义之际，中国提倡建立人类的安全共同体，从根源上治理恐怖主义正当其时。中国有足够的道义义务和国际责任继续撑起全球反恐联盟的大旗，为全球安全治理贡献自己的力量。中国实现扩大开放和走出去战略，必将与恐怖主义发生更多正面冲突和利益纠葛。中国将有更多海外利益需要得到保护。恐怖主义全球化扩散之后，反对恐怖主义不再是某个单一国家的问题。这是中国实施"走出去"战略、扩大对外开放，为实施"一带一路"倡议创造应有安全环境的需要，也是中国共产党实现"两个一百年"奋斗目标和伟大民族复兴战略的必然选择。

1. 在相关国家间达成反恐合作协议，明确基本规范。在联合国以及区域性国际组织成员国之间建立反恐常设机构和机制，签署反恐合作法案文件，用国际反恐法案倒逼各地区和国家强化反恐责任，建立国际反恐合作奖惩和制裁机制。"一带一路"沿线国家存在恐怖主义风险，为了便利"一带一路"的开展，除了金融合作机制之外，还需要设立专门服务于"一带一路"的国际刑事法院，在相关国家设立司法合作交流协调机制，从立法源头上打击国际恐怖主义的生存空间，加强各参与国的海外利益保护。

2. 在联合国框架内建立全球安全常备武装力量，扩大国际维和部队的权限和职能。联合国是人类为实现永久和平而缔造的产物，由威尔逊倡导的国联演变而来。联合国创立后为人类和平发展作出了很多贡献，但是它的功能并没有得到有效发挥，机制还很不健全、不完善，还有许多需要改进的地方。联合国成立后，虽然没有爆发大规模的惨烈的国际战争，但是小规模冲突和地区间战争始终不断。在国际反恐问题和环境治理、裁军等许多议题上，联合国常被视为无用的摆设，这与其创立开始就没有足够权威和号召力有关。因为没有独立的武装机构，联合国议事机构常常议而不决、令而不从。虽有维和部队，但是行动范围和权限都受到严格设定。维和部队甚至无法保证自身的安全。

联合国出台过许多机制和文件，但是这些都是建议性的。联合国实行"弱的治理"。然而。在全球反恐议题上，有必要加强联合国的"强的治理"。"'强的治理'是在特定权威主体的统领之下，通过建构具有强力功效的全球制度安排，"①采取积极的行动策略实现全球层次的治理秩序。通过有足够影响力和国际声望的国家的推动，实现强化联合国治理，改变联合国在全球反恐问题上效率低下、令出多门的痼疾。实现全球正义的全球反恐有必要扩大联合国的权威，在联合国框架下设立一只令出必行的高效率的战斗部队。虽然民族国家仍然是对人类个体最有效的权益保障实体，但是在许多人类共同利益问题上，仍有必要设立强有力的国际组织，敦促不同国家开展有效合作。实现这一构想，必定遇到重重阻

---

① 蒋小杰：《基于全球正义视角的全球治理规制重建》，《思想战线》，2019 年第 1 期，第 87 页。

力和艰难挑战,但是,地区国际组织正在向这一方向努力。

3. 国际社会对失序国家的国际保护责任。"保护责任"概念的提出是一个长期发展的过程。"保护责任"概念可以上溯到西方殖民主义时期,当时的欧洲殖民者为了论证自己殖民活动的合法性,提出了白人对落后的第三世界具有"保护责任"的观念。2005 年联合国首脑会议将其界定为,如果一个国家无法履行使国民免遭"灭绝种族、战争罪、族裔清洗和危害人类罪"的责任时,国际社会可代替其履行"保护责任"[①]。中国对"保护责任"的认识经历了从审慎平衡到参与式倡导的发展过程。随着自身国际地位的上升,中国逐步认识到自己肩负的大国责任。国际社会对失序国家具有一定的"保护责任",如果任其长期混乱下去而置之不理,国际社会难免受到恶劣影响而殃及自身。

国际社会履行"保护责任"必须在经联合国框架讨论授权时就对各方面的行为标准有严格的权限界定,对实行"保护责任"有明确而详细的方案。履行保护责任不是对当事国的武装侵略,应以不伤害当地国家主权为基本原则,在完成对外干涉行动后及时将武装力量撤回,恢复当地社会政治秩序。

4. 安全共同体在重点方向先行先试,树立模范效应。建立大国主导型的区域层次的安全共同体。对中国来说,以上合组织为依托,建立面向中亚、南亚的安全共同体是一个较好选择。中国与中亚、南亚国家已经初步具备建立安全共同体的主客观条件。

当下可以先行在上海合作组织国家区域之内进行尝试,集各国之力建立一支专门用于反恐的集体常备武装力量。在方向上可以选取中巴走廊作为重点方向进行先行试点,等经验和方案成熟时吸引更多成员国加入进来。中巴经济走廊是"一带一路"建设的重要通道,也是恐怖主义、分离主义威胁非常严重的地区。巴基斯坦左右两侧与阿富汗、伊朗和印度接壤,周边都处于严重的地缘政治动荡地区。如果没有外界援助,巴基斯坦的存续必将无比艰难,单靠巴基斯坦自身力量已经难以完成打击恐怖主义的重任。从北部的白沙瓦到南部的俾路支斯坦,处处存在着不安全隐患,在其他大国干预下,巴基斯坦甚至有再次被肢解的风险。

中、巴两国有着较为相似的历史命运,两国都曾经遭遇过外来殖民侵略和帝国主义压迫,双方在国家命运最艰难时期相互携手走到了一起。中巴两国虽然在制度、文化上有着各自差异,但是这丝毫未能影响双方的亲密接触。中巴两国彼此互相尊重对方的社会制度、文化习俗,两国人民之间已经形成了亲密交往的纽带,各自在对方人民的心里都有着较高的形象认可,巴基斯坦在宪法中特别制

① 潘亚玲:《中国与"保护的责任"原则的发展》,《国际观察》,2016 年第 6 期,第 50 页。

定"损害中巴友谊罪"条款，中国人民也亲切地将巴基斯坦人称为"巴铁"，两国人民在心中都将对方视为自己最可以依靠和信赖的国家。两国已经基本具备阿德勒描述的建立安全共同体所需的前两个层级条件，又面临严峻的外来威胁和各自国家内部恐怖主义和分裂主义隐患，只要稍加引导，两国适时建立更加紧密的安全共同体已是水到渠成。

另外，上海合作组织成员国与中国是全天候战略合作伙伴。上海合作组织因打击"三股势力"和反对恐怖主义而生，可以在平等协商和尊重各方意愿和主权的前提下，开展军事合作，共同应对各国国内外恐怖主义和分裂主义威胁。

综上所述，受限于传统安全观，当今国际社会面临的安全危机愈演愈烈，人类社会正在形成一个紧密相连的命运共同体，国际社会必须抛弃旧的传统安全观，在"互信、互利、平等、协作"的新安全观基础上构建人类安全共同体，携手应对共同面临的严峻威胁，彻底终结恐怖主义的全球泛滥趋势。新冠肺炎疫情在世界范围的持续漫延，将让越来越多的世界普通民众和研究者认识到建构人类安全共同体的必要性、迫切性和适当性。今天的人类比任何时代更加渴望同情、谅解、团结和协助，而不是冷漠、计较、孤立和猜忌。

参考文献

（一）中文参考文献

[1] ［美］艾伯斯坦：《哈耶克传》，秋风译，北京：中国社会科学出版社，2003年版。

[2] ［以］阿德勒、［美］巴涅特：《安全共同体》，北京：世界知识出版社，2015年版。

[3] ［美］阿若诺威兹：《逝去的范式：反思国家理论》，李中译，长春：吉林人民出版社，2008年版。

[4] ［意大利］阿甘本：《论友爱》，刘耀辉等译，北京：北京大学出版社，2017年版。

[5] ［加］阿查亚：《建构安全共同体：东盟与地区秩序》，王正毅译，上海：上海人民出版社，2004年版。

[6] 艾四林、曲伟杰：《民族国家是否已经过时——对全球正义的一种批判性考察》，《清华大学学报》（哲学社会科学版），2012年第2期，第31-37页。

[7] ［法］班达：《知识分子的背叛》，佘碧平译，上海：上海人民出版社，2005年版。

[8] ［俄］别尔嘉耶夫：《俄罗斯思想》，雷永生、邱守娟译，北京：生活·读书·新知三联书店，1995年版。

[9] ［法］皮凯蒂：《21世纪资本论》，巴曙松等译，北京：中信出版社，2014年版。

[10] ［法］皮耶鲁齐、［法］阿伦：《美国陷阱：如何通过非商业手段瓦解他国商业巨头》，北京：中信出版社，2019年版。

[11] ［古希腊］柏拉图：《理想国》，郭斌和、张竹明译，北京：商务印书馆，1986年版。

[12] ［英］伯林：《论自由》，胡传胜译，南京：译林出版社，2003年版。

[13] ［英］布尔：《无政府社会：世界政治秩序研究》，北京：北京大学出版社，2007年版。

[14] ［美］布坎南：《自由的界限》，董子云译，杭州：浙江大学出版社，2012

年版。

[15]［新西兰］布洛克：《全球正义：世界主义的视角》，王珀、丁祎译，重庆：
重庆出版社，2014年版。

[16]［英］布赞：《人、国家与恐惧：后冷战时代的国际安全研究议程》，闫健、
李剑译，北京：中央编译出版社，2009年版。

[17]［美］博茨曼：《共享经济时代：互联网思维下的协同消费商业模式》，唐
朝文译，上海：上海交通大学出版社，2015年版。

[18]［美］博格：《康德、罗尔斯与全球正义》，刘莘、徐向东译，上海：上海译
文出版社，2010年版。

[19]蔡从燕：《国际法上的大国问题》，《法学研究》，2012年第6期，第188-
209页。

[20]陈波、洪远朋：《协调利益关系，构建利益共享的社会主义和谐社会》，
《社会科学》，2007年第1期，第4-13页。

[21]陈承红：《维护世界和平促进共同发展——江泽民对邓小平国际战略
思想的丰富与发展》，《新乡师范高等专科学校学报》，2004年第3期，
第4-7页。

[22]程恩富、张建刚：《坚持公有制经济为主体与促进共同富裕》，《求是学
刊》，2013年第1期，第62-67页。

[23]陈斌开、林毅夫：《发展战略、城市化与中国城乡收入差距》，《中国社会
科学》，2013年第4期，第81-102页。

[24]陈斌开、张鹏飞、杨汝岱：《政府教育投入、人力资本投资与中国城乡收
入差距》，《管理世界》，2010年第1期，第36-43页。

[25]陈东、黄旭锋：《机会不平等在多大程度上影响了收入不平等？——基
于代际转移的视角》，《经济评论》，2015年第1期，第3-16页。

[26]陈钊、万广华、陆铭：《行业间不平等：日益重要的城镇收入差距成
因——基于回归方程的分解》，《中国社会科学》，2010年第3期，第
65-76页。

[27]陈小鸿：《论人的自由全面发展》，北京：人民出版社，2004年版。

[28]程人乾：《论近代以来的世界民族主义》，《历史研究》，1996年第1期，
第56-68页。

[29]崔洪健：《德国欲禁佩蒙面面纱，是"文明冲突"还是治理危机》，《环球
时报》，2016年12月16日。

[30]［法］达努奇：《世界是不确定的：全球化时代的地缘政治》，吴波龙译，
北京：社会科学文献出版社，2009年版。

[31] [法]德布鲁:《规范性概念:从哲学到医学》,《哲学分析》,2011 年第 2 期,第 98-106 页。

[32] [美]德沃金:《原则问题》,张国清译,南京:江苏人民出版社,2005 年版。

[33] [美]德沃金:《至上的美德,平等的理论与实践》,冯克利译,南京:江苏人民出版社,2007 年版。

[34] 董宁博、刘凯、杨斐:《试析全球化时代国家主权让渡的现实可能性》,《国际关系学院学报》,2010 年第 2 期,第 1-5 页。

[35] 董振华:《共享发展理念的马克思主义世界观方法论探析》,《哲学研究》,2016 年第 6 期,第 13-18 页。

[36] 段德敏:《英美极化政治中的民主与民粹》,《探索与争鸣》,2016 年第 10 期,第 76-80 页。

[37] 房宁、王炳权:《民族主义何以可能》,《科学社会主义》,2007 年第 2 期,第 33-35 页。

[38] 费孝通:《反思·对话·文化自觉》,《北京大学学报》,1997 年第 3 期,第 15-22 页。

[39] [美]菲尔德:《利他主义倾向——行为科学、进化理论与互惠的起源》,赵培等译,长春:长春出版社,2005 年版。

[40] 冯珏:《安全保障义务与不作为侵权》,《法学研究》,2009 年第 4 期,第 62-79 页。

[41] [美]弗雷曼:《罗尔斯》,张国清译,北京:华夏出版社,2013 年版。

[42] [美]福山:《国家建构:21 世纪的国家治理与世界秩序》,黄胜强等译,北京:中国社会科学出版社,2007 年版。

[43] [美]福山:《信任——社会美德与创造经济繁荣》,彭志华译,海口:海南出版社,2001 年版。

[44] 甘犁:《中国家庭资产状况及住房需求分析》,《金融研究》,2013 年第 4 期,第 1-14 页。

[45] [英]盖尔纳:《民族与民族主义》,韩红译,北京:中央编译出版社,2002 年版。

[46] 高清海、余潇枫:《"类哲学"与人的现代化》,《中国社会科学》,1999 年第 1 期,第 70-79 页。

[47] 高全喜:《法律秩序与自由正义》,北京:北京大学出版社,2006.

[48] 高永久、朱军:《论多民族国家中的民族认同》,《民族研究》,2010 年第 2 期,第 26-35 页。

[49] 〔日〕沟口雄三:《中国的公与私》,郑静译,北京:生活·读书·新知三联书店,2011年版。

[50] 龚群:《论社会主义市场经济条件下的社会公平正义》,《哲学研究》,2013年第2期,第114-117页。

[51] 〔英〕海伍德:《全球政治学》,白云真译,北京:中国人民大学出版社,2014年版。

[52] 韩庆祥:《新常态背景下中国由大变强的发展之道》,《学习时报》,2016年6月13日。

[53] 韩水法:《权利的公共性与世界正义——世界公民注意与万民法的比较研究》,《中国社会科学》,2005年第1期,第34-43页。

[54] 韩水法:《现代民族—国家结构与中国民族—国家的现代形成》,《天津社会科学》,2016年第5期,第4-29页。

[55] 〔美〕赫尔德、〔美〕罗西瑙:《国将不国——西方著名学者论全球化与国家主权》,俞可平译,南昌:江西人民出版社,2004年版。

[56] 郝时远:《民族分裂主义与恐怖主义》,《民族研究》,2002年第1期,第1-11页。

[57] 何怀宏:《战争、政治与道德——国际关系伦理思考之二》,《世界经济与政治》,2005年第1期,第13-18页。

[58] 何志鹏:《欧洲联盟体制内的发展权》,《当代法学》,2007年第1期,第91-98页。

[59] 〔德〕哈贝马斯:《超越民族国家?——论经济全球化的后果问题》,《马克思主义与现实》,柴方国译,1999年第5期,第60-64页。

[60] 〔英〕哈耶克:《自由宪章》,杨玉圣译,北京:中国社会科学出版社,1999年版。

[61] 〔英〕哈耶克:《致命的自负》,冯克利译,北京:中国社会科学出版社,2009年版。

[62] 〔英〕哈耶克:《通往奴役之路》,王明毅、冯兴元译,北京:中国社会科学出版社,1997年版。

[63] 〔英〕哈耶克:《经济、科学与政治》,冯克利译,南京:江苏人民出版社,2000年版。

[64] 〔英〕哈耶克:《哈耶克论文集》,邓正来译,北京:首都经济贸易大学出版社,2001年版。

[65] 〔德〕黑格尔:《法哲学原理》,范扬、张企泰译,北京:商务印书馆,1961年版。

[66] [德]黑格尔:《小逻辑》,贺麟译,北京:商务印书馆,1980 年版。

[67] 胡联合:《当代世界恐怖主义与对策》,北京:东方出版社,2001 年版。

[68] 胡为雄:《民族国家与全球化》,《北京行政学院学报》,2004 年第 4 期,第 47-52 页。

[69] 胡志平、甘芬:《国内共享发展若干问题研究述评》,《当代世界与社会主义》,2016 年第 4 期,第 197-208 页。

[70] 黄昭宇、王卓宇:《新安全观的建构及其要义》,《和平与发展》,2015 年第 6 期,第 61-81 页。

[71] 黄学贤:《形式作为而实质不作为行政行为探讨:行政不作为的新视角》,《中国法学》,2009 年第 5 期,第 41-52 页。

[72] [英]霍布斯:《利维坦》,黎思复、黎廷弼译,北京:商务印书馆,1985 年版。

[73] [英]霍布斯:《论公民》,应星、冯克利译,贵阳:贵州人民出版社,2003 年版。

[74] [英]霍布斯鲍姆:《霍布斯鲍姆看 21 世纪》,吴莉君译,北京:中信出版社,2010 年版。

[75] [澳]霍尔顿:《全球化与民族国家》,倪峰译,北京:世界知识出版社,2006 年版。

[76] [德]霍奈特:《自由的权利》,王旭译,北京:社会科学文献出版社,2013 年版。

[77] [英]吉登斯:《全球时代的民族国家》,郭忠华编,南京:江苏人民出版社,2010 年版。

[78] [美]杰维斯:《国际政治中的知觉与错误知觉》,秦亚青译,北京:世界知识出版社,2003 年版。

[79] [美]基欧汉:《局部全球化世界中的自由主义、权力与治理》,门洪华译,北京:北京大学出版社,2004 年版。

[80] [德]康德:《历史理性批判文集》,何兆武译,北京:商务印书馆,1990 年版。

[81] [德]康德:《实践理性批判》,韩水法译,北京:商务印书馆,2000 年版。

[82] [美]卡根:《美国缔造的世界》,北京:社会科学文献出版社,2013 年版。

[83] [德]卡斯特尔:《自我价值与共享思想》,董岩、唐子奕译,北京:北京出版社,2002 年版。

[84] [德]考夫曼:《社会福利国家面临的挑战》,王学东译,北京:商务印书

馆,2004 年版。

[85] [英]考克瑟、[英]罗宾斯、[英]里奇:《当代英国政治》,孔新峰、蒋鲲译,北京:北京大学出版社,2009 年版。

[86] [美]考德威尔:《哈耶克评传》,冯克利译,北京:商务印书馆,2007年版。

[87] [英]柯亨:《自我所有、自由和平等》,李朝晖译,北京:东方出版社,2008 年版。

[88] 李彬、胡高辰:《美国视阈中的中国核威慑有效性》,《外交评论》,2018年第 5 期,第 21-41 页。

[89] 李德顺:《怎样看"普世价值"?》,《哲学研究》,2011 年第 1 期,第 3-10 页。

[90] 李风华:《自我所有权:观点与议题》,《哲学动态》,2017 年第 12 期,第77-84 页.

[91] 李宗桂:《文化自觉与文化发展》,《中山大学学报》(社会科学版),2004年第 6 期,第 161-165 页。

[92] 李强:《当代中国正义理论的建构——社会分层与社会空间领域的公平、公正》,《中国人民大学学报》,2012 年第 1 期,第 1-11 页。

[93] [日]栗本慎一郎:《经济人类学》,王名译,北京:商务印书馆,1997年版。

[94] [俄]列宁:《列宁选集》(第 2 卷),中共中央著作编译局编,北京:人民出版社,1995 年版。

[95] [俄]列宁:《列宁全集》(第 38 卷),中共中央马克思、恩格斯、列宁、斯大林著作编译局编译,北京:人民出版社,1963 年版。

[96] 廉思、孙国华:《民族自决权实现方式的法理研究——以全民公决制度为对象的分析》,《政治学研究》,2008 年第 3 期,第 33-40 页。

[97] 梁治平:《法律的文化解释》,北京:生活·读书·新知三联书店,1994年版。

[98] 林毅夫:《照搬西方主流经济理论是行不通的》,《求是》,2016 年第 20期,第 57-59 页。

[99] 林毅夫、蔡昉、李周:《中国的奇迹:发展战略与经济改革》,上海:上海三联书店,1994 年版。

[100] 刘剑文、王桦宇:《公共财产权的概念及其法治逻辑》,《中国社会科学》,2014 年第 8 期,第 129-146 页。

[101] 刘清平:《美德还是腐败?——析〈孟子〉中有关舜的两个案例》,《哲

学研究》,2002 年第 2 期,第 43-47 页。

[102] 刘国华、吴博:《共享经济 2.0:个人、商业与社会的颠覆性变革》,北京:企业管理出版社,2015 年版。

[103] 刘文秀、王曙申:《欧洲联盟多层治理的理论与实践》,《中国人民大学学报》,2005 年第 4 期,第 123-129 页。

[104] 刘奕、夏杰长:《共享经济理论与政策研究动态》,《经济学动态》,2016 年第 4 期,第 116-125 页。

[105] 刘忠民:《关于冷战后世界民族主义的若干认识》,《世界民族》,1999 年第 4 期,第 1-7 页。

[106] 刘祖云:《政府与市场的关系:双重博弈与伙伴相依》,《江海学刊》,2006 年第 3 期,第 106-111 页。

[107] [美]罗尔斯:《正义论》(修订版),何怀宏、何包钢、廖申白译,北京:中国社会科学出版社,2009 年版。

[108] [美]罗尔斯:《道德哲学史讲演录》,张国清译,台北:左岸文化出版社,2004 年版。

[109] [美]罗尔斯:《万民法》,张晓辉等译,长春:吉林人民出版社,2001 年版。

[110] [美]罗蒂:《罗蒂和实用主义》,张国清译,北京:商务印书馆,2003 年版。

[111] [美]罗蒂:《筑就我们的国家:20 世纪美国左派思想》,黄宗英译,北京:生活·读书·新知三联书店,2006 年版。

[112] [美]罗蒂:《文化政治哲学》,张国清译,北京:北京大学出版社,2011 年版。

[113] [美]罗蒂:《后形而上学希望》,张国清译,上海:上海译文出版社,2009 年版。

[114] [美]罗克全:《最小国家的极大值——诺齐克的国家观的研究》,北京:社会科学文献出版社,2005 年版。

[115] 陆铭、陈钊:《城市化、城市倾向的经济政策与城乡收入差距》,《经济研究》,2004 年第 6 期,第 50-58 页。

[116] 吕增奎:《马克思与诺齐克之间——G.A.柯亨文选》,南京:江苏人民出版社,2007 年版。

[117] 马德普:《普遍主义还是历史主义?》,《政治学研究》,2005 年第 1 期,第 1-9 页。

[118] [德]马丁、[德]舒曼(编):《全球化陷阱:对民主和福利的进攻》,张世

鹏等译,北京:中央编译出版社,2001 年版。

[119] 毛寿龙:《西方治理危机将长期存在》,《人民论坛》,2011 年第 27 期,第 28-29 页。

[120] [法]孟德斯鸠:《论法的精神》,张雁深译,北京:商务印书馆,1961 年版。

[121] [英]米勒:《社会正义原则》,应奇译,南京:江苏人民出版社,2008 年版。

[122] [英]莫尔:《乌托邦》,戴镏龄译,北京:商务印书馆,1982 年版。

[123] [英]莫迪默、[英]法恩(编):《人民·民族·国家——族性与民族主义的含义》,刘泓、黄海慧译,北京:中央民族大学出版社,2009 年版。

[124] [美]默顿:《科学社会学》(上册),鲁旭东、林聚任译,北京:商务印书馆,2003 年版。

[125] [美]内格尔:《利他主义的可能性》,应奇、何松旭、张曦译,上海:上海译文出版社,2015 年版。

[126] [美]努斯鲍姆:《寻求有尊严的生活——正义的能力理论》,田雷译,北京:中国人民大学出版社,2016 年版。

[127] [美]努斯鲍姆:《正义的前沿》,朱慧玲等译,北京:中国人民大学出版社,2016 年版。

[128] [美]诺齐克:《无政府、国家与乌托邦》,姚大志译,北京:中国社会科学出版社,2008 年版。

[129] 卢现祥:《共享经济:交易成本最小化、制度变革与制度供给》,《社会科学战线》,2016 年第 9 期,第 51-61 页。

[130] [法]卢梭:《社会契约论》,何兆武译,北京:商务印书馆,2005 年版。

[131] 庞元正:《论五大发展理念的哲学基础》,《哲学研究》,2016 年第 6 期,第 7-12 页。

[132] 庞庆明:《中国特色共享经济本质特征与关键路径》,《马克思主义研究》,2016 年第 7 期,第 65-71 页。

[133] 潘亚玲:《爱国主义与民族主义辨析》,《欧洲研究》,2006 年第 4 期,第 84-99 页。

[134] 潘亚玲:《中国与"保护的责任"原则的发展》,《国际观察》,2016 年第 6 期,第 44-57 页。

[135] [美]帕尔默:《实现自由:自由意志主义的理论、历史与实践》,景朝亮译,北京:法律出版社,2011 年版。

[136] [加]琼斯:《全球正义:捍卫世界主义》,王丽丽译,重庆:重庆出版社,

2014 年版。

[137] 秦亚清:《霸权体系与国际冲突》,上海:上海人民出版社,1999 年版。

[138] [印度]森、[美]努斯鲍姆(编):《生活质量》,龚群、聂敏里、王文东、肖美、唐震煊译,北京:社会科学文献出版社,2007 年版。

[139] [印度]森:《正义的理念》,王磊、李航译,刘民权校译,北京:中国人民大学出版社,2013 年版。

[140] [英]史密斯:《民族主义:理论、意识形态、历史》,叶江译,上海:上海人民出版社,2006 年版。

[141] [英]史密斯:《全球化时代的民族与民族主义》,龚维斌、良警宇译,北京:中央编译出版社,2002 年版。

[142] 宋国友:《中美经济相互依赖及其战略限度》,《现代国际关系》,2007年第 5 期,第 58-64 页。

[143] [荷兰]斯宾诺莎:《伦理学》,贺麟译,北京:商务印书馆,1981 年版。

[144] [美]施特劳斯、[美]克罗波西(编):《政治哲学史》,李洪润译,北京:法律出版社,2009 年版。

[145] 苏昕:《城市新移民社会保障权益完善探讨——共享发展理念的视角》,《马克思主义研究》,2016 年第 6 期,第 146-154 页。

[146] [美]谭:《没有国界的正义:世界主义、民族主义与爱国主义》,杨通进译,重庆:重庆出版社,2014 年版。

[147] 谭吉华:《国际关系的伦理审视》,《伦理学研究》,2007 年第 1 期,第90-93 页。

[148] 田广兰:《权利的边界》,《哲学动态》,2014 年第 5 期,第 56-64 页。

[149] 童世骏:《为何种普遍主义辩护》,《学术月刊》,2007 年第 5 期,第 41-49 页。

[150] [英]托马斯:《政治哲学导论》,顾肃、刘雪梅译,北京:中国人民大学出版社,2006 年版。

[151] 王建娥:《民族分离主义的解读与治理——多民族国家化解民族矛盾、解决分离困窘的一个思路》,《民族研究》,2010 年第 2 期,第 13-25 页。

[152] 王新生:《当今中国社会转型期的公平正义问题》,《中国人民大学学报》,2015 年第 5 期,第 51-59 页。

[153] 王希恩:《全球化中的民族过程》,北京:社会科学文献出版社,2009年版。

[154] 王卓君、何华玲:《全球化时代的国家认同:危机与重构》,《中国社会

科学》,2013 年第 9 期,第 16-27 页。

[155] 王处辉(编):《中国社会思想史》,北京:中国人民大学出版社,2002年版。

[156] 王立:《也论分配正义——兼评姚大志教授和段忠桥教授关于正义之争》,《哲学研究》,2014 年第 10 期,第 22-28 页。

[157] 王辑思:《中国的国际定位问题与"韬光养晦、有所作为"的战略思想》,《国际问题研究》,2011 年第 2 期,第 4-9 页。

[158] 王逸舟:《恐怖主义溯源》,北京:社会科学文献出版社,2002 年版。

[159] 王英津:《有关"分离权"问题的法理分析》,《世界经济与政治》,2011年第 12 期,第 19-37 页。

[160] 魏波:《以共享理解发展》,《中国特色社会主义研究》,2016 年第 1 期,第 18-22 页。

[161] [德]韦伯:《学术与政治》,桂林:广西师范大学出版社,2004 年版。

[162] 吴敬琏:《市场经济应防止陷入"权贵资本主义"》,《决策与信息》,2004 年第 1 期,第 31-33 页。

[163] 吴志成、吴宇、吴宗敏:《当今资本主义国家治理危机剖析》,《当代世界与社会主义》,2016 年第 6 期,第 10-19 页。

[164] 习近平:《在哲学社会科学工作座谈会上的讲话》,《人民日报》,2016年 5 月 19 日第 3 版。

[165] 谢鹏程:《公民的基本权利》,北京:中国社会科学出版社,1999 年版。

[166] 谢志刚:《"共享经济"的知识经济学分析——基于哈耶克知识与秩序理论的一个创新合作框架》,《经济学动态》,2015 年第 12 期,第 78-87 页。

[167] 向玉乔:《共享发展理念的伦理基础》,《伦理学研究》,2016 年第 3 期,第 15-18 页。

[168] 徐贲:《通往尊严的公共生活:全球正义和公民认同》,北京:新星出版社,2010 年版。

[169] 徐坚:《论和平共处五项原则的理论与实践》,《国际问题研究》,2005年第 1 期,第 14-21 页。

[170] 徐以骅:《全球化时代的宗教与国际关系》,《世界政治与经济》,2011年第 9 期,第 4-19 页。

[171] 徐向东(编):《全球正义》,杭州:浙江大学出版社,2011 年版。

[172] 徐勇:《"回归国家"与现代国家的建构》,《东南学术》,2006 年第 4 期,第 18-27 页。

［173］许纪霖（编）:《全球正义与文明对话》,南京:江苏人民出版社,2004年版。

［174］杨春学:《私有财产权理论的核心命题:一种思想史式的注解和批判》,《经济学动态》,2017年第4期,第4-15页。

［175］杨光斌:《欧美搞乱别人,现在轮到自己了》,《环球时报》,2017年2月14日。

［176］杨光斌:《如何更客观地认识中国政治》,《中共中央党校学报》,2016年第1期,第37-42页。

［177］杨光斌、杨洪晓:《民主主义、民族主义与现代国家建设》,《行政科学论坛》,2014年第4期,第1-9页。

［178］杨鲜兰:《建构当代中国话语体系的难点与对策》,《马克思主义研究》,2015年第2期,第59-65页。

［179］杨恕:《世界分裂主义论》,北京:时事出版社,2008年版。

［180］杨士龙:《发达国家走到今天还有社会治理难题吗?》,《环球视野》,2015年3月。

［181］姚大志:《分配正义:从弱势群体的观点看》,《哲学研究》,2011年第3期,第107-114页。

［182］尹汉宁:《问题导向:马克思主义中国化的原动》,《哲学研究》,2012年第10期,第3-10页。

［183］余潇枫、陈佳:《核正义理论与"人类核安全命运共同体"》,《世界经济与政治》,2018年第4期,第69-89页。

［184］余潇枫:《中国非传统安全研究报告(2012—2013)》,北京:社会科学文献出版社,2013年版。

［185］俞可平:《论全球化与国家主权》,《马克思主义与现实》,2004年第1期,第4-21页。

［186］赵敦华:《为普遍主义辩护》,《学术月刊》,2007年第5期,第34-40页。

［187］赵可金:《全球公民社会与民族国家》,上海:上海三联书店,2008年版。

［188］赵汀阳:《冲突、合作与和谐的博弈哲学》,《世界经济与政治》,2007年第6期,第6-16页。

［189］张国清:《从政治学到政治科学——当代中国政治学研究的难题与范式转换》,《厦门大学学报》(哲学社会科学版),2005年第5期,第27-34页。

［190］张国清：《当代科技革命与马克思主义》，杭州：浙江大学出版社，2006
年版。

［191］张莉（主编）：《西欧民粹主义制度的幽灵——右翼民粹主义政党研
究》，北京：中央编译出版社，2011 年版。

［192］张蕴岭：《新安全观与新安全体系构建》，北京：社会科学文献出版社，
2015 年版。

［193］曾向红：《上海合作组织命运共同体：一项研究议题》，《世界经济与政
治》，2020 年第 1 期，第 102-127 页。

［194］郑若麟：《蜕变中的西方民主》，《新民周刊》，2016 年第 31 期，第 72-77
页。

［195］资中筠：《持久和平任重道远》，《世界经济与政治》，2005 年第 8 期，第
7-10 页。

［196］周平：《民族国家与国族建设》，《政治学研究》，2010 年第 3 期，第 58-
96 页。

［197］周佑勇：《行政不作为构成要件的展开》，《中国法学》，2001 年第 5 期，
第 64-73 页。

（二）外文参考文献

［1］ Adler, Emanuel, and Michael Barnett, eds. 1998. *Security Communities*. Cambridge：Cambridge University Press.

［2］ Albertazzi, Daniele, and Duncan McDonnell, eds. 2007. *Twenty-First Century Populism*：*The Spectre of Western European Democracy*. New York，NY：Palgrave Macmillan.

［3］ Alexander, Jeffrey C. 2006. *The Civil Sphere*. Oxford，UK and New York，US：Oxford University Press.

［4］ Anderson, Benedict. 2006. *Imagined Communities*：*Reflections on the Origin and Spread of Nationalism*，*Revised Edition*. London and New York：Verso.

［5］ Arditi, Benjamin. 2004. "Populism as a Spectre of Democracy：A Response to Canovan," *Political Studies* 52(1)：135-143.

［6］ Arthur, John, and William H. Shaw, eds. 1978. *Justice and Economic Distribution*. Englewood Cliffs，New Jersey：Prentice Hall.

［7］ Backhouse, Roger E., and Bradley W. Bateman. 2011. *Capitalist*

Revolutionary: *John Maynard Keynes*. Cambridge, MA: Harvard University Press.

[8] Ball, Terence, James Farr & Russell L. Hanson, eds. 1989. *Political Innovation and Conceptual Change*. New York: Cambridge University Press.

[9] Banting, Keith, and Will Kymlicka, eds. 2017. *The Strains of Commitment: The Political Sources of Solidarity in Diverse Societies*. Oxford: Oxford University Press.

[10] Bartkus, Viva Ona. 1999. *The Dynamic of Secession*. Cambridge: Cambridge University Press.

[11] Bavetta, Sebastiano, Pietro Navarra, and Dario Maimone. 2014. *Freedom and the Pursuit of Happiness: An Economic and Political Perspective*. New York: Cambridge University Press.

[12] Beck, Ulrich. 2000. *What is Globalization?* Cambridge, UK: Polity.

[13] Beitz, Charles R. 1999. *Political Theory and International Relations*. Princeton, New Jersey: Princeton University Press.

[14] Bell, Daniel. 2000. *The End of Ideology: On the Exhaustion of Political Ideas in the Fifties*. Cambridge, MA: Harvard University Press.

[15] Bellamy, Alex J. 2008. *Fighting Terror: Ethical Dilemmas*. London and New York: Zed Press.

[16] Belk, Russell. 2010. "Sharing," *Journal of Consumer Research* (5): 726-727.

[17] Berlin, Isaiah. 2002. *Liberty: Incorporating Four Essays on Liberty*. Henry Hardy, ed. Oxford and New York: Oxford University Press.

[18] Berman, Sheri. 2016. "Populism Is Not Fascism: But It Could Be a Harbinger", *Foreign Affairs* (95): 39-45.

[19] Bobbio, Norberto. 1996. *Left and Right: The Significance of a Political Distinction*. Chicago and London: University of Chicago Press.

[20] Booth, Ken. 2007. *Theory of World Security*. Cambridge, UK: Cambridge University Press.

[21] Brunkhorst, Hauke. 2005. *Solidarity: From Civic Friendship to a Global Legal Community*. trans. by Jeffrey Flynn, Cambridge, MA: The MIT Press.

[22] Buchanan, Allen. 2007. *Justice, Legitimacy, and Self-Determination: Moral Foundations for International Law*. Oxford: Oxford University Press.

[23] Bull, Hedley. 2002. *The Anarchical Society: A Study of Order in World Politics*. New York: Palgrave Macmillan.

[24] Canovan, Margaret. 1999. "Trust the People! Populism and the Two Faces of Democracy", *Political Studies* 47(1): 2-16.

[25] Christiano, Thomas, and John Christman, eds. 2009. *Contemporary Debates in Political Philosophy*. Malden, MA: Wiley-Blackwell.

[26] Clohesy, Anthony M. 2013. *Politics of Empathy: Ethics, Solidarity, Recognition*. London and New York: Routledge.

[27] Colomer, Josep M. 2007. *Great Empires, Small Nations: the Uncertain Future of the Sovereign State*. London and New York: Routledge.

[28] Cruz-Saco, Maria Amparo, and Sergei Zelenev, eds. 2010. *Intergenerational Solidarity: Strengthening Economic and Social Ties*. New York: Palgrave Macmillan.

[29] Dahl, Robert A. 2006. *A Preface to Democratic Theory, Expanded Edition*. Chicago & London, The University of Chicago Press.

[30] Daniels, Norman. 1975. *Reading Rawls*. New York: Basic Books.

[31] De Lange, Sarah L. 2012. "New Alliances: Why Mainstream Parties Govern with Radical Right-Wing Populist Parties", in *Political Studies* 60(4): 899-918.

[32] Deutsch, Karl W. 1954. *Political Community at the International Level: Problems of Definitions and Measurement*. New York: Doubleday & Company.

[34] Deutch, Karl W., et al. 1957. *Political Community and the North Atlantic Area*. Princeton, NJ: Princeton University Press.

[35] Duncan, Daniele Albertazzi, and McDonnell, eds. 2007. *Twenty-

First Century Populism: *The Spectre of Western European Democracy*. New York, NY: Palgrave Macmillan.

[36] Edmundson, William A. 2017. *John Rawls*: *Reticent Socialist*. Cambridge, UK: Cambridge University Press.

[37] Eriksen, Erik Od, Christian Joerges and Florian RÖdi, eds. 2008. *Law, Democracy and Solidarity in a Post-National Union*: *The Unsettled Political Order of Europe*. London and New York: Routledge.

[38] Felson, Marcus, and Joe L. Spaeth. 1978. "Community Structure and Collaborative Consumption: A Routine Activity Approach", *American Behavioral Scientist*, Vol. 21, No. 4 (March): 614-624.

[39] Ferrera, Maurizio. 2006. *The Boundaries of Welfare*: *European Integration and the New Spatial Politics of Social Solidarity*. Oxford: Oxford University Press.

[40] Ferro, Enrico, Yogesh K. Dwivedi, J. R. Gilgarcia, and Michael D. Williams, eds. 2010. *Handbook of Research on Overcoming Digital Divides*: *Constructing an Equitable and Competitive Information Society*. Hershey, PA: Information Science Reference (IGI Global).

[41] Flanagan, Owen, Aaron Ancell, Stephen Martin and Gordon Steenbergen. 2014. "Empiricism and normative ethics: What do the biology and the psychology of morality have to do with ethics?" *Behaviour*, Vol. 151.

[42] Freeman, Samuel. 2007. *Rawls*. London & New York: Routledge.

[43] Friedman, Thomas Loren. 2014. "And Now for a Bit of Good News …", *The New York Times*, July 19.

[44] Friedman, Lawrence J. 2013. *The Lives of Erich Fromm*: *Love's Prophet*. New York: Columbia University Press.

[45] Frisch, Hillel, and Efraim Inbar. 2008. *Radical Islam and International Security*: *Challenges and Responses*. New York and London: Routledge.

[46] Gaddis, John L. 1981. "Containment: Its Past and Future", *International Security*, 1981(4): pp. 74-102.

[47] Gellner, Ernest. 1965. *Thought and Change*. Chicago: The

University of Chicago Press.

[48] Goodin, Robert, Philip Pettit and Thomas Pogge, eds. 2007. *A Companion to Contemporary Political Philosophy*. Malden, MA: Blackwell Publishing.

[49] Graafland, Johan J. 2010. *The Market, Happiness, and Solidarity: A Christian Perspective*. London and New York: Routledge.

[50] Grimmel, Andreas, and Susanne My Giang, eds. 2017. *Solidarity in the European Union: A Fundamental Value in Crisis*, Cham, Switzerland: Springer International Publishing.

[51] Gustavsson, Sverker, and Leif Lewin, eds. 1996. *The Future of the Nation-State: Essays on Cultural Pluralism and Political Integration*. London and New York: Routledge.

[52] Habermas, Jurgen. 2000. *Postnational Constellation: Political Essay*. Cambridge: The MIT Press.

[53] Habermas, Jürgen. 1998. *The Inclusion of the Other: Studies in Political Theory*. Cambridge, MA: The MIT Press.

[54] Habermas, Jürgen. 1996. *Between Facts and Norms: Contributions to a Discourse Theory of Law and Democracy*. Cambridge, MA: The MIT Press.

[55] Hardin, Garrett. 1968. "The Tragedy of the Commons", *Science*, Vol. 162, No. 3859 (December): 1243-1248.

[56] Hechter, Michael. 2000. *Containing Nationalism*. Oxford: Oxford University Press.

[57] Hayek, Friedrich August. 1978. *New Studies in Philosophy, Politics, Economics and the History of Ideas*. Chicago: The University Press of Chicago.

[58] Hayek, Friedrich August. 1988. *The Fatal Conceit: The Errors of Socialism*. London: Routledge.

[59] Hayek, Friedrich August. 2013. *Law, Legislation and Liberty: A New Statement of the Liberal Principles of Justice and Political Economy*. London and New York: Routledge.

[60] Hegghammer, Thomas. 2010. "The Rise of Muslim Foreign Fighters Islam and the Globalization of Jihad", *International*

Security, No. 3: 53 – 94.

[61] Heller, Henry. 2011. *The Birth of Capitalism: A 21st Century Perspective*. London: Pluto Press.

[62] Hoppe, Hans-Hermann. 2010. *A Theory of Socialism and Capitalism: Economics, Politics, and Ethics*. Boston, Dordrech and London: Kluwer Academic Publisher.

[63] Heywood, Andrew. 2000. *Key Concepts in Politics*. London: Palgrave Macmillan.

[64] Hobsbawm, Eric J. 1992. *Nations and Nationalism Since* 1780: *Program, Myth, Reality*. Cambridge: Cambridge University Press.

[65] Hix, Simon. 1998. "The Study of the European Union II: the 'NewGovernance' Agenda and Its Rival", *Journal of European Public Policy* 5(1): 38-65.

[66] Hollinger, David A. 2006. *Cosmopolitanism and Solidarity: Studies in Ethno-racial, Religious, and Professional Affiliation in the United States*. Madison, Wisconsin: The University of Wisconsin Press.

[67] Huntington, Samuel P. 1996. *The Clash of Civilizations and the Remaking of World Order*. New York: Simon & Schuster.

[68] Inglehart, Ronald, and Pippa Norris, 2016. "Trump, Brexit, and the Rise of Populism: Economic Have-Nots and Cultural Backlash", *Harvard University Working Paper Series*.

[69] Ionescu, Ghita, and Ernest Gellner, eds. 1969. *Populism: Its Meanings and National Characteristics*. London: Weidenfeld & Nicolson.

[70] Korsgaard, Christine. 1996. *The Sources of Normativity*. London: Cambridge University Press.

[71] Jeffries, Vincent. ed. 2014. *The Palgrave Handbook of Altruism, Morality, and Social Solidarity: Formulating a Field of Study*. New York: Palgrave Macmillan.

[72] Jervis, Robert. 1976. *Perception and Misperception in International Politics*. Princeton, NJ: Princeton University Press.

[73] Kaku, Michio. 2011. *Physics of the Future: How Science Will Shape Human Destiny and Our Daily Lives by the Year* 2100. New

York: Doubleday.

[74] Kant, Immanuel. 1887. *The Philosophy of Law: An Exposition of the Fundamental Principles of Jurisprudence as the Science of Right*. trans. by W. Hastie.

[75] Kazin, Michael. 2016. "Trump and American Populism: Old Whine, New Bottles", *Foreign Affairs*, 2016 (95), pp. 17-24.

[76] Keating, Michael. 2001. *Plurinational Democracy: Stateless Nations in a Post-Sovereignty Era*. Oxford and New York: Oxford University Press.

[77] Kepel, Gilles. 1994. *Revenge of God: The Resurgence of Islam, Christianity and Judaism in Modern World*. Pennsylvania: Pennsylvania State University Press.

[78] Kolers, Avery. 2016. *A Moral Theory of Solidarity*. Oxford: Oxford University Press.

[79] Kornhauser, Willian. 1959. *The Politics of Mass Society*. Illinois: The Free Press.

[80] Koschut, Simon. 2014. "Regional Order and Peaceful Change: Security Communities as a Via Media in International Relations Theory", *Cooperation and Conflict* (No. 4).

[81] Kruse, Douglas L., Richard B. Freeman, and Joseph R. Blasi. 2010. *Shared Capitalism at Work: Employee Ownership, Profit and Gain Sharing, and Broad-Based Stock Options*. Chcago and London: the University Press of Chicago.

[82] Kuper, Anderw, ed. 2005. *Global Responsibilities: Who Must Deliver on Human Rights?* New York: Routledge Taylor & Franicis Group.

[83] Laclau, Ernesto. 1977. *Politics and Ideology in Marxist Theory: Capitalism, Fascism, Populism*. London: New Left Books.

[84] Laible, Janet. 2008. *Separatism and Sovereignty in the New Europe: Party Politics and the Meanings of Statehood in a Supranational Context*. New York: Palgrave Macmillan.

[85] Lechner, Frank J., and John Boli, eds. 2000. *The Globalization Reader*. Malden, MA: Blackwell Publishing.

[86] Lübbe, Hermann. 1994. *Abschied vom Superstaat*, Berlin.

[87] McGhee, Derek. 2010. *Security, Citizenship and Human Rights: Shared Values in Uncertain Times*. New York: Palgrave Macmillan.

[88] McGee, Terry, George C. S. Lin, Andrew M. Marton, Mark Y. L. Wang and Jiaping Wu. 2007. *China's Urban Space: Development Under Market Socialism*. London and New York: Routledge.

[89] McNally, David. 1993. *Against the Market: Political Economy, Market Socialism and the Marxist Critique*. London and New York: Verso.

[90] Malesevic, Sinisa. 2013. *Nation-States and Nationalisms, Organization, Ideology and Solidarity*. Cambridge, UK: Polity.

[91] Matsui, Noriatsu, and Yukio Ikemoto, eds. 2015. *Solidarity Economy and Social Business: New Models for a New Society*. Tokyo: Springer.

[92] Mearsheimer, John J. 1994/1995. "The False Promise of International Institutions", *International Security*, Volume 19, Number 3 (Winter).

[93] Montgomery, Evan Braden. 2016. *In the Hegemon's Shadow: Leading States and the Rise of Regional Powers*. Ithaca: Carnell University Press.

[94] Mouffe, Chantal. 2000. *The Democratic Paradox*. London: Verso.

[95] Mounk, Yascha. 2014. "Pitchfork Politics: The Populist Threat to Liberal Democracy", *Foreign Affairs*(93): 27-36.

[96] Mudde, Cas. 2016. "Europe's Populist Surge: A Long Time in the Making", *Foreign Affairs*(95): 25-30.

[97] Mudde, Cas. 2004. "The Populist Zeitgeist", *Government and Opposition* 39(4): 541-563.

[98] Mudde, Cas, and Cristobal Rovira Kaltwasser. 2017. *Populism: A Very Short Introduction*. Oxford & New York: Oxford University Press.

[99] Nitzan, Jonathan, and Shimshon Bichler. 2009. *Capital as Power*. London: Routledge.

[100] Nozick, Robert. 1974. *Anarchy, State and Utopia*. Oxford and Cambridge: Blackwell Press.

[101] Nussbaum, Martha C. 2007. *Frontiers of Justice*. Cambridge, MA: Harvard University Press.

[102] Oberschall, Anthony. 2007. *Conflict and Peace Building in Divided Societies, Responses to Ethnic Violence*. London and New York: Routledge Press.

[103] Ohmae, Kenichi. 2005. *Next Global Stage: The Challenges and Opportunities in Our Borderless World*. New Jersey: Wharton School Publishing.

[104] Ohmae, Kenichi. 1995. *The End of the Nation State: The Rise of Regional Economies*. London: Harper Collins Publisher.

[105] Olzak, Susan. 1998. "Ethnic Protest in Core and Periphery States", *Ethnic and Racial Studies*, Volume 21.

[106] O'Neill, Shane, & Keith Breen, eds. 2010. *After the Nation: Critical Reflections on Nationalism and Postnationalism*. New York: Palgrave Macmillan.

[107] Panizza, Francisco, ed. 2005. *Populism and the Mirror of Democracy*. London & New York: Verso.

[108] Pei, Minxin. 2016. *China's Crony Capitalism, The Dynamics of Regime Decay*. Cambridge, MA: Harvard University Press.

[109] Pensky, Max. 2008. *The Ends of Solidarity: Discourse Theory in Ethics and Politics*. New York: State University of New York Press.

[110] Pettit, Philip. 1997. *Republicanism: A Theory of Freedom and Government*. Oxford and New York: Oxford University Press.

[111] Piketty, Thomas. 2014. *Capital in the Twenty-First Century*. Cambridge, MA: The Belknap Press of Harvard University Press.

[112] Pogge, Thomas. 2007. *Freedom from Poverty as a Human Right: Who Owes What to the Very Poor*. Oxford: Oxford University Press.

[113] Prichard, Alex. 2013. "Justice and EU Foreign Policy", *Journal of Contemporary European Studies* 21(3): 413-429.

[114] Qvortrup, Matt. 2014. *Referendums and Ethnic Conflict*. Pennsylvania: University of Pennsylvania Press.

[115] Rawls, John. 1995. *Political Liberalism*. New York: Columbia

University Press.

［116］ Rawls, John. 2001. *Justice as Fairness*: *A Restatement*. Cambridge, MA: Harvard University Press.

［117］ Rawls, John. 1999. *A Theory of Justice*, *revised edition*. Cambridge, MA: The Belknap Press of Harvard University Press.

［118］ Rifkin, Jeremy. 2011. *The Third Industrial Revolution*: *How Lateral Power is Transforming Energy*, *the Economy*, *and the World*. New York City: Palgrave Macmillan.

［119］ Rorty, Richard. 2007. *Philosophy as Political Culture*. Cambridge, UK: Cambridge University Press.

［120］ Rorty, Richard. 2000. *Philosophy and Social Hope*. New York: Penguin Books, 2000.

［121］ Rosanvallon, Pierre. 2013. *The Society of Equals*. Cambridge, MA: Harvard University Press.

［122］ Rose, Carol. 1986. "The Comedy of the Commons: Custom, Commerce, and Inherently Public Property", *The University of Chicago Law Review*, Vol. 53, No. 3 (Summer): 711-781.

［123］ Rosecrance, ichard, and Arthur Stein. 1973. "Interdependence: Myth or Reality?", *World Politics* (26).

［124］ Rothbard, Murray N. 1970. *Power and Market*. Kansas City: Sheed Andrews and Mcmeel, Inc.

［125］ Ryan, John A. 2016. *Justice*: *The Right and Wrong of Our Present Distribution of Wealth*. Charleston: Create Space Independent Publishing Platform.

［126］ Saatkamp, Herman J., ed. 1995. *Rorty and Pragmatism*: *The Philosopher Responds to His Critics*. Nashville: Vanderbilt University Press.

［127］ Sandel, Michael. 1982. *Liberalism and the Limits of Justice*. New York: Cambridge University Press.

［128］ Scanlon, T. M. 1998. *What We Owe to Each Other*. Cambridge, MA: Belknap Press of Harvard University Press.

［129］ Schelkle, Waltraud. 2017. *The Political Economy of Monetary Solidarity*: *Understanding the Euro Experiment*. Oxford: Oxford University Press.

[130] Schlag, Martin, and Juan A. Mercado, eds. 2016. *Free Markets with Solidarity and Sustainability*. Washington, D. C.: The Catholic University of America Press.

[131] Scholz, Sally J. 2012. *Political Solidarity*. University Park, Pennsylvania: The Pennsylvania State University Press.

[132] Sher, George. 1987. *Desert*. Princeton, New Jersey: Princeton University Press.

[133] Shils, Edward A. 1956. *The Torment of Secracy: The Background and Consgequences of American Security Policies*. Glencoe, IL: Free Press.

[134] Shipper, Frank, ed. 2014. *Shared Entrepreneurship: A Path to Engaged Employee Ownership*. New York: Palgrave Macmillan.

[135] Slee, Tom. 2015. *What's Yours is Mine: Against the Sharing Economy*. New York & London: OR Books.

[136] Spitzer, Eliot. 2011. "Government's Place in the Market," *Boston Review Books*, Cambridge, MA: The MIT Press: 18-31.

[137] Stander, Simon. 2014. *Why War: Capitalism and the Nation-State*. New York and London: Bloomsbury Academic.

[138] Stjerno, Steinar. 2005. *Solidarity in Europe: The History of an Idea*. Cambridge, UK: Cambridge University Press.

[139] Sundararajan, Arun. 2016. *The Sharing Economy: The End of Employment and the Rise of Crowd-Based Capitalism*. Cambridge, MA: The MIT Press.

[140] Schweller, Randall L. 1992. "Domestic Structure and Preventive War: Are Democracies More Pacific?" *World Politics*(2).

[141] Schweller, Randall L. 1997. "New Realist Research on Alliances: Refining, not Refuting, Waltz's Balancing Proposition", *American Political Science Review* (Dec 1997).

[142] Tachibanaki, Toshiaki, ed. 2016. *Advances in Happiness Research: A Comparative Perspective*. Tokyo: Springer Japan.

[143] Taguieff, Pierre A. 1995. "Political Science Confronts Populism: From a Conceptual Mirage to a Real Problem", *Telos*(103): 9-43.

[144] Tanz, Jason. 2014. "How Airbnb and Lyft Finally Got Americans to Trust Each Other", *Wired Magazine*(April 23).

［145］Tao Yang, Dennis, and Hao Zhou. 1999. "Rural－Urban Disparity and Sectoral Labour Allocation in China", *Working Papers*, Vol. 35, No. 3: 105-133.

［146］Thomas, Scott M. 2005. *The Global Resurgence of Religion and the Transformation of International Relations: The Struggle for the Soul of the Twenty-First Century*. New York: Palgrave Macmillan.

［147］Tocqueville, Alexis de. 2001. *The Old Regime and the French Revolution and Notes on the French Revolution and Notes on the French Revolution and Napoleon*, ed. by Francois Furet and Melonio, trans, Alan Kahan, Chicago: The University of Chicago Press.

［148］Van Parijs, Philippe, ed. 2004. *Cultural Diversity Versus Economic Solidarity*. Brussels: De Boeck Universite.

［149］Verboven, Hans, and Lise Vanherck. 2010. *The Sustainability Paradox of the Sharing Economy*. Springer, published online: 21 October.

［150］Wambaugh, Sarah. 1933. *Plebiscites Since the World War: With a Collection of Official Documents*. Washington: Carnegie Endowment for International Peace.

［151］Zakaria, Fareed. 1997, "The Rise of Illiberal Democracy," *Foreign affairs* 76(6): 22-43.

［152］Walt, Stephen M. 1990. *The Origins of Alliance*. Ithaca: Cornell University Press.

［153］Walter, Carl, and Fraser Howie. 2012. *Red Capitalism: The Fragile Financial Foundation of China's Extraordinary Rise*. Singapore: Wiley.

［154］Wilde, Lawrence. 2013. *Global Solidarity*. Edinburgh: Edinburgh University Press.

［155］Wilensky, Harold L. 2002. *Rich Democracies: Political Economy, Public Policy and Performance*. Berkeley, CA: University Press of California.

［156］Winston, Clifford. 2006. *Government Failure Versus Market Failure*. Washington D. C. : Brookings Institution Press.

图书在版编目（CIP）数据

社会共享研究 / 张国清等著. —杭州：浙江大学
出版社，2022.5
ISBN 978-7-308-22475-8

Ⅰ．①社… Ⅱ．①张… Ⅲ．①社会发展－研究－中国
Ⅳ．①D668

中国版本图书馆 CIP 数据核字（2022）第 053088 号

社会共享研究

张国清　等著

责任编辑	李海燕	
责任校对	孙秀丽	
封面设计	雷建军	
出版发行	浙江大学出版社	
	（杭州市天目山路 148 号　邮政编码 310007）	
	（网址：http://www.zjupress.com）	
排　　版	杭州好友排版工作室	
印　　刷	浙江新华数码印务有限公司	
开　　本	710mm×1000mm　1/16	
印　　张	22.25	
字　　数	424 千	
版 印 次	2022 年 5 月第 1 版　2022 年 5 月第 1 次印刷	
书　　号	ISBN 978-7-308-22475-8	
定　　价	78.00 元	